市场营销学通理

唐文龙　　贺继红　主　编

张　琳　　廖佳丽　副主编

经济管理出版社

ECONOMY & MANAGEMENT PUBLISHING HOUSE

图书在版编目（CIP）数据

市场营销学通理/唐文龙，贺继红主编 . —北京：经济管理出版社，2019. 2
（2020.7重印）
ISBN 978 - 7 - 5096 - 6334 - 9

Ⅰ.①市… Ⅱ.①唐… ②贺… Ⅲ.①市场营销学—教材 Ⅳ.①F713.50

中国版本图书馆 CIP 数据核字（2019）第 016558 号

组稿编辑：申桂萍
责任编辑：刘　宏
责任印制：黄章平
责任校对：陈　颖

出版发行：经济管理出版社
　　　　　（北京市海淀区北蜂窝 8 号中雅大厦 A 座 11 层　100038）
网　　　址：www. E - mp. com. cn
电　　　话：（010）51915602
印　　　刷：三河市延风印装有限公司
经　　　销：新华书店
开　　　本：787mm×1092mm/16
印　　　张：22. 25
字　　　数：556 千字
版　　　次：2019 年 2 月第 1 版　　2020 年 7 月第 2 次印刷
书　　　号：ISBN 978 - 7 - 5096 - 6334 - 9
定　　　价：58. 00 元

前　言

　　1992 年，山东工商学院（原中国煤炭经济学院）开始招收市场营销专业本科生，是国内较早获批设立该专业的高等院校之一。之后，市场营销专业在我校获得了较为快速的发展。继 2005 年市场营销学获得"山东省省级精品课程建设"立项后，2007 年我们又先后获得了"山东省省级市场营销系列课程教学团队"和"山东省省级市场营销特色专业建设"立项。2016 年，山东工商学院工商管理专业群获批"山东省高水平应用型立项建设专业群"，市场营销专业为其中的七个专业之一。2019 年，《市场营销学》获批"山东省省级一流本科课程"建设立项。五项质量工程项目的先后获批，对市场营销专业教育教学提出了更新、更高的要求。市场营销学教材作为精品课程、特色专业、系列课程建设和高水平应用型专业的重要内容之一，我们一直在为编写符合"精品"和"特色"要求的教材做准备。经过多年的教学实践和对企业的调查研究，在借鉴国内外精品教材的基础上，继 2006 年出版《市场营销学》和 2012 年出版《市场营销学通理》之后，我们再次将全新版本的《市场营销学通理》呈现在读者面前。

　　本教材取名《市场营销学通理》，主要缘于三方面的考虑：一是市场营销学通用原理、理论；二是古今中外企业市场营销通用之理；三是中国传统文化的修身治国与企业经营具有相通之理。

　　本教材共分为十六章，我们以打造精品、突出特色为目标，力求做到体系完整、理论先进、内容实用、形式新颖。首先，在教材的体系结构上，我们进行了创新设计以循序渐进地引导学习者阅读，每章包含学习目标、学习思维导图、章首案例、章节正文、主要术语、思考与讨论、营销实践与应用、营销故事和营销知识应用导图；其次，在教材内容上，力求实用，保证内容体系完整的同时，做到重点突出；再次，在选择营销案例时，充分考虑了现代大学生的兴趣和关注点，除少数经典案例外，大都选用了现代大学生比较熟悉的新案例；最后，我们在每一章以营销故事的形式将近代鲁商中的杰出代表介绍给读者，并在故事后面附有简短的品评，分析近代鲁商的经营方略与古代儒商和儒家文化的渊源，引导学生了解古近代儒商及中国传统文化的魅力。

　　齐鲁大地，物华天宝，人杰地灵，是中国儒家文化的发源地。本教材在中国传统儒家文化与现代市场营销理论和实践结合方面做了点滴尝试，尽量做到全球视野与地方视角相融合，传统儒家文化精髓和现代营销理念相融合。通过每一章的营销案例和营销故事，让读者在使用本教材过程中，可以通过案例理解理论，通过故事体会经商之道，在理解和体会中品味中国传统文化和儒商精神。

　　此外，为了让本教材中所涉及的内容更加充实、更加实用，能够体现出现代企业对市场营销人才的相关知识和能力要求，我们特别邀请了企业界的管理人员参与了本次教材的设计、编写与审定工作。他们分别是：汉高乐泰（中国）有限公司总经理陈建法、山东金田新能源技术有限公司董事长王书环、烟台张裕集团有限公司辽宁营销管理公司总经理肖永杰、五洲丰农业科技有限公司人力资源总监张怀伦、烟台市武峰商贸有限公司总经理熊武刚、烟台锐控自动化控制工程有限公司总经理杨进之、烟台佳德机电设备有限公司总经理谭焕德、烟台盛德电梯有限公司总经理陈冲和苏州爱德泛思企业管理有限公司副总经理赵小伟。

本书由唐文龙、贺继红任主编，张琳、廖佳丽任副主编。参加编写的人员及承担的任务如下：唐文龙、肖永杰，第一章；贺继红、王书环，第二章；刘敏、龚世文、陈冲，第三章；辛德强、何发坤，第四章；王旭辉，第五章；李伟、谭焕德，第六章；王崇梅，第七章；姜文芹，第八章；唐文龙、熊武刚、赵小伟，第九章；龚世文，第十章；李伟，第十一章；徐晓辉，第十二章；张琳、张怀伦，第十三章；廖佳丽、杨进之，第十四章；白建磊，第十五章；张云起、杨鸿章、唐文龙、陈建法，第十六章。全书的章节结构设计由唐文龙负责。全书的营销故事及品评、学习思维导图由贺继红负责编写和设计。陈建法、王书环、张怀伦参与了整部教材的章节结构设计工作。肖永杰、何发坤、熊武刚、赵小伟参与了全书营销案例的审定工作。营销知识应用导图的制作设计分工如下：唐文龙，第一章至第六章；廖佳丽，第七章至第十二章；张琳，第十三章至第十六章。本教材的最后统稿工作由唐文龙、贺继红、张琳和廖佳丽共同完成。

教材的编写得到了山东工商学院工商管理学院、经济管理出版社领导与有关人员的关怀和支持，山东工商学院教务处为市场营销学精品课程、市场营销特色专业建设和山东省高水平应用型专业建设及本书的编写给予了大力的支持。我们还要特别感谢中央财经大学的张云起教授，他不仅对教材编写提出了建设性意见，还为本书友情编写了部分章节。此外，烟台南山学院的何发坤老师也积极参与了本教材部分章节的编写，在此表示感谢。同时，我们在编写过程中还参考了众多国内外同行的成果，尽管我们在书后列示了参考文献，但疏漏之处在所难免，在此一并致以衷心的感谢。

限于我们的水平，书中必定存在许多不足，敬请专家、学者和读者批评指正，以便我们修正和补充。

编者

2018 年 11 月于山东烟台凤凰山下

目　录

1　第一章　导论

2　　　学习思维导图

3　　　章首案例　围绕用户体验，华为智能手机发力生态建设

4　　　第一节　市场及市场类型

6　　　第二节　市场营销的概念、功能和作用

10　　　第三节　市场营销哲学及其演变

12　　　第四节　市场营销学研究方法和内容

18　　　主要术语

19　　　思考与讨论

19　　　营销实践与应用：海尔的"卡萨帝现象"

21　　　营销故事：瑞蚨祥"顾客至上"的经营理念

23　第二章　战略计划与市场营销管理

24　　　学习思维导图

25　　　章首案例　宝洁进入中国市场的本土化战略

26　　　第一节　战略计划与市场导向

31　　　第二节　市场营销管理

36　　　第三节　市场营销管理过程

40　　　主要术语

40　　　思考与讨论

41　　　营销实践与应用：优衣库的发展之道

43　　　营销故事：东元盛的"自加工（织）自染自销"一体化经营

45　第三章　市场营销环境

46　　　学习思维导图

47	章首案例 人口生育政策与年龄结构
48	第一节 市场营销环境概述
49	第二节 企业营销宏观环境
55	第三节 企业营销微观环境
57	第四节 企业营销环境的评价与对策
60	主要术语
60	思考与讨论
60	营销实践与应用：世界杯报道，传统纸媒也不能缺席
63	营销故事：尹致中"影响"税收

65 第四章 市场调研与需求预测

66	学习思维导图
67	章首案例 数据与经验之争
68	第一节 营销信息管理
71	第二节 市场调研
78	第三节 市场预测
83	主要术语
83	思考与讨论
83	营销实践与应用：7天酒店聆听顾客的心声
86	营销故事：苗氏兄弟的"信息系统"

88 第五章 消费者市场分析

89	学习思维导图
90	章首案例 "90后"与消费升级
91	第一节 消费者市场概述
95	第二节 影响消费者行为的内在因素
99	第三节 影响消费者行为的外部因素
101	第四节 消费者决策过程
105	主要术语
105	思考与讨论
105	营销实践与应用：康师傅方便面也懂得"泡"情人
108	营销故事：盛锡福的市场分析

110 第六章 组织市场分析

111	学习思维导图

112　　章首案例　山东网通公司的物资采购

113　　第一节　组织市场的分类与特征

118　　第二节　组织市场的购买对象

119　　第三节　组织市场的购买行为

125　　第四节　组织市场的购买过程

127　　主要术语

128　　思考与讨论

128　　营销实践与应用：波音的营销"手腕儿"

131　　营销故事：双合盛的机会

133　**第七章　目标市场战略**

134　　学习思维导图

135　　章首案例　苹果手机的营销战略

136　　第一节　市场细分

142　　第二节　目标市场选择

145　　第三节　市场定位

149　　主要术语

149　　思考与讨论

150　　营销实践与应用：锤子手机定位，"功能获得"还是"情感获得"？

152　　营销故事：周志俊的目标市场战略

154　**第八章　市场竞争战略**

155　　学习思维导图

156　　章首案例　低成本航空的竞争战略

157　　第一节　竞争者分析

161　　第二节　市场竞争的性质与类型

163　　第三节　三种基本竞争战略

164　　第四节　市场地位与竞争战略

169　　主要术语

169　　思考与讨论

169　　营销实践与应用：阿里巴巴竞争战略分析

172　　营销故事："同升和"和"盛锡福"的竞争

174　**第九章　品牌战略**

175　　学习思维导图

176　　　章首案例　章丘铁锅成为"网红品牌"

177　　　第一节　品牌概述

180　　　第二节　品牌发展策略

184　　　第三节　品牌资产

188　　　主要术语

188　　　思考与讨论

189　　　营销实践与应用：百年张裕，品牌驱动企业成长

192　　　营销故事：东元盛的"名牌战略"

194　　**第十章　产品策略**

195　　　学习思维导图

196　　　章首案例　腾讯黄金红包：它来自哪里，有多重要？

197　　　第一节　产品整体概念

199　　　第二节　产品组合策略

202　　　第三节　新产品开发策略

205　　　第四节　品牌与包装策略

207　　　第五节　产品生命周期策略

210　　　主要术语

210　　　思考与讨论

210　　　营销实践与应用：星巴克，用科技提升"顾客体验"

213　　　营销故事："抵羊"牌毛线

215　　**第十一章　价格策略**

216　　　学习思维导图

217　　　章首案例　家乐福等超市涉嫌价格欺诈

218　　　第一节　企业的定价策略

223　　　第二节　价格制定程序

231　　　第三节　价格变动与企业对策

232　　　主要术语

232　　　思考与讨论

232　　　营销实践与应用：曾经深陷价格战泥潭的当当网

235　　　营销故事：从良弼的价格策略

237　　**第十二章　渠道策略**

238　　　学习思维导图

239	章首案例 奥康公司 30 年的渠道变革
240	第一节 分销渠道的概念与类型
242	第二节 中间商的作用和类型
244	第三节 分销渠道系统的主要类型
246	第四节 分销渠道设计与管理
249	第五节 电子商务及其渠道模式
252	主要术语
252	思考与讨论
253	营销实践与应用：虎邦辣酱在外卖路上的创业故事
256	营销故事：盛锡福的连锁经营

258	**第十三章　促销策略**
259	学习思维导图
260	章首案例 品牌营销如何助力 OPPO 实现逆境生长？
261	第一节 促销组合与整合营销传播
266	第二节 广告
270	第三节 销售促进
273	第四节 公共关系
274	第五节 人员销售
276	第六节 直复营销
279	主要术语
279	思考与讨论
280	营销实践与应用：世界杯营销大战，蒙牛如何借势营销开出花？
282	营销故事：华丰机器厂的促销组合

284	**第十四章　市场营销组织管理**
285	学习思维导图
286	章首案例 中铁某局华东区域的"OKR＋阿米巴"营销模式
287	第一节 市场营销组织的演进
289	第二节 市场营销部门的组织模式
293	第三节 营销部门与其他部门的关系
298	第四节 市场营销组织设计
300	主要术语
300	思考与讨论
301	营销实践与应用：美国铁路的货运营销组织模式

305   营销故事：瑞蚨祥的组织结构

307 **第十五章　营销计划与控制**

308   学习思维导图

309   章首案例　联华的战略计划转移

310   第一节　营销计划概述

311   第二节　营销目标

312   第三节　营销费用预算

313   第四节　营销控制

317   主要术语

317   思考与讨论

317   营销实践与应用：宝洁分销商 2005 计划

320   营销故事：苗氏兄弟的质量控制

322 **第十六章　营销风险管理**

323   学习思维导图

324   章首案例　三鹿奶粉事件

325   第一节　营销风险的含义及特征

328   第二节　营销风险管理的概念、组织与文化

333   第三节　营销风险管理的原则、框架与程序

338   主要术语

338   思考与讨论

338   营销实践与应用：恒大多元化，陷阱还是馅饼？

341   营销故事：东元盛染坊应对危机

343 **主要参考文献**

第一章

导论

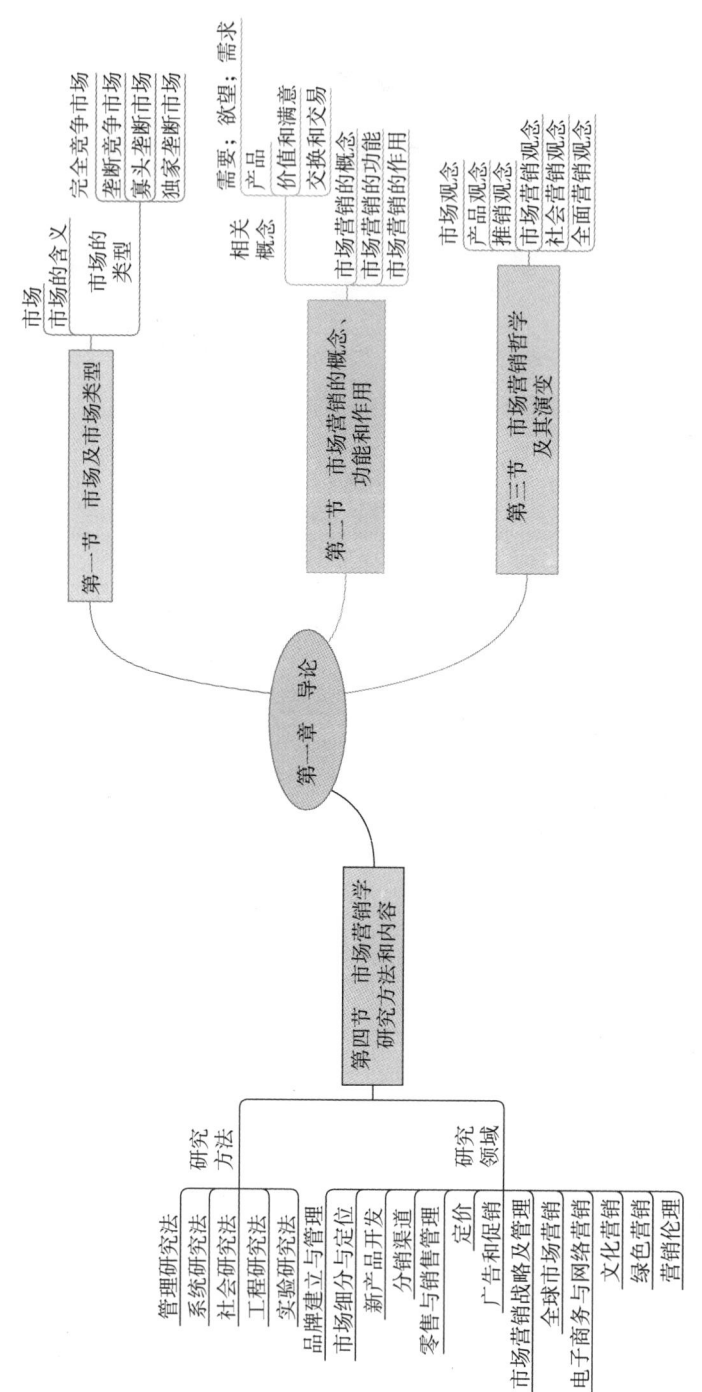

学习思维导图

章首案例　围绕用户体验，华为智能手机发力生态建设

"苹果有的，华为也有，而且要做得更好，所以生态体系一定要做好。" 2017 年 3 月 24 日，华为消费者业务 CEO 余承东刚刚发布完旗舰新品 HUAWEI P10 与 P10 Plus 后如是说。发布会舞台上的余承东对于"非常"一词使用频率颇高——"非常方便""非常快"。但对于 P10 甚至华为手机的未来，安全有序的用户体验和生态建设，或许更为重要。

2016 年，三星因为电池爆炸事件在手机市场上遭遇了空前打击，如今余承东眼前的目标可以说只剩下苹果，特别是在中高端市场上。因此，也是时候把事情做得更漂亮一些——生态建设。

"精品云服务"是 P10 的一大亮点。P10 和 P10 Plus 的云服务应用主要体现在以下几个方面：手机克隆，可实现换机时数据一键高速迁移；天际通，可实现境外 80 个国家/地区免 SIM 卡一键快速上网；Huawei Pay，支持 36 家银行卡安全快捷支付，拥有金融级标准 + 芯片级的安全。另外，用户开启云服务后，万一出现手机丢失，"查找我的手机"功能还能帮助用户随时定位手机，并可远程锁定手机或擦除数据，保障数据安全。这些功能听起来与苹果手机颇为类似，余承东也说："我们希望 P10 可以真正和 iPhone 7 竞争，不管是照相，还是云服务的体验。"

《2016 华为消费者云服务白皮书》显示，2016 年华为消费者云服务全球移动用户数达 21 亿元。华为消费者业务云服务部总裁苏杰在采访中表示："智能手机不只是硬件，还包括云服务。云服务就像马斯洛需求的五个层次一样：安全、性能、丰富、精品、精准。"

云服务还将在华为手机的应用市场、游戏、视频、阅读、音乐等方面提供服务。余承东说："我们鼓励大家去华为应用市场而不是其他市场下载，安卓有各种各样的应用市场，我们的好处是我们的安全级别很高，华为对安全保护抓得非常严。"在余承东看来，安卓系统跟苹果系统目前唯一的差距是生态体系，因此希望通过提升服务及生态布局，实现与苹果的同一"阵线"。

应用市场一直是安卓生态的老问题，华为对此颇有野心，对它的生态布局来说，完善安卓生态也是其中一部分。2016 年 11 月 14 日 Mate 9/Mate 9 Pro 发布会上，华为宣布联合阿里巴巴、百度、腾讯、网易共同成立"中国安卓绿色联盟"，旨在共同构建安卓绿色应用环境，打造安全、可靠、信赖、健康的应用生态。

资料来源：邱月烨，陈秋燕. 华为手机的尴尬与野心 [J]. 二十一世纪商业评论，2017 (4)：74 - 75.

市场营销学是近百年来发展最快的学科之一。这门以经济学、管理学、社会学、心理学、传播学和现代科技为基础的学科，在社会生活的各个领域都得到了广泛的应用。

第一节　市场及市场类型

任何企业与市场都存在着密不可分的关系。企业作为市场系统的一个组成单位，只有同市场系统中的其他单位保持输入输出关系，进行物质的、资金的、劳务的和信息的交换或者置换，才能求得生存和发展。

一、市场的概念

市场（Market）是社会分工和商品生产的产物。由于社会分工的存在，导致生产出来的不同商品分别属于不同所有者。同时，不同消费者也需要满足自身的各种需求，这样供与求就出现了，从而产生了商品相互交换的市场。

市场是商品经济中生产者与消费者之间实现商品（服务）价值、满足需求的交换关系、交换条件和交换过程的总和。可以从以下三个方面来理解：

（1）市场是建立在商品经济基础之上的交换关系，这种交换关系是由一系列交易活动所组成，并由商品交换规律所决定。

（2）现实市场的存在需要满足下列基本条件：生产者能提供满足可供交换的商品；消费者有购买欲望和购买能力；有促成双方达成交易的各种条件，如双方都能接受的交易价格、交易时间、交易地点、供求信息和服务方式等。

（3）市场的发展是一个由消费者决定，而由生产者推动的动态过程。

站在企业经营者的角度来看，人们常常把卖方称为行业，把买方称为市场。买卖双方由四种流程相连，或者说是一个简单的市场营销系统，如图 1 - 1 所示：卖方将商品（服务）送达市场，并与市场进行促销（沟通）；买方把货币和市场信息送达卖方。图中，内环表示钱物交换，外环表示信息交换。

图 1 - 1　一个简单的市场营销系统

在现实经济中，社会分工导致各种商品生产者之间需要各类交换活动，这些交换活动使市场形成复杂的相互联结的体系。图 1 - 2 表示现实经济中的基本市场种类及其交换关系。其中，制造商从资源市场（由原材料、劳动力、资金等市场组成）购买资源，转变成商品/服务后卖给中间商，中间商再出售给消费者。消费者出卖劳动力赚取金钱，再换取所需要的产品/服务。政府为公众提供各种服务，对各种市场征税，同时也从资源市场、制造商市场和中间商市场采购商品。

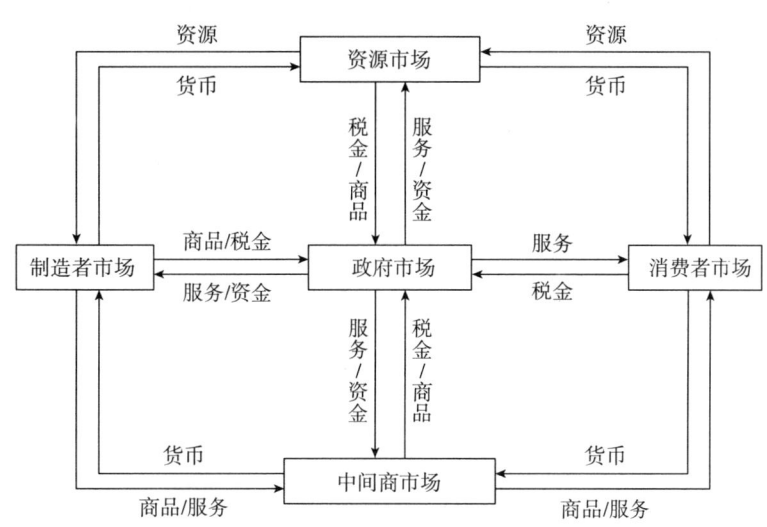

图 1-2　现实交换经济中的基本市场流程

二、市场的类型

从不同的角度来认识，市场可以划分为不同的类型：

（1）从市场的范围来划分，可以分为专业市场和综合市场。专业市场主要经销一种产品，比如手机店，主要销售手机；综合市场经销许多种产品，如超市、各种商场等。

（2）根据市场客体来划分，可以分为消费者市场和组织市场。消费者市场由那些为满足自身和家庭成员的生活需要而购买商品/服务的人组成。组织市场包括生产者市场、中间商市场、政府市场和非营利组织市场，由所有非个人和家庭消费者的团体组织所构成。

（3）根据不同的市场结构特征来划分，可以分为完全竞争市场、垄断竞争市场、寡头垄断市场、独家垄断市场四种类型。决定市场类型的主要因素有四个：一是市场上厂商的数量；二是厂商所生产产品的差异程度；三是单个厂商对市场价格的控制程度；四是厂商进入或退出一个行业的难易程度。四种类型市场的特征见表 1-1。

（4）根据商品类型来划分，可以分为纺织品市场、电子产品市场、汽车市场、房地产市场等。

表 1 – 1 市场类型的划分和特征

市场类型	厂商数目	产品差异程度	对价格的控制程度	进出一个行业的难易程度	接近哪种商品市场
完全竞争市场	很多	完全无差别	没有	很容易	一些农产品
垄断竞争市场	很多	有差别	有一些	比较容易	一些轻工业产品、零售业
寡头垄断市场	几个	有差别或者无差别	相当程度	比较困难	钢铁、石油、移动通信
独家垄断市场	唯一	唯一的产品，且无相近的替代品	有很大程度，但经常受到管制	很困难，几乎不可能	公用事业，如水、电

第二节 市场营销的概念、功能和作用

一、市场营销的相关概念

1. 需要、欲望和需求

人类的各种需求和欲望是市场营销活动的起点。

（1）需要（Needs）是指没有得到某些满足的感受状态。这些需要都不是社会和营销者所能创造出来的，它们存在于人类自身生理和社会之中。

（2）欲望（Wants）是指想得到某些基本需要的具体满足物时的愿望，这种满足物能够满足人的特定需要。欲望是个人受不同文化及社会环境的影响而表现出来的对基本需要的特定追求。营销者无法创造需要，但是可以影响欲望，开发及销售特定的产品和服务来满足欲望。

（3）需求（Demands）是指有能力并且愿意购买的某个具体产品的欲望，它强调的是具体产品。

例如：口渴后"解渴"是需要；人们可以通过得到纯净水、自来水、白开水、可乐、汽水等来得到满足"解渴"的需要，这是欲望；假设想得到可口可乐来满足喝水的欲望，而且这个人有能力购买可口可乐，这对可口可乐来说，就是一个具体的需求。

2. 产品

人们的需要和欲望是靠产品来满足的。产品（Product）是指能够满足人的需要和欲望的任何事物。产品是满足人们需求和欲望的载体。产品表现为以下十种形态：

（1）商品（Goods）。有形商品是生产和销售工作的主要对象，是产品的主要形态，

如钢材、汽车、电脑、电视机和各种各样现代经济中的必需品。

（2）服务（Service）。随着经济进步，经济活动将越来越多地集中于服务业。从事服务业的人与企业主要包括：航空公司、宾馆酒店、理发师、美容师、保养维修服务人员和为企业服务的专业人士，如会计师、律师、工程师、医生、软件编程人员和管理咨询专家等。

（3）事件（Events）。事件也是产品的一种类型，也需要营销。营销人员还可以宣传一些定期发生的事件，比如奥运会、企业周年庆典、大型贸易展览、体育比赛和艺术表演等。

（4）体验（Experience）。通过协调多种类型的服务和商品，公司能够创造、展示和营销体验。沃尔特·迪斯尼世界（Walt Disney World）的梦幻王国就是如此。

（5）个人（Persons）。每个人都在进行自我营销：总统候选人说服选民，律师说服当事人，演员说服导演等，都可以从营销的视角来看待。

（6）地点（Places）。包括城市、地区和整个国家，都在积极争取游客、工厂、公司总部和新的居民。地点营销人员包括专业开发专家、房地产代理商、商业银行、地方性商业协会和广告及公共关系代理商等。

（7）财产权（Properties）。财产权是指对所拥有财产的无形权利，包括真实财产（如房地产产权）或金融资产（如股票和债券）。

（8）组织（Organizations）。组织总是致力于在目标公众心目中建立起一种强势、独特的品牌形象。大学、音乐厅和一些公益性质的协会为了能够争取受众和资金，都要制定计划来提高它们的公众形象。

（9）信息（Information）。信息也可以像产品一样被生产和营销。百科全书和许多非小说性质的图书就是在销售信息。销售有形产品的企业也尝试用信息来增加产品价值。

（10）观念（Ideas）。每个市场供应物的核心都是一个基本观念。露华浓公司（REV-LON）的查尔斯·雷弗逊（Charles Revson）观察到："在工厂里，我们制造化妆品；在商店里，我们出售希望。"而社会学家则忙于推广"别让朋友酒后驾车"和"不浪费才智"这样的观念。

3. 价值和满意

价值（Value）是营销学的核心概念，反映了顾客对有形和无形利益及成本的认知。价值的三要素包括质量、服务和价格。价值随着质量和服务水平的提高而上升，随着价格的上升而下降。

满意（Satisfaction）是指顾客期望与价值之间比较的结果。如果顾客期望大于产品带来的实际价值，则表现为不满意；如果产品带来的实际价值大于或者等于顾客期望，则表现为满意。

4. 交换和交易

交换（Exchange）是指从他人处取得所需之物，而以某种东西作为回报的行为。一般来说，交换的发生必须满足五个条件：至少要有双方参与；每一方都有被对方认为有价值的东西；每一方都能沟通信息和传送货物；每一方都可以自由接受或拒绝对方的产品；每一方都认为与另一方进行交易是适当的或者称心如意的。

交易（Transaction）是交换的基本组成单位，是交换双方或多方的价值交换。它以货币为媒介，而交换不一定以货币为媒介，可以是物物交换。交换是一个过程，而交易是一个行为事件。

二、市场营销的概念

国内外学者对市场营销的定义有上百种，企业界对营销的理解更是各有千秋。本书将重点阐述两个定义。

1. 菲利普·科特勒的定义

菲利普·科特勒（Philip Kotler）认为，市场营销是个人和群体通过创造，提供出售，并同他人自由交换产品和价值，以满足需求和欲望的社会和管理过程。这个定义可以从以下三个方面来理解：

（1）市场营销的最终目标是满足消费者的需求和欲望。

（2）交换是市场营销的核心，交换过程是一个主动、积极寻找机会来满足双方需求和欲望的社会过程和管理过程。

（3）交换过程能否顺利进行，取决于营销者创造的产品和价值满足顾客需求的程度和交换过程的管理水平。

2. 美国市场营销协会的定义

美国市场营销协会（American Marketing Association of，AMA）对于市场营销的定义也被看作是营销领域的权威表述之一。从 1960 年到 2014 年，美国市场营销协会先后为市场营销下过四次定义：

1960 年的定义："市场营销是引导产品以及劳务从生产者到达消费者或者使用者手中的一切企业经营活动。"

1985 年的定义："市场营销是计划和执行关于商品、服务和创意的观念、定价、促销和分销，以创造符合个人和组织目标的交换的一种过程。"

2004 年的定义："市场营销既是一种组织职能，也是为了组织自身及其利益相关者的利益而创造、传播、传递客户价值，管理客户关系的一系列过程。"

2014 年的定义："市场营销是一种向顾客、合作伙伴和社会创造、传播、传递和交换价值的一系列活动、组织和过程。"

可以看出，在不同的社会经济发展时期，人们对于市场营销的认识和理解也会出现明显的差异，而市场营销的内涵也在不断地丰富和扩大。交换价值的一系列活动、组织和过程。

三、市场营销的功能和作用

1. 市场营销的功能

市场营销的功能是指在企业的经营过程中营销活动所扮演的角色和发挥的作用，企业市场营销的功能可以概括如下：

（1）发现和了解消费者的需求。现代市场营销观念强调市场营销应以消费者为中心，企业只有通过满足消费者的需求，才可能实现企业的目标，因此发现和了解消费者的需求是市场营销的首要功能。

（2）指导企业决策。企业通过市场营销活动，分析外部环境的动向，了解消费者的需求和欲望，了解竞争者的现状和发展趋势，结合自身的资源条件，指导企业在产品、定价、分销、促销和服务等方面做出相应的、科学的决策。

（3）开拓市场。企业市场营销活动的另一个功能就是通过对消费者现在需求和潜在需求的调查、了解与分析，充分把握和捕捉市场机会，积极开发产品，建立更多的分销渠道及采用更多的促销形式，开拓市场，增加销售。

（4）满足消费者的需要。企业通过合理地组织企业的人力、财力、物力等资源，并根据不同目标市场的顾客需求，采取相应的市场营销策略，进而满足消费者需求。

2. 市场营销的作用

从宏观角度看，市场营销对社会经济发展的主要作用是解决社会生产与消费之间的七大矛盾。

（1）生产者与消费者在空间上的分离。产品的生产与消费在地域上存在距离，通过市场营销活动可以把产品从产地运往全国乃至世界各地的消费者手中。

（2）生产者与消费者在时间上的分离。产品的生产与消费者对产品的消费在时间上存在差异。市场营销机构通过对产品进行加工、分级和储存，从而满足不同人在不同时间的消费需求。

（3）生产者与消费者在信息上的分离。生产者与消费者不能直接相互了解和掌握自己所需产品的市场信息。这种生产与消费信息的分离，要求市场营销机构进行市场营销调研，并通过媒体传递市场信息。

（4）生产者与消费者在产品估价上的差异。生产者与消费者对产品估价差异性较大，存在着生产者对产品估价过高及消费者对产品估价过低的矛盾。因此，需要市场营销机构通过媒体宣传，改变消费者的估价观念，缩小生产者与消费者对产品估价的差异。

（5）生产者与消费者在商品所有权上的分离。需要特定的市场营销机构组织商品交换，帮助生产者在把产品转移到消费者手中的同时，实现产品所有权的转移。

（6）生产者与消费者在产品供需数量上的差异。这就需要特定市场营销机构向企业进行采购、分级及分散地销售产品。

（7）生产者与消费者在产品花色品种供需上的差异。这就要求特定宏观市场营销机构向各企业广泛采购、分级、加工，并将各种产品销售给广大消费者。

总之，从宏观角度看，市场营销对于适时、适地、以适当价格把产品从生产者传递到消费者手中，求得生产与消费在时间、空间上的平衡，促进社会总供需的平衡起着重大作用。

第三节　市场营销哲学及其演变

市场营销管理哲学，或者叫市场经营观念，是指企业从事营销活动的基本指导思想，它是一种观念、一种态度或一种企业思维方式。一些学者按照企业市场营销哲学出现时间的先后，将其演变过程划分为生产观念、产品观念、推销观念、市场营销观念、社会营销观念和全面营销观念六个阶段。

一、生产观念

生产观念（Production Concept）是指导卖方行为的最古老的观念之一。这种观念认为，消费者喜爱那些可以随处得到的、价格低廉的产品。这种观念的基本内容是企业以改进、增加生产数量为中心，生产什么产品就销售什么产品。

这种观念至少在两种情况下是合理的：一是产品供给严重不足时，顾客最关心的是能否得到这个产品，并不关心产品的细微特征。此时生产者的任务不是进行技术和新产品的开发、铺设新的销售渠道，开拓新的销售区域，也不是促销，而是想方设法扩大再生产。二是市场前景很好的产品，生产和研发的成本很高，降低成本的唯一的方法就是扩大市场。厂商为了收回成本，此时往往实行的就是生产观念。

二、产品观念

产品观念（Product Concept）也是一种比较古老的经营思想。这种观念认为，消费者总是喜欢那些高质量、多功能和具有某些创新特色的产品。生产厂家只要提高产品质量，做到物美价廉，顾客就会找上门来，"好酒不怕巷子深"就是这种观念最直观的描述。这种观念在本质上还是生产什么就销售什么，但是多了一种竞争的色彩，而且注意了产品的质量。在产品供给不太紧缺或者稍有宽余的情况下，这种观念在企业中比较盛行。

这种观念的不足主要体现在以下方面：产品导向的公司在设计产品时经常不让或者很少让顾客介入，忽视顾客需求以及变化，从而引发"营销近视症"（Marketing Myopia）。营销近视症是著名的市场营销专家、美国哈佛大学管理学院西奥多·莱维特（Theodore Levitt）教授于 1960 年提出，是指企业把主要精力不恰当地放在产品上或技术上，而不是放在顾客需要上，其结果导致企业丧失市场，失去竞争力。

三、推销观念

当企业大量生产的产品不能全部销售出去的时候，推销观念（Selling Concept）便应运而生。这种观念认为，消费者具有一种购买惰性或者抗衡心理，如果任由消费者顺其自然的话，他们就不会足量购买某一企业的产品。因此，企业就应该主动推销和积极地利用一系列有效的推销和促销工具去刺激顾客大量购买。

推销观念的适用条件：一是非渴求商品，即购买者一般不会主动去购买的商品，如保险、墓地；二是当公司的产品过剩时，大多数公司也常常奉行这种观念。

四、市场营销观念

市场营销观念（Marketing Concept）产生于 20 世纪 50 年代，是一个完全不同于上述观念的市场经营思想。这种观念要求企业经营的重心不是为产品找到合适的顾客，而是为顾客设计并提供合适的产品。市场营销观念认为，实现组织目标的关键在于正确确定目标市场的需要和欲望，并且比竞争对手更有效地向目标市场创造、传递、沟通优越的顾客价值。

这种观念的出发点是为了满足"买方需要"或顾客需要，企业在经营中所考虑的是如何通过满足消费者或顾客的需要获得利润。或者说，这是一种以满足顾客需要和欲望为前提，从而达到实现企业利益的"双赢导向"企业经营哲学。

五、社会营销观念

20 世纪 70 年代，随着全球环境破坏、资源短缺、人口激增等社会问题的日益严重，企业开始反思其传统的营销活动，意识到企业的营销应负有一定的社会责任。社会营销观念（Social Marketing Concept）便应运而生。社会营销观念要求企业在营销时不仅要考虑消费者需要和公司目标，而且要考虑消费者和社会的长期利益。它认为企业的任务在于确定目标市场的需要、欲望和利益，比竞争者更有效地使顾客满意，同时维护与增进消费者和社会福利。

社会营销观念是对市场营销观念的重要补充、修正和完善。市场营销观念的中心是满足消费者的需求与愿望，进而实现企业的利润目标。而社会营销理念指导下的市场营销决策应同时考虑到消费者的需求与欲望、消费者与社会的长远利益、企业的利益，达到三方面利益的平衡与统一。

六、全面营销观念

2006 年，菲利普·科特勒在《营销管理》（第 12 版）中首次提出了全面营销（Holistic Marketing Concept）的概念。他认为，21 世纪出现的新趋势和新力量要求企业在营销过程中考虑到方方面面，即需要一种开阔的、整合的视野，充分理解营销的复杂性。全面营销具体分为关系营销、整合营销、内部营销和绩效营销四个组成部分，具体见图 1-3。

1. 关系营销

营销的主要目标越来越集中于发展人和组织的牢固关系，它将直接或间接影响公司营销活动的成败。关系营销（Relationship Marketing）旨在与关键成员建立令人满意的长期相互关系以赢得和维持业务，包括顾客、员工、营销合伙人（供应商和渠道商）和金融领域成员（股东、投资者和分析者）。关系营销的最终结果是要为公司建立起独特的关系网络。

2. 整合营销

整合营销（Integrated Marketing）是指企业在设计营销活动时，一定要从整体的角度来考虑，力图运用多种营销策略和手段，达到整体效果最优。同时在设计和实施每一项营销活动时，都要考虑与其他所有活动和策略的相互关联和影响。

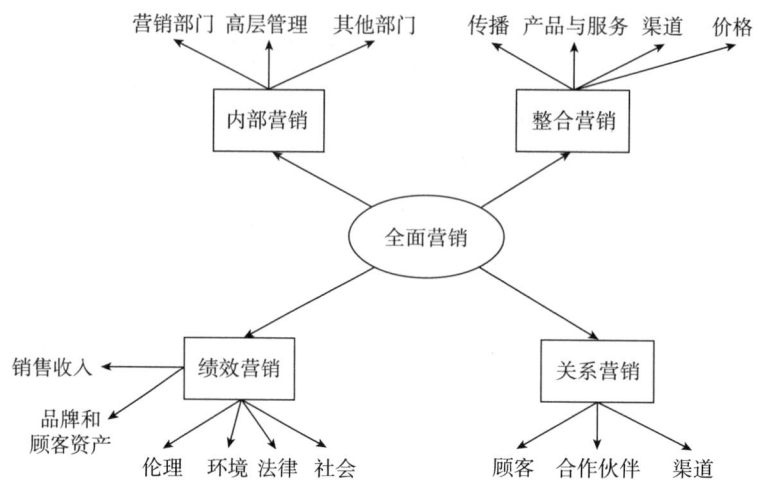

图 1-3 全面营销的维度

3. 内部营销

内部营销（Internal Marketing）确保组织中每个成员，尤其是高管人员，都赞同、理解并正确贯彻公司的营销战略与策略，而且，内部营销需先于外部营销。内部营销需要从两个方面来实施：一是纵向的，从公司高管到公司每个成员；二是横向的，同一层面，不同部门之间，如销售、广告、客户服务、产品管理和市场调研等部门必须协同工作。

4. 绩效营销

绩效营销（Performance Marketing）是指企业需要了解通过各种营销活动所取得的回报。除了财务的回报外，还需要广泛关注营销对社会、法律、伦理和环境的影响和效应。高层主管不仅要审视销售收入、营销业绩和市场份额，还应该关注顾客流失率、顾客满意度、产品质量及企业的社会责任等。

第四节　市场营销学研究方法和内容

市场营销学于 20 世纪初期产生于美国。100 多年以来，随着社会经济及市场经济的发展，市场营销学发生了根本性的变化，从传统市场营销学演变为现代市场营销学，其应用从营利组织扩展到非营利组织，从国内市场扩展到国外市场。当今，市场营销学已成为同企业管理相结合，并同经济学、行为科学、人类学、数学等学科相结合的应用边缘管理学科。

一、市场营销学的主要发展阶段

西方市场营销学的产生与发展同商品经济的发展、企业经营哲学的演变是密切相关的。美国市场营销学自 20 世纪初诞生以来，其发展经历了六个阶段。

1. 萌芽阶段（1900～1920 年）

1900～1920 年，各主要资本主义国家经过工业革命，生产力迅速提高，城市经济迅猛发展，商品需求量也迅速增多，出现了需求大于供给的卖方市场，与此相适应市场营销学开始创立。早在 1902 年，美国密执安大学、加州大学和伊利诺伊大学的经济系开设了市场学课程。之后，宾夕法尼亚大学、匹兹堡大学、威斯康星大学相继开设此课。在这一时期，出现了一些市场营销研究的先驱者，其中最著名的有阿切·W. 肖（Arch. W. Shaw）、巴特勒（Ralph Star. Bulter）、约翰·B. 斯威尼（John B. Swirniy）和赫杰特齐（J. E. Hagerty）。哈佛大学教授赫杰特齐走访了大量企业主，了解他们如何进行市场营销活动。他于 1912 年出版了第一本《销售学》教科书——市场营销学作为一门独立学科出现的里程碑。这本教材同现代市场营销学的原理、概念不尽相同，它主要涉及分销和广告学。

阿切·W. 肖于 1915 年出版了《关于分销的若干问题》一书，率先把商业活动从生产活动中分离出来，并从整体上考察分销的职能。但当时他尚未使用"市场营销"一词，而是把分销与市场营销视为一回事。

韦尔达、巴特勒和斯威尼在美国最早使用"市场营销"术语。韦尔达提出："经济学家通常把经济活动划分为三大类：生产、分配、消费……生产被认为是效用的创造。""市场营销应当定义为生产的一个组成部分。""生产是创造形态效用，营销则是创造时间、场所和占有效用"，并认为"市场营销开始于制造过程结束之时"。

萌芽阶段的市场营销理论和企业经营哲学的生产观念相适应，其依据是以供给为中心的传统经济学。

2. 功能研究阶段（1921～1945 年）

这一阶段以营销功能研究为其特点，最著名的代表者有克拉克（F. E. Clerk）、韦尔达（L. D. H. Weld）、亚历山大（Alexander）、瑟菲斯（Sarfare）、埃尔德（Ilder）和奥尔德逊（Alderson）。1932 年，克拉克和韦尔达出版了《美国农产品营销》一书，对美国农产品营销进行了全面的论述，指出市场营销目的是"使产品从种植者那儿顺利地转到使用者手中。这一过程包括三个重要又相互有关的内容：集中（购买剩余农产品）、平衡（调节供需）和分散（把农产品化整为零）"。这一过程包括七种市场营销功能：集中、储藏、财务、承担风险、标准化、推销和运输。1942 年，克拉克出版的《市场营销学原理》一书，在功能研究上有创新，把功能归结为交换功能、实体分配功能、辅助功能等，并提出了推销是创造需求的观点，这实际上是市场营销的雏形。

3. 形成和巩固时期（1946～1955年）

这一时期的代表人物有范利（Vaile）、格雷斯（Grether）、考克斯（Cox）、梅纳德（Maynard）和贝克曼（Beckman）。1952年，范利、格雷斯和考克斯合作出版了《美国经济中的市场营销》一书，阐述的内容包括：市场营销如何分配资源，指导资源的使用，尤其是指导稀缺资源的使用；市场营销如何影响个人分配，而个人收入又如何制约营销；如何为市场提供适销对路的产品。同年，梅纳德和贝克曼在出版的《市场营销学原理》一书中，提出了市场营销的定义，认为它是"影响商品交换或商品所有权转移，以及为商品实体分配服务的一切必要的企业活动"。梅纳德归纳了研究市场营销学的五种方法，即商品研究法、机构研究法、历史研究法、成本研究法、功能研究法。可见，这一时期形成的市场营销原理及研究方法，已经构成了传统的市场营销学。

4. 市场营销管理导向时期（1956～1965年）

这一时期的代表人物主要有罗·奥尔德逊（Wraoe Alderson）、约翰·霍华德（John A. Howard）和尤金尼·麦卡锡（E. J. Mclarthy）。奥尔德逊在1957年出版的《市场营销活动和经济行动》一书中，提出了"功能主义"。霍华德在出版的《市场营销管理：分析和决策》一书中，率先提出从营销管理角度论述市场营销理论和应用，从企业环境与营销策略二者关系来研究营销管理问题，强调企业必须适应外部环境。麦卡锡在1960年出版的《基础市场营销学》一书中，对市场营销管理提出了新的见解。他把消费者视为一个特定的群体，即目标市场，企业制定市场营销组合策略，适应外部环境，满足目标顾客的需求，实现企业经营目标。

5. 协同和发展时期（1966～1980年）

市场营销学逐渐从经济学中独立出来，同管理科学、行为科学、心理学、社会心理学等理论相结合，市场营销学理论更加成熟。乔治·道宁（George S. Downing）于1971年出版的《基础市场营销：系统研究法》一书，提出了系统研究法，认为公司就是一个市场营销系统，"企业活动的总体系统，通过定价、促销、分配活动，并通过各种渠道把产品和服务供给现实的和潜在的顾客"。他还指出，公司作为一个系统，同时又存在于一个由市场、资源和各种社会组织等组成的大系统之中，它将受到大系统的影响，同时又反作用于大系统。

1967年，美国著名市场营销学教授菲利普·科特勒（Philip Kotler）出版了《市场营销管理：分析、计划与控制》一书，该著作更全面、系统地发展了现代市场营销理论。他精辟地对营销管理下了定义：营销管理就是通过创造、建立和保持与目标市场之间的有益交换和联系，以达到组织的各种目标而进行的分析、计划、执行和控制过程。同时提出，市场营销管理过程包括分析市场营销机会，进行营销调研，选择目标市场，制定营销战略和战术，制定、执行及调控市场营销计划。

菲利普·科特勒突破了传统市场营销学认为营销管理的任务只是刺激消费者需求的观点，进一步提出了营销管理任务还影响需求的水平、时机和构成，因此提出营销管理的实质是需求管理，还提出了市场营销是与市场有关的人类活动，既适用于营利组织，也适用于非营利组织，扩大了市场营销学的研究范围。

6. 分化和扩展时期（1981 年至今）

在此期间，市场营销领域又出现了大量丰富的新概念，使市场营销这门学科出现了变形和分化的趋势，其应用范围也在不断地扩展。

1981 年，莱维·辛格（Ravi Singher）和菲利普·科特勒对"市场营销战"这一概念以及军事理论在市场营销战中的应用进行了研究，几年后，阿尔·里斯（Al Ries）和杰克·特劳特（Jack Trout）出版了《营销战》（*Marketing Warfare*）一书。1981 年，瑞典经济学院的克里斯琴·格罗路斯（Christian Gronroos）发表了论述"内部市场营销"的论文，科特勒也提出要在企业内部创造一种市场营销文化，即企业市场营销化的观点。1983 年，西奥多·莱维特（Theodore Levitt）对"全球市场营销"问题进行了研究，提出过于强调对各个当地市场的适应性，将导致生产、分销和广告方面规模经济的损失，从而使成本增加。因此，他呼吁多国公司向全世界提供一种统一的产品，并采用统一的沟通手段。1985 年，巴巴拉·本德·杰克逊（Barbara B. Jackson）提出了"关系市场营销""协商推销"等新观点。1986 年，科特勒提出了"大市场营销"这一概念，提出了企业如何打进被保护市场的问题。在此期间，"直复市场营销"也是一个引人注目的新问题，其实质是以数据资料为基础的市场营销，由于事先获得大量信息和电视通信技术的发展才使直接市场营销成为可能。20 世纪 80 年代后期，宾夕法尼亚州州立大学的加里·L. 利连（Gary L. LiLien）创立了营销工程，用分析技术、定量技术和计算机建模技术将概念转化成因地制宜的决策行动，从而使市场营销从定性、概念和经验转向了定量的研究。

进入 20 世纪 90 年代以后，关于市场营销、市场营销网络、政治市场营销、市场营销决策支持系统、市场营销专家系统等新的理论与实践问题开始引起学术界和企业界的关注。进入 21 世纪，互联网的发展和应用以及基于互联网的网络营销得到迅猛发展。

二、市场营销学的研究方法

研究市场营销学的方法是随着市场营销学的发展而变化的。在 20 世纪 50 年代之前，对市场营销学的研究主要采用传统的研究方法，包括产品研究法、机构研究法、功能研究法。20 世纪 50 年代以后，市场营销学从传统市场营销学演变为现代市场营销学，研究方法主要是现代科学方法，包括管理研究方法、系统研究方法及社会研究方法。2000 年以后，随着信息科学与通信技术的发展，营销科学与工程研究法也得到了快速的发展。

1. 传统研究方法

（1）产品研究法。这是以产品为中心的研究方法。以产品为主体，对某类产品诸如农产品、工业品、矿产品、消费品及劳务等进行分别研究，研究这些产品的设计、包装、厂牌、商标、定价、分销、广告及各类产品的市场开拓。

（2）机构研究法。这是对分销系统中的各个环节（机构），如生产者、代理商、批发商、零售商等进行研究的方法，侧重分析研究流通过程的这些环节或层次的市场营销问题。

（3）职能研究法。这是从市场营销的各种职能，诸如交换功能（购买与销售），供给功能（运输与储存），便利功能（资金融通、风险承担、市场信息等），以及企业执行各种功能中必定或可能遇到的问题，来研究和认识市场营销问题。

2. 现代研究方法

进入 20 世纪 50 年代以后，市场营销学发生了革命，研究市场营销学的方法也随之发生了变化，主要采取的是管理研究法和系统研究法等。

（1）管理研究法。这是一种从管理决策的角度来分析、研究市场营销问题的方法，它综合了产品研究法、机构研究法和功能研究法。从管理决策的观点看，企业营销受两大因素的影响：一是企业不可控制因素，诸如人口、经济、政治、法律、物质、自然、社会文化等因素；二是企业可控因素，即产品、价格、分销、促销。企业营销管理的任务在于全面分析外部不可控制因素的作用，针对目标市场需求特点，结合企业目标和资源，制定出最佳的营销组合策略，实现企业盈利目标。

（2）系统研究法。从企业内部系统、外部系统，以及内部和外部系统如何协调来研究市场营销学，是系统理论具体应用的一种研究方法。企业内部系统主要是研究企业内部各职能部门，诸如生产部门、财务部门、人事部门、销售部门等如何协调，以及企业内部系统与外部系统的关系如何协调。企业外部系统主要研究企业同目标顾客外部环境的关系。内部与外部系统通过商品流程、货币流程、信息流程联结起来。

（3）社会研究法。主要研究企业营销活动对社会利益的影响。市场营销活动，一方面带来了社会经济繁荣，提高了社会及广大居民的福利；另一方面造成了某些负面效应，比如污染社会及自然环境，破坏社会生态平衡。因此，有必要通过社会研究方法，寻求使市场营销的负面效应降到最低程度的途径。

（4）工程研究法。前面的研究方法基本上都是把市场营销学视为一门艺术，而工程研究法则更加强调市场营销学作为科学的一面，用量化的模型代替感性的思考，从而把市场营销学变成一门科学。

（5）实验研究法。这是目前市场营销学界主流的研究方法之一。运用心理学、行为学中的实验方法，通过严格的实验设计，运用统计学中的数据处理方式来对市场营销的各个环节进行研究的方法。

三、市场营销学的研究领域

1. 消费者行为

消费者行为（Consumer Behavior）研究领域在市场营销学研究中非常流行，包括传统的消费者行为理论研究和当代的新思想，以及在方法论上的创新。研究课题有消费者选择偏好和决策；消费者知识和信息来源过程；购买态度的形成；评价消费者满意度和购买行为；社会、文化环境对消费者行为的影响；消费理念和消费形式；消费者对营销策略和战术的反应等。

2. 品牌建立与品牌管理

品牌建立与品牌管理（Branding and Brand Management）是企业和研究机构都十分关心的课题。研究方向有：品牌创立；品牌延伸；品牌识别；全球品牌、外国品牌与本土品牌的比较研究；品牌资产；品牌战略及其与企业业绩的关系；营销沟通对品牌建立的影响等。

3. 市场细分与定位

市场细分与定位（Segmentation and Positioning）研究主要包括：市场细分方法；目标市场选择战略；市场竞争状况分析；细分市场规模；成长特征和营利性分析；企业竞争优势分析；产品定位策略选择；顾客关系管理战略等。

4. 新产品开发

新产品开发（New Product Development）研究包括：产品设计与发展；产品推出；产品创新对销售的影响；顾客和供应商在产品发展和创新中的角色和特点；企业家和高级管理层在产品创新中的作用；经营形式，如独资、战略联盟、合资、合作等对产品创新的作用；政府、社会、竞争环境对产品创新的影响；专利和知识产权的管理等。

5. 分销渠道

分销渠道（Channel of Distribution）的研究方向有消费品和工业品分销、供应商的发展和管理、关系营销。具体包括：分销体系设计与发展；单边和多边供应体系的管理、控制、协调和绩效；分析和供应企业之间关系的特点和影响作用；科技进步对分销商和供应商的影响等。关系营销主要包括：营销关系和顾客关系战略；发展保持相互信任关系；开展关系营销实践；推出关系营销策略等。

6. 零售与销售管理

零售与销售管理（Retailing and Sales Management）的研究包括：零售的多种渠道；顾客服务和满意问题；零售效益分析；零售的无形资产；新技术促进多种渠道相结合等。销售管理的主要研究包括：销售人员如何为顾客创造价值；科学技术在销售管理中的应用；评价销售人员和组织营销绩效的相对标准等。

7. 定价

定价（Pricing）方面的研究包括：价格促销；公平价格问题；互联网定价和定价策略等。

8. 广告和促销

广告和促销（Advertising and Promotion）研究包括：传统和非传统形式的广告；促销方式；公共关系；直复市场营销；营销沟通的功能和作用包装及相关领域。

9. 市场营销战略及管理

市场营销战略及管理（Marketing Strategy and Management）研究包括：营销战略的发展和执行；市场导向和战略导向的营销；整合营销战略；顾客关系管理战略；营销绩效评价；开发营销资源和潜能；影响现在和未来市场营销功能的力量和发展趋势等。

10. 全球市场营销

全球市场营销（Global Marketing）研究包括：全球性品牌的建立；全球广告促销；不同国家的消费者行为；全球营销战略；全球市场细分；全球市场营销体系比较；全球营销联盟；经济一体化对跨国企业的营销考验；国际市场的选择和进入战略；多国市场的定价策略；原产国形象及效应；国际市场的营销创新和适应等。

11. 电子商务与网络营销

电子商务与网络营销（E-commerce and Network Marketing）研究包括：电子商务技术；在发展顾客群和建立产品营销网络中的科学技术发明和创造；电子商务、网络营销和企业家导向的战略；全球电子营销的不断发展；运用电子技术改进服务质量；增加电子商务多种信息来源；电子商务的专利问题、规则变化和隐私权；科学技术对开发新产品的影响及科学技术的投资回报等。

12. 文化营销

文化营销（Cultural Marketing）研究包括：产品—文化需求；核心价值观；文化价值链；文化亲和力；产品文化营销、品牌文化营销和企业文化营销等。

13. 绿色营销

绿色营销（Green Marketing）研究包括：绿色产品开发；绿色定价；绿色渠道；绿色包装；绿色企业文化建设；绿色企业社会责任等。

14. 营销伦理

营销伦理（Marketing Ethics）研究包括：营销伦理的基本规范；营销伦理失范的表现形式；销售人员伦理规范；产品开发与设计伦理；滥用动植物原料制作产品对社会长远发展的挑战；消费者隐私权与企业营销活动之间的平衡等。

市场营销学研究的方向还有很多，上面只是列举了一些主要的研究方向。同时各个研究方向也有交叉和融合，如网络环境下的消费者行为、定价问题，就是网络营销与消费者行为、定价问题的交叉等。

◎ 主要术语

市场　需要　欲望　需求　产品　价值　满意　交换　交易　生产观念　产品观念　推销观念　市场营销观念　社会营销观念　全面营销观念　关系营销　整合营销　内部营销　绩效营销

思考与讨论

1. 如何正确理解市场的概念？
2. 根据市场结构的不同，可以把市场划分为几种类型？
3. 什么是市场营销哲学？市场营销哲学的发展经过了哪几个阶段？各有什么样的特点？
4. 解释概念：需要、欲望、需求、产品、价值、成本、满意、交换、交易。
5. 从意识和观念的角度来看，如何理解市场营销？
6. 什么是市场营销？市场营销的功能有哪些？
7. 说明市场营销学的产生和发展。

营销实践与应用

海尔的"卡萨帝现象"

卡萨帝（Casarte），海尔集团旗下的高端家电品牌，创立于2006年。2017年，海尔旗下的高端子品牌卡萨帝2017年收入同比增长41%，从国内高端市场来看，在万元以上冰洗市场，卡萨帝冰箱、洗衣机市场份额分别为30%、69%；在16000元以上空调市场，卡萨帝空调市场份额达到40%。

目前，卡萨帝在全球拥有14个设计中心、28个合作研发机构（如麻省理工等），有着由许多在业界享有盛名的设计师所带领的跨越多个国家的300多位设计师团队（意大利、英国、德国、法国、美国、日本、中国等12个国家）。产品先后获得"IF设计大奖""红点奖""PlusX大奖"等全球工业设计顶级奖项。卡萨帝旗下已拥有冰箱、酒柜、空调、洗衣机、热水器、厨房电器（抽油烟机、灶具、消毒柜、烤箱、蒸炉、微波炉、洗碗机等）、生活小家电（咖啡机、面包机、榨汁机、搅拌机、柳橙机、暖杯碟机、电水煲等）、电视机、整体橱柜9大品类的产品。从创立至今，卡萨帝凭借深厚的品牌文化、卓越的用户体验和优秀的产品设计，在全球家电市场上成就了独特的"卡萨帝现象"。

一、用户、客户和行业三者共同成就"卡萨帝现象"

所谓"卡萨帝现象"，是由用户、客户、行业三类群体独有的表现共同形成的。第一类群体是用户，表现为"用户愿意买，也愿意卖"；第二类群体是客户，表现为"愿意卖，也愿意买"；第三类群体是行业，"行业愿意学，学得很艰难"是第三种现象。

第一类群体是用户，具体表现为"用户愿意买，也愿意卖"。用户购买家电产品是正常的消费行为，但用户愿意自发推荐一个品牌则显得不同寻常。上海某资深媒体人曾购买了一件1.5万美元的皮衣，因不放心干洗店的交叉污染，从不敢清洗。当看到皮衣经卡萨帝"空气洗"护理后变得焕然一新，她当即下单购买了纤见洗衣机，并持续地推荐了45

位亲朋好友购买。而这并非个例，据统计，多数消费者在成为卡萨帝的用户后，不仅会自己重复购买，同时也愿意推荐给亲朋好友购买，这也反映了卡萨帝的品牌张力。

第二类群体是客户，作为专业群体，他们的表现为"愿意卖，也愿意买"。作为经销商，"愿意卖"卡萨帝是正常的，但作为最了解家电行业的专业人士来说，"愿意买"就意味着其对卡萨帝的高度信赖。欧亚集团电器营销总部总经理张春秋在 2018 年 5 月 20 日前夕，将 1 台双子云裳洗衣机送给妻子；顺电董事长费国强最爱品茶，F + 自由嵌入式冰箱的 MSA 控氧保鲜科技能够延缓食材氧化周期，成为他的名茶储鲜管家⋯⋯这些被公认为"最懂家电的人"，不仅愿意卖卡萨帝，更愿意自己买卡萨帝，同时还愿意成为卡萨帝的代言人，亲力亲为地推荐卡萨帝。

第三类群体是行业，"行业愿意学，学得很艰难"是第三种现象。模仿是一种行业现象，但模仿不了或者模仿得很艰难也是一种少有的现象。卡萨帝在品牌创立之初就开创了法式对开门冰箱，随即各大海外品牌相继推出类似冰箱；2015 年，卡萨帝推出首款一机双滚筒的双子云裳洗衣机，市面上随之出现了"同款"产品，然而仿品在运行时无法确保机身平衡，仅达到了"半仿"效果；2016 年，卡萨帝发明天玺空调，因为会吹"拐弯风"而被青睐，但目前尚未被模仿出来。受限于技术实力，大多品牌对卡萨帝的模仿仅局限于"高仿""半仿"甚至"0 模仿"状态。

二、引领高端需求的全流程体系

卡萨帝现象，顾名思义，是显性可见的表现。而现象背后真正的内涵是卡萨帝所独有的创造用户需求的全流程高端体系——这个体系由两部分组成，一部分是洞察用户需求的交互体系，另一部分是创造用户需求的全流程高端体系。

首先是洞察需求的交互体系。与发现需求相比，洞察需求具有更高的复杂性。卡萨帝在与消费者的交互中寻找潜在的有价值的信息点，比如，消费者不会直接告诉你"想要一台双滚筒洗衣机"，他们只会将生活中的痛点告诉你，如颜色不一样的衣服不能一起洗、大人与孩子的衣服要分开洗、外衣与内衣也要分开洗等。卡萨帝以前是通过线上与线下交互，而现在是基于大顺逛平台、COSMOPlat 工业互联网平台等实现社群交互并洞察需求的，这是卡萨帝特有的竞争优势。

其次是能够创造需求的全流程高端体系。洞察需求是前提，创造需求是基础。卡萨帝创造需求是全流程的，贯穿研发、制造、服务整个周期。在最初的研发环节，卡萨帝通过全球 14 个设计中心、包括麻省理工等在内的 28 个合作研发机构，与每一位高端用户的需求建立联系；进入制造环节，卡萨帝依托海尔全球领先的 COSMOPlat 工业互联智能制造体系，实现定制、互联、智能、可视，让用户全流程参与设计和生产，加之原创、艺术、完美的匠人态度，最终实现以原创高科技、设计艺术品、精致好工艺为支撑的全球智能制造典范；在其后的服务环节，卡萨帝推出"7 星服务"，为用户提供免费上门设计、免费检测水电、产品送装一体、免安装材料费、免费清洗、用户关爱、VIP 用户终身保修等全流程增值服务，突破传统家电行业仅能提供单一维修服务的短板，实现了管家式高端全流程服务。

因此，卡萨帝全流程高端体系能够实现五大颠覆性创新——从交易到交互、从顾客到终身用户、会员，让用户自发成为卡萨帝代言人；从价格到价值，即卡萨帝作为高端品牌，不仅仅意味着产品价格的高昂，更代表着用户体验的增值；从发布到发酵，即双向持续交互，让用户主动参与，真正实现用户口碑发酵；从研发到迭代，即通过持续交互，让"为产品找用户"的传统研发模式转变为"为用户找产品"。以此为基础，卡萨帝每一款家电的诞生都具有明显的品牌识别度，比如，上下两个筒的双子洗衣机、左右分体的卡萨帝天玺空调、抽屉式冰箱等，这些高差异化的产品给用户带来的价值也是独有的。

卡萨帝12年来的成长就在于不断创造需求、进而满足需求、提升需求。通过与用户交互驱动品牌价值，最终建立起创造用户需求的高端体系，用12年塑造出行业独有的"卡萨帝现象"，这同时也是人单合一模式在品牌层面的一次完整实践。

资料来源：编辑部. 从高端NO.1到"卡萨帝现象"的12年布局［J］. 家用电器，2018（7）：74-75.

案例讨论题

1. 高端智能家电与用户之间的交互活动是否可以作为卡萨帝的独特销售主张？
2. 你是否认可海尔的高端子品牌卡萨帝？请说明理由。

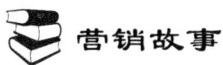

营销故事

<h2 style="text-align:center">瑞蚨祥"顾客至上"的经营理念</h2>

孟洛川（山东章丘人）经营的瑞蚨祥绸布店以服务好而有口皆碑。瑞蚨祥对店员明确要求：无论顾客是有钱还是没钱，无论是买多还是买少，也不论顾客挑多长时间，他们都必须笑脸相陪；对待顾客态度要谦和、忍耐，不得与顾客争吵打架；店员必须注意仪表，无论冬夏，一律穿长服，不得吃葱蒜，不得在顾客面前打扇；不得把回找零钱直接交到买主手里（放在柜台上）；不得用粗词俗语，不得耻笑顾客。

顾客来店，有四位上年纪的店员拉开店门，笑脸相迎；进店之后，有烟、茶、点心供应，招待用烟分上、中、下三等，茶分二等（北京分三等）。在买卖成交后，要向顾客敬烟，更要向达官贵客敬上等烟。有专人拿来布品供顾客挑选，且要不厌其烦，直到顾客满意为止。对店员采取责任追究制，对于应当成交而未成交的情况，必须找出原因。为此，各分号的掌柜甚至要对顾客登门拜访，寻求未成交的原因，以利于改进。同时，瑞蚨祥还提供周到的订货业务，上门服务。孟洛川以"顾客至上"的经营理念，创造了名震世界的瑞蚨祥，也成就了自己"东方儒商"乃至"东方第一商人"的美誉。

品评：儒家文化重视伦理道德修养，主张通过"修身"达到"齐家、治国、平天下"的境界。修身首先要讲"仁"，而仁的达成需要"居处恭，执事敬，与人忠"（《论语·子路》）之礼。上述瑞蚨祥经营中对店员的礼仪要求和对顾客关心备至的行为，很好地诠释了"崇仁尚礼"的儒家传统文化，也和现代市场营销顾客至上的理念不谋而合。

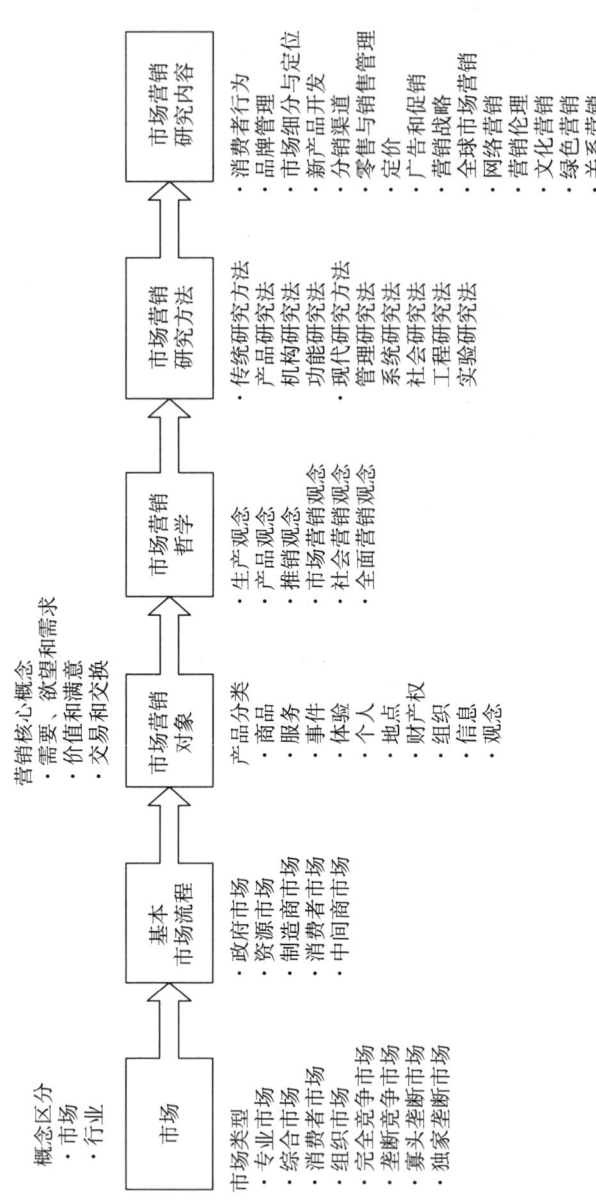

营销知识应用导图

概念区分
· 市场
· 行业

市场

市场类型
· 专业市场
· 综合市场
· 消费者市场
· 组织市场
· 完全竞争市场
· 垄断竞争市场
· 寡头垄断市场
· 独家垄断市场

基本市场流程

· 政府市场
· 资源市场
· 制造商市场
· 消费者市场
· 中间商市场

营销核心概念
· 需要、欲望和需求
· 价值和满意
· 交易和交换

市场营销对象

产品分类
· 商品
· 服务
· 事件
· 体验
· 个人
· 地点
· 财产权
· 组织
· 信息
· 观念

市场营销哲学

· 生产观念
· 产品观念
· 推销观念
· 市场营销观念
· 社会营销观念
· 全面营销观念

市场营销研究方法

· 传统研究方法
  产品研究法
  机构研究法
  功能研究法
· 现代研究方法
  管理研究法
  系统研究法
  社会研究法
  工程研究法
  实验研究法

市场营销研究内容

· 消费者行为
· 品牌管理
· 市场细分与定位
· 新产品开发
· 分销渠道
· 零售与销售管理
· 定价
· 广告和促销
· 营销战略
· 全球市场营销
· 网络营销
· 营销伦理
· 文化营销
· 绿色营销
· 关系营销

第**二**章

战略计划与市场营销管理

学习目标

1. 掌握企业营销战略规划的步骤。
2. 理解并培养市场导向意识。
3. 学会波士顿矩阵法分析工具。
4. 了解市场营销管理的内涵。
5. 掌握企业的市场营销管理过程。

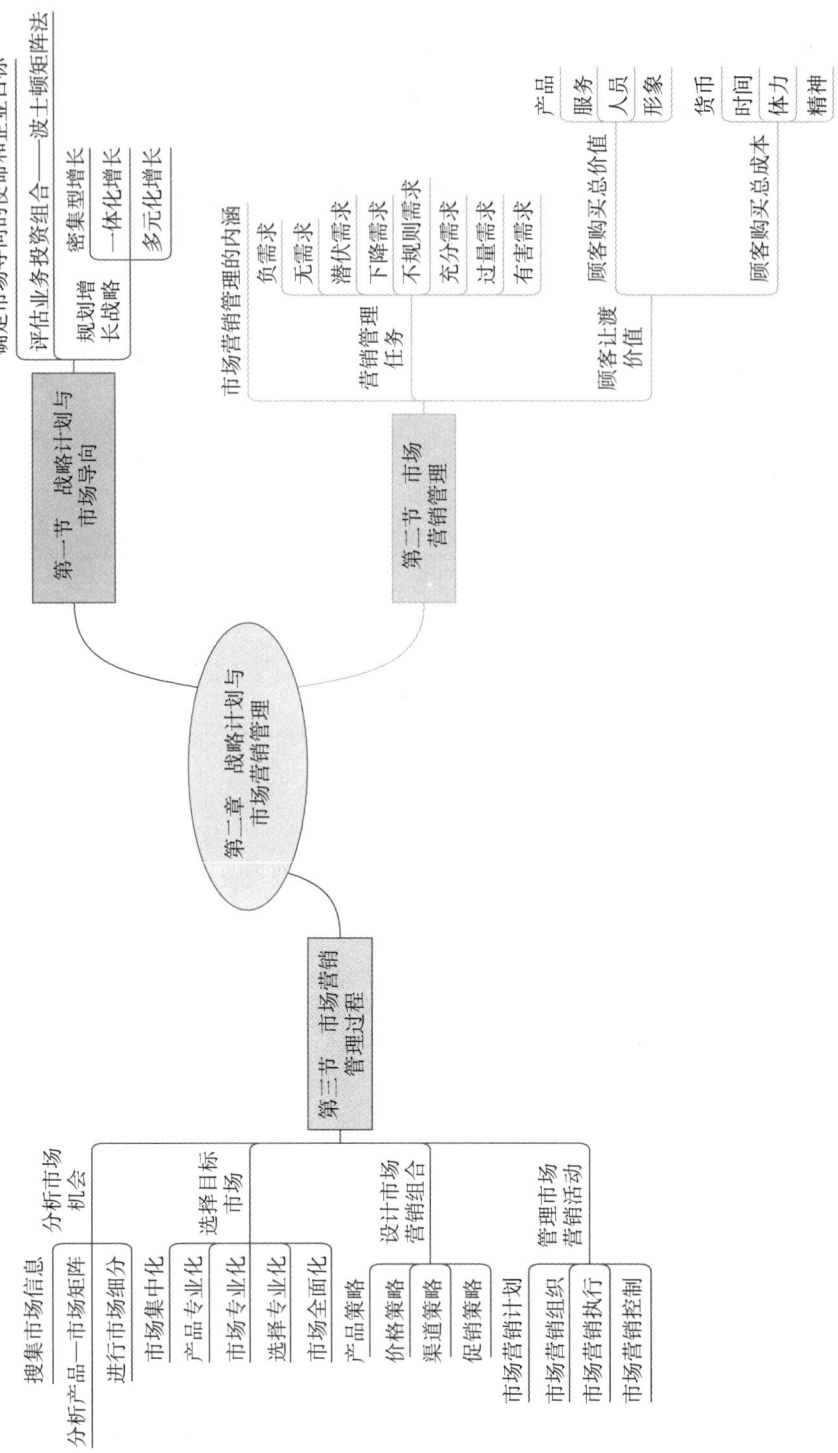

学习思维导图

章首案例　宝洁进入中国市场的本土化战略

宝洁公司英文简称 P & G，创立于 1837 年，是世界上最大的日化用品之一，总部位于美国俄亥俄州辛辛那提。宝洁公司工厂和分公司遍布全球 80 多个国家，拥有雇员 12.7 万，旗下产品有 300 多个，畅销全球 160 多个地区和国家。

1. 价格本土化策略

宝洁公司根据市场需求决定市场价格的规律，使其产品价格跟随中国市场需求的变化而不断调整，如宝洁公司进入中国市场早期采用"撇脂"高价定位策略，旗下众多品牌效果虽好，但价格昂贵。1988～1998 年，在中国企业对跨国公司品牌还没有概念的时候，宝洁公司却凭借着丰富的营销经验所向披靡很快占领中国洗发水市场。但 1998 年以后，中国企业逐渐成长起来，高价策略已经不能满足中国消费者平衡的心理，毕竟消费者对价格因素较为敏感，所以新的价格策略出现，宝洁公司的汰渍、碧浪、舒肤佳、玉兰油等产品价格纷纷下降。

2. 广告本土化策略

宝洁公司一直以来都选择对产品投入大量的广告费用，采取广告攻势策略。正因为宝洁公司长期的广告时间策略，反复锤炼消费者对产品印象深刻的意识，形成特有的产品概念。宝洁公司采用品牌定位策略，这也是其广告本土化策略之一，如沙宣关于时尚定位；飘柔关于自信定位；润妍关于东方女性柔美定位。

3. 产品本土化策略

宝洁公司进入中国之初，就在广州总部成立了研发部门，负责引进品牌的本土化，如"佳洁士"牙膏中添加中草药成分，针对农村洗涤条件对"汰渍"洗衣粉配方进行改良等。2000 年，宝洁公司首次尝试为中国消费者定制全新的品牌产品"润妍"洗发水，虽然以失败告终，但宝洁公司依然没有放弃中国的产品本土化的推行；2013 年 3 月，宝洁公司又推出一款为中国市场定制的高端本草护肤品牌"东方季道"，这个品牌从品牌名称、护肤理念到品牌推广和产品包装都彻彻底底地融入了中国哲学思想和中医文化，再一次表明了宝洁公司致力于产品本土化的决心和实力。

资料来源：周淑贤．宝洁公司（中国）战略实施效果的研究［J］．中国水运，2017（11）：64－73.

企业在动态的环境中生存和发展，不但要善于创造顾客并满足其欲望，还必须积极、主动地适应不断变化的市场。战略规划是企业面对激烈变化、严峻挑战的环境和市场，为长期生存和发展而进行的谋划，是事关企业大局的科学规划，是营销管理的指导方针。

第一节　战略计划与市场导向

成功的营销表现为企业能够了解、创造、传递、获取和维系顾客价值。而要实现企业对顾客的动态关注，不断满足顾客需求，就必须首先考虑战略问题。科特勒指出："战略规划涉及的是公司如何利用其不断变化的环境中的机会的问题。"企业战略规划是指企业根据市场环境变化所提供的市场机会和出现的威胁因素，最有效地利用自身的资源优势，去满足目标市场的需求，进而实现企业既定的发展目标。战略规划带有全局性、长远性和纲领性，它为企业的年度计划和长期计划奠定了基础。所有企业都要从事以下三项战略规划工作：确定市场导向的使命和公司目标、评估业务投资组合和规划增长战略。

一、确定市场导向的使命和公司目标

组织的存在是为了完成某种使命。在初始阶段，公司往往有清晰的意图或使命，但随着时间的推移、企业的发展、新产品和市场的增加，或环境的变化，使命可能会变得模糊不清。此时，公司的管理者必须重新审视其战略意图和使命：我们的业务是什么？我们的客户是谁？我们的顾客重视什么？我们的业务应该是什么？这就是企业使命（Corporate Mission）应该回答的问题。成功的企业不断提出这些问题，并谨慎、全面地回答它们。

企业使命的文字陈述可以千差万别，但好的使命陈述应该符合一些原则。

（1）市场导向。"本公司旨在提高办公自动化效率"和"本公司旨在销售复印机"就是两种不同的使命陈述。前者是市场导向，后者是产品导向。市场导向的使命陈述从满足顾客基本需求的角度来定义企业，而产品导向的使命陈述则从技术和产品的角度来陈述企业。显然，市场导向的使命陈述才能确保企业生存和发展。

（2）切实可行。管理层应避免使命定义得过于狭隘或者过于宽泛。一家旅馆宣称自己从事旅游产业就是将自己的使命说得太宽泛了。一家地区旅馆如果将其使命设定为成为世界上最大的饭店集团，恐怕也是天方夜谭，毕竟这太不现实。

（3）具体明确。那种陈词滥调、冠冕堂皇的质量和顾客满意的使命陈述，既不能给员工具体的指导，也难以产生有效的激励。

（4）鼓舞人心。企业的使命不应该是产生更多的销售或利润，利润仅仅是从事一项有效活动的报酬。使命应该是鼓舞人心的，使命陈述应当能让企业的员工意识到其工作的意义和对人们生活的贡献。微软公司的企业使命是帮助人们"意识到自己的潜力"——"您的潜力，我们的激情。"

此外，企业的使命陈述还应当适应环境的变化，并建立在差异化优势的基础上。

知名公司的企业使命

1. 阿里巴巴集团的企业使命：让天下没有难做的生意。
2. 腾讯的企业使命：通过互联网服务提升人类生活品质。
3. 中国移动的企业使命：创无限通信世界，做信息社会栋梁。
4. 百度的企业使命：让人们最便捷地获取信息，找到所求。
5. 华为的企业使命：聚焦客户关注的挑战和压力，提供有竞争力的通信与信息解决方案和服务，持续为客户创造最大价值。

企业使命需要转化为各个管理层具体的支持性目标。各级管理者应明确自己的目标，并对目标的实现负责。企业常用的目标有销售额、市场份额、利润和投资收益率、产品质量与成本水平、劳动生产率、产品创新、企业形象等。

企业的目标是多层次的，包括业务目标和营销目标。例如，一流家电企业的整体目标是通过开发更好的产品来建立营利性的顾客关系。它通过投资研发达成这一目标，但研发是昂贵的，并需要更高的利润注入新的研究项目。因此，提高利润成了该企业的另一个主要目标。利润可以通过增加销售或降低成本来达成。销售可以通过扩大公司在国际和国内市场上的份额来达成。这些成了该企业当前的营销目标。

企业的目标是具体并可行的，为了达到上述营销目标，该企业必须制定营销战略和规划。例如，把国内市场份额提高7%，企业需要开辟新的营销渠道并增加促销；为进入新的全球市场，公司可以在目标国创造新的合作伙伴；而加大产品促销要求有更多的销售人员、广告及公共关系的投入。

二、评估业务投资组合

在企业使命和目标的指导下，公司总部需要进一步设计企业的业务组合，将资源分配到战略业务单位，最好的业务组合应将企业的优势、劣势与环境提供的机会形成最佳搭配。

战略规划的一项主要活动就是业务组合分析，管理者以此评估组成企业的产品和业务。在分析、评价的基础上决定哪些应当发展，哪些应当维持，哪些需要缩减，哪些必须淘汰，并相应做出投资安排。

对业务投资组合进行分析和评估的前提是划分战略业务单位（Strategic Business Unit，SBU）。战略业务单位是企业值得为其专门制定经营战略的最小经营管理单位。它可以是企业组织中的一个部门或一个单位，也可以是企业所经营的一类产品或一种产品，还可以是一个品牌。

1. 波士顿矩阵业务划分

波士顿矩阵法（BCG Matrix）由波士顿咨询公司开发。该模型利用"市场增长率—相对市场占有率矩阵"来分类和评价企业的所有战略业务单位，如图2-1所示。

在矩阵中，纵坐标代表市场增长率，即企业一定时期销售业绩增长的百分比，可以年为单位。市场增长率以10%为界，高于10%为高增长率，低于10%为低增长率。横坐标代表相对市场占有率，及战略业务单位的市场占有率与其最大竞争者的市场占有率之比。如果某战略业务单位的相对市场占有率为 0.5，说明其市场占有率为最大竞争者的 50%；如果某战略业务单位的相对市场占有率为 2，说明其市场占有率为最大竞争者的 2 倍，是市场的领导者。相对市场占有率以 1 为界，高于 1 为高相对市场占有率；反之则为低市场占有率。矩阵中的圆圈代表企业所有的战略业务单位，圆圈的位置表示各单位的市场增长率和相对市场占有率情况，圆圈的面积表示各业务单位销售额的大小。

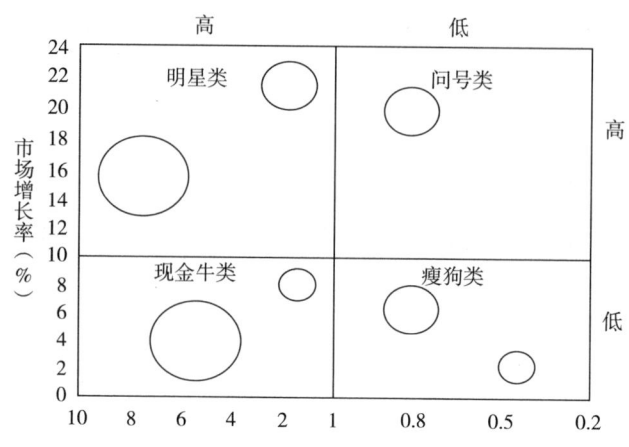

图 2-1 波士顿"市场增长率—相对市场占有率矩阵"法

波士顿矩阵法把所有业务分成以下四种类型：

（1）问号类（Question Marks），即市场增长率高、相对市场占有率低的业务。多数产品最初都属于这种类型。前者说明市场机会大，前景好，而后者则说明在市场营销上存在问题。其财务特点是利润率较低，所需资金不足，负债比率高。对问号类产品应采取选择性投资战略。即首先确定对该象限中那些经过改进可能会成为明星的产品进行重点投资，提高市场占有率，使之转变成"明星产品"；对其他将来有希望成为明星的产品则在一段时期内采取扶持的对策。因此，对问号类产品的改进与扶持方案一般均列入企业长期计划中。

（2）明星类（Stars），即市场增长率高和市场占有率高的业务。这类产品可能成为企业的现金牛产品，需要加大投资以支持其迅速发展。采用的发展战略是：积极扩大经济规模和市场机会，以长远利益为目标，提高市场占有率，加强竞争地位。

（3）现金牛类（Cash Cow），即市场增长率低、相对市场占有率高的业务。其财务特点是销售量大，产品利润率高、负债比率低，可以为企业提供资金，而且由于增长率低，也无须增大投资，因此成为企业回收资金，支持其他产品，尤其明星产品投资的后盾。对这一象限内的大多数产品，市场占有率的下跌已成不可阻挡之势，因此可采用收获战略：所投入资源以达到短期收益最大化为限。①把设备投资和其他投资尽量压缩；②采用榨油式方法，争取在短时间内获取更多利润，为其他产品提供资金。对于这一象限内的销售增长率仍有所增长的产品，应进一步进行市场细分，维持现存市场增长率或延缓其下降速度。

（4）瘦狗类（Dogs），即市场增长率和相对市场占有率都低的业务。其财务特点是利润率低、处于保本或亏损状态，负债比率高，无法为企业带来收益。对这类产品应采用撤退战略：首先应减少批量，逐渐撤退，对那些销售增长率和市场占有率均极低的产品应立即淘汰。其次是将剩余资源向其他产品转移。最后是整顿产品系列，最好将瘦狗产品与其他事业部合并，统一管理。

从产品生命周期看，一项业务可能一次经历问号、明星、现金牛和瘦狗。但由于企业营销管理的不同，某项业务可能发生跳转，如放弃的问号类业务就可能转化为瘦狗类业务。

2. 采取的发展策略

企业对其所欲战略业务单位进行分类后，需要评估自己的业务组合是否恰当。一般来说，市场占有率越高，业务单位的盈利能力越强，利润水平也可能越高；市场增长率越高，业务单位所需要的资源就越多。因此，对一个企业来说，现金牛类和明星类的业务不能太少，问号类和瘦狗类的业务不能太多。针对不同业务类型，企业需要采取不同的投资策略：

（1）发展。提高业务单位的相对市场占有率，甚至不惜牺牲短期利益。这种策略特别适合问号类业务，结合有效的促销组合，使其尽快转化为明星类业务。

（2）维持。维持业务单位的相对市场占有率。这种策略特别适合于现金牛类产品，特别是利润丰厚的大现金牛。这类业务大多数处于产品生命周期的成熟期，只要经营得当，还是可以维持一段时间的，从而为企业提供源源不断的现金流。

（3）收割。不考虑长期利益，尽可能追求短期利润。这种策略适合弱小的现金牛类业务，也适合计划放弃的问号类和瘦狗类业务。企业可以通过减少投资、减少促销费用、提高价格等方式来实现收割。

（4）放弃。清理、变现产品，将资源转到其他经济效益较好的产品上。这种策略最适合那些没有发展前景或妨碍企业增加盈利的问号类或瘦狗类业务。

三、规划增长战略

除了评估当前的业务，设计业务组合还包括发现企业未来应考虑的业务和产品。如果企业存在战略计划缺口时，企业管理者就必须发展或收购新业务予以补充。

企业在寻找市场机会时可以遵循这样一种思路：首先观察在现有业务领域范围内，是否有进一步发展的机会；其次分析与自己的营销活动有关联的上下游，或同业中是否有进一步发展的机会；最后考虑与目前业务无关的领域中是否有较强吸引力的市场机会。这样，就形成了三种可供选择的增长战略。

1. 密集式增长

当一个特定市场还存在发展潜力时，企业可以采取密集式增长战略，即企业仍然在现有的生产、经营范围内开展活动。企业首先考虑能否利用现有产品在现有市场上获得更多的份额；其次考虑能否为现有市场开发具有潜在利益的新产品。可供企业选择的密集式增长战略如图2-2所示。

	现有市场	新市场
现有产品	市场渗透	市场开发
新产品	产品开发	多元化增长

图 2 - 2　产品/市场矩阵

（1）市场渗透（Market Penetration）。管理层考虑公司是否可以不对产品做任何变动，在现有顾客身上实现更大销售。这样，公司就需要在现有市场上扩展渠道、增加网点，或者通过价格、促销等其他手段来增加顾客的购买量。

（2）市场开发（Market Development）。管理层还可以考虑是否存在为现有产品开发新的细分市场的可能性。例如，扩大现有产品的销售区域，把产品销售给新的人群等。

（3）产品开发（Product Development）。管理层也可以考虑向当前市场提供更新的或全新的产品。例如，增加新的品种、增添规格档次、改进包装、增加服务等。

2. 一体化增长

如果企业所在行业仍有发展前景，重新整合供应链可以提高效益，企业不妨采用一体化增长战略。即企业通过实行不同程度的一体化经营，或整合供应环节，或整合销售环节，或同业整合，以增强自身生产和销售的整体能力，从而扩展业务，提高效率，增加盈利。一体化增长有以下三种基本方式：

（1）后向一体化。企业收购、兼并上游的供应商，拥有或控制自己的供应系统，如钢铁企业收购矿山，自行开采。如果供应系统利润丰厚或发展前景良好，后向一体化可以为企业带来可观的利润。同时，企业还可以避免原材料短缺、供应商控制价格的不利状况。

（2）前向一体化。企业收购、兼并下游的分销商，拥有或控制自己的分销系统；或将产品线延伸，从事原有用户经营的业务。例如，服装厂开设专卖店、批发商开设零售店等。

（3）水平一体化。企业通过收购、兼并原有的竞争者，或者与同类企业联合经营，从而扩大经营规模和实力，实现业务增长。

3. 多元化增长

当企业面临业务扩张受限，可以考虑企业经营或获得企业现有产品和市场之外的业务，它可以选择三种策略：

（1）同心多元化。同心多元化即企业选择利用原有技术、特长开发新产品，如原来只生产冰箱的企业开始涉足空调业务，就意味着实施了同心多元化。对企业而言，这样做有利于发挥原有技术、设备等优势，风险相对较小。

（2）水平多元化。水平多元化即企业针对现有渠道或顾客利用新技术开发新产品，如原来经营儿童图书的企业开始销售儿童服装，就步入了水平多元化阶段。这种做法一方面会利用企业原有的客户资源，另一方面也面临技术和生产上的风险。

（3）集团多元化。当企业进入与现有技术、产品和市场无关的经营领域，就意味着选择了集团多元化策略。例如，一些著名的烟草企业进入了机械、房地产、文化等产业，这种策略的风险最大，可能会导致企业的业务过度宽泛。

企业不仅应制定发展业务组合策略，还应制定精简化的战略。当企业面临的市场环境发生改变，从而导致一些产品或市场的营利性下降；当企业可能发展得太快或者进入了太多的市场却并未获得预期的收益；当企业推出顾客并不买账的新产品或者老产品不再被顾客所青睐时，企业都有必要对这些业务品种进行修正、收割或者放弃。管理者应该关注有希望的发展机会，而不是努力拯救羸弱的产品和在业务上浪费精力。

第二节　市场营销管理

一、市场营销管理的内涵

市场营销管理是指为了实现企业目标，创造、建立和保持与目标顾客之间的互利交换和关系，而对设计方案的分析、计划、执行和控制。市场营销管理的任务，就是促进企业目标的实现而调节需求的水平、时机和性质。市场营销管理的实质是需求管理。企业在开展市场营销的过程中，一般要设定一个在目标市场上预期要实现的交易水平，然而，实际需求水平可能低于、等于或高于这个预期的需求水平。换言之，在目标市场上，可能没有需求、需求很小或者超量需求。市场营销管理就是要针对这些不同的需求情况采取不同的营销对策。

（1）市场营销管理的对象是市场营销活动。市场营销是企业的一项经营活动，旨在识别目前尚未满足的需求和欲望，估计和确定需求量的大小，选择本企业的目标市场，并提供适当的产品、服务，以满足目标市场的需要。通过对市场营销各个环节实施有效的计划、监督、指挥和控制，尤其是对各级营销人员的激励，可以保证营销工作以一定的成本取得更高的实效。

（2）实施营销管理的主体是营销部门。营销部门既是营销活动的实施部门，也是主要的职责管理部门。作为营销工作的实施部门，需要安排和执行许多具体的营销工作，如市场需求调研、营销战略计划和项目预算的编制、营销工作组合策略的设计、营销活动的实施和效果评估等。但需要指出的是，营销工作不仅仅是营销部门的工作，组织中所有的管理者和全体员工都应该将营销工作看作是本部门和本人最重要的工作之一。因为只有全体员工都树立以顾客需求为导向的市场营销观念，将个人本职工作与顾客需求联系起来，实行"全员营销"，才能全方位地满足顾客需求。

（3）市场营销管理是一个过程。与其他管理工作一样，市场营销管理也是通过动员和协调各种可控因素，不断适应组织内外环境的变化，最终实现组织经营目标的过程。市场营销的直接目标是满足顾客需要，市场营销管理就是通过计划、组织、指挥和控制等管理职能，把企业所有的人力、物力和财力科学地组织到满足消费者需要工作上来。因此，市场营销管理过程既是需求管理过程，也是企业各项职能不断循环的运转过程。由于消费需求是连续不断的，因此营销管理也是不断循环的运转过程。但是，这个过程不是简单地重复，而是不断地进行自我调节、自我完善的上升过程。每一个过程的结束，同时又是另一个过程的开始。

二、营销管理任务

市场营销管理的中心任务是针对市场需求及其变化情况，对市场营销活动进行计划、组织、指挥和控制。不同的地区、不同的产品、不同的时期，市场需求状况会有所不同，相应地，企业也就实施不同的营销活动，以满足消费者对产品的需求。所以，市场营销过程就是需求管理过程，即面对不同的市场需求，采取不同的营销措施，刺激、创造、适应及影响消费者的需求，使市场需求状况得到改善，赢得竞争优势，求得生存和发展。

任何市场都可能存在不同的需求状况，根据需求水平、时间和性质的不同，可归纳出八种不同的需求状况。在不同的需求状况下，市场营销管理的任务也有所不同，需要通过不同的营销策略来解决，如表 2-1 所示。

表 2-1　八种市场需求状况下的营销管理任务

序号	需求状况	营销管理类型	营销管理任务
1	负需求	扭转式营销	扭转需求
2	无需求	刺激式营销	激发需求
3	潜伏需求	开发式营销	实现需求
4	下降需求	恢复式营销	恢复需求
5	不规则需求	同步式营销	调节需求
6	充分需求	维护式营销	维持需求
7	过量需求	限制式营销	限制需求
8	有害需求	抵制式营销	抵制需求

（1）负需求。负需求是指绝大多数人对某个产品感到厌恶，甚至愿意出钱回避它的一种需求状况。在负需求情况下，市场营销管理的任务是改变市场营销，即分析市场为什么不喜欢这种产品，以及是否可以通过产品重新设计、降低价格和积极促销的营销方案，来改变市场的信念和态度，将负需求转变为正需求。

（2）无需求。无需求是指目标市场对产品毫无兴趣或者漠不关心的一种需求状况。通常情况下，市场对下列产品无需求：人们一般认为无价值的废旧物资；人们一般认为有价值，但在特定环境下无价值的东西；新产品或者消费者平常不熟悉的物品等。如果目标市场对产品毫无兴趣或漠不关心，市场营销管理的任务是刺激市场营销，即通过大力促销及其他市场营销措施，努力将产品所能提供的利益与人的自然需要和兴趣联系起来。

（3）潜伏需求。潜伏需求是指相当一部分消费者对某种物品有强烈的需求，而现有产品或服务又无法使之满足的一种需求状况。在此种情况下，市场营销管理任务的重点就是开发潜在市场，即开展市场营销研究和潜在市场范围的测量，进而开发有效的物品和服务来满足这些需求，将潜伏需求转化为现实需求。

（4）下降需求。下降需求是指市场对一个或几个产品的需求呈下降趋势的一种需求状况。在下降需求情况下，市场营销管理的任务是重振市场营销，即分析需求衰退的原因，进而开拓新的目标市场，改进产品的特色和外观，或采用更有效的沟通手段来重新刺激需求，使老产品开始新的生命周期，并通过创造性的产品营销来扭转需求下降的趋势。

（5）不规则需求。不规则需求是指某些物品或服务的市场需求在一年不同季节，或一周不同日子，甚至一天不同时间上下波动很大的一种需求状况。在不规则需求情况下，市场营销管理的任务是对该市场进行协调，即通过灵活定价，大力促销及其他营销手段来改变需求的时间模式，使物品或服务的市场供给与需求在时间上协调一致。

（6）充分需求。充分需求是指某种物品或服务目前的需求水平和时间等于预期的需求水平和时间的一种需求状况。这是企业最理想的一种需求状况。但是在动态市场上，消费者的偏好会不断变化，竞争也会日益激烈。因此，在充分需求的情况下，市场营销管理的任务是维持市场营销，即努力保持产品质量，经常测量消费者满意程度，通过降低成本来保持合理价格，并激励推销人员和中间商大力推销，千方百计维持目前的需求水平。

（7）过量需求。过量需求是指某种物品或服务的市场需求超过了企业所能供给或所愿供给的水平的一种需求状况。在过量需求情况下，市场营销管理的任务是降低市场营销，即通过提高价格，合理分销产品，减少服务和促销等措施，暂时或永久地降低市场需求水平，或者是设法降低来自盈利较少或服务规模不大的市场的需要。

（8）有害需求。有害需求是指市场对某些有害物品或服务的需求。对于有害需求，市场营销管理的任务是反市场营销，即劝说喜欢有害产品或服务的消费者放弃这种爱好和需求，大力宣传有害产品或服务的严重危害性，大幅度地提高价格和停止生产供应等。降低市场营销与反市场营销的区别在于：前者是采取措施减少需求，后者是采取措施消灭需求。

三、顾客让渡价值

1. 顾客让渡价值的含义

顾客让渡价值（Customer Delivered Value）是指企业转移给顾客的实际价值，一般表现为顾客购买总价值和顾客购买总成本之间的差额。顾客购买总价值是指顾客购买某一产品与服务所期望获得的一系列利益；顾客购买总成本是指顾客为购买某一产品所耗费的时间、精神、体力和所支付的货币等成本之和。顾客让渡价值的构成如图 2 - 3 所示。

顾客在购买产品时，总是希望获得较高的顾客购买总价值和付出较低的顾客购买总成本，以便获得更多的顾客让渡价值，使自己的需要得到最大限度的满足。因此，顾客在做购买决策时，往往从价值与成本两个方面进行比较分析，从中选择出那些期望价值高、购买成本低，即"顾客让渡价值"最大的产品作为优先购买对象。

企业为了在竞争中战胜对手，吸引更多的潜在顾客，就必须向顾客提供比竞争对手具有更高顾客让渡价值的产品，获得更高的顾客满意度。为此，企业可从两方面改进自己的工作：一是通过改进产品、服务、人员与形象，提高产品的总价值；二是通过改善服务于促销网络系统，减少顾客购买产品的时间、精神与体力耗费，降低货币与非货币成本。

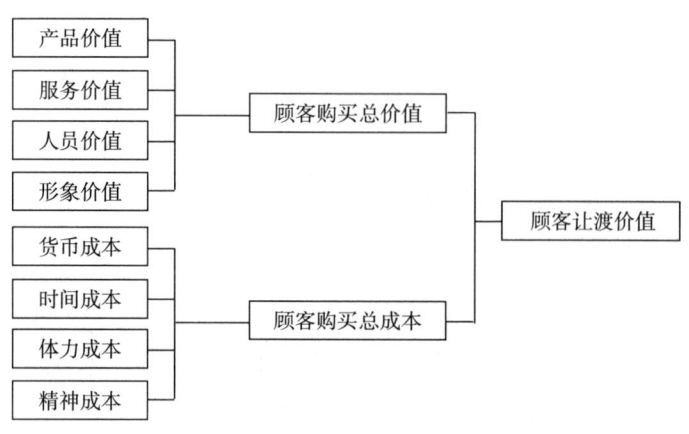

图 2-3　顾客让渡价值的构成

2. 顾客购买总价值

获得更大顾客让渡价值的途径之一，是增加顾客购买总价值（Total Customer Value）。顾客购买总价值由产品价值、服务价值、人员价值和形象价值构成，其中每一项价值的变化均对总价值产生影响。

（1）产品价值。产品价值是由产品的功能、特性、品质、品种与式样等所产生的价值，它是顾客需要的核心内容和选购产品的首要因素。一般情况下，产品价值是决定顾客购买总价值大小的关键和主要因素。

（2）服务价值。服务价值是指伴随着产品实体的出售，企业向顾客提供的各种附加服务，包括产品介绍、送货、安装、调试、维修、技术培训、产品保证等所产生的价值。服务价值是构成顾客购买总价值的重要因素。

（3）人员价值。人员价值是指企业员工的经营思想、知识水平、业务能力、工作效益与质量、经营作风、应变能力等所产生的价值。企业员工直接决定着企业为顾客提供的产品与服务的质量，决定着顾客购买总价值的大小。

（4）形象价值。形象价值是指企业及其产品在社会公众中形成的总体形象所产生的价值，包括企业的产品、技术、质量、包装、商标、工作场所等所构成的有形形象所产生的价值，公司及其员工的职业道德行为、经营行为、服务态度、作风等行为形象所产生的价值，以及企业的价值观念、管理哲学等理念形象所产生的价值等。

形象价值与产品价值、服务价值、人员价值密切相关，在很大程度上是上述三个方面的综合反映。良好的形象价值会对企业的产品产生巨大的支持作用，带给顾客精神上和心理上的满足感、信任感，使顾客需要获得更高层次和更大限度的满足，从而增加顾客购买总价值。

3. 顾客购买总成本

使顾客获得更大让渡价值的另一途径是降低顾客购买总成本（Total Customer Cost）。顾客购买总成本不仅包括货币成本，而且包括时间成本、精神成本、体力成本等非货币成本。一般情况下，顾客购买产品时首先考虑货币成本的大小，因此，货币成本是构成顾客购买总成本大小的主要和基本因素。在货币成本相同的情况下，顾客在购买时还要考虑所花费的时间、精神和体力等，因此，这些支出也是构成顾客总成本的重要因素。这里，我们重点考察下面几种成本。

（1）时间成本。在顾客购买总价值与其他成本一定的情况下，时间成本越低，顾客购买的总成本越小，从而使顾客让渡价值越大。以服务企业为例，顾客在购买餐馆、旅游、银行等服务行业所提供的服务时，常常需要等候一段时间才能进入到正式购买或消费阶段，特别是在营业高峰期更是如此。在服务质量相同的情况下，顾客等候购买该项服务的时间越长，所花费的时间成本越大，购买的总成本就会越大。

（2）精力成本（精神与体力成本）。精力成本是指顾客购买产品时，在精神和体力方面的耗费和支出。在顾客购买总价值与其他成本一定的情况下，精神与体力成本越小，顾客为购买产品所支出的总成本越低，从而顾客让渡价值就越大。因为消费者购买过程是一个从产生需求、寻找信息、判断选择、决定购买、实施购买和买后感觉的全过程。在购买过程的各个阶段，均需要付出一定的精力和体力。

4. 顾客让渡价值的意义

顾客让渡价值概念的提出为企业经营方向提供了一种全面的分析思路。

首先，企业要让自己的商品能为顾客接受，必须全方位、全过程、全纵深地改善生产管理和经营，企业经营绩效的提高不是行为的结果，而是多种行为的函数，以往我们强调营销只是侧重于产品、价格、分销、促销等一些具体的经营性的要素，而让渡价值却认为顾客价值的实现不仅包含物质的因素，还包含非物质的因素；不仅需要有经营的改善，而且还必须在管理上适应市场的变化。

其次，企业在生产经营中创造良好的整体顾客价值只是企业取得竞争优势、成功经营的前提，一个企业不仅要着力创造价值，还必须关注消费者在购买商品和服务中所倾注的全部成本。由于顾客在购买商品和服务时，总希望把有关成本，包括货币、时间、体力和精神成本降到最低程度，而同时又希望从中获得更多实际利益。因此，企业还必须通过降低生产与销售成本，减少顾客购买商品的时间、体力与精神耗费从而降低货币、非货币成本。

最后，充分认识顾客让渡价值的含义，对于指导工商企业如何在市场经营中全面设计与评价自己产品的价值，使顾客获得最大限度的满意，进而提高企业竞争力具有重要意义。

5. 顾客价值的传递过程

在竞争更为激烈的市场条件下，顾客面临丰富的市场选择机会而且有较强的市场鉴别力。大众化市场被分割为许多细分市场，每个顾客都有自己的需要、偏好和购买标准。因此，精明的竞争者必须确定特定的目标市场并为目标顾客设计和传递市场供应品。业务过程的新观点认为，营销开始于业务计划过程之前，该过程由选择价值、提供价值和传播价值三个阶段组成，如图2-4所示。

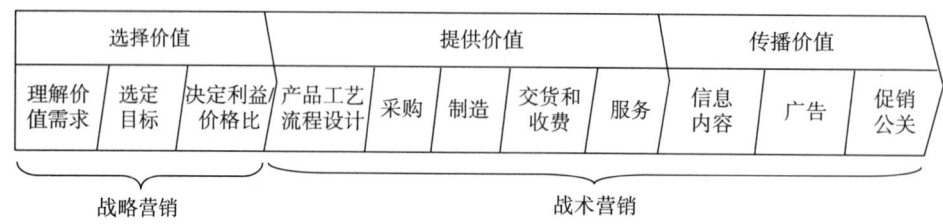

图2-4 顾客价值创造与传递程序

（1）选择价值。在任何产品产生之前，必须先做营销"作业"。营销过程是细分市场，选择适当的目标市场，开发市场供应品的价值定位。其步骤是"细分（Segmentation）、目标市场（Targeting）、定位（Positioning）"（简称为STP），它是战略营销的精髓。

（2）提供价值。营销人员必须确定特定产品性能、价格和渠道，这也是战术营销的内容。

（3）传播价值。在这一阶段，战术营销在延伸：组织销售力量，促销、广告、公共关系和其他推广工作，以传播和促销该产品。

第三节 市场营销管理过程

所谓市场营销管理过程，就是企业为实现企业任务和目标而发现、分析、选择和利用市场机会的管理过程。更具体地说，市场营销管理过程包括如下步骤：分析市场机会、选择目标市场、设计市场营销组合、管理市场营销活动，如图2-5所示。

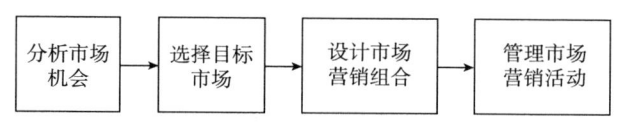

图2-5 市场营销管理过程

一、分析市场机会

寻找和分析、评价市场机会，是市场营销管理人员的主要任务，也是市场营销管理过程的首要步骤。所谓市场机会，是指市场上尚未得到满足的需求。在现代市场经济条件下，由于市场需要不断变化，任何产品都有生命周期，因此一个企业必须不断寻找和发现新的市场机会。

1. 发现市场机会

企业可以采取以下方法来寻找、发现市场机会:

(1) 收集市场信息。营销人员可以通过经常阅读报纸、参加展销会、研究竞争中产品、召开献计献策会、调查研究消费者的需要等方式来寻找、发现或识别未满足的需要和新的市场机会。

(2) 分析产品/市场发展矩阵。营销人员可以利用产品/市场发展矩阵来寻找、发现增长机会（如图 2-2 所示）。例如，某化妆品公司的营销人员可以考虑，是否采取一些措施，在现有市场上扩大香波产品的销售（市场渗透）；或考虑采取一些措施，在国外市场上扩大香波产品的销售（市场开发）；还可以考虑是否向现有市场提供发胶，或改进香波的包装、成分等，以满足市场需要，扩大销售（产品开发）；甚至可以考虑是否投入服装、家用电器等行业，跨行业经营多种业务（多元化经营）。

(3) 进行市场细分。营销人员还可以通过市场细分来寻找、发现最好的市场机会，拾遗补阙。例如，许多知名内衣厂家就是通过市场细分，发现最好机会，纷纷进入北京高档女性内衣市场并取得成功的。

营销人员不仅要善于寻找、发现有吸引力的市场机会，而且要善于对所发现的各种市场机会加以评价，要看这些市场机会与本企业的任务、目标、资源条件等是否相一致，要选择那些比其潜在竞争者有更大的优势、能享有更大的"差别利益"的市场机会作为本企业的企业机会，并最终决定哪些市场机会能成为本企业有利可图的企业机会。

2. 评价市场机会

在现代市场经济条件下，某种市场机会能否成为企业的营销机会，不仅要看利用这种市场机会是否与该企业的任务和目标相一致，而且取决于该企业是否具备利用这种市场机会、经营这种业务的条件，取决于该企业是否在利用这种市场机会、经营这种业务上比其潜在的竞争者有更大的优势，因而能享有更大的"差别优势"。

此外，还要进一步对每种有吸引力的企业机会进行评价。这就是说，还要进一步调查研究：谁购买这些产品？他们愿意花多少钱？他们要购买多少？顾客在何处？谁是竞争对手？需要什么分销渠道？通过调查研究这些问题，营销人员要分析调查营销环境、消费者市场、生产者市场、中间商市场和政府市场。此外，企业的财务部门和制造部门还要估算成本，以确定这些市场机会能否转变为给企业带来利润的市场机会。

二、选择目标市场

市场营销人员发现和选择了有吸引力的市场机会后，还要进一步进行市场细分和目标市场选择。这是市场营销管理过程的第二个主要步骤。

企业需要根据一定的变量或依据进行市场细分，之后，还要决定选择哪些子市场作为企业的目标。企业选择目标市场可以考虑下列策略：市场集中化、选择专业化、产品专业化、市场专业化和市场全面化。

三、设计市场营销组合

1. 市场营销组合的内涵

企业在选定目标市场后，就要考虑形成市场营销策略组合。市场营销组合（Marketing Mix）是市场营销理论体系中的一个重要概念，是企业针对选定的目标市场，综合运用各种可能的市场营销策略和手段，组成一个系统化的整体策略的总称。哈佛大学教授尼尔·鲍敦（Neil Borden）在 20 世纪 60 年代首次提出营销组合的概念，1964 年，美国学者杰罗姆·麦卡锡（Jerome Mccarthy）将这些策略概括为四类基本变量，即产品（Product）、价格（Price）、渠道（Place）和促销（Promotion）。由于这四类变量的英文均以字母 P 开头，因此这四类变量简称"4P"（市场营销组合简称为 4Ps），它们形成了四个相互独立，但却互相依存、互相联系、互相作用和影响的策略子系统。市场营销组合中的每一策略都是重要的，但真正重要的意义在于它们因势而导的配套组合，正是它们结合起来的独特方式，使每一个企业的市场营销组合策略独具魅力。

（1）产品策略。产品策略是指企业向目标市场提供的物品和服务的组合，对顾客而言，它解决的是"买什么"的问题。它不仅包括产品的特性、质量、外观、品牌和规格，还包括服务和保证的因素。

（2）价格策略。价格策略是指消费者获得产品所需支付的货币的数量，对顾客而言，它解决的是"买得起"的问题。它包括基本价格、折扣、折让、支付方式、支付期限和信用条件等。

（3）渠道策略。渠道策略是指企业为使产品到达目标顾客而采取的各种活动，对顾客而言，它解决的是"买得着"的问题。它涉及分销渠道、区域分布、中间商类型、营业场所、物流等要素。

（4）促销策略。促销策略是指企业传递产品价值并说服目标顾客购买的各种活动，包括广告、人员推销、销售促进、公共关系、直销等。对顾客而言，它解决的是"愿意买"的问题。

2. 市场营销组合的特点

市场营销组合具有下列特点：

（1）目标性。企业实施市场营销组合的明确目标是更好、更有效地为目标市场服务，以赢得竞争优势。

（2）可控性。企业可以在充分考虑环境因素和自身条件的情况下，自主地调节、控制和运用营销变量及其组合方案。市场营销管理过程的核心，正是企业通过运用其可控因素，动态适应市场营销中的不可控因素，实现预期的目标。

（3）动态性。市场营销组合不是固定不变的静态组合，而是变化无穷的动态组合。企业应随内部及外界情况的变化，酌情调整营销变量及其组合方案。

（4）复合性。构成市场营销组合的四大类因素或手段，各自又包括了多个次一级或更次一级的因素。市场营销组合不仅要求四种手段的协调配合，而且每种手段的组成因素之间，每个组成因素的更次一级组成单位之间，都必须协调配合。

（5）整体性。市场营销组合的各种手段及组成因素，不是简单的相加或拼凑集合，而应成为一个有机的整体。企业在营销管理过程中不能孤立地应用或单独调整某个营销变量，而是要综合应用和优化组合 4 个 P；同时，不仅 4 个 P 之间要相互协调，还应与营销目标相协调，并在动态中与环境的变化相吻合，以实现营销活动整体最优化。

3. 4Ps 营销组合理论的发展

4P 理论提出后，很多学者从两个方面对它进行改进和发展：

其一是"增加 P 的游戏"：菲利普·科特勒在 1984 年提出营销组合应该在"4P"之外在增加两个"P"：权力（Power）和公共关系（Public Relations），成为"6P"。即要运用政治力量和公共关系，打破国际或国内市场上的贸易壁垒，为企业的市场营销开辟道路，即所谓"大市场营销"（Mega - marketing）。1986 年，科特勒又提出 10P 营销组合，即除大市场营销的 6P 策略之外，再加上 4P 战略：探查（Probing）、分割（Partitioning）、优先（Prioritizing）和定位（Positioning）。同时，科特勒又重申了营销活动中"人"（People）的重要作用，认为这或许是所有 P 中最基本和最重要的一个，即我们所说的 11P 营销组合。另外，又有学者在 4P 营销组合的基础之上，加入包装（Packaging）、人员推销（Personal selling or Peddling）等因素，形成所谓的 12P 营销组合。7P 组合的产生则是伴随着服务营销的发展而提出来的。1981 年，布姆斯和比特纳（Booms and Bitner）在 4P 的基础之上增加了三个"服务性的 P"，即人（People）、有形展示（Physical Evidence）和服务过程（Process）。

其二是"改变 P 的游戏"，即在 4P 营销组合的基础之上推出了 4C、4R 理论。1990 年，美国营销学家、北卡罗来纳大学（Northcalirona University）教授罗伯特·F. 劳特朋（Robert F. Lauterborn）提出了 4C 营销理论，他以消费者需求为导向，重新设定了市场营销组合的四个基本要素：消费者需求（Consumer needs）、成本（Cost）、便利（Convenience）和沟通（Communication）。4C 理论强调企业首先应该把追求顾客满意放在第一位；其次是努力降低顾客的购买成本；再次是要充分注意到顾客购买过程中的便利性；最后还应以消费者为中心实施有效的营销沟通。1999 年，美国西北大学教授唐·E. 舒尔茨（Don E. Schultz）从企业之间竞争的角度提出了 4R 营销新理论，4R 分别是指反应（Reaction）、关联（Relativity）、关系（Relation）、回报（Returns）的英文缩写，它阐述了一个全新的营销四要素。

自 4P 营销理论诞生以来，营销界和营销学界不断地探求顺应形势变化的市场营销新方法，从最初的"以产品为中心"单纯注重产品质量，到"以顾客为导向"争取顾客的满意和忠诚，直到 20 世纪 90 年代顾客价值概念的提出，将市场营销理念推向了一个全新的高度。在现代产品价格构成中，由"价值提供"所构成的价格越来越占相当大的比重，而价值提供从更深层次上提高了企业的竞争能力。价值创新的着眼点就是将企业的经营观念直接定位于消费者的"价值最大化"，通过强调"尊重顾客"和建立"顾客导向"，为目标市场上的消费者提供高附加值的产品和效用组合，以此实现顾客让渡价值。4P、4C、4R 营销组合比较见表 2 - 2。

表 2 - 2　4P、4C、4R 营销组合比较

比较内容	4P 理论	4C 理论	4R 理论
营销观念	生产者导向	消费者导向	竞争者导向
营销模式	推动型	拉动型	供应型
满足需求	相同或者相似需求	个性化需求	感觉需求
营销方式	规模营销	差异化营销	整合营销
营销目标	满足现实的、具有相同或者相近的顾客需求，并获得目标利润最大化	满足现实和潜在个性化需求，培养顾客忠诚度	适应需求变化并创造需求，追求各方互惠关系最大化
营销工具	4P	4C	4R
顾客沟通	"一对多"单向沟通	"一对一"双向沟通	"一对一"双向或多向沟通与合作
投资成本和时间	短期低、长期高	短期较低、长期较高	短期高、长期低

四、管理市场营销活动

　　企业市场营销管理过程的第四个主要步骤是管理市场营销活动，即市场营销的计划、组织、执行和控制。这是整个市场营销管理过程的一个带有关键性的、极其重要的步骤，因为企业没有周密的市场营销计划，营销工作就失去了方向和目标。但是，市场营销计划制订后还要靠有效的组织系统去执行和实施，否则就成了"纸上谈兵"。正如彼得·德鲁克（Peter F. Drucker）所言：计划等于零，除非它变成了工作。因此，制定市场营销计划仅仅是市场营销管理工作的开始。企业制订市场营销计划后，还要化大力气执行和控制市场营销计划。

主要术语

　　战略业务单位　波士顿矩阵法　市场渗透　市场开发　产品开发　顾客让渡价值　顾客购买总价值　顾客购买总成本　市场营销组合

思考与讨论

　　1. 制定企业使命应遵守哪些原则？

　　2. 波士顿矩阵法把企业的业务分为哪几种？对不同业务分别采取什么营销策略？

　　3. 简要说明企业的增长战略。

　　4. 什么是市场营销管理？如何正确理解市场营销管理？

　　5. 简要说明顾客让渡价值的内容。

　　6. 顾客让渡价值的传递包括哪几个步骤？

　　7. 市场营销管理过程包括哪几个步骤？

8. 企业应如何发现市场机会？企业应如何评价市场机会？

9. 什么是市场营销组合？市场营销组合有哪些特点？

 营销实践与应用

优衣库的发展之道

说到"优衣库"（UNIQLO），大家想到的是什么？零库存、基本款、数据化管理、旗舰店、快时尚……它是中国快时尚的领导品牌之一，其实体店每年都以加速度增长。2013年，优衣库在中国开了 82 家店铺，远超 H&M 的 62 家、GAP 的 28 家和 ZARA 的 18 家，2014 年在整个大中华区的店铺数量达到近 400 家。

优衣库是日本著名的休闲品牌，是排名全球服饰零售业前列的日本迅销（FAST RE-TAILING）集团旗下的实力核心品牌。坚持将现代、简约自然、高品质且易于搭配的商品提供给全世界的消费者。而所倡导的"百搭"理念，也为世人所熟知。柳井正，迅销集团（FAST RETAILING）董事长、总裁兼 CEO，是《福布斯》杂志公布的连续两年的日本首富，柳井正是构建世界第三大零售服装品牌的传奇创业者，也是一位带领数万员工共同成长，实现全球近 2000 家分店团队的魅力领导者。

一、清晰的企业使命，引导公司不断发展

历史发展证明，只有那些始终坚持使命，并为社会做出贡献的企业，才能长久存在下去。清晰明确的使命会带来责任感和职业道德，能够让人了解企业是一家什么样的公司，为成员的努力指引方向，同时可以吸引更多的优秀人才加入。人拥有使命感就会具备主观能动性，拥有独立的判断标准，不会轻易气馁。

优衣库，作为让世界上所有的人能够穿上品质优良的休闲服装而努力的日本新型企业，其使命与愿景是：无论在任何时间，任何地方，无论是谁，都能穿着以市场最低价格持续提供的具有时尚性的高品质基本款的休闲服装。为此，我们贯彻低成本经营，以最短时间、最低成本，让生产与销售直接挂钩；周密彻底地考虑顾客对企业的要求，实现最高水准的顾客服务；提供让具备国际化标准的人才能够愉快工作的环境，让员工在一个没有官僚主义的，血脉相通的团队中，做具有革新性的工作；努力实现营业额与效益的高度增长，以成为世界性的休闲品牌企业为目标。

二、高远的目标，让公司熠熠生辉

高远目标不是稍一努力就能达成的，而必须是常识思维无法想象的目标。如果目标过小，不用很努力就能达成，往往会造成是人们延续以往的习惯，竞争者就会很容易复制你的创意和方法，双方就会陷入艰难竞争，结果肯定是连小目标都实现不了。

优衣库曾经是郊外店铺，当确定了"赶超 GAP，成为世界第一的服饰制造零售集团"目标后，公司意识到，自己的店铺开在偏远的郊外，无法让全日本人熟知，无论开设多少家店铺，目标都不可能实现。因此，决定在时尚的原宿、新宿开店铺。优衣库的摇粒绒产

品，在销量达到 100 万件时他们没有满足，设定了 600 万件、1200 万件的更高目标，最终达到了 2600 万件。

三、创新不辍，业务组合常变常新

创新是保持公司长青的法宝。在企业经营中，人们往往不知不觉把现有状态当作"常识"，因此会无意识地设定一些条条框框，尤其当长久处于一个行业、一家公司、一项事业时。很多从顾客角度并无意义的、给顾客带来不便的事，行业里的人，处于自身省事或竞争空间考虑，却把它称为"常识"，这种公认的常识往往限制了企业的发展。

为了实现世界第一的目标，优衣库停止经营耐克、阿迪达斯等进口商品，停掉绝对现金牛的耐克和阿迪达斯是违反"常识"的行为。为了创立自己的品牌，优衣库果断调整产品组合，规定自己的品牌商品必须达到能够让所有顾客满意的质量。

优衣库明星产品摇粒绒和 HWATTCH 系列策划之初，人们习惯性地认为，摇粒绒应该由登山服和户外服厂家生产；HWATTCH 这类产品应该在体育用品商店销售。优衣库摆脱常识经营这类产品。

四、"一切以顾客为中心"准则坚决落到实处

柳井正说，行业是过去，顾客是未来，不要过分关注竞争对手，而要全心全意地以顾客为中心展开经营，当顾客感觉不便时，你积极尝试，就会可能惊喜地发现潜藏着的商机。

在巴黎的优衣库店铺，柳井正看到大型休闲服饰店里面，前面的顾客挑过的商品没人整理，杂乱堆放，后面的顾客要在这样的情境下选购服饰。员工说这是巴黎的惯例，所有的服饰店都是这种状况。柳井正发现，这只是一种习惯，并不是巴黎人喜欢在杂乱的环境中购物。当优衣库坚持清洁和整理时，巴黎人欣然接受，业绩大幅度提高。

资料来源：[日] 柳井正. 经营者养成笔记 [M]. 北京：机械工业出版社，2018.

案例讨论题

1. 查询相关资料，请解释优衣库的业务组合是怎样随着市场环境的变化而逐步升级的？

2. 试着去你所在城市的优衣库进行实地调研，描述一下它是怎样将"一切以顾客为中心"准则执行下去的？

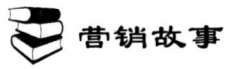 **营销故事**

东元盛的"自加工（织）自染自销"一体化经营

1916年，东元盛染坊的创始人张启垣（山东淄博桓台人），带着两架风箱、两口铁锅和数条衫杆，将染坊迁址到济南。他们租赁房屋，添购零星设备，雇用十余个工人，为色洋布行加工染布，即原料由色洋布行供给，染好后由色洋布行交给踹坊加工平整。由于色洋布行控制着交易过程，染坊和踹坊只能从中获得很少的收益，因此，东元盛初来济南时经营十分困难。

1918年，为了摆脱色洋布行的剥削和控制，张启垣开始自买自染自销——自己买布，自己染色，自己销售。此时的染坊既有加工，也有自染，加工和自染用的白布都是各布店常用的"菊花"粗标和粗布，染好之后，既可交货给色洋布行，也可以自己销售。这种"加工＋自买自染自销"的模式为企业带来了更大的利润，同时也引起了色布洋行的敌视……最终东元盛通过贱卖、自找顾客等手段化解了危机。

自买自染自销经营方式使东元盛的生意蒸蒸日上，但同时面临新的问题：白布不仅价格高，而且在旺季购买困难。于是张启垣决定延伸企业生产链，自己买纱织布。这样既可降低成本，增加色布竞争力，又可卖白布赚取利润，还可在同业之间求得更大的生存空间。但是，自己织布需要更多的资金，当时的东元盛还不具备开厂织布的实力。于是张启垣决定自己从青岛买回纱线，然后到老家桓台"撒机"加工白布，顺利解决了这个问题。1924年，东元盛还自办了踹坊，至此，为色洋布行的加工业务也逐渐停止。

1936年东元盛设立织布车间，织布车间主要是为了创制新花样而设立，染厂所用白斜纹布，仍靠"撒机"和从市场购进。

品评：出自《周易》的"天行健，君子以自强不息"，这句话一直激励着世代国人发愤图强，开拓进取，通过自身的努力实现理想。上述东元盛染坊由最初简单的"加工"业务，逐步发展到"自加工（织）自染自销"一体化经营，就是不断在竞争中求生存，在超越和自我超越中寻发展的结果。正是这种自强不息和与时俱进的精神，以及有效的增长方式，使东元盛从传统手工作坊发展到近代机器工厂。

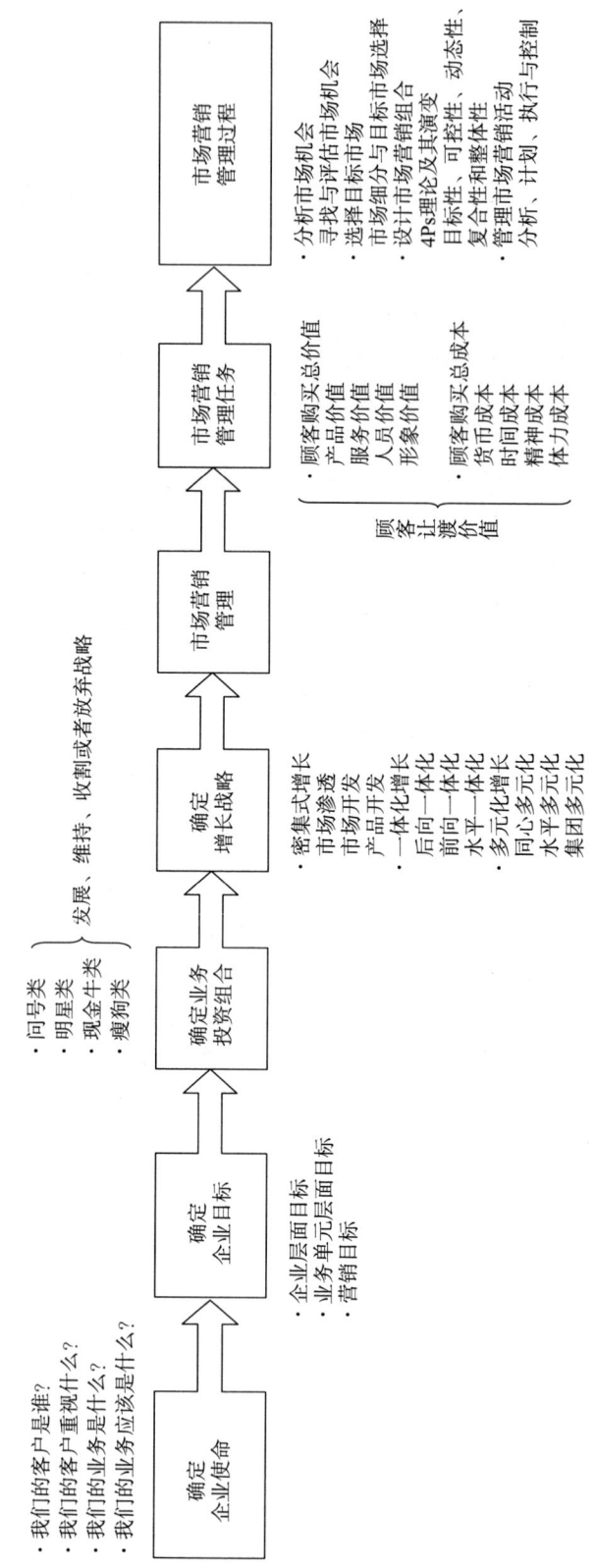

营销知识应用导图

第三章

市场营销环境

学习目标

1. 了解市场营销环境内涵及其构成。

2. 熟悉企业宏观营销环境和企业微观营销环境的主要内容。

3. 掌握企业营销环境分析与对策。

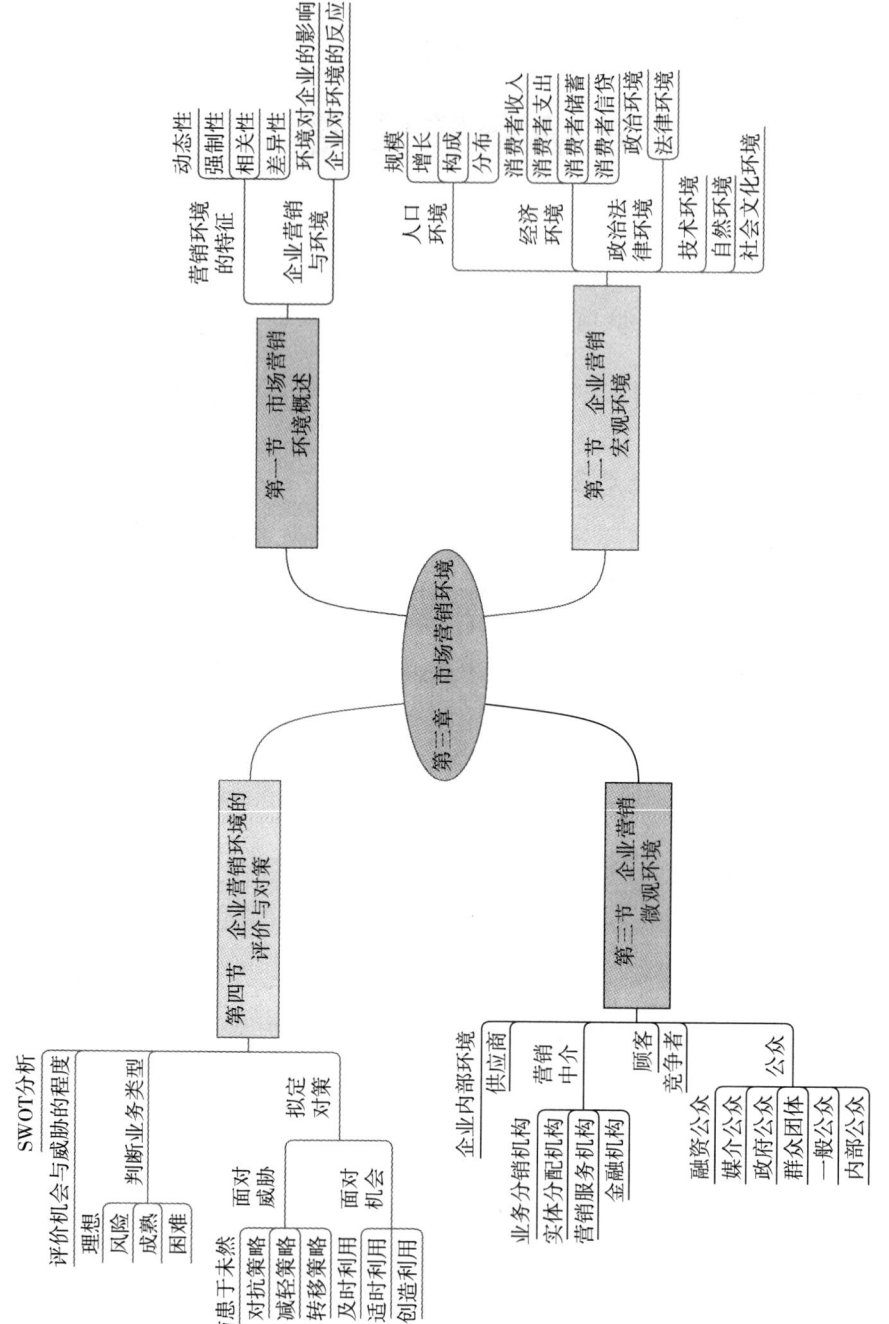

学习思维导图

章首案例 人口生育政策与年龄结构

1953 年的时候，中国一岁人口所占的比例增加得非常迅速。之后经历过三年自然灾难，一方面是妇女的生育率下降了，另一方面是死亡率上升了，造成了非常短暂的人口负增长。1964 年后，由于经济条件社会条件发生了重大变化，生活条件好转，生育水平也出现了很大的回升。到了 1990 年，对应着 1963～1973 年以后的人口出生，9 岁以下的少儿人口在 1990 年又出现了增长。

如果我们对 1953～2010 年的中国人口年龄结构做一个比较，就可以总结出几个大的变化：第一个大的变化为少儿人口。从 1953 年到 2010 年，1982 年，0～14 岁的少儿人口的绝对人数是最多的，达到了 3.37 亿，而到了 2010 年下降到 2.2 亿。第二个大的变化为劳动年龄人口。劳动年龄人口是指 15～64 岁的人口。1953 年的时候大概有 3.3 亿的劳动年龄人口，到 1982 年的时候，达到 6.17 亿，到 2010 年，劳动年龄人口达到 9.93 亿，接近 10 亿。这就是所谓的人口红利。第三个大的变化就是 65 岁及以上的老龄人口的变化。1953 年中国老年人口一共才 2500 万，1982 年老年人口大概是 0.5 亿，到 2010 年达到了 1.2 亿。1953～2010 年，中国的总人口从 5.7 亿增长到 13.4 亿。可是有一个明显的特征，就是少儿人口的绝对人数下降了很多，跟 1982 年相比下降了 1 亿，老年人口却持续增加，达到 8000 多万人，劳动年龄人口增长也是最显著的。

劳动年龄人口虽然人数增长特别快，但是比例上升的速度并不是特别快，并没有发生翻番的情况。比如 1982 年中国的劳动年龄人口占 61%，到 2010 年占 74%。接近翻番的增长是老年人口的比例，1982 年老年人口占 4.9%，到 2010 年的时候，老年人口就接近 9%。为什么会发生这样的显著变化呢？

中国的计划生育政策从 1973 年开始，1980 年提出一对夫妇生育一个孩子。1980 年 9 月 25 日，中共中央对全国共产党员、共青团员发出一封公开信，号召一对夫妻只生一个孩子。这是一个标志性的事件。这个政策对中国人口的生育观念的转变带来了非常深刻的影响，这种影响带来了有利的一面，同时也带来了不利的一面。1982 年，计划生育政策写入了宪法；2000 年以后，尤其是第五次人口普查以后，中国当时的总和生育率是 1.22；人口学者包括社会上一些关心人口研究的人觉得生育水平太低，从 2008 年就开始做了一些准备调整政策的研究，到 2013 年党的十八届三中全会提出单独二孩政策，2014 年开始在全国实施，2015 年提出全面二孩政策，这个政策也已经在全国开始实施。

执行全面二孩政策，我们的研究结论就是在 2016～2020 年是新增人口比较集中的几年，这几年每年的出生人口规模可能在 1900 万左右，超过 2300 万的可能性不是特别大。五年累计新增出生人口估计应该在 1800 万以内，总人口的高峰应在 14.5 亿以内，14.2 亿的可能性比较大。

中国人口结构的变化，将会给服装、教育、休闲、医疗、旅游、汽车、房屋、食品等领域带来新的市场机遇与挑战。

资料来源：王广州. 从"单独"二孩到全面二孩 [J]. 领导科学论坛，2016（2）：31-36.

任何企业都是在不断变化的社会、经济、自然等环境中运行着，其市场营销能力也都会不同程度地受到环境变化的影响。这些环境力量的变化，既可以给企业带来机会，也可能会形成威胁。一个优秀的企业营销管理者，就在于能在变化的市场环境中，不断发现和捕捉机会，规避和克服威胁，使企业朝着理想的目标顺利发展。

第一节　市场营销环境概述

一、市场营销环境的内涵

市场营销环境（Marketing Environment）是指影响企业营销活动及其目标实现的各种因素的总和。这些因素主要由企业营销管理职能的外在力量与机构组成，并直接或间接地影响着企业与目标市场发生交换的能力。市场营销环境可以分为两大类：微观环境和宏观环境。

微观环境（Microenvironment）是指直接影响和制约企业营销活动的各类行为主体，包括供应商、企业自身、营销中介机构、顾客、竞争者及公众。这些环境因素往往与企业有或多或少的直接业务联系，因此微观环境也称作业环境或直接环境。

宏观环境（Macroenvironment）是指既影响企业营销活动，同时又影响微观经济环境中其他行动主体的一些大范围的社会力量，包括人口环境、经济环境、自然环境、技术环境、政治法律环境和社会文化环境六大因素。宏观营销环境对企业的影响往往以微观营销环境为媒介，所以也叫间接环境。

综上所述，市场营销环境泛指一切影响和制约企业市场营销决策和实施的内部条件和外部因素的总和。各种环境因素的关系见图3-1。

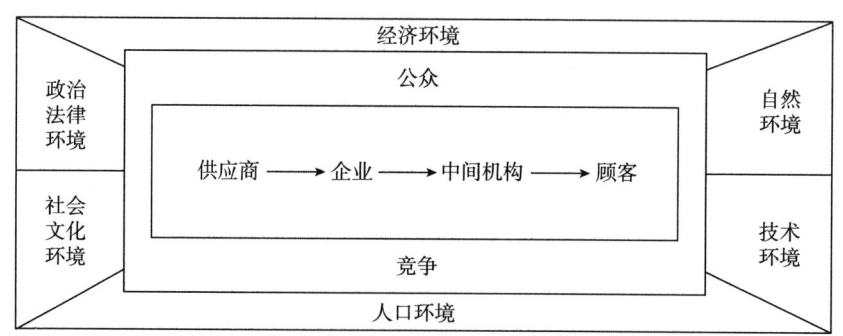

图3-1　各种环境因素的关系

图3-1表明，供应商、企业、中间机构、顾客这一链条构成了企业的核心营销系统，相互间形成了一种协作与服务关系。同时，企业营销活动还会受到竞争者和公众两方面因素的影响，他们与企业形成竞争（或联盟）、监督制约（或促进）的关系。而微观环境主

体因素又总是处于宏观环境因素的包围和影响之中，并依托于宏观环境的变迁转换着相互间关系的性质与内容。

二、市场营销环境的基本特征

（1）动态性。变化是宇宙万物的主题，营销环境也是处于动态的变化之中。

（2）强制性。强制性主要体现在企业不可控制的外部力量即宏观环境因素上，一般企业难以对其施加影响。

（3）关联性。各种营销环境因素是相互依存、相互制约的。无论其中哪一个因素发生变化都可能直接或间接引起其他因素的变化。

（4）差异性。一是不同国家和地区之间，宏观环境存在着广泛的差异；二是不同行业存在着差异；三是不同企业所具有的微观环境千差万别；四是同一环境的变化对不同行业不同企业的影响不尽相同。

三、企业营销与营销环境的关系

（1）营销环境对企业的影响。宏观环境对企业营销活动的影响体现在两方面。一是它为企业提供了新的市场机会，即为企业发展创造了条件；二是它给企业带来了威胁，即对企业的生存、发展造成了障碍，从而使企业处在危险之中。微观环境对企业营销活动的影响主要体现在企业利用机会和规避威胁的能力，直接关系到企业的前途与命运。

（2）企业对营销环境的影响。企业对营销环境的反应主要体现在其营销活动成败的关键在于能否适应不断变化着的营销环境。企业可以通过运用其自身在政治、经济、法律等方面的权利，以及技术、企业文化能力开展各种诸如公关谈判、广告宣传和战略性合作等活动，对各类环境因素施加影响，使环境为企业创造更多的市场机会或规避来自环境的诸多威胁。

第二节　企业营销宏观环境

一、人口环境

市场由具有购买力和购买欲望的人构成，人口环境对市场带来的影响具有长远性和整体性，从根本上制约着企业营销机会的形成和市场目标的选择。可以从人口规模、人口增长率、人口构成和人口分布四个方面进行动态和静态的分析研究。

1. 人口规模

人口规模是指一个国家或地区人口数量的多少。若一个国家或地区的人口规模大，且人均收入水平高，购买力强，无疑对任何企业的营销活动都是有利的。

2. 人口增长

人口规模只是从静态上考察市场容量，还应从人口增长的动态趋势去考察市场，并把这种趋势与经济增长形势结合起来分析企业的营销局势。人口增长对企业可能产生两种完全不同的影响：其一，如果人口增长伴随着经济的快速发展，人们的购买力也相应地或更快地提高，这意味着市场的扩大，对企业无疑提供了更多发展的机会；其二，如果人口的增长快于经济增长，则人们的购买力不但没有增长反而下降，这又意味着市场萎缩，生活贫困，对企业形成威胁。

3. 人口构成

人口构成是指各类人口在总人口中所占的比重。人口构成相对比较复杂，可分为两大类：自然构成和社会构成。

（1）人口的自然构成。①年龄构成。它是指不同年龄段的人口比重。不同年龄的消费者，由于其生理和心理特征、人生经历、收入状况不同，有着不同的兴趣爱好、消费需求和消费模式。营销者一般可以把不同年龄形成的特殊市场区分为老年人市场、成年人市场、青少年市场、儿童市场、婴幼儿市场，每个年龄段都有相应的消费主题。②性别构成。它是指男女人口在总人口中的比重，常用性别比表示。性别比偏高或偏低都会产生一定的不良社会经济后果，对企业的直接制衡是劳动力市场的供求失衡。我国的性别比存在不同程度的失衡问题。据全国第六次人口普查显示，大陆31个省、自治区、直辖市和现役军人的人口中，性别比（以女性为100，男性对女性的比例）由2000年第五次全国人口普查的106.74下降为105.02。③家庭结构。根据家庭成员组成情况，可分为完整家庭和不完整家庭。前者组成的家庭包括丈夫、妻子、孩子、祖父母；后者包括单身、同居、单亲家庭、无子女家庭和无家可归者。根据家庭规模大小，可分为核心家庭和扩展家庭。前者主要由父母和子女两代人组成；后者则由多代同堂构成。

（2）人口的社会构成。①民族构成。许多国家都包含多民族。我国有56个民族，不同民族，其风俗习惯、审美观、价值观、信仰等差异很大，企业营销必须区别对待。②职业构成。从事不同职业、工种的人们所处的工作环境和条件对个人的消费需求有着明显的制约和导向作用，使从事相同职业的人们在消费上具有趋同性。③教育程度。根据人口接受教育程度的不同可以分为五类：文盲、初中以下、高中、大学、大学以上。一般地，随着受教育人数和教育水平的提高，市场将增加对优质高档产品、旅游、书籍杂志等文化消费品的需求，而且人们的需求更加追求个性化和多样化。

4. 人口分布

（1）人口地理分布。人口地理分布是指不同地区人口的密集程度。任何一个国家、一个地区，甚至一个城市，其人口的分布不会是很均匀的。我国人口主要分布在沿海及沿江地区，东南沿海人口密集，越往西北人烟越稀少。人口密度的高低在一定程度上决定着市场规模的大小，也影响着商业网点的设置。人口的地理分布还表明了不同地区的消费习惯和需求特征，影响着企业营销的内容。

（2）人口地区间流动。人口地区间流动可以反映人口的动态分布。一个世纪以来，世界人口流动表现为两大趋势：一是人口从农村流向城市，出现人口"城市化"现象。都市生活的特点是生活水平高，交通方便，有许多优良的商品和服务等。由于城市生活节奏快，对节省时间的用品和食品需求量也很大。二是人口从城市向郊区及周围小城镇转移，出现"城市空心化"趋势，目前在发达国家十分明显。这是由于城市比较拥挤、污染严重，而郊区空气新鲜、空间开阔，能满足人们追求健康自然的生活需求。

二、经济环境

经济环境（Economic Environment）指与企业营销活动密切相关的各类经济要素。从全局来看，是对企业营销活动制约和影响的一些宏大经济因素，如经济发展阶段、经济形势、经济体制和政策等；从影响企业的市场运行来看，主要是指社会购买力，因为，企业营销活动的对象就是那些具有货币支付能力的人口，在人口规模既定的情况下，市场规模与社会购买力成正比。社会购买力是一个综合性指标，其直接或间接地受经济收入、消费者支出、消费信贷及居民储蓄、币值和税收等因素的影响。这里主要就以下四个方面予以分析：

1. 消费者收入

消费者收入包括工资、奖金、租金、利息、红利等收入。消费者收入决定购买力，在正常情况下，收入越多，购买力越大，市场规模也相应扩大。

分析消费者收入时，有必要将其区分为个人可支配收入和个人可任意支配收入。个人可支配收入是指个人收入减去直接负担的各项税款（如个人所得税）和其他具有强制性的负担（如交通罚款）之后的余额。个人可任意支配收入是指个人可支配收入减去维持生活所必需的支出（如衣、食、住、行等方面）和其他固定支出（如分期付款、学费、保险费等）所剩下的那部分个人收入。

分析消费者收入时要区别"货币收入"和"实际收入"。因为"实际收入"与"货币收入"往往是有差别的。当消费者的货币收入不变，如果物价下降，消费者的实际收入便增加；相反，如果物价上涨，消费者的实际收入则减少。即使消费者的货币收入随着物价上涨而增长，但是，如果通货膨胀率超过了货币收入增长率，消费者的实际收入也会减少。

2. 消费者支出

消费者收入影响支出，随着收入的变化，消费者支出模式会发生相应的变化。德国统计学家恩斯特·恩格尔（Ernst Engel）早在1857年就发表了有关收入与食品支出之间关系的报告，并由此得出著名的恩格尔定律（Engel's Law）。

恩格尔依据自己多年对英国、法国、德国、比利时等国劳工家庭收入增加后消费支出结构变化所作出的调查发现，当其他条件不变时，随着家庭收入的增加，家庭开支中用于购买食品的部分会相对减少；用于衣服、住房、燃料等方面的开支变动不大；用于教育、医疗卫生、娱乐、体育活动等方面的开支会有较多增长，这就是恩格尔定律。可用恩格尔系数表示：

恩格尔系数 = 食物支出变动的百分比/收入变化百分比

这个公式通常称为食物支出的收入弹性，它反映了人们收入增加时支出变化的一般趋势，是衡量一个国家、一个地区、一个城市、一个家庭生活水平的基本标准。系数越小说明生活越富裕，系数越大说明生活水平越低。企业通过对恩格尔系数的了解，再结合个人消费结构现状就可以推知今后消费变化的趋势对企业营销的影响。

3. 消费者储蓄

绝大多数消费者并非将全部收入用于当前消费，而是出于某些目的把收入的一部分以各种方式，如银行存款、债券、股票等形式储存起来，以备将来消费之用。经济学家通过对消费者个人收入进行统计分析，发现消费和储蓄都会随着收入的增加而增加，但收入增加到一定的程度，消费增加的百分比会逐渐下降，而储蓄增加的百分比逐渐提高。即消费增加的百分比总是低于收入增加的百分比。为此，西方经济学家提出了边际消费倾向递减规律，其公式是：

边际消费倾向 = △消费支出/△可支配收入 < 1

边际消费倾向的这种性质对经营者估计消费增加的可能程度很有帮助。例如，一个原来收入水平很低的国家、地区或家庭，当收入有所增加时，收入的绝大部分会用于消费，当前市场容量增加；相反，一个原来收入较高的国家、地区或家庭，当收入增加时，收入的大部分将用于储蓄，而不论何种储蓄，都有一定的利息收入，这预示着增加了消费者未来的收入总数和潜在的购买力。

4. 消费者信贷

消费者信贷是指消费者凭信用先取得商品使用权，然后按期归还贷款认购商品，这是一种超越自己目前购买力的超前消费行为。有些经济学家认为，在供大于求的市场条件下，允许人们购买超过自己现实购买力的商品，可以创造更多的商业机会和更多的需求，从而刺激经济的增长。消费者信贷的盛行，创造了新的购买力，这种新的购买力还能带动相关产业和产品的发展。

三、政治法律环境

政治法律环境是指那些对企业经济行为具有强制或制约因素的各种法律、政府机关和压力集团。政治和法律密切相关，法律是充分体现政治统治的有力形式，政府部门则利用立法及各种法规表现自己的意志，对企业的行为予以控制。任何企业总是在一定的政治与法律环境下运行的。

1. 政治环境

政治环境（Political Environment）主要指国家政体、政局、政策等方面的因素。政体主要是指国家的性质、体制、政治制度、政治倾向、与他国的国际关系等；政局指执政当局的稳定程度、与邻国的关系、边界的安定性、社会的安定性等；政策是指执政党和国家的政治、经济、文化等全局性、方向性的政策方针。政治因素对企业的影响具有直接性、不可逆性和难预测性。

另外，一些政治团体，如工会、青年团、妇联等对国家政治决策也有很大的影响作用，有时也会使企业的政治环境发生很大的变化。

2. 法律环境

法律环境（Legal Environment）是指国家主管部门及省、市、自治区颁布的对企业营销活动有影响的法律、法规、条例、标准和法令等。市场经济是法制经济，各国都在极力通过立法来规范企业的市场行为。企业熟悉法律环境，既能保证自身严格依法经营，又能用法律手段保护自己的合法权益。与企业营销有关的法律主要分为以下三类：

（1）维护企业公平竞争的立法。这类立法主要用于避免不正当竞争，维护整个市场经济运行的秩序和效率。涉及的主要法律如《合同法》《公司法》《商标法》《专利法》《反倾销法》《反不正当竞争法》《反垄断法》等。

（2）保护消费者权益的立法。这类立法的法理基础在于市场信息获得的不对称性。保护消费者权益的法律涉及企业的产品、价格、促销、渠道决策的各个方面，如《产品责任法》《广告法》《产品质量法》《消费者权益保护法》《食品安全法》等。

（3）保护社会利益的立法或标准。保护社会利益的立法主要是关于环境保护、资源开发利用、承担社会责任等方面的法律。用经济学的术语来说，制定这些法律或标准是为了避免出现"外部不经济"。这类立法如《环境保护法》《环境噪声污染防治条例》《大气污染防治法》《水污染防治法》《节约能源法》《可再生能源法》《城市规划法》《石油地震勘探损害补偿规定》《社会责任国际标准（SA8000）》《能源法》等。

应注意的是，各种政策、法律、法规、条例和标准不是一成不变的，总是处于不断修正、完善和加强之中，企业必须密切注视政治与法律环境的变化，并根据这些变化及时调整自己的营销目标和措施。

四、技术环境

新技术是一种"创造性的毁灭力量"。伴随着科学技术发展而必然出现的现象是：新兴产业的诞生、传统产业的改造和落后产业的淘汰，从而使企业的市场营销活动面临新的机会和挑战。企业必须密切注视技术环境和知识经济的发展变化趋势，避免把有限的资源投向即将没有前途的产品。

世界科学技术发展呈现出以下特点：一是以微电子为标志的尖端技术发展迅速；二是从科学发明到技术应用的周期不断缩短；三是重视民用产品采用最新科技成果；四是未来科技的研究受到人们的普遍重视。新技术的推广应用必将促使人们的消费观念、购物方式及零售业结构发生革命，从而引起企业营销策略的变化和经营管理水平的提高。

科技的大发展深刻地改变着产业结构、经济结构和社会结构。新的产业结构特点是微型化、智能化、网络化、软型化。企业必须注意更多地应用尖端技术，重视软件开发，强化用户服务意识，开展知识管理和营销创新，更好地适应知识经济时代的要求。

五、自然环境

自然环境（Natural Environment）是指能够影响社会经济运行过程的自然因素，包括地理环境、自然资源、环境污染和生态保护等。这些因素作为外在物质条件会给企业的市场营销活动带来机会或威胁。

（1）政府对环境保护的干预不断加强。一是提出了走可持续发展的道路。通过产业结构调整与实行清洁生产和文明消费，实现经济、社会与环境的协调发展。二是规定不符合环境标准的物品不准买卖。其涉及珍稀野生动植物、农副产品、工业产品三个领域。三是在经济援助上开始把保护环境作为一个前提条件。凡不利于环境保护的项目不赠款、不贷款，凡是保护环境或改善环境的项目可给予优惠。

（2）广大公众开始积极投入到保护环境的行列。维护环境已经越来越成为新的公共道德。企业的经营活动受到国际、国内自然资源和环境保护越来越多的约束，要获得长足发展则必须建立可持续思想，按照循环经济的发展思路，把生产经营过程组织成为一个"资源—产品—再资源—再产品"的循环流动过程，以减少资源耗费和废弃物的排放，并对营销策略进行全面"绿化"。

六、社会文化环境

社会文化环境（Social and Cultural Environment）是影响社会基本价值、感知、偏好和行为的制度和其他力量。市场营销学中所说的社会和文化环境因素，一般是指在某种社会生活中长期以来形成的对事物的态度和看法、价值观念、宗教信仰、道德规范、审美观念以及世代沿袭的风俗习惯等。在企业所面临的各类环境中，社会文化环境的影响极为隐秘，却无时无处不在，且具有多层次、全方位和渗透性。

1. 社会文化的基本要素

（1）价值观念。价值观念是一个社会里人们对事物的评价标准和崇尚风气，它影响着人们对事物的优劣、主次和是非、善恶的判断，是社会文化的重要组成部分。一个社会的核心价值观念是世代相传的产物，是最深沉的核心文化，不仅不能轻易改变，而且社会通过学校、教堂、寺庙、企业和政府进行强化。对企业营销者来说，要避免易与消费者价值观相抵触的营销行为。

（2）审美观念。审美是与美和高雅有关的文化概念，包括对音乐、美术、戏剧、舞蹈、形状、色彩等的鉴赏与爱好。一般地，审美观往往寓意在商品的设计、款式、色彩、格调、记号、包装等之中，这些都会影响到商品的市场机会。

（3）风俗习惯。风俗习惯是人们在一定的社会文化背景下长期形成的相对稳定且世代相传的生活方式和行为方式。一般地，常见的风俗有民族性风俗、地域性风俗、政治性风俗、信仰性风俗、喜庆性风俗、纪念性风俗、禁忌性风俗等，不同的风俗习惯会形成不同的消费习俗和商业习惯，熟知民风习俗有利于企业创造出最佳的营销机会，并避免潜在的威胁。

（4）宗教信仰。宗教对人的生活方式、价值观念、审美情趣以及购买商品和购买行为具有深刻的影响。不同宗教各有不同的宗教行为规范、宗教节日和宗教禁忌，都会对企业营销产生深远的影响。

2. 文化适应与企业营销

文化适应指的是企业的经营决策要随时适应社会的文化特点，要充分研究目标市场的文化特征，从而保证营销决策的成功。怎样才能做到这一点呢？最重要的是必须防止"自我参照准则"（Self‑Reference Criterion），简称 SRC 影响，即"无意识地参照自己的文化价值观"。也就是说，当营销人员遇到实际问题时，总会自觉或不自觉地以自己的价值体系作为理解实际问题的尺度和标准。企业营销要克服 SRC 影响，必须学会站在目标对象的立场思考与分析问题。

第三节　企业营销微观环境

企业的微观营销环境主要包括企业、供应商、营销中介、顾客、竞争者和社会公众等因素。其中，"供应商—企业—营销中介—顾客"这一链条构成了企业的核心营销系统，竞争者和社会公众或直接或间接地影响企业营销的成败。微观环境的各构成要素与企业具有直接的经济或业务联系，因此企业必须保证营销行为与微观环境相协调。

一、企业内部环境

企业内部环境由企业内部纵向管理层和横向职能部门之间的相互关系形成。从纵向看，企业内部结构由决策层、管理层、执行层组成；从横向看，企业内部结构由供应、生产、营销、技术、财务、人事、后勤等部门组成。在日常营销管理工作中，企业内的营销部门与其他部门之间相互依存，也相互矛盾。营销管理部门在制定和实施营销计划时必须切实协调好与纵向、横向各个部门之间的关系，消除相互间的矛盾和制约因素，取得配合与支持，才能保证营销计划的顺利实施。

二、供应商

供应商是指向企业及其竞争者提供生产经营所需的各种生产要素的组织和个人。供应商提供的资源数量和质量的稳定性将直接影响企业生产的产品数量、质量和营销活动的连续性，影响企业服务于目标市场的能力；供应的生产要素价格也会直接影响着企业的产品成本、价格和利润。

企业与供应商的关系是公司整体价值链的一部分，企业应在上游市场做好与供应商的整合，清楚地了解原料的来源，原始供应商缺货时由谁补货，以及竞争者是如何整合其供应商的，以尽量减少或避免来自上游市场的风险。为此，企业在实践中要综合考虑供应商的信誉、技术水平、财务状况、品牌形象、付款条件、质量和价格等，认真选择最佳的供应商和供应商组合，并与它们建立良好的合作伙伴关系。

三、营销中介

营销中介（Marketing Intermediaries）是指协助企业销售其产品给最终购买者的组织或个人，具体包括业务分销机构、实体分配机构、营销服务机构和金融机构。大多数企业的营销活动都需要有它们的协助才能顺利进行。

1. 业务分销机构

业务分销机构即中间商，包括批发商和零售商。除非企业建立自己的完全销售渠道（自销），否则，中间商的销售效率及任何变动对产品从生产领域流向消费领域都会产生非常巨大的影响。企业应该保持与中间商的良好关系，把中间商的活动纳入到企业整体营销活动体系中，这也是企业销售渠道策略的主要内容。

2. 实体分配机构

实体分配机构包括仓储和运输公司，是帮助企业进行产品保管、包装、储存以及运输、装卸等专业活动的企业。它们的作用在于使市场营销渠道中的物流畅通无阻，帮助企业创造时空效益。企业对这类中介机构的要求是安全、及时、周到。

3. 营销服务机构

营销服务机构的范围最广，包括市场调研机构、营销咨询公司、广告公司、会计师事务所、审计师事务所等。有的大企业能够自己承担某些机构的业务，但是对大多数中小企业来说，需要委托服务机构代理相关业务，不过企业在利用时，要注意选择最能适合本企业，并能有效提供所需服务的机构。

4. 金融机构

金融机构包括银行、信用社、保险公司、证券公司等，这些机构主要为企业的营销活动提供资金、保险等业务。现代社会，每一个企业都要与金融机构建立一定的联系，开展一定的业务往来，金融机构对企业的影响与制约在市场经济环境下尤为明显。

四、顾客

顾客是企业力图与之实现交易的买主，是企业的服务对象，也是企业赖以生存和发展的"衣食父母"。企业顾客的类别很多，根据前面介绍的内容，可按其购买目的和身份划分为消费者市场、生产者市场、中间商市场、政府市场和社会集团市场等类型。每一类顾客市场都各有特点，而且他们还会随着时间的推移发展变化，这就要求企业营销人员应根据每一类型市场的特点及当时的情况来确定相应的营销策略。

五、竞争者

每个企业在其营销活动中，都面临四种类型的竞争者：一是欲望竞争者，是指满足购买者不同需要的不同产品之间的竞争关系。二是平行竞争者或类型竞争者，是指能满足同一需要的各种不同类型产品的竞争关系。三是产品形式竞争者，是指满足同一需要产品的各种形式间的竞争关系。四是品牌竞争者，指满足同一需要的同种形式产品的各种品牌之间的竞争关系。

六、公众

公众是指对企业实现其目标的能力有实际或潜在兴趣及影响的一切团体或个人。主要有以下七种：

（1）融资公众。是指那些关心和影响企业取得资金能力的机构，包括银行、投资公司、股东、证券经营机构、保险公司、信托公司等。

（2）媒介公众。是指那些联系企业和外界的大众媒介，包括报社、杂志社、广播电台、电视台等大众传播媒体。

（3）政府公众。是指和企业的业务活动有关的政府部门，如工商、税务、商检、海关等机构。

（4）群众团体。是指消费者协会、环境保护组织、少数民族组织等有关的群众团体。

（5）当地公众。是指企业所在地附近的居民和社区组织。

（6）一般公众。是指一般社会公众，企业应了解他们对其产品和活动的态度，应建立良好的"社会公民"形象。

（7）内部公众。包括企业领导、管理人员和职工。企业内部任何成员的言行都会对企业在社会上的形象产生影响。

企业要高度重视其所有的公众，了解公众的需要和意见，采取有效措施满足公众的各项合理要求，开展一些力所能及的公益活动，努力塑造并保持企业良好的信誉和公众形象，以便为企业的营销活动创造一个良好的公众环境。

第四节　企业营销环境的评价与对策

市场营销环境处于不断变化过程中，对企业产生的影响有三个方面：一是对企业营销有利的因素，即企业机会；二是对企业营销不利的因素，即企业威胁；三是对企业营销无明显影响的因素，可称为中性因素。企业对营销环境分析的任务就在于要从纷繁复杂、动态变化的环境中区别出对企业发展有利的机会和不利的威胁，并掌握机会与威胁影响的程度，以便认清企业处境，为正确制定营销战略提供可靠依据。

一、识别影响企业营销的环境因素——SWOT 分析

就机会而言，只要市场上存在没有被满足的需要，就会有无数的环境机会。判断环境机会或威胁是否真的给企业带来机会或威胁主要看三个方面：一是环境因素与企业任务是否相一致；二是企业是否有利用该因素的资源和能力；三是利用后能否实现企业的经营目标。可见，企业机会或威胁只是环境中适合于企业内部条件的部分。

各种环境因素的变化和影响，总是通过事件、趋势和利害关系三个方面表现出来，企业可采用SWOT法进行环境扫描分析。

SWOT分析即对企业内部优势与劣势以及企业外部环境中的机会与威胁的分析。SWOT分析最早是由美国旧金山大学的管理学教授海因茨·韦里克（Heinz Weihrich）在20世纪80年代初提出来的：S代表Strength（优势），W代表Weakness（劣势），O代表Opportunity（机会），T代表Threat（威胁）。市场分析人员经常使用这一工具来扫描、分析整个行业和市场环境，去获取相关的市场信息，为高层提供决策依据。其中，S、W是内部因素，O、T是外部因素。可以运用"十字图表"予以简明扼要的概括，具体见图3-2。

外部 条件	不利因素	有利因素
	威胁点	机会点
内部 条件	企业优势	企业劣势
	长处	短处

图3-2　环境分析十字图表

"十字图表"显示，对某一企业来说，只有把环境带来的机会和威胁与企业自身的优势与劣势结合起来通盘考虑，才能辨清哪些是企业的机会，哪些是对企业的威胁。

二、评价环境机会与威胁的程度

经筛选出的所有对企业营销有影响的机会或威胁因素中，其影响大小和发生的概率也不同，也就是说，并非所有的机会对企业都有同样的吸引力，也不是所有的威胁对企业都会产生同样的压力，这就需要进一步评价各因素影响的重要程度，以便在营销活动中分清轻重缓急，区别对待。具体办法可以借助于"市场机会矩阵图"和"环境威胁矩阵图"分析。首先，把影响因素分为机会和威胁两大类，对机会吸引力和威胁压力及其发生的概率分为高低两档，然后以发生的概率为横坐标，以机会和威胁程度为纵坐标，做出矩阵图，见图3-3。

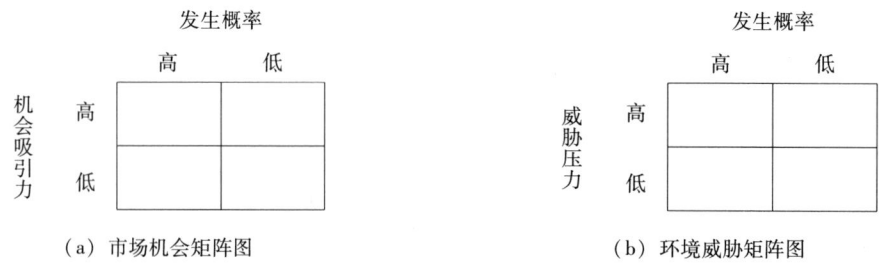

（a）市场机会矩阵图　　　　　　　　　（b）环境威胁矩阵图

图3-3　威胁与机会评价图

把各类环境因素填入相应的位置可以看出，位于两图左上角的为影响程度大的因素；位于右上角和左下角的因素，皆为影响程度一般或中等的因素；对位于右下角的因素则为影响程度差的因素。

三、判断企业的业务类型及环境态势

如果把机会与威胁矩阵图结合起来综合分析，可以判断出企业目前的业务类型和所处的环境态势，对此可用"机会—威胁矩阵图"分析（见图3-4）。

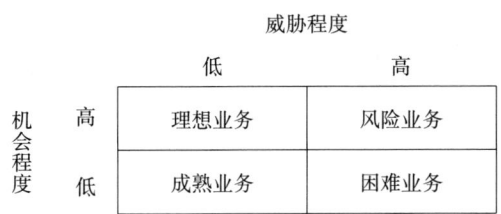

图3-4　机会—威胁矩阵图

图3-4中显示四类业务类型：一是理想业务：高机会而低威胁类业务。环境态势对企业发展十分有利。二是风险业务：高机会又高威胁类业务。环境态势要求企业要谨慎行事，在发展现有业务的同时备好退路。三是成熟业务：低机会又低威胁类业务。环境态势要求企业在维持现状的同时，积极开拓新的业务类型。四是困难业务：低机会而高威胁类业务。环境态势要求企业设法放弃现有业务，把投资转移到新的业务机会中去。

四、拟定对策

1. 面对威胁的对策

（1）防患于未然。任何企业的营销活动都会遇到不利因素的侵扰，当这些因素还不明显或影响甚微时，企业就应密切注视其变化趋势，尽可能将威胁因素消除在萌芽状态。

（2）对抗策略。对已经出现的威胁，积极通过各种努力（如用关系、权力等）以抵抗、抑制和扭转不利的局面。

（3）减轻策略。当企业难以抵抗已面对的重大威胁时，就需要调整自己的营销策略，尽量减轻威胁的程度。如通过加强内部管理、降低成本、开发新产品、提高效益等以减轻损失。

（4）转移策略。当减轻威胁也无法做到时，企业就必须采取转移策略以避免威胁。这里有两种办法：一是市场转移，即将受到威胁的产品市场转移到威胁不大或基本无威胁的市场上去；二是投资转移，即将受到威胁的产品投资转移到其他不受威胁且有市场机会的产品开发中去。

2. 面对机会的对策

（1）及时利用。当环境变化造就的机会与企业营销目标、资源条件正好一致，并且

企业能享有竞争中的差别利益时，就要及时调整营销战略和策略，充分利用机会。特别是对于实效性强的机会，企业必须先下手为强，犹豫不决只能坐失良机。

（2）适时利用。有些环境机会相对比较稳定，短时期内不会发生很大变化，而企业又暂时不具备利用机会的条件，此种情况就要积极筹备，待时机成熟再加以利用。适时利用的对策，企业往往还易发现竞争对手产品的不足，更深入地分析消费者需求，从而生产出更优或改进的新一代产品，取代竞争者的市场地位。

（3）创造利用。有些市场机会比较隐蔽，不易发现，这就需要营销管理者利用环境因素之间的微妙联系去分析预测，利用战略家的胆识和前瞻的眼光去创造性地开发机会。任何一个领先于市场的企业，都不是在消极地等待机会，而是通过不断的创造性工作，把潜在机会变成现实机会，把未来机会变成近前机会，把他人机会变成自己的机会。

主要术语

市场营销环境 微观环境 宏观环境 经济环境 政治环境 法律环境 自然环境 社会文化环境 营销中介 自我参照准则 SWOT 分析法

思考与讨论

1. 试设想：5G 如何改变社会？请结合实例阐述"新技术是一种创造性的毁灭力量"。
2. 请简述市场营销环境内涵及其特征。
3. 简述宏观营销环境及其主要构成因素，并结合具体企业谈谈宏观环境对其营销活动的影响。
4. 简述微观营销环境及其主要构成因素，并结合具体企业谈谈微观环境对其营销活动的影响。

营销实践与应用

世界杯报道，传统纸媒也不能缺席

移动互联时代的当下，你是怎么观看世界杯的？一边看电视一边喝啤酒？在 PC 端或者手机下载优酷看直播？在朋友圈里发几张图片，为你喜欢的球队出局发几声感慨？转载公众号励志的鸡汤故事，然后再辟谣？

世界杯报道，纸媒似乎不是一个很靠前的选择。

在 2010 年和之前的那几届世界杯，纸媒尤其是都市类生活类报纸，对世界杯的报道一直是不遗余力的。而到了 2014 年，情况突然有所变化。新媒体的概念形成，微博、微信、各类新闻客户端初具规模，但由于人们的获取信息的习惯没有发生根本性的转变，纸媒的世界杯报道依然具有很大的可操作空间，依然在受众中有很大的影响力；其劣势仅存在于表现形式的单一和时效的落后。

时间一下子到了 2018 年。

全新媒体形态下的俄罗斯世界杯报道各具特色，新媒体直播之争最后时刻尘埃落定，赛事直播和点播的版权保卫战取得阶段性成果，视频类节目风起云涌，微博、微信、客户端已成为获取世界杯信息的主要途径，其互动性的优势显而易见。那么，在这样的移动互联时代，纸媒还能不能做好世界杯报道？

首先是来自时效的压力。本届世界杯对中国来说是一届相对友好的世界杯，总共64场比赛，其中有 36 场比赛在北京时间 23 时之前进行，这对纸媒来说是一个好消息，至少在大部分的比赛日，都会有一场当晚的比赛可以报道。除了部分还在坚持下午出报的晚报，大部分的纸媒已经是早上出报，这就意味着必须在尽量短的时间内快速完成采编出版流程，这个时间基本上就在一到两个小时之间，各个环节的压力可想而知。

另外的压力来自读者阅读习惯的改变。不可否认，移动互联改变了人们的阅读习惯，除了电视和报纸，人们获得世界杯资讯的渠道多种多样，那么，纸媒拼命抢这点时效还有什么意义？

有一种观点，认为现在人们都不通过电视和报纸看世界杯了，只要一部手机就可以了，所以，处在转型期的传统媒体，报道世界杯时应该轻报纸而重新媒体。事实上，除了这部分用手机看直播的球迷，其他关心世界杯的人，不在少数。

还有一种观点，认为新媒体是可以随时报道随时查看的，把后半夜的比赛用新媒体的形式进行展现就够了。实际上在后半夜，不看直播的人一定是在睡觉。对这些人群来说，新媒体急匆匆忙着做出的推送，也基本上是第二天醒来后才可以看到的；而这个时候报纸也已经可以看到了。

媒体融合时代，一个媒体的世界杯报道早已超越了报纸，是报网端微综合发力，各显其能。以《齐鲁晚报》为例，除了报纸，齐鲁晚报网、齐鲁壹点客户端、齐鲁晚报官方微博、齐鲁晚报微信公众号在世界杯期间都推出了世界杯专题，一些符合媒介特质的作品受到了用户欢迎，其中不乏单篇点击量近百万的作品。

世界杯是一个战役性报道，要求各种媒体形式协同作战，各司其职，作为投入人力、物力最多的纸媒，生产出优质的世界杯报道内容，是它们的首要职责。

近年来，纸媒的影响力下降，一个很重要的原因是缺乏优质的内容。体育是为数不多的可以与新媒体同题竞争的新闻类别，纸媒应该对此充满信心。现在有一种现象，把一切都交给新媒体，很多媒体都会不自觉地放弃纸媒，减少版面，把主要的内容都放在了新媒体上。这样做的效果应该打一个问号：纸媒不好好做，新媒体就一定能做好吗？报纸看的人少，新媒体就一定有很多人看吗？没有优质的内容做保证，即使媒体形式再超前，还不是一样浪费资源？新媒体不是解决一切问题的灵丹妙药。所以从纸媒的角度来说，世界杯报道是必须坚守的阵地，时效能抢就抢，内容该做就做，不能把困难留给新媒体，也不能把责任推给新媒体。

相比新媒体而言，纸媒的世界杯报道形式和花样要单一一些，内容就显得无比重要。以前，纸媒动辄派出阵容庞大的前方报道团队，后方编辑团队也都是精兵强将，报纸版面多，有的还要出特刊，可以说是不惜人力物力。而在报道内容和形式上，纸媒也是形式多样，内容庞杂，力求全方位向读者展示世界杯，引起读者的广泛共鸣。

这届世界杯，纸媒的报道规模全面收缩，几乎没有超过八个版面的，因为世界杯而扩版的纸媒也是凤毛麟角。世界杯是个万花筒，需要报道的内容很多，而纸媒需要的，仅仅是其中的一小部分，实际上能把这一小部分做好，就算成功。

成功的世界杯报道，必须有策划，有思想，有主题，层次分明，思路清晰，耐人寻味。薄报时代，每一个版面都很珍贵，不能草率为之。

《齐鲁晚报》的世界杯报道专题，名为"射天狼"，射门的"射"。我们是基于这样一种考虑：本届世界杯的吉祥物是一只西伯利亚狼，而俄罗斯是位于中国西北方的邻国，虽然中国队并没有进入世界杯，但众多的中国球迷，都会把喜爱的球星当作心目中的英雄，因此，选择苏轼的《江城子·密州出猎》里一句词"西北望，射天狼"，本身就寄托了一种期待，一种情结。足球是男人的运动，虽然有关世界杯的内容有很多，但最让人着迷的，还是一种向上的力量。专题名称来自一首豪放词，就是奠定了一个主调。与之相对应的，专题的各个板块也取自同一首词，如赛场风云取名"卷平冈"，人物板块取名"看孙狼"，前瞻板块取名"西北望"，每个板块自成体系，整个专题又能合而为一，风格统一，毫无违和感。

世界杯是一场英雄聚会，台上球员们的人生起伏，就是一场大戏，而作为旁观者和记录者，媒体人做世界杯报道本身就是体验人生，更要展现一种人文情怀。每一次世界杯大幕落下，媒体都要做一个总结，而纸媒的总结，总是要有不同的立意，才能显得与众不同。沿袭世界杯报道的豪放主题，《齐鲁晚报》最后的四篇总结报道，主题依然来自两首豪放词。"大势篇"与"谢幕篇"出自辛弃疾的《破阵子》，分别是"马作的卢飞快，弓如霹雳弦惊""了却君王天下事，赢得生前身后名"，为一场轰轰烈烈的沙场点兵写下注脚；最后一天比赛，法国队夺冠，封面标题用"会挽雕弓如满月，高卢一唱射天狼"收尾，呼应了前后35天的主题，而最后两篇总结的标题，继续取自苏轼的《密州出猎》，"失意篇"为"酒酣胸胆尚开张，鬓微霜，又何妨"，"未来篇"为"持节云中，何日遣冯唐"。

新媒体不是解决一切问题的灵丹妙药。不管未来媒体如何发展，不管什么领域的报道，有温度有情怀的内容都是必需品。

资料来源：王铁，刘瑞平. 移动互联时代纸媒的世界杯报道［J］. 青年记者，2018（24）.

💬💬 案例讨论题

1. 与传统媒体相比，新媒体具有哪些优势？

2. 在诸如奥运会、世界杯等重大体育赛事报道领域，传统媒体如何利用新媒体手段来积累竞争优势？

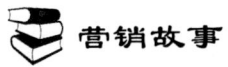 **营销故事**

尹致中 "影响" 税收

1931年，尹致中（山东莱阳人）在抵制日货的高潮中创办了股份有限公司冀鲁制针厂。当时，中国制针业普遍技术水平低、材料缺乏，产品难以与外国产品竞争。尹致中在经营冀鲁制针厂过程中，加强企业管理，大搞技术创新，大力提倡国货，努力争取国产针在税收方面获取优待。

1933年，南京国民政府修改《关税法》，尹致中经青岛市长沈鸿烈介绍，前往南京国民政府实业部，痛陈关税与民族工业的密切关系，要求增加洋针进口税。经过多次努力，使新《关税法》中将洋针进口税由每万支收国币5分，提高到2.5元。由于洋针成本提高，竞争力下降，冀鲁制针厂生产规模不断扩大。

中央政府虽然有优惠政策，但有的地方并不执行，对此，尹致中也据理力争。1936年4月尹致中向湖南省实业厅递交呈文，要求将冀鲁制针厂生产的缝纫钢针援例减征半税。在两月后无果的情况下，再次呈文要求减税。湖南省实业厅终于下达"准援例减征半税，以示提倡"的批示，并让各地税务局遵照执行。

品评："如欲平治天下，当今之世，舍我其谁也"出自《孟子·公孙丑上》，充分表明了儒家思想强调的社会责任感和勇气。鲁商以实际行动传承和弘扬了儒家的社会使命感，尹致中"影响"税收的行为充分显示了民族企业家以振兴民族工业为己任的责任感。这个故事还说明，宏观营销环境虽然是不可控制的，但是有些因素，通过企业的公关活动等努力，也能够扭转"乾坤"，将威胁转变成市场机会。

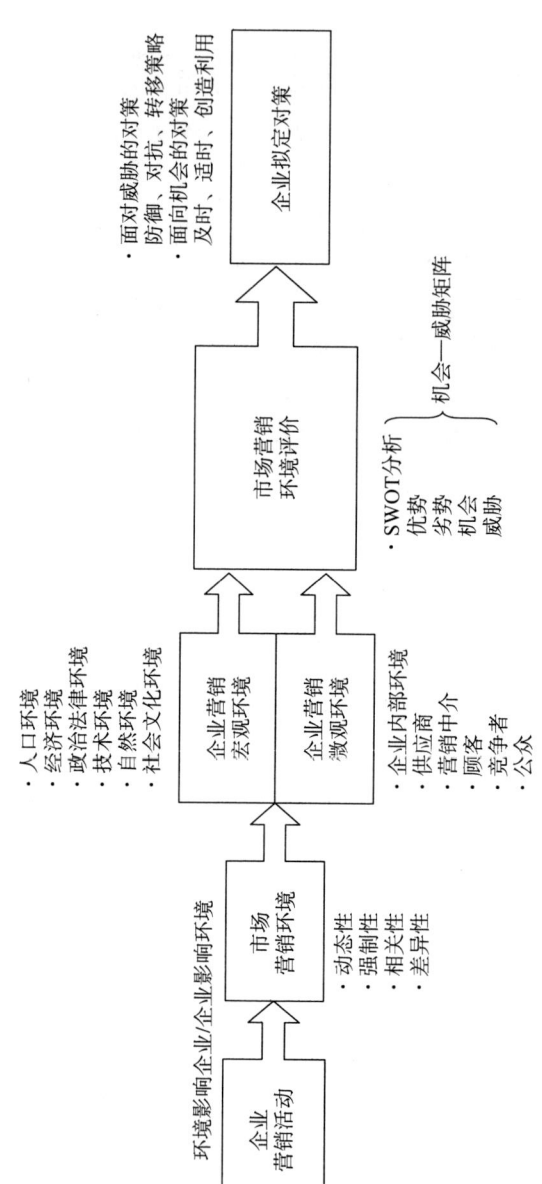

营销知识应用导图

第四章

市场调研与需求预测

学习目标

1. 了解营销信息对营销决策者的意义。
2. 了解营销信息系统与调研系统的关系。
3. 掌握基本的市场调研流程与方法。
4. 学会使用市场需求预测方法及模型。

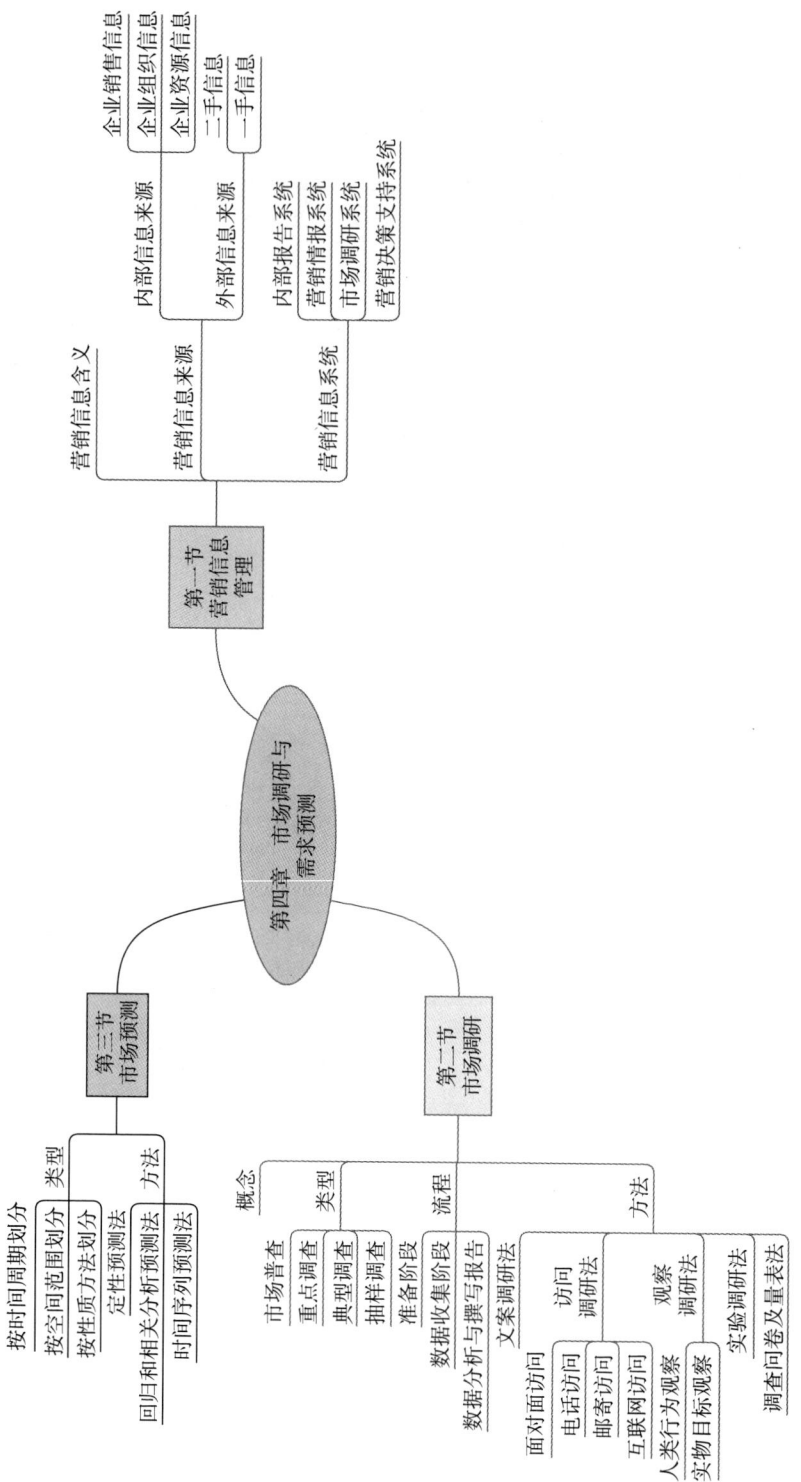

学习思维导图

章首案例 数据与经验之争

2018年秋，苹果公司推出的新款手机首次支持双卡双待，而且iPhone XS Max屏幕尺寸为6.5英寸，跻身大屏系列，有媒体评论这些改变是迎合中国消费者的需求。苹果公司的CEO库克在接受媒体采访时指出，中国用户偏爱大屏智能手机，而且倾向于使用双卡双待功能，这些偏好在很多其他国家也存在，只是这些消费者并没有意识到这一点。库克的判断和预见是基于对消费市场数据的研究：据中国互联网络信息中心统计，截至2018年上半年，中国手机网民规模达7.88亿，这构成了大屏智能机的潜在用户群体，而且移动网络的升级换代和流量计费的调整，导致了很大一部分消费者倾向同时使用通话卡和上网卡。也就是说，在中国及其他一些国家"大屏+双卡双待"是市场需求的主流，而且比较稳定，苹果公司适应了这一趋势，及时推出迎合消费者需求的新款手机，取得了成功。

人们在讨论国外企业成功原因时，常认为其基于数据的程序化决策起到了十分关键的作用，而国内企业做决策多凭经验，数据与经验孰优孰劣引发争论。《中国经营报》记者曾经在采访中向娃哈哈老总宗庆后提了一个问题："娃哈哈是如何做决策的？"宗庆后回答："从不做那种程序化的市场调查，而是凭自己双脚去走访市场，凭感觉进行决策。"

这则报道折射出还有许多企业家不相信数据，原因是一些调查者缺乏市场经验，调研报告中的数据和图表虽然很好看，但是所得出的调查结论大多是常识性、表面性的信息，却忽略了对市场核心问题的调查和剖析。例如，一份厚达几百页的关于美容保健品的调研报告，罗列了大量数据，最后仅得出影响顾客购买的主要因素是功效、价格和广告。换句话说，企业家们给调研工作提出更高要求，调研要提供有用且可靠的数据。而且调研已不再局限于小样本问卷调查，正朝着智能化数据采集和大数据分析方向发展。以淘宝店为例，每天必备的工作是看后台的各项数据表，以了解顾客流量动态和询单转化率情况，及时发现店铺经营问题，并采取补救措施。总之，要平衡数据与经验的关系，需要了解和掌握市场调研与预测的相关内容。

资料来源：爱范儿.专访库克：我们从中国学会了做大屏iPhone和双卡双待［EB/OL］. http://kuaibao.qq.com/s/20180915A0FOLC00，2018－09－15.

为了能够在市场竞争中更好地生存，企业决策者们渴求从各种渠道得到信息，如调查问卷、焦点小组、POS 机后台、线上交易数据库等。如今，消费者调查更多是通过鼠标而非纸笔来完成的，社交媒体，如 Facebook、微信等提供了一个巨大的机会。而且，社交媒体真正的价值在于它能够"偷听"消费者之间的谈话，而不只是与消费者对话。"偷听"的方法减少了调查本身影响调查对象的可能性。这也意味着，公司能够对产品进行逐步改进，并跟踪销售情况，做出科学决策。

第一节 营销信息管理

为了更好地满足顾客的需求，适应激烈的市场竞争，公司必须了解市场，掌握关于顾客、竞争者和其他市场力量的信息。全面掌握营销信息是公司做好营销决策的重要基础，同时面对纷杂繁多的营销信息，公司需要设计有效的信息管理系统来管理这些信息，并能够将公司所需要的信息及时地送达营销决策者。

一、营销信息的含义

信息是事物运动状态以及运动方式的表象，由数据、文本、声音和图像等形态组成。营销信息（Marketing Information）是指在一定的时间和条件下，同营销活动有关的各种消息、数据、情报和资料的总称。营销信息具有社会性、复杂性、时效性、模糊性、密集性和冗余性等特征。营销信息对正确地进行营销决策具有十分重要的意义，如苹果公司的iPod、iTunes 和 iPhone 能在市场取得巨大成功，离不开信息。

二、营销信息的来源

一般地，企业营销的信息来源类型可分为内部信息来源和外部信息来源两个方面，外部信息来源又可以分为一手信息来源和二手信息来源。

1. 内部信息来源

（1）企业销售信息来源。销售信息与市场密切相关，是企业决策的重要依据，主要通过两种途径获取：销售费用和记录、销售人员报告。

第一，销售费用和记录。主要是通过使用营销数据库，了解各个顾客的购买记录和背景数据，以便向他们提供量身定做的服务或寻找潜在顾客。例如，可以根据顾客购买记录估计顾客的购买周期，然后在每个购买周期之前为顾客提前送去服务；可以描绘出企业VIP 客户的特征，然后采取措施留住这部分客户。然而，许多企业并不直接面对最终消费者，所以通过这种方法不能直接得到最终消费者的数据，所以企业应注意区别调查分销商的库存问题，以便了解真实的市场销售情况。

第二，销售人员报告。主要包括以下几个方面：要求和抱怨报告，从中可以发现问题和机会，如顾客反映产品质量问题，要求企业提供更多的服务等；用户拜访报告，涉及销售人员每天拜访客户的时间、数量、客户情况及拜访结果，从而可以很好控制销售活动；销售损失报告，从中了解销售人员的销售失败记录和竞争对手的介入情况，以便企业可以提前做好风险防范。

（2）企业组织信息来源。主要包括企业的组织结构、领导层、管理层及各机构的职能信息，还包括企业人员的数量、技术人员、职工队伍、文化结构、年龄结构、技术结构、性别结构、业务结构、素质、人员分工配置、人员变动、工资分配、奖惩、招聘等人力方面的信息。其中，高层管理者的判断对市场调研的影响很大，例如，高层管理小组对新产品概念的筛选，对人事任免的决断，对企业未来投资方向的判断，等等。我们可以通过收集单个人的判断、召集小组会议和德尔菲法来讨论这些判断，最终达成共识。

（3）企业资源信息来源。主要有资金资源、资产和设备资源以及技术资源等方面的信息。企业决策者只有充分地了解自身的实力和资源状况，才能做出及时准确的决策；反之，将会导致失败。例如，某个客户 A 打来电话要求赶制一大批产品 B，凭以往的经验，企业 C 的产品可以满足要求，所以决策者当即拍板，接下这笔单子，调查后发现由于设备老化，两条生产线已经处于半停产状态，根本无法满足要求，结果可想而知。

2. 外部信息来源

当内部信息不能满足需求时，需要获取外部信息，按来源划分又可分为二手信息来源和一手信息来源。

（1）二手信息来源。主要包括图书馆来源和非图书馆来源，其特点是费用较小。

第一，图书馆来源。主要可以划分为四类材料：①书籍。从中可以学习市场调研的方法和调研数据库的使用方法，但是由于出版周期较长，图书上的数据较为陈旧，不适合直接作为市场预测的依据。②期刊。其特点是更新周期短、涵盖信息面广，特别是行业期刊，对于企业获取该行业的一般信息、整体发展状况和市场份额的变化趋势等信息非常有用。③政府文件。它是获取官方消息的重要途径。例如，我们可以从人口普查报告中获取人口数据，从政府工作报告中获得行业经济走向和市场总体规模的大小。④电子数据库。随着信息存储技术的发展，许多图书馆建立自己的电子数据库，越来越多的图书以无纸化形式出现，这极大地提高了信息检索的效率。

第二，非图书馆来源。在图书馆之外同样存在着许多二手信息的来源：①行业协会。许多行业协会的信息虽然未经正式出版，但其价值却非常重要，因为许多公司都是属于行业协会的，协会的活动直接反映了该行业的最新动态。②政府机构。如果公司要获取较权威的信息，政府机构应该作为一个重要的信息来源。例如，可以从城市规划办公室获得土地审批的信息，从交通管理部门获得车辆交通的数据，从政府统计部门获取人口数据，等等。③媒体公司。通过媒体获得市场信息也是一个较为简捷的选择，如获取顾客的购买方式和消费时尚等相关信息。④互联网。互联网技术的飞速发展，使信息传播方式和速度发生了根本性的改变。例如，公司可以通过点击率和网上问卷调查等方式来初步了解市场的需求倾向；还可以通过互联网了解跨国公司发布的一些最新信息。

（2）一手信息来源。虽然一手信息更能反映市场情况，但是否进行一手信息的收集，企业应慎重考虑，因为要确保一手信息的可靠性必须投入足够人力、物力和财力。一般地，市场调研中收集一手信息的数据可以分为两类：一是观察数据，即观察已经发生或正在发生的事件；二是自报告数据，即询问人们问题。在一手信息的收集过程中，要涉及许多调查方法，如观察法；深度访谈法，可用于自报告数据的调查；小组讨论法和实验法，可使用观察度量法和自报告度量法；等等。

三、营销信息系统的构成及作用

营销信息系统（Marketing Information System）是指有计划有规则地收集、分类、分析、评价与处理信息的程序和方法，有效地提供有用信息，供企业营销决策者制定规划和策略的，由人员、机器和计算机程序所构成的一种相互作用的有组织的系统。

1. 营销信息系统的构成

该系统一般由四个子系统构成：

（1）内部报告系统。主要功能是定期向财务、生产、销售等企业内部部门提供营销活动所需的相关信息，如生产进度、库存、销售、应收应付账款、现金流量等方面的信息。

案例 4-1　传统百货的大数据应用

梅西百货早在数年前便开始了基于大数据的 O2O 布局，具体方式包括：线下门店配备订单处理系统；通过店内无线热点了解消费者行动路线（以下简称动线），优化门店动线设计，帮助品牌商开展营销服务，还与谷歌地图合作，提供品牌导航服务；与谷歌钱包合作，提供手机支付服务；门店内安装信息亭（Kiosk）供消费者查询商品基本属性、售价、库存情况等信息，支持在线下单、结算功能；上线官方 APP 应用软件，消费者可通过 APP 查询商品和其他消费者评论信息、下单、支付、晒单，也可以填答线上消费满意度问卷，反馈体验感受。

梅西百货的示范效应不仅在于其技术应用层面的创新，还在于其软性服务的优化。例如，梅西百货在每一个 Kiosk 旁都配备客服人员，引领顾客到相应的品牌店试用产品，并帮助顾客在自己携带的移动设备上下单结算。顾客在这种消费体验中感受到方便、目标性强，更重要的是被重视，再购率自然提升。

国内的百货业在经过最初的渠道焦虑后，也逐步开始理性认知大数据价值。近年来，王府井、银泰、新世界、天虹等国内大型连锁百货企业纷纷铺设 Wi-Fi，面向消费者提供免费服务。虽然这些设施需要投入一定的费用，但对于百货企业许多益处：一是有利于精准营销，用户连接 Wi-Fi 后其联系方式、动线等数据信息会同步传输至后台系统，后台参考此用户的网购数据反馈用户属性，然后推送相关产品优惠券或活动信息；二是有利于商场动线优化，根据长期用户动线数据积累，商场可优化柜台位置。

资料来源：丁昀. 大数据时代的百货经营革命［J］. 销售与市场（管理版），2015（6）：80-83。

（2）营销情报系统（Marketing Intelligence System），是指企业营销人员日常搜取外部市场营销环境中有关资料的一些来源或程序。企业通过营销情报系统，可以从各种途径取得市场情报信息，如通过查阅各种商业报刊、文件、网上下载；直接与顾客、供应者、经销商交谈；与企业内部有关人员交换信息等方式。也可通过雇用专家收集有关的市场信息；通过向情报商购买市场信息等。甚至公司可以从竞争对手的产品垃圾中获取有用信息，了解到竞争对手在生产什么。

（3）市场调研系统（Marketing Research System），也被称为市场调查、市场研究或营销调研等，学术界对其概念有很多讨论，本章统称为市场调研。市场调研是为市场管理决策制定过程提供信息的系统的、客观的方法。其任务是：针对确定的市场营销问题收集、分析和评价有关的信息资料，并对研究结果提出正式报告，供决策者针对性地用于解决特定问题，以减少由主观判断可能造成的决策失误。关于市场调研下节有详细叙述。

（4）营销决策支持系统。该系统是指一组用来分析市场资料和解决复杂的市场问题的技术和技巧。这个系统包括统计分析模型和市场营销模型两个部分，前者是借助各种统计方法对所输入的市场信息进行分析的统计库；后者是用于协助营销决策者进行科学决策的模型库。

2. 营销信息系统的作用

通过以上营销信息系统的四个子系统所研究的内容及这些子系统之间的关系的分析，可以看出，企业的营销信息系统主要作用就是为公司营销决策者提供信息的，以保证营销决策更贴近市场实际和更准确地解决企业实际问题。提供信息的过程分为两个阶段：一是采集和处理现有信息的市场调研阶段，二是评估和判断未来趋势的市场预测阶段。这两个阶段可以帮助企业识别市场机会，并能测量和预测所面临市场机会的大小，从而高效地抓住市场机会。

第二节　市场调研

除了公司内部信息和外部信息，营销者在某些特定的条件下需要一些正式的研究。例如，联想公司需要知道平板电脑市场上的竞争者的情况如何，消费者对平板电脑的潜在需求是什么，等等。这时公司需要进行市场调研。市场调研是现代市场营销学中的一个重要组成部分，是企业了解市场状况及信息的重要手段，是企业进行正确预测与决策的基础。

一、市场调研的概念

市场调研的概念处在不断发展中，不同机构和研究者给出不同的定义，比较典型的有：

美国市场营销协会认为市场调研是通过信息（用于识别和定义营销机会和问题）将消费者、客户、公众与营销者联系起来的职能，以形成、改善和评估营销活动，监督营销绩效，并提升我们对营销过程的理解。

美国营销学者菲利普·科特勒认为市场调研是一种系统地进行信息设计、收集、分析和报告，用来解决营销决策问题的过程。

国内学者陈启杰认为市场调研是个人或组织为某一个特定的市场营销问题的决策所需开发和提供信息的而引发的判断、收集、记录、整理、分析、研究市场的各种基本状况及其影响的因素，得出结论的、系统的、有目的的活动与过程。

上述概念的共同点是把市场调研理解为关于信息的工作，它是为营销决策服务，而且是一个系统性的工作。

二、市场调研的类型

按照不同的标准，可以将市场调研划分为不同类型，分别可按照市场调研的方式、市场调研的主体和市场调研的目的与性质进行划分（见表4-1）。

表4-1　市场调研的不同划分类型

按市场调研的方式划分	按市场调研的主体划分	按市场调研的目的与性质划分
市场普查	企业的市场调研	探索性调研
重点调查	政府部门的市场调研	描述性调研
典型调查	社会组织的市场调研	因果性调研
抽样调查	个人的市场调研	预测性调研

三、市场调研的流程

一般来说，市场调研设计流程分为三个阶段：准备阶段、数据收集阶段和数据分析与撰写报告阶段。

1. 准备阶段

市场调研的准备阶段是市场调研与预测工作的准备和开始，它将直接影响调研的后续工作和调研质量。这一阶段主要包括以下三个步骤：

（1）考察市场调研的必要性。针对企业出现的问题，管理者不要匆忙开展市场调研活动，而是要先分析问题的性质，决定是否有必要进行市场调研。在许多情况下，企业最好不要做市场调研，如调研成本超过收益，错过了市场时机，财力、物力匮乏等。

（2）明确市场调研的目标。调研目标就是调研所要达到的具体目的，包括企业产品问题、经营中出现的困难、市场竞争问题及未来的发展方向等。要明确调研目标，特别是对于大型的市场调研，有必要进行试验性调研，即在调研目标未确定之前，调研部门根据提出的问题挑选出一些精通有关问题的人，进行访问、探询一些建设性的意见。

（3）拟定市场调研方案。在确定调查目标后，就要拟定调研方案。调研方案是对某项调研本身的具体设计，主要包括调研的具体对象、调研的地区范围、信息来源、调研资料收集和整理方法等内容。

2. 数据收集阶段

拟定的市场调研方案和工作计划通过审批后，就进入到调研数据的收集实施阶段。这个阶段的主要任务是组织调研人员按照调研方案的要求和工作计划的安排，运用各种调研方法系统地收集数据。一般而言，市场调研所要收集的数据有内部来源和外部来源之分。

3. 数据分析与撰写报告

在最后一阶段，市场调研活动还应包括资料的整理、数据的分析、结果的预测等。当取得大量的调研数据之后，首先要对其进行审核订正，分类汇总，根据研究目的进行加工整理，其次进行分析，即运用统计学的有关原理和方法，研究市场现象总体的数量特征和数量关系，提出市场现象的发展规律、水平，总体结构和比例，为预测市场现象的发展趋势和速度等指标奠定基础。通常在调研活动结束时，调研人员需要向管理决策者提交一份完整的书面报告。撰写报告过程中，首先简要地说明调研的目标、采用的调研设计和方法，其次概括性介绍主要的发现，再次给出调研结论和对管理者的建议，最后还要附上详细背景材料。

四、市场调研的方法

市场调研的主要目的是获取市场信息，因此，从某种程度上讲，市场调研的方法就是获取市场信息的方法。常用的市场调研方法有以下四种：

1. 文案调研法

文案调研法，又称间接调研法，是指通过查找、阅读、收集历史和现实的各种资料，并经过甄别、统计分析得到的调查者想要得到的各类资料的一种调查方法。相对于实地调研法来说，文案调研法是一种更节省、更快速的工具和手段。

2. 访问调研法

访问调研法又称采访法、询问法，是指对拟调查的问题，以面对面、电话或书面、电子邮件等形式向被调查者询问，从而获取所需资料的一种调研方法。采用访问调研法，不仅可以获得所需资料，而且可以达到间接宣传企业形象的功效，发掘潜在的顾客。

根据与被调查者接触方式的不同，访问调研法又可分为面对面访问法、电话访问法、邮寄访问法和互联网访问法等（见表4-2）。

3. 观察调研法

（1）观察调研法的含义。观察调研法，简称观察法，是由调查者按照所目睹的情况记录人、物体和事件行为模式的系统性过程，其中不会向人们提出问题，或者使用其他方式同被调查对象交流。观察法是一种很重要的调研方法。随机观察可提供情报线索，如通过连续观察餐厅的顾客排队情况，可以了解顾客的消费时段、顾客类型等信息；系统性观察还可以帮助在访谈法期间获得被调查对象的背景信息；观察法也是了解顾客购买动机或偏好的有效手段之一，如普莱斯勒公司就在一个居民社区里开设了一家幼儿园，堆满各式新玩具，邀请目标儿童群体免费试玩，不去问孩子们喜欢哪种玩具，而是通过单向镜观察孩子们选择了哪些玩具，这样能更好地了解孩子们的偏好。

表4-2　不同访问法的特点比较

项目	面对面访问法	电话法	邮寄法	网络法
调查范围	较窄	较窄	广	最广
调查对象	可控可选	可控可选	难以控制	难以控制
影响回答的因素	能了解、控制和判断	无法了解、控制和判断	难以了解、控制和判断	难以了解、控制和判断
回收率	高	较低	低	高
时间	长	较短	较长	短
回答质量	高	高	较低	低
平均费用	高	低	较低	低

观察法具有自然、客观、准确的优点，但也存在无法确切地了解到人们的动机、态度和想法等内心活动，以及成本较高、时间较长的缺点。所以，观察法比较多地用于店铺调查、客流量调查等偏重于表象的调查。

（2）观察调研法的分类。一般地，按被观察对象分类，可将观察法分为两大类，即人类行为观察和实物目标观察。①人类行为观察。主要是强调对人类行为表现的非语言方式的研究，并进行系统化的详细记录。人的行为是通过人的一系列活动得以表现的。通过对人的非语言活动的观察，如点头、微笑、皱眉头等面部表情或各种身体动作（见表4-3），就能了解被观察者的行为表现，通过科学的分析研究，进而掌握被观察者的内心活动及偏爱，实现认识被调研者的调研目的。但对人类行为的调查会涉及伦理道德问题，如隐私权利等，应注意避免。②实物目标观察。实物主要包括相关的商品、设备建筑物、营业场所、商品陈列、商品包装、广告制作等；客观实事主要包括客观活动、客观过程、客观结果等，如对企业的经营活动、供求变化等的观察。

表4-3　非语言的人类行为表现

行为	同等地位的人之间		不同地位的人之间		不同性别之间	
	亲密的	疏远的	上级	下属	男性	女性
姿势	放松	紧张	放松	紧张	放松	紧张
个人距离	较近	较远	较近	较远	较近	较远
接触情况	接触	不接触	接触	不接触	接触	不接触
眼神	接受	避免	凝视	转移目光	凝视	转移目光
仪表	非正式	慎重	非正式	慎重	非正式	慎重
情感表达	表现	掩藏	掩藏	表现	掩藏	表现
面部表情	微笑	严肃	严肃	微笑	严肃	微笑

资料来源：William G. Zikmund. Essentials of marketing research，2004. 02.

（3）观察调研法的注意事项。应当选择那些具有代表性的典型对象，在最适当的时间内进行观察；在进行现场观察时，最好不让被调查者有所察觉，尤其是在使用仪器观察时更要注意隐蔽性，以保证被调查对象处于自然状态；对观察结果要进行客观、公正的处理，不能带有主观偏见。

4. 实验调研法

（1）实验调研法的含义。实验调研法，简称实验法，是在调查过程中找出影响调查目的的若干因素中选出一个或几个因素作为实验因素，将它们置于模拟环境中进行小规模的实验，然后对实验结果做出分析、判断，以供企业决策的一种方法。实验法的优点主要有：一是与正常市场活动相结合，排除人们主观估计的偏差，所以取得的资料和数据比较客观、可靠。二是对调查实验的合理设计和有效地控制实验环境，使调查的结果更精确。三是调查人员可以主动地引起市场因素的变化，并通过控制其变化来研究该因素对市场产生的影响。但是实验法也有一定局限性。例如，由于很多因素又无法进行人为控制，且市场变化的影响因素错综复杂，因此实验结果不可能像自然科学那样准确无误；另外，实验的市场条件不可能与其他市场条件完全相同，因此根据局部的实验结果，进行市场推广具有一定的风险性。

（2）实验调研法的分类及应用。①无控制组的事前事后对比实验。这是一种最简单的实验调查方法，一般只选择一组实验所要调查的客体，即实验单位或实验组，如商店、消费者、商品等。确定实验时期，观察引入某一实验因素变化前后实验组产生的变化情况。采取这种实验调查方法，先要对正常的经营情况做详细的记录，然后再测试实验后的情况，进行事前事后比较，通过比较，了解实验因素影响作用的大小。②有控制组的事前事后对比实验。这种方法要求从调查对象中随机抽出两个样本组，即控制组和实验组，在同一时间段进行比较。且努力使实验组和控制组同时处于类似的实验环境中，对实验组引入实验因素，而控制组不予变化，观察、记录两组不同的实验结果，以供经营决策。相对来说，有控制组的事前事后对比实验要准确一些，因为它避免了因时间上的不同而产生的误差。

五、调查问卷及量表

1. 调查问卷的设计

在市场信息的收集过程中，调查问卷起到了非常重要的作用，也对营销数据质量产生了重要影响，因此在进行调查之前需要进行精心的设计。常用的问卷（Questionnaire）设计步骤及注意事项如表4－4所示。

2. 测量量表

（1）量表的类型。量表多用于测量消费者态度，反映测量客体的特定属性的数量。量表（Scale）一般可分为类别量表、顺序量表、等距量表和等比量表（见表4－5）。

表4-4 问卷设计步骤及注意事项

步骤1：需要哪些市场信息
确定营销决策中存在哪些问题；
这些问题需要怎样的信息；
哪些信息需要通过调查得来；
列出具体调查问题。

步骤2：应该提问什么
确认所调查信息是决策者所需要的；
确保所提问题与主题相关；
每个问句只询问一个信息点；
如果该问句不适合所有回答者，需要设置跳转题；
询问的问题要在回答者的记忆范围之内。

步骤3：每个问题如何措辞
确定问题的类型，开放式、半封闭式还是封闭式？
避免模糊性和有歧义的词汇；
避免敏感性问题、难以回答问题或过于隐私性问题；
避免双重问题；
语言简洁，问题清晰。

步骤4：所提问题如何排序
将问题分组；
先宽泛性问题后具体性问题；
如果有时间顺序，应按时间排列；
逻辑排序，问完一个主题再下一个主题。

步骤5：如何确定问卷的版式
控制问题数量，避免版面拥挤；
多用量表和编码题，易于作答和统计；
字体、字号合理，重点突出；
确保纸张、印刷质量。

步骤6：如何修订问卷
征集合格应答者，进行小规模预试；
收集反馈问题，进行修订（视情况，可多次预试和修订）；
删除、修订和增补调查问题，确保问卷的信息覆盖面和准确性。

资料来源：［美］丘吉尔，拉柯布奇．营销调研：方法论基础［M］．北京：北京大学出版社，2007：210-225.

表4-5 测量量表

量表	基本属性	例子	统计方法
类别量表	同一性	性别；职业	众数；百分比
顺序量表	同一性、优先性	质量等级；品牌偏好	中位数；四分位差
等距量表	同一性、优先性、可加性	满意度；摄氏温度	均值；标准差
等比量表	同一性、优先性、可加性、可比性	销售量；顾客数量	几何平均数

（2）几种常用的量表。①等级顺序量表。要求应答者根据某个标准或某种特性为问题中的事物排列顺序。

【例4-1】请将下列品牌的眼影排序，其中1表示在特性评估方面表现最出色的品牌，6表示在特性评估方面最差的品牌。让我们从具有高质量的包装盒开始，哪个品牌可以被列为具有最高质量的包装盒？哪个是第二位？

表4-6　等级顺序量表

	有高质量的包装盒	有高质量的眼影刷	有高质量的眼影
Avon			
Cover Girl			
Estee Lauder			
Maybelline			
Natural Wonder			
Revlon			

②常量和量表。常量和量表，又称固定总数量表，要求回答者将一个固定会值（如100）按照他们认为事物在某个特性上的强弱进行分配。

【例4-2】请将100分拆分到牙膏的下列属性中，所得分数越多，表明这一熟悉对您越重要。

表4-7　常量和量表

属性	得分	示例
价格		30
防蛀		10
芳香		5
防龋齿		20
增白		15
净含量		20
合计		100

③语义差别量表。语义差别量表采用成对的形容词，用来描述人们对各种客体属性的反应，已广泛应用于市场调研中。

【例4-3】在各种交通方式中，您对航空旅行的印象如何？请按照下面的问题在您认为最适合的数字上画"○"。

表4-8　语义差别量表

安全的	1	2	3	4	5	6	7	危险的
麻烦的	1	2	3	4	5	6	7	方便的
高效的	1	2	3	4	5	6	7	低效的
舒适的	1	2	3	4	5	6	7	难受的
昂贵的	1	2	3	4	5	6	7	便宜的
紧张的	1	2	3	4	5	6	7	轻松的
准时的	1	2	3	4	5	6	7	不准时的
劣质的	1	2	3	4	5	6	7	优质的
亲切的	1	2	3	4	5	6	7	冷淡的

④斯坦普尔量表。这种量表仅使用了一个形容词，向被访者询问如何描述所研究的对象。形容词被放在中心位置，选项的范围被定在 -5 和 +5 之间，从被访者的答案中，可以看出他们所持的观点及其感受程度。

【例4-4】下面是描述某银行的四组形容词，请从中选出最符合您想法的数字。正号代表描述准确，负号表示描述不准确。您选择的范围在 -5 和 +5 之间。

表4-9　斯坦普尔量表

-5	-4	-3	-2	-1		1	2	3	4	5
☐	☐	☐	☐	☐	服务礼貌	☐	☐	☐	☐	☐
☐	☐	☐	☐	☐	位置便利	☐	☐	☐	☐	☐
☐	☐	☐	☐	☐	时间合理	☐	☐	☐	☐	☐
☐	☐	☐	☐	☐	业务高效	☐	☐	☐	☐	☐

另外，李克特量表、瑟斯顿量表、连续评分量表、配对比较量表和 Q 分类量表等也是比较常用的量表，我们在设计问卷过程中，可以根据调查内容选择合适的量表。

第三节　市场预测

市场调研结束后，公司已经掌握了有关过去和现在市场状况的信息，但公司更关心未来市场会如何变化，需求怎样？这就需要营销部门对市场需求进行衡量和预测。

一、市场预测概述

1. 市场预测的概念

市场预测（Market Forecast）是预测科学的一个分支，是其在市场营销活动中的具体运用。因此，了解什么是市场预测必须先知道什么是预测。预测属于软科学，是人对事物的未来发展趋势或状况的推测和判断，是主观见之于客观的一种活动。简单地讲，预测就是以过去的经验或数据为依据，从研究对象的历史、现状和规律出发，运用科学的方法和技术，对求知事物的未来发展前景进行描绘和测定。

市场预测，是在相对准确的市场调研资料和统计数据的基础上，运用科学的预测方法和手段，对影响调研对象的相关因素的状况和规律进行分析研究，对市场因素的未来发展趋势与状态做出判断、推算和测定。

2. 市场调研与市场预测的关系

市场调研是市场预测的前提和依据，没有市场调研就不可能进行市场预测；市场预测是市场调研的延续和发展，不进行市场预测，市场调研毫无意义。然而，许多企业在实地操作时，出于节约经费的考虑或管理体制的问题，经常无意中割裂它们之间的关联。例如，有的企业的决策者，往往总是根据主观臆测做出企业发展规划，再去进行市场调研，这样很容易导致下级部门迎合主管部门的意图，根据结果拟合数据，其后果可想而知。

3. 市场需求与预测

一个市场就是某种产品或服务的实际和潜在购买者的集合。潜在市场是表明对某个市场上出售的商品有某种程度兴趣的顾客群体。而仅有兴趣不能形成有效市场，还需要有足够的购买力和购买渠道。因此，公司的目标市场应该是合格有效的市场。

在目标市场上公司要正确判断市场机会，就需要估计市场需求。根据菲利普·科特勒等人的研究，市场需求是指一个产品或服务在一定的地理区域和一定的时期内，在一定的营销环境和一定的营销方案下，特定的顾客群体愿意购买的总量。市场需求不是一个不变的常数，而是一个变化的函数。要预期某个水平的市场需求就需要市场预测，在既定的市场环境下对市场潜量（Market Potential）做出估计，进而推断出市场渗透率。

市场预测是企业正确决策的前提和先决条件，正确的预测使企业可以预知所面临风险的状况及程度，为企业制定应急方案提供依据，使企业既可以抓住市场机会，也可以避开市场风险，减少风险给企业经营活动造成的负面影响。企业可以依据正确的市场预测的结果，调整产品结构，制定市场营销组合策略，组织生产和商品流通，更好地满足市场需求。例如，企业可以通过市场预测确定：企业下一季度的销售额是多少？顾客需求会发生怎样的变化？竞争对手下一步会采取何种行动？从而，企业可以选择适当营销策略，实现企业的利润目标。

二、市场预测的类型

从不同角度，市场预测可以划分为不同类型。主要有以下三种：

1. 按时间周期划分

按照时间周期，3～5年以上、1～3年、1年以内和1个季度以内，可以将市场预测分为长期市场预测、中期市场预测、短期市场预测和近期市场预测。

短期市场和近期市场预测主要用于企业制定季度和年度计划提供参考，中期市场预测主要用于指导企业生产计划、产品结构调整、长期财务管理以及远景规划等。为使长、中、短和近期的预测结果协调一致，弥补中短期的不足，常采用滚动预测法（其思想来源于滚动计划法）。

2. 按空间范围划分

按市场预测空间范围分，主要有宏观预测和微观预测两种。宏观市场预测，主要是对于市场总体发展的各种总体指标进行预测，为企业未来发展和进行战略决策提供依据；微观市场预测，是指企业在一定时期内对市场的部分指标，或者是对具体产品的某些指标进行的市场预测，主要是为企业制订营销计划与具体营销策略提供依据。例如，某家电企业为进入某城市的二级市场，决定对该市居民的收入状况和商场分布进行调研，根据预测结果，确定其销售网点的设置和铺货数量的多少。

3. 按性质方法划分

按市场预测的性质和采用方法，可分为定性预测和定量预测。定性预测又称判断预测或直接经验预测，是指凭借预测者的知识、判断力、主观感觉或主观经验所进行推断和测定活动。它的特点是速度快、费用少、简便易行，能综合各种因素分析错综复杂的情况。定性预测要求对事物未来发展的性质与趋势做出概念界定和粗略估计，由于缺乏量化数据为依据，需要经验丰富的专业人士才能操作。

定量预测，是指依据客观数据和利用数学、统计学方面的方法进行的预测。具有客观性、科学性和准确性的特点。主要是从定量、定时、定比等方面进行分析。定量分析，常见的方法是时间序列分析，又可分为移动平均法和指数平滑法。

三、市场预测的基本方法

1. 定性预测法

定性预测法，是指根据有关专家对市场情况的了解和对市场未来发展变化的估计，依靠专家的经验、判断能力和综合分析问题能力，对市场未来发展趋势与状态做出估计、判断和测算的方法。

按照预测参与者和预测思路划分，市场预测技术方法主要有：专家意见集合法、类比预测法和其他定性预测法等。

（1）专家意见集合法。专家意见集合法主要分为专家个人预测法、专家小组会议预测法、德尔菲预测法、专家主观概率预测法。

①专家个人预测法。主要是指邀请个别专家进行预测的方法。它通常适用于偶发性、非常规性的问题，或者宏观性、战略性的预测。

②专家小组会议预测法。典型的，如头脑风暴法，即通过面对面会议形式，对要预测问题的发展趋势和状态进行评价，然后综合专家们的意见，并对其发展前景进行预测。与会人数5～12人为宜，主持人提出题目，大家畅所欲言，不对彼此意见进行评判，会议结束后，主持人再对各种方案进行比较、评价和归类，最后确定预测方案。

③德尔菲预测法。由美国兰德公司创立，名字起源于希腊神话，喻义神明高超的预测力。此方法按规定的程序，采用背对背反复函询方式，征询专家小组成员意见，经过几轮

的征询反馈，使各种不同意见趋一致，经汇总和用数理统计方法进行分析，得出一个比较统一的预测结果，供决策者参考。德尔菲法最大的优点是匿名交流，避免了人际、情感和社会因素对专家意见的影响；专家间的交流尽量采用表格的方法、定量表达的方式、统一的格式，便于对预测结果的统计和汇总；不同专家提出的预测结果，在主持人帮助下，进行至少3~5次的交流与反馈，使所有专家都能充分表达自己意见和看法。德尔菲法是目前国内外运用十分广泛的权威的定性市场预测方法之一。

④专家主观概率预测法。凭借个人的经验对事物发生的概率进行的主观判断，主要包括两种方法：一是由专家主观确定预测对象发生的概率和前景。例如，让一组专家对某新产品未来市场的销售量和出现概率进行预测，由于专家间的意见差别很大，只有取其给出概率的平均值作为预测结果，即平均概率预测法。二是在给定某个有代表性的概率的条件下，由专家来预测事物的表现及状况。例如，在50%的概率下，该新产品的市场销售额为多少，以此作为事物的预测值，最后决定是否进行该产品的开发，即概率中位数预测法。

（2）类比预测法。类比预测法是指用一个已知发展变化规律作为参照物，去推断与之相似的预测对象的发展变化规律的一种预测方法。常用的方法主要有产品类比法、国际类比法、相关推断法和比例推断法等。主要适用于中长期的市场预测，还用于预测新产品的销售潜力及市场变化规律。

（3）其他定性预测法。除上述方法外，定性预测法还包括市场因子预测法、转导预测法和因素列举预测法等。

①市场因子预测法。市场因子预测法是指根据已知市场影响因素估算某产品的最大市场潜量。例如，已知某种类型住宅房每平方米需要使用0.3平方米玻璃，预计某市今年将建200万平方米该种住宅房，根据市场因子预测法，需要玻璃总量为（1×0.3）×200＝60（万平方米）。

②转导预测法。转导预测法是指根据国家和政府公布的宏观经济预测指标，按照以往各种经济成分之间的数量比例关系和本企业的市场占有率等资料进行转换计算的预测方法。转导预测法的计算数据较容易获得，但是其预测结果受宏观因素影响较大，比如我国纺织品和服装出口不仅跟国家贸易出口总额增长相关，还受出口地（国家）的贸易政策影响，如出口配额、贸易保护等问题，所以企业决策时还应参考其他方法的预测结果。

③因素列举预测法。因素列举预测法是指先列举出预测对象的各种影响因素，再依据经验和历史数据确定其影响程度，从而得出预测值的方法。各影响因素可分为有利因素和不利因素，分别用正值和负值表示。例如，某产品销售额受促销费用增长影响程度为+0.8%，受竞争对手降价影响程度为-0.3%，则该产品销售额总增长为+0.5%。

2. 回归和相关分析预测法

回归和相关分析预测法是根据市场现象各种影响因素之间的相关关系，确定影响市场现象的因素，将影响因素作为自变量，将所要预测的市场现象作为因变量，对市场的未来状况做出预测。根据市场各因素是否线性关系及影响因素（自变量）的个数，可以将回归和相关分析预测法分为：一元线性回归、多元线性回归和非线性回归预测法等。其中，一元线性回归方程的参数估计虽然比较容易，但多元线性回归分析通常涉及多个影响因素。例如，销售额的变动不仅跟促销费用有关，还跟产品、价格和分销渠道等因素有关。另外，市场指标间还存在非线性关系，如用于拟合产品生命周期的龚珀资曲线，$Y = \beta_0 \beta_1^{\beta_2^x}$；资本 K 和劳动 L 与产出的关系函数，$Y = AK^2L^P$，等等。

3. 时间序列预测法

时间序列预测法是以市场现象的时间序列历史资料为依据，根据时间序列的变化规律建立适当的数学模型，用数学模型对市场现象的未来趋势做出预测。通常适用于具有详细时间序列资料的市场现象或无法确定其主要影响因素或无法将主要影响因素量化的市场现象，具体包括：平均预测法、指数平滑预测法、季节性预测法等。

（1）平均预测法，是指通过求平均数的方法，把平均变化速度作为未来变化速度进行预测，主要包括简单平均法和移动平均法。

①简单平均法。简单平均法又分为算术平均法、几何平均法和加权平均法，适用于各期观察值变化不大，预测对象无显著长期趋势变动和季节变动等的情况。

②移动平均法。移动平均法的原理，就是选取观察值中的一个子集，计算这一子集的平均数，然后运用这个平均数来预测下一个阶段的情况。

设时间序列有 n 期观察值 X_1，…，X_n，连续取 $m(m < n)$ 期观察值分别进行算术平均，依次向下移动，形成了一个新的时间序列，以最后一个移动平均数作为预测值的基数来进行预测的方法，简称为移动平均法。主要包括一次移动平均法、二次移动平均法、加权移动平均法等。

运用移动平均法需要一定的前提：第一，变量在不同阶段发生的变化很小，即观察值分布保持水平状态或它们的平均值有轻微的活动。第二，观察数据出现阶梯变化时，如季节性数据，不能用此种方法。第三，需要足够的样本空间，保持移动平均值接近于总体平均值。

（2）指数平滑预测法。在预测时，我们经常会发现新的观察数据要比旧的观察数据对今后的发展趋势影响更大一些，因此在使用移动平均法时，如果按照时间顺序和影响大小为一组观察数据赋予不同的权数，预测的结果可能更科学。

如果权系数是几何级数，我们就把这种特殊的加权移动平均法，称为指数平滑法。平滑参数 α 取值在 0 和 1 之间，其作用是确定预测结果的平滑程度。当 α 值接近于 0 时，预测结果对新数据反应很缓慢，没有根据新数据做出显著的调整；α 值接近于 1 时，预测结果则会对上一个数据迅速做出反应，其过程类似于子集较小的移动平均法。指数平滑法，主要包括一次指数平滑法，是计算时间序列的一次指数平滑值，以当前观察期的指数平滑值和观察值为基础，确定下期预测值；多次指数平滑预测法，是在一次指数平滑预测基础上，对一次平滑值序列再进行 $n-1$ 次指数平滑处理，建立预测模型，进行市场预测。

指数平滑法主要适用于以下情况：第一，未来期数据权数设定比历史期高。第二，数据不能是季节性的，应是固定的或水平的。第三，只需提供最新的数值、上次预测结果和平滑系数。但是，指数平滑法只适用于短期预测，预测结果永远"落后"于趋势数据的实际值，而且预测人员需要提供平滑系数的初始值和初始期的预测值。

（3）季节性预测法。现实的市场条件下，许多商品的销售是呈现出季节性周期变化的，如空调、农副产品等。人们试图从中寻找某种规律来建立模型，进行预测，从而及时地调整生产计划和销售目标。

Box 和 Jenkins（1976）二人将季节性自回归和移动平均参数的添加到 ARMA（Auto-Regressive and Moving-Average）基本模型中，建立了季节性预测模型：

$$\Phi(L)\Phi_s(L)(1-L)^d(1-L^s)^{d_s}Z_t = \alpha_0 + \Theta(L)\Theta_s(L)w_t$$

一般用 $ARIMA(p, d, q)(p_s, d_s, q_s)$ 表示，式中，$\Phi(L)$ 表示季节性自回归过程，$\Theta(L)$ 表示季节性移动平均参数，L 是滞后算子，Z_t 表示已观察到的稳态序列，w_t 表示不可观察的白噪声序列，s 表示季节的长度（$t = 1, 2, \cdots, T$）。

季节性预测法的适用情况：第一，通过滤子漂白的方法改善了预测的精确性。第二，由于预测时间越长，预测的可信度越差，所以它更适用于中短期预测。第三，季节性时间序列并非都是非稳态的，可以通过差分建立季节性方程。

此外，其他预测方法还包括现代统计学和计量经济学中的一些方法，如聚类分析、判别分析、主成分分析、因子分析，等等。市场调研人员除了应学会灵活选用各种预测方法外，还要学会应用一些较流行的专业分析软件，如 SAS、SPSS 和 Stata 等，这样可以大大提高市场预测的效率和精确度。

主要术语

营销信息 营销信息系统 营销情报系统 市场调研 问卷 量表 市场预测 市场潜量

思考与讨论

1. 什么是营销信息系统？
2. 市场信息来源有哪些？
3. 如何理解市场调研的概念、市场预测的概念？
4. 市场调研方法包括哪些？请举例说明。
5. 市场预测的主要方法包括哪些？
6. 在学校附近选择一家超市或商店，对其进行若干项市场调研。请每个同学写出一个调研方案，并进行方案评选，选出几个优秀方案对此超市或商店进行实验调查。

营销实践与应用

7 天酒店聆听顾客的心声

一、重新界定商务客户，并将其锁定

7 天酒店的主要目标群体就是商务客户，它功能定位是让顾客"天天睡好觉"，正迎

合了商务客户的核心需求。这里的商务客户是指因商务活动或公务活动频繁入住到目的地的酒店，享受酒店硬件产品及相关服务的顾客。主要包括来自跨国企业、民营企业和政府部门的客人，他们进行商务活动或因公出差时需要住宿，且有一定经济承担能力。

二、收集客户资料，建立客户档案

为了准确掌握客户在消费过程中的需求动态，培养酒店的忠诚消费群体，实现信息互通共享，全面提升服务质量，需要建立客户档案。

（一）收集客户档案资料

专门收集客户与酒店联系的所有信息资料，以及客户本身的内外部环境信息资料。它主要有以下三个方面：

（1）有关客户最基本的原始资料，包括客户的姓名、地址、电话、联系人及他们的个人性格、兴趣、爱好、特殊要求等，这些资料是客户管理的起点和基础，需要通过销售人员对客户的访问来收集、整理归档形成。

（2）关于客户特征方面的资料，主要包括企业类型、酒店消费需求、消费水平、出差城市及业务涉及区域等。

（3）关于需求现状的资料，主要包括客户的活动现状、存在的问题、未来发展潜力、财务状况、信用状况等。

（二）建立与整理客户档案

建立客户档案是酒店进行客户关系管理的重要步骤，它可以帮助营销人员了解谁是VIP客户，他们有什么消费特点，以便更好地维护客户关系。但客户信息是动态的，需要不断补充、增加和更正客户档案资料，7天酒店根据其运营程序，建立客户档案资料分类管理系统。

三、开展网络调研，跟踪客户感受

7天酒店官网常常发起网络调研，让入住的客户填写其住店的感受，回答满意度等方面的问题，并请客户提出具体的意见或抱怨。这些信息会实时地形成调研报告，呈现到各分店和总部的管理者那里，以便及时发现问题。广泛且不间断的调研，可以让7天酒店的管理层动态地跟踪客户感受，弄清客户流失的原因，进而更好地维护老客户。

入住7天酒店的每一位客户都会被请求参与调研，让客户感受到7天酒店的管理层在倾听他们的心声，让客户感受到时刻被关注的贵宾礼遇。另外，详细的调查项目，也可以让客户有机会了解7天酒店为客户做的每一项努力，让客户更深入了解7天酒店的服务特色，为其向朋友推荐7天酒店提供了充分的理由。

四、贴心的顾客服务，得益于充分的调研信息

通过市场调研，7天酒店可以充分了解商务客户的住宿需求，舍弃华而不实的项目，让其服务更贴心。具体包括以下六个方面：

（一）覆盖全国的连锁网络

7天连锁酒店拥有覆盖全国的酒店网络，超1000家分布于全国150多个重点城市的连锁酒店，覆盖了全国主要商务城市，对商务客户来说出行相当方便。

（二）竞争性的价格

7 天酒店通过变革管理体系来控制成本，以低于竞争对手20%的价格使消费者得到更多优惠，同时保证客户核心需求得到最大满足。

（三）安静

7 天酒店远离喧嚣的马路和闹区，环境幽静，给商务人士一个安静的空间，一个天天睡好觉的地方，充分缓解商业客户因商务忙碌、应酬而产生的疲惫，满足他们能够睡一个好觉的期望、盼望和奢望。

（四）住宿安全

各7 天连锁酒店都设立了安全门禁，杜绝不速之客深夜造访；前台人员会审核每一个打入顾客房间的电话，在客户许可下才能接入他的房间，这一措施杜绝了骚扰电话。保安人员每半小时一巡逻，确保安全无忧。

（五）预定便利

7 天酒店设立了4 种预定方式，即客户服务中心、网络、短信和WAP，客户可以随时随地用一个电话、一个短信或者在线简单操作就能轻松预定酒店。酒店大厅还配备了自助电脑，让顾客预定和查询更加方便。

（六）奖励多多

7 天酒店实施了积分计划，顾客通过开通会员、入住消费、推荐新会员等方式获得积分。

另外，7 天酒店还针对不同类型的商务客户推出了不同的客房，如商务大床房、自主大床房和经济房等。

资料来源：7 天酒店官网［EB/OL］. http：//www.7daysinn.cn.

案例讨论题

1. 7 天酒店是如何通过市场调研来聆听顾客心声的？

2. 上述问卷能否充分了解顾客心声？可以改进吗？

3. 问卷发放和回收过程中应注意什么问题？

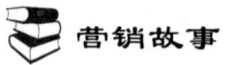 **营销故事**

苗氏兄弟的"信息系统"

近代山东苗氏工商业集团，是以山东淄博桓台县的苗氏四兄弟为首形成的企业群。苗氏兄弟从1899年进入济南经商，走过了先商后工的道路。创办了恭聚和、恒聚和、恒聚成和同聚长等粮栈，以及成丰面粉厂、成记面粉厂、成通纱厂、成大纱厂等10余个大型企业，是近代山东著名的实业家。

粮食生意又称"山水生意"，即易赚易赔，其原因在于市场变幻莫测。经营者需要了解信息，掌握主动，吞吐及时才能运筹帷幄，稳操胜券。苗氏兄弟就是掌握信息的行家里手。

首先，利用分庄报告信息。恒聚成和同聚长粮栈在胶济、津浦、陇海铁路沿线及重要的粮食集散地，各设分庄30余处。为了掌握行情，苗家让分庄负责收集、报告信息。夏收秋收之前，派人四处调查，预测丰歉；新粮上市前，各地报告行情的电函日夜交驰。其次，为了收购和销售，成丰、成记也分别设立了分庄，成丰规定外庄人员必须随时将各地的降雨量、自然灾害情况、小麦产量、丰歉预测、当地行情、价格变化、面粉销售等情况，及时向厂部报告。最后，利用电话、电报、广播等快捷手段，收集信息。同聚长在邮电局专设信箱，电话局有定时长途电话，在粮栈设有自用专线电话，情况有变，几分钟就能通知各地。成丰安排专人利用电台收听上海国际麦粉行情和动态，了解国际国内消息，并随之采取措施。

品评：白圭，战国时期最著名的擅长商业经营管理的思想家，人称"治生鼻祖"。他认为，一个企业家从事生产经营活动的目的在于增长财富，而增长财富就必须按准则行事，这些准则就是"治生之术"。白圭的"治生之术"包括乐观时变、果断决策、讲究策略和企业家特殊素质等。其中"乐观时变"就是指在经营活动中，不能凭主观想象，必须注重市场信息的研究，及时预测和掌握市场行情，从而决定经营时机。可见，从古代白圭始，到近代包括苗氏兄弟在内的中国商人，就已经运用有效的方法开展市场调查和预测，为企业经营决策服务。

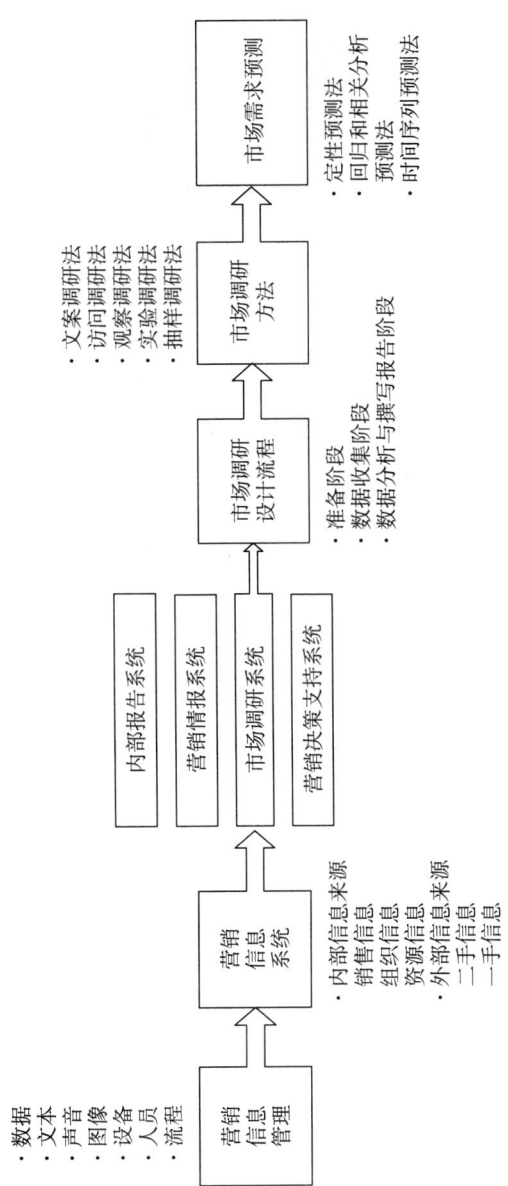

营销知识应用导图

第五章

消费者市场分析

学习目标

1. 了解消费者市场的特点。
2. 明确消费者行为特点。
3. 熟悉并掌握消费者行为的影响因素。
4. 掌握消费者的购买决策过程。

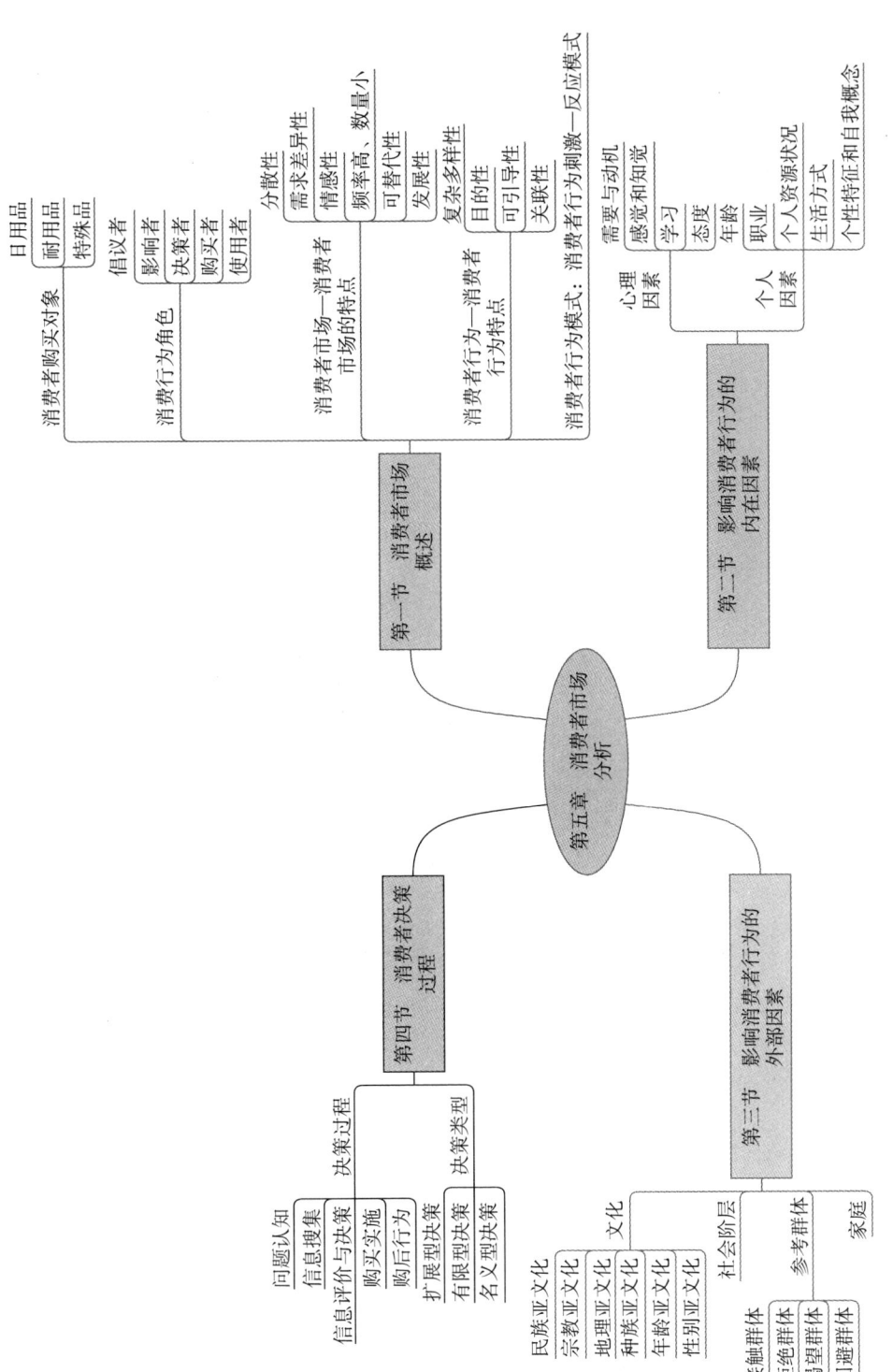

学习思维导图

章首案例 "90 后" 与消费升级

我们在谈论消费升级时，应当较全面地理解消费升级的内涵。消费升级包含两层意思：一层意思是指由生存类消费向发展类消费转变。从指标变化上看，表现为包括服饰、家用品、食品等在内的商品消费的比重下降，包括交通、通信、保健医疗、教育、娱乐、旅游等在内的服务消费的比重上升。另一层意思是指同类消费的品质升级。比如，汽车消费由传统类型向新能源类型转变，交通消费由公共汽车服务向专车服务升级，等等。

目前来看，中国逐渐呈现出的消费升级态势，在这两方面都有所表现，一方面，近年来服务消费占总消费的比例逐步提升，比如，2017 年中国居民服务性消费支出占居民消费总支出的比重上升至 41.4%；另一方面，汽车等生活耐用品消费开始向品牌化、高端化发展；比如，受新能源汽车补贴等政策推动，近两年来的新能源汽车销量屡创新高。

应该说，"90 后" 是消费增长和消费升级的生力军，是目前最具消费潜力的一代人，尤其正成为体验新消费业态的主力人群。一方面，"90 后" 步入社会时间不长，自身财富累积还不多，消费能力决定了其消费总额有限，还不足以成为消费主力军。比如，阿里大数据调查显示，在上海的高消费群体中，"90 后" 的贡献仍低于 "80 后"。另一方面，"90 后" 消费者的消费潜力巨大，在网络消费、高科技消费中占据了重要位置，成为新消费业态发展中最先吃螃蟹的群体。

尤其在金融科技驱动下，消费的模式、场景、资金等都在发生积极变化。在消费模式方面，依托金融科技技术，消费者的消费需求不断得到满足，定制化、体验式消费层出不穷。比如，以 "盒马鲜生" 为代表的新零售模式，通过自主扫码支付代替人工收银，极大提升了用户体验。在消费场景方面，金融科技推动线上线下场景融合，"线下体验、线上下单" 渐成主流。在消费资金方面，金融科技支撑的互联网消费金融业态（当前已形成银行系、电商系、分期平台、消费金融公司等不同模式），为消费资金来源提供了更多渠道。

作为互联网原住民，"90 后" 应该说是拿着 iPad 出生的，其消费习惯与互联网早已深度融合，概括而言，其消费习惯主要有四大特征，即消费自主化、消费个性化、消费移动化、消费分享化。在（移动）互联网时代，"90 后" 几乎时时刻刻都在消费，能够把消费融入到日常生活的各个环节，将消费新体验实时分享至朋友圈，并愿意为自己心仪的消费产品及服务 "打 call"，毫不吝啬地为 "idol 品牌" 代言。

未来，随着 5G 技术的应用，物联网时代将加速到来，消费业态和模式的更新迭代，将继续激发 "90 后" 的消费潜能。与此同时，伴随工龄增长，"90 后" 的财富累积将迈上新台阶，"90 后" 的消费潜能有望进一步迸发。

资料来源：何飞. 消费升级能否持续？[J]. 商业观察，2018（9）：71-76.

消费者为什么购买商品，怎样购买？他们为什么喜欢某种商品，又为什么拒绝某个品牌？……要解答这些问题，首先，营销者必须了解消费者，了解消费行为发生时消费者的心理活动规律；其次，营销者还应该明了有哪些因素会影响消费者的消费行为，如何影响。本章就这些问题展开探讨。

第一节　消费者市场概述

市场营销的宗旨就是发现、激发、创造、引导并最大限度地满足消费者的需要。从这个角度而言，市场就是未满足需求的现实的和潜在的购买者的集合。因此，这里所谈到的市场就是商品的购买者。根据购买者的特点可以将市场分为两种类型：组织消费者市场和最终消费者市场。组织消费者市场（Organization Consumer Market）是指非个人消费者即团体组织，包括各类企业（工业企业、商业企业、服务企业）和非营利性组织（如政府机构、民间团体）；最终消费者市场（Ultimate Consumer Market）则是指个人消费者。本章研究的内容即最终消费者市场，通常简称为消费者市场。

一、消费者市场的特点

（1）分散性。个人消费者的居住地分散、生活区域范围宽广，与组织市场相比而言，消费者市场表现出分散性强的特点。

（2）需求差异性。消费者市场的购买者一般以满足个人需求为主，由于存在性别、年龄、民族、教育等方面的差异，导致消费者的生活习惯、兴趣爱好等有很大不同，表现在对商品种类、款式、质量、价格、服务等方面的需求差异性大。

（3）情感性。与组织市场相比，消费者市场的购买比较多地掺杂进个人的情感因素，对商品的选择更多地取决于消费者的喜好而非商品本身；由于商品知识的缺乏，消费者对商品的认知在一定程度上依赖于企业的广告宣传，因此更容易受到促销因素的影响而产生或改变消费行为。

（4）数量小、频率高。消费者购买商品的目的一般是个人或家庭使用，每次的购买数量不会太大；消费者购买的商品大多为快速消费品，因此购买频率相当高。

（5）可替代性。具有相同或相似功能，满足同一需要的商品种类繁多、品牌林立，因此消费者市场上的商品具有明显的可替代性。这种可替代性使消费者在商品选择、品牌选择方面表现出较高的流动性。

（6）发展性。人类社会的科学技术在不断进步，新商品层出不穷，消费者的需求也会随着收入的提高和社会的进步，呈现出由简到繁、由低到高的变化。这种变化表现为一种长期的发展性。

二、消费者市场的购买对象

每个人天生就是消费者，随时随地都会产生各种各样的需要，而这些需要的满足则是通过消费各类商品与服务来实现的。从表5-1中可以看出，消费者的这些消费对象范围相当广泛。从消费对象的有形程度看，可以分为有形物品、无形物品和介于两者之间的混合型物品与服务；从消费对象的性质看，可以分为个人用品与服务、家庭用品与服务、集体用品与服务。

表5-1 消费品和服务的分类

消费对象的有形程度 消费对象的性质	有形物品	混合型物品与服务	无形服务
个人用品与服务	服装等	餐馆用餐、汽车修理等	信息咨询等
家庭用品与服务	家具、电器等	家政、室内装修等	金融服务等
集体用品与服务	收费公路等	教育、医疗等	消防服务等

消费者市场的购买对象丰富多样，其消费行为也存在着差异，根据这种差异可以将这些商品分为日用品、耐用品和特殊品。

（1）日用品。日用品也称快速消费品，是指消费者经常消耗、更换频率高、价格相对较低的一类商品，如洗化用品、调味品等。对这类商品，消费者熟悉度比较高，购买过程费时较少。消费者购买注重方便性；对品牌的关注度可能不高，一般采用习惯性购买，遇到特价促销，很容易转换品牌。

（2）耐用品。在消费者的购买对象中价格较高、使用期限较长的商品为耐用品。这类商品的购买频率较低，消费者一般在购买时比较慎重，需要经过多方比较、选择后才会购买。购买时消费者重视商品的质量、性能、款式等方面的差异，通常对品牌知名度比较关注，更信赖名牌，也被称为选购品。

（3）特殊品。消费者有时会根据个人喜好，购买一些特别的商品。这些商品可能价格非常昂贵，如古玩、字画等收藏品；也可能是价格低廉、个性鲜明的小玩意。购买时他们不计较价格高低，也不在乎购买场所的方便与否，单纯考虑个人兴趣及癖好，满足个人的特殊需要及利益，这类商品被称为特殊品。

三、消费者与消费者行为

1. 消费者

所谓最终消费者即"为个人消费而购买商品或服务的个人和家庭"。他们是商品的最终使用者，也就是企业商品所要服务的对象。

在现实生活中，某一消费品或服务的购买决策、购买实施和使用可以由同一个人来完成，也可能由多人分别承担。对大多数成年人而言，一般是由使用者本人亲自购买其个人用品，此时他既是购买决策者，又是购买者和使用者。而大多数儿童用品的消费过程则表现出购买决策者、购买者和使用者的分离，即父母实施购买决策和购买行为，儿童实际使用该商品或享受该项服务，在此过程中无论是父母还是儿童都应该视为消费者。对于家庭公共物品如住房、汽车等，则可能表现为购买决策过程和使用过程中家庭成员的共同参与。因此，在商品和服务的消费过程中，人们扮演着不同的角色（见表5-2）。

表5-2 不同类型的消费行为角色

角色类型	角色描述
倡议者	提出或有意购买某一商品或服务的人
影响者	其看法或建议影响最终购买决策的人
决策者	在是否买、哪里买等方面做出决定的人
购买者	实际购买商品或服务的人
使用者	实际消费或使用商品、服务的人

企业的营销人员不仅要了解这样一个事实：消费者的消费行为中存在五种不同的角色，更应该明确对于不同类型的商品而言，同一个消费者扮演的角色也是不同的。

2. 消费者行为

所谓消费者行为（Consumer Behavior），是指消费者为获得、使用和处置商品或服务所做的一系列活动的总称，包括先于且决定这些活动的决策过程。消费者行为与商品或服务的交换密切联系在一起，消费者使用商品的方式、在消费商品或服务过程中的感受及其对废弃物的处置方式都会影响到他下一轮的购买，即直接影响到企业和消费者之间能否建立和发展长期的交换关系。正因如此，人们越来越深刻地意识到，消费者的消费行为是一个整体过程，获取或者购买消费品（服务）只是这一过程的一个阶段。

3. 消费者行为的特点

消费者行为实际上是一种决策行为，每个人购买、使用、处置商品或服务的整个过程，都是一种选择性很强的风险决策。从这个角度来说消费者行为一般具有以下特点：

（1）复杂多样性。消费者行为过程包含心理活动，没有任何两个人有完全相同的心理活动，这决定了消费者行为的多样性和复杂性。消费者行为的多样性表现为每个人满足需要的方式有差别，即对商品的需求、爱好和选择方式等方面各有不同；同一个人在不同时期、不同环境条件下对商品的选择、消费行为也有较大差别。

（2）目的性。消费者的行为虽然复杂多样，却也并不是毫无规律可循，其中有些行为还是可以通过实地观察或问卷调查等方式来研究的。究其原因，在于消费者的每一次消费行为都是为了满足其自身的某种需要而发生，即消费者的每一次购买决策都具有很明确的目的性。

（3）可引导性。消费者的行为是为满足需要而产生的，但满足一种需要的途径有很多，消费者本身往往并不确定应该采用何种方式来满足自身的需要。企业可以通过提供产品信息和营造恰当的情境氛围来引导消费者选择自己的品牌和产品；研究表明，消费者的消费行为中80%以上为冲动性购买，即消费者极易受到外界情境的刺激，诱发消费动机，产生消费行为。

（4）关联性。通常情况下，消费者会因为购买了某种商品（服务）而引发或减弱对第二种商品（服务）的需求，这种表现被称为消费行为的关联性。消费行为的关联性源自商品的关联性，很多商品之间具有一定的辅助关系，比如打印机和打印纸，消费者对于打印纸的需求是由于购买了打印机；而另一些商品之间则可能表现为替代关系，如音乐播放器和音乐手机，消费者会由于购买了音乐手机而不再购买音乐播放器或延迟音乐播放器的购买时间。

进行市场调研，研究消费者的消费行为，分析市场需求及其发展变化趋势，是市场营销观念指导下的企业营销管理的基本任务，也是企业制定营销策略的基础。通过研究消费者的行为可以发现市场机会，开发出合适的新商品。经济学、心理学及社会学等学科的理论为更好地研究消费者行为奠定了坚实的基础。

四、消费者行为模式及影响因素

1. 消费者行为模式

企业研究消费者行为的目的不是为了被动地去适应消费者，而是希望通过遵循消费者行为规律，制定出恰当的营销手段去主动地影响和引导消费者。因此，营销人员就必须明白：企业制定的营销计划能否打动消费者？消费者对于企业可能推行的各种营销活动将会做出何种反应？怎样反应？营销人员又该怎样做才能引导消费者做出预期的反应？营销人员只有掌握了消费者的行为模式才能解决上述问题。

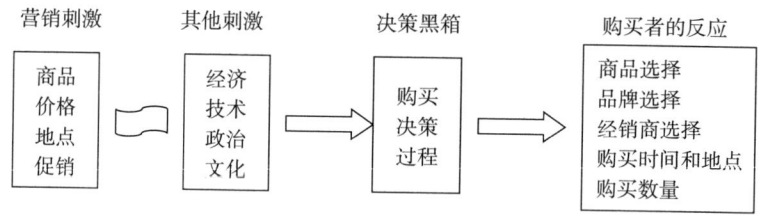

图 5 - 1　消费者行为刺激—反应模式

由图 5 - 1 消费者行为刺激—反应模式可见：首先，决定消费者行为规律的关键环节是消费者决策黑箱。营销人员必须了解消费者决策黑箱的内容，才能对预期的消费者反应给出合适的刺激。其次，刺激因素是决定消费者最终行为表现的诱因，这些诱因可以根据其来源分为商业刺激和非商业刺激。其中商业刺激将在后面章节进行阐述，本章着重讨论消费者决策黑箱，以及经济、文化等非商业刺激因素（以下简称影响因素）对其消费行为的影响。

2. 影响消费者消费行为的因素

消费者的消费行为无论从行为动机来看，还是从行为过程来看都不是单纯的个人行为。消费者生活在社会中，为了适应社会，其任何行为的产生、变化均会受到社会环境因素的一定影响；此外，消费者个人的性格特征也会对其消费行为产生影响。影响消费者行为的因素有哪些？它们又是如何产生影响的？这些问题应该是营销人员探讨消费者决策黑箱的必由之路。图 5 - 2 显示了消费者行为受文化、社会、个人、心理等因素的影响。

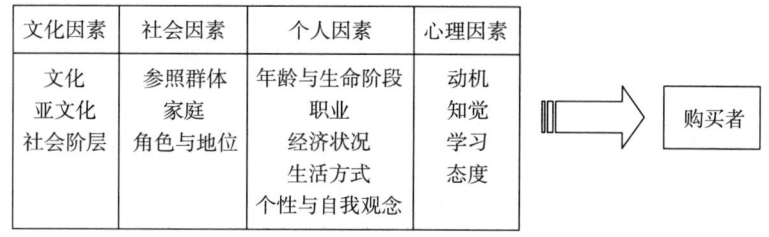

图 5 − 2　影响消费者行为的因素

第二节　影响消费者行为的内在因素

影响消费者行为的因素包括两方面：一是心理因素、个人因素等内在因素；二是文化因素、社会因素等外部因素。内在因素直接对消费者行为产生影响，外部因素则需要通过内在因素对消费者行为起作用。这些因素均是营销人员基本无法控制却又必须要考虑的。

一、心理因素

1. 需要与动机

心理学认为，消费者的每一次消费行为都是其某些内在需要的一种满足。人的需要表现在方方面面：饥饿、不安、寒冷等生理状态引起的需要；出于安全考虑的需要；由于社会交往、追求成就感等心理原因所引起的需要。

当需要转化为"动机"时，就会引发进一步的行为。一般认为，所谓"动机"，是指发动并维持个体的某种行为向某一目标进行的内部驱动力。人们从事的任何活动都是由一定的动机所引起。

关于需要和动机的心理学研究理论很多，对消费行为的解释比较恰当的心理学研究理论，本章重点介绍西格蒙特·弗洛伊德（Sigmund Freud）的动机理论和亚伯拉罕·马斯洛（Abraham Harold Maslow）的需求层次理论（Hierarchy of Needs）。

（1）弗洛伊德的动机理论。弗洛伊德认为，人们在成长的过程中，不断地会有一些渴望被压抑，但这些渴望并不是完全消失，而是存在于人的潜意识中。它们会以梦境或无意的话语和行为表现出来。例如，某人幼年时经常处于被他人掌控的状态，无法实现权力欲望的满足，在他的消费行为中，可能就会表现出强烈的支配欲。

弗洛伊德理论被用来指导消费动机的研究，研究者常常会得出一些有趣的结论。比如研究发现：有的消费者不喜欢吃干果的原因是因为它们看起来皱巴巴的，让人看了联想起老年；男人喜欢抽味道浓烈的雪茄烟，以便体现其男子汉气概；女人偏爱植物油甚于动物脂肪，原因是动物脂肪会唤起杀戮动物的负罪感；女人在烘制蛋糕时，神情严肃，因为在无意识里她正在做着一件象征生育的行为。她也不喜欢用现成的方便配料做蛋糕，因为轻松的生活会唤起心灵的某种负罪感。

（2）亚伯拉罕·马斯洛的需求层次理论。亚伯拉罕·马斯洛于1951年提出需求层次理论。他认为，人的众多需要是有等级差异的，他把人的需要按高低次序排成五个等级：从低到高分别是生理需要（吃饭、穿衣、睡眠等基本生存需要）、安全需要（保护人身安全、财产安全及防患病和失业等需要）、社交需要（希望被群体接纳和获得爱情等需要）、尊重需要（实现自尊、获得承认、赢得尊重等需要）和自我实现需要（充分发挥个人能力、取得成就等需要）。

马斯洛认为，人可能同时产生多个层次的需要，不同层次的需要是按照优先需要和非优先需要的顺序来满足的。一般情况下这种优先性是按照需要等级的高低顺序实现的，即只有低级的需要得到满足后，人们才会继续满足更高级的需要，同时产生新的行为动机。

此外，对消费者的消费行为还可以用麦克里兰（David McClelland）的三层需要理论（Three Needs Theory）来解释。麦克里兰认为，人的需要除了基本生理需要以外，还有三种高层次需要：成就需要，争取成功并希望做得最好的需要和欲望；亲和需要，建立友好亲密的人际关系的需要；权力需要，影响或控制他人且不受他人控制的需要。例如，商务谈判表现为成就需要、从众行为体现出亲和需要、参与并影响他人的消费可理解为权力需要等。

2. 感觉和知觉

消费者的心理活动包括认识过程、情感过程和意志过程三个阶段，认识过程是起始阶段。认识过程是指人通过感觉、知觉、记忆、想象、思维等活动对客观事物进行综合反应的过程。

（1）感觉（Feeling）是指人脑对直接作用于感觉器官的外界事物的个别属性的直接反应。主要借助于感觉器官形成，包括视觉、味觉、嗅觉、听觉和触觉。人的不同感觉可以使人从各个方面了解事物的属性、特点。但是，消费者通过感觉只能获得对外界事物的个别属性，而非整体属性的反应。

（2）知觉（Consciousness）是把各种感觉进行整理、综合的过程，是指人脑对直接作用于感觉器官的外界事物的整体反应。但是，由于每个人都会以自己的方式来收集、解释和理解接收到的外界信息，导致不同的消费者对相同的外界刺激或情境所形成的知觉会存在差异，这就是知觉所具有的选择性，表现为注意的选择性、理解的选择性和记忆的选择性。

研究表明，消费者凭表象喜欢某一事物，主要是知觉的作用。另外，注意的选择性又会大大影响广告的效果。一般来说，人们倾向于注意那些与其当时需要有关的、与众不同或反复出现的刺激物，这就迫使营销人员在吸引消费者注意方面下功夫。

然而有时候即便是已经引起消费者注意的信息也很难达到预期的目标。这是因为人们在接收并理解信息的同时，会掺杂进个人的情感、偏好，同时还会受到一些外界因素的影响（如社会环境），这是理解的选择性。记忆与遗忘是相对的，人们在记住某些信息的同时也会遗忘部分他们已经获得的信息，这是记忆的选择性的表现。

3. 学习

人的行为有些是与生俱来的，但大部分是通过后天学习获得的。心理学认为，学习

（Learning）就是由经验产生的行为中持续不断地变化。

人们可以通过学习获得动机、价值观、态度、反应、习惯等。在日常生活中，消费者可能会产生各种各样的需要，可是消费者行为所依赖的环境，包括市场的各种变量，诸如商品的质量、价格、广告宣传等都可能不断地变化。为了适应变化着的环境，消费者需要通过学习不断获取信息并做出有效的反应，还可以通过学习的强化作用得到巩固或改进：某种行为受到奖励或取得好的结果时，这种行为会被鼓励再次实施；反之，若某种行为受到惩罚，则该行为会被放弃。

4. 态度

所谓态度（Attitude），就是人对客观事物以肯定或否定的方式评价的一种心理倾向。态度决定了消费者对某种商品（服务）接受或是拒绝。当消费者对某商品或品牌持肯定态度时，消费行为很容易发生，并在以后重复购买，这样做可以降低消费者购买决策的复杂性，因此被消费者以肯定态度评价的商品可以保持长时间的畅销。相反，一旦消费者对某种商品形成否定态度，则会降低对该商品的关注度、购买频率甚至拒绝再次购买该商品。

态度由三种结构成分组成：认知成分、情感成分和行为倾向，其中对态度方向起决定作用的是情感成分。态度是有强度的，三种结构成分的方向是否一致导致了态度强度的高低。

态度还具有稳定性的特点，一旦树立很难改变。另外，一个人关于某种事物的所有态度往往会形成一个体系，要改变其中任何一个，势必要考虑改变其他相应的态度，这一点无疑进一步增加了改变态度的难度。

二、个人因素

消费者的消费行为还会受到其个人因素的影响，包括消费者的年龄、职业、个人资源状况、生活方式、个性和自我观念等。

（1）年龄。人们在一生中会不断改变他们对商品和服务的选择，尤其是人们对食品、服装、家具及娱乐的需求常常和年龄有关。例如，一个人处于孩童阶段，较多关注的是糖果、玩具等商品；处于青少年时期，更多关注的是时装和刺激性的娱乐节目；成年人则把目光投向了家具和子女的教育；老年人是保健品的主要消费者。

（2）职业。职业会影响消费者对商品和服务的选择，就像蓝领工人喜欢购买粗犷的工作服，而白领更愿意穿职业套装。营销人员的工作就是找出对其提供的商品和服务更感兴趣的职业群体，一个企业甚至可以专门向某个特定职业群体提供商品。

（3）个人资源状况。一个人的资源包括经济收入、时间和知识。个人经济资源状况会影响消费者对商品类型及品牌的选择。根据恩格尔定律（Engel's Law）：随着家庭收入的增加，食物支出的比重在整个家庭支出的比重逐步下降，而用于住房、教育、健康、休闲等方面的支出比重却在增加。

时间资源对于消费者同样很重要，因为每一次消费行为都会花费一定的时间。研究者一般将时间分成工作时间、非自由处置时间和休闲时间。沃斯（Voss）认为："休闲时间是指这样的自由处置时间，在此时间内消费者没有感受到经济的、法律的、道德的和社会的义务，也不是一种生理的必需，消费者如何支配这段时间完全取决于它自身。"按照这一界定，吃饭、睡觉、家务、个人护理及其他负有道义责任的工作所占用的时间都应划入非自由支配时间。随着社会生活节奏越来越快，人们出于对休闲时间的渴望，使他们希望花费更少的时间去选购商品。营销人员不仅要主动提供信息及必要的服务，以缩短消费者信息收集时间，更要关注商品的销售方式，即采取店铺销售还是网络销售。

消费者的知识是第三种个人资源。消费者个人的知识水平是其决定满足需要的方式即选择商品种类的重要因素，而消费者对所需商品的熟悉程度，更是其评价商品和判断商品品质的重要依据；同时，消费者所拥有的知识资源也是其选择抱怨方式的影响因素之一。

（4）生活方式。由于人们来自不同的地域和社会阶层，拥有不同的文化和职业背景，也会形成不同的生活方式。生活方式（Lifestyle）广义地讲是指人们在不同的领域从事工作、社会政治生活、精神文化生活时的活动方式，简单地说就是一个人如何生活。可以由他或她的消费心态来表示，包括衡量消费者的主要 AIO 项目——活动（Activity：工作、爱好、购物、运动、社会活动）、兴趣（Interest：食物、时尚、家庭、娱乐）及观念（O-pinion：关于自己的、社会问题的、商业的、商品的）。生活方式描述了一个人在社会上的行为及相互影响的全部形式。个人和家庭都有生活方式，个人的生活方式受家庭生活方式影响；反过来，家庭的生活方式也由各家庭成员的个人生活方式来决定。

（5）个性特征和自我观念。①个性特征（Personality Characteristics）指人的行为中反映出来的本质的、稳定的、带有倾向性的心理特征的总和，包括性格、气质和能力。个性特征对消费者行为的影响主要表现在三个方面：第一，对新商品的接受程度。一个人个性的固执度决定了其冒险性的高低，在消费行为中体现出对新产品的接受时间有早有晚，从这个角度可以把消费者分为：革新型消费者、较早消费者、较晚消费者、晚期消费者和最晚消费者。第二，从众行为的发生，即个体性格的内倾性和外倾性。研究表明，内倾性消费者倾向于运用自己内心的价值观或标准来评价商品，消费决策受环境影响较低，不易发生从众消费，更容易成为革新型消费者或者最晚消费者；而外倾性消费者则倾向于依赖他人意见，一般会较多地采取从众消费行为。第三，个体决策难易。一般而言，多血质和胆汁质的消费者比较容易做出决策，消费过程干脆利落；黏液质和抑郁质的消费者就比较犹豫不决，决策困难，消费行为容易出现反复。②所谓自我概念（Self - concept）是指个体对自身的评价，比如"我是谁？""我是什么样的人""别人怎么看我"等，即"实际自我""理想自我""社会自我"。消费者的消费行为受其影响主要体现在对商品或服务的象征意义的追求，即重视品牌定位与品牌形象。在消费者的心目中，对自身和不同的商品和品牌给出评价，选择两种评价相符的方式实施消费行为（如图 5 - 3 所示）。

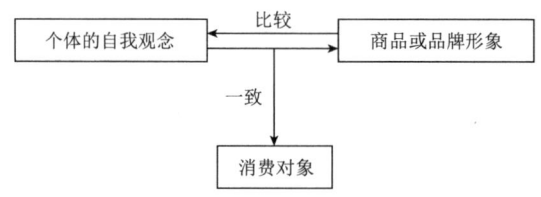

图 5 - 3　自我观念影响消费行为

第三节　影响消费者行为的外部因素

一、文化

广义的理解文化就是人类所创造的一切物质文明和精神文明的总和。对于营销人员而言，文化是指一定社会经过学习获得的、用以指导消费者行为的信念、价值观和习惯的总和。文化既表现为无形的观念、思维等方面，也会通过建筑、服装、饮食等有形物表现。不同的文化背景，会导致人的行为差异很大，甚至是天壤之别。亚洲国家如印度、日本、叙利亚、伊拉克等都比较喜欢红色，我国也把红色作为热烈喜庆的象征，而特别钟爱，但是德国人对红色不太喜欢。在全球经济一体化趋势越来越明显的今天，了解文化尤其是不同文化之间的区别，避免"文化本位化"现象的发生，可以说是成功营销的前提。

在每一种社会文化中，除存在全体社会成员共有的基本文化即主文化之外，通常还存在着许多亚文化群体，即拥有共同的独特信念、习惯和价值观的次级文化群体。亚文化赋予所属成员一些可以辨别出来的身份和特征，使其相互产生认同，有时，亚文化对个体的影响比主文化还要大。亚文化主要表现为以下六种类型：

（1）民族亚文化。世界上有很多民族，各个民族经历了漫长的历史积淀，都形成了各自独特的语言、风俗、习惯和价值观念。这些都表现在他们的饮食、服饰、节日和礼仪等方面。如我国的满族人不吃狗肉，苗族、白族等少数民族妇女喜佩银饰……这些都会对他们的消费行为造成影响。

（2）宗教亚文化。除了世界范围内的三大宗教以外，各地区、国家内部还有一些大大小小的民族宗教，像我国的道教、萨满教，印度的印度教，等等。宗教也是人类社会发展过程中形成的一种意识形态，各种宗教的教义中都规定了信众的行为准则、禁忌等，这些都会影响人们的消费行为和消费方式。比如佛教信众戒荤戒酒，伊斯兰教信众不吃猪肉及无鳞的鱼肉，基督教信众忌讳数字13等。

（3）地理亚文化。即使同一个国家，同一个民族，由于生活的地理环境不同，人们的思维习惯、生活方式也会有很大不同。众所周知，我国北方人性格豪爽、直率，南方人则性格温和、细腻，从个性上可以清楚地分出地域差别；如南方人饮食清淡、口味偏甜，北方人饮食喜重口味、偏咸，则是我国人民饮食习惯的典型差异。

（4）种族亚文化。全世界有四大主要种族，种族间的差异不仅表现在肤色上，更表现在人们的消费行为方面。如黑人较白人在消费时更关注价格，消费对象以个人用品居多，对饮食、娱乐等方面需求较少等。

（5）年龄亚文化。如今社会上流行一种说法，"10后""00后""90后""80后""70后"等，这表明不同年龄段的消费者由于其生活的社会背景、经济环境等方面的差异，导致他们在行为特点、生活方式等方面存在着明显的差异，造成他们之间巨大的消费行为差异。例如，20世纪80年代以后出生的人，生活在我国实行改革开放、人口政策等大背景下，其消费行为表现出追求个性、重视品牌和注重享受等方面；对于那些"90后"，更有人称其为"拇指一代"，他们的消费行为更多的与互联网相关；而所谓的"70后"或年龄更大一些的消费者，他们的消费特点则更关注商品价格、商品质量及实用性。

（6）性别亚文化。性别差异不仅仅是生理差异更是一种文化差异，仅以冲动性购买来说，女性的发生概率就远远高于男性。不同性别的消费者其消费行为的差异主要表现为价格敏感度、消费决策的难易、议价能力、所关注商品的类型等方面的差异。

二、社会阶层

人在社会中，因其所从事的职业、所处的地位不同，其生活圈子和生活方式也会不同。由具有相同或相似社会地位的社会成员所形成的相对持久的群体称为社会阶层（Social Class）。同一社会阶层的人具有相似的社会地位、价值观和利益，而不同的社会阶层中的人，差异却很大。社会阶层对消费者的消费行为主要表现为三种消费心理：自保心理、高攀心理和认同心理。比较常用的社会阶层的划分方法是根据职业、教育、收入、社会威望等区分。值得注意的是，一个人在一生中可以改变自身的社会阶层归属。

三、参考群体

消费者作为社会的一员，每个人身上都交织着多种社会关系，这些关系就形成了各种类型的社会群体。在实现社会行为时，某些群体的价值目标和行为规范会成为消费者个体评估自己行为的参考标准，这些群体即被称为该消费者的参考群体（Reference Group）。从个体的隶属关系出发，参考群体有两种基本类型：成员群体和非成员群体，如表5-3所示；还可以依据对个体的重要程度分为主要群体和次要群体。主要群体是给个体以最大影响的群体，如家庭、朋友等，次要群体影响较小，如各类社团、协会等。

表5-3　参考群体的类型

个体态度 ＼ 个体隶属关系	成员	非成员
肯定群体	接触群体	渴望群体
否定群体	拒绝群体	回避群体

参考群体对个体产生影响的原因来自两个方面：个体的社交需要和风险分担的需要。首先，社交需要表现为人们对不被群体所接受的担忧，因此在行为、价值取向等方面个体会努力使自己与肯定群体保持一致。其次，风险分担表现为群体智慧的力量，消费者尽量降低决策风险，借助于群体内其他成员的经验和智慧。

参考群体对消费者行为的影响主要表现在以下三方面：第一，专家力量。即"意见领袖"（Opinion Leader）的作用，消费者在消费过程中很容易相信权威，尤其是在购买相对不熟悉的商品时，这种专家力量更明显。第二，群众力量。对于日常消费品，人们更愿意接受朋友或邻居的意见。第三，自我观念。消费者在选择商品时，往往更愿意购买他心目中象征渴望群体形象的商品或品牌，或者模仿渴望群体的消费行为，因为对他而言，渴望群体代表着心目中的理想自我。

四、家庭

家庭是指由血缘、婚姻及收养关系形成的一个共同生活的群体。家庭是一个非常独特的群体，它不仅对其成员的消费行为有影响，它本身也可以被看成是一个消费单位。

家庭消费相较于个人消费者有三大特点：第一，稳定性。家庭作为一个消费主体，对日用消费品具有稳定的、长期的需求。第二，阶段性。在家庭生命周期的各个阶段，家庭中成员的数量以及各成员在家庭消费中所占的分量是不断变化的。典型的家庭生命周期阶段中包括单身阶段、新婚阶段、满巢阶段、空巢阶段及鳏寡阶段。不过如今营销者还要考虑更多的其他各种非核心家庭，如丁克家庭、单亲家庭、混合家庭及其他家庭。第三，遗传性。家庭中的成员由于长期共同生活，形成了共同的爱好、习惯及行为方式，这些共性表现在消费行为中可能是家庭成员对某类商品或某些品牌的共同偏好。

家庭对其成员消费行为的影响还表现在，家庭成员在购买活动中所扮演的角色。家庭的决策方式一般有：丈夫主导型、妻子主导型、单独决策型、共同决策型和孩子主导型等几种类型。一般而言，类似旅游目的地、汽车等与户外活动相关的消费品或服务表现为丈夫主导型决策；日用品、家庭装饰用品等多表现为妻子主导型决策；一些家庭公共用品如购房等表现为双方协商的决策类型；如今，已有越来越多的孩子参与到家庭的消费决策中，并扮演着决策者的角色。

第四节　消费者决策过程

一、决策过程

消费者的决策过程，实际就是消费行为发生时的心理活动过程，即决策黑箱。这一过程有时很复杂，需要花费大量时间、精力；有时却又很简单，瞬间就可以完成。研究消费者行为决策黑箱，我们可以知道复杂的消费者决策过程一般有五个阶段：问题认知、信息搜集、信息评价与决策、购买实施、购后行为。

1. 问题认知

这里所谈的问题，是指消费者的实际状态与其理想状态之间存在的差距，而问题认知，就是消费者认识到自身存在未得到满足的需要并产生消费动机的过程。每个人都会面临着各种消费问题，有些是消费者自身意识到的，解决起来比较容易，比如牙膏用完了要买新的，天气变热了需要空调等，属于主动型问题；还有些问题是消费者尚未意识到或需要在别人的提示下才可能意识到的，比如空调的噪声问题，就是由生产企业首先提出了"静音空调"的概念，才被消费者所认知的，属于被动型问题。

对于主动型问题，消费者已经认识到问题的存在，产生了消费需求，营销人员只需要向消费者传递信息，来突出自己商品的特点和优势；而被动型问题，则需要营销人员的努力去激发。通过努力让消费者意识到问题的存在，激发消费需求，更要努力使消费者相信本企业所提供的商品和服务是解决该问题的最佳选择。很明显，解决被动型问题难度更大些。

2. 信息搜集

消费者一旦产生了问题认知，就会有解决问题的欲望，并开始寻找解决方案，搜集相关的信息。了解消费者获取信息的途径及各类信息将对其产生怎样的影响，是营销人员做出信息发布策略的基础。

（1）消费者信息来源。一般而言，消费者的信息来源可以分为内部信息和外部信息。①内部信息。也称为经验信息，是指消费者的记忆来源。通过过去的信息搜寻活动、个人经验和学习所形成的记忆是消费者最直接、最有效的信息来源。②外部信息主要有三个来源：第一，个人来源。包括朋友、同事、家人和邻居等。第二，大众来源。包括大众媒体、政府机构、消费者组织等公众机构传播的信息。第三，商业性来源。指企业发布的营销信息，即从广告、营业员介绍、商品说明书、店内信息、宣传手册等渠道获得的信息。

（2）信息的影响力。从数量来看，企业提供给消费者的营销信息最多，消费者的内部信息最少。但是影响力却截然相反，消费者自身的内部信息是他最信赖的信息；其次是来自个人的外部信息，因此树立良好的企业形象对实现营销目标意义非凡；再次是公众信息，这类信息的发布者由于身处第三方视角，其影响力还是比较高的；源自企业的商业信息影响力最低。

3. 信息评价与决策

经过信息搜集阶段，消费者逐渐划定了备选商品和品牌的范围。接下来，消费者对所搜集到的信息进行评价。在这个阶段，消费者遵循一定的原则把搜集到的信息进行比较，进而选出最佳方案。营销人员首先要了解消费者在评价备选品时所采用的标准；其次，消费者所使用的评价规则。

（1）评价标准。消费者的评价标准即选择商品时所考虑的商品属性。这些属性通常包括商品本身的功能属性、品牌价值、消费者感知的商品效用等方面。

（2）评价规则。消费者对备选方案所采用的评价规则大体分为两类：非补偿性规则和补偿性规则。第一类评价规则对商品的评价往往只注重几个重要属性的好坏，一条不符就可能被淘汰，主要包括连接式规则、重点选择规则、按序排除规则和编纂式规则；而第二类评价规则却全面考虑各种属性，对商品或品牌的选择是综合评价。表 5 - 4 中所列指标是某消费者选择电脑时所考虑的商品属性及评价标准。

第一类规则（以重点选择规则为例）：消费者为那些他认为最重要的属性规定最低效用值，通常这个最低效用值都很高，只有在最重要的属性上得分满足最低标准的品牌才会被选择，如果第一重要属性同时有几个品牌满足，则进入第二重要属性的评价……直到只剩一个备选品牌为止。如本例中，消费者认为价格最重要并规定最低值不小于 4，则联想和苹果电脑都符合要求，中选品牌超过一个，再用第二重要的属性比较，他认为显示质量也比较重要且最低值不得低于4，则只有苹果电脑入选。

表5-4　某消费者对电脑品牌的评价

评价指标	消费者的评价（1表示很差，5表示很好）					
	联想	佳能	方正	苹果	IBM	海尔
价格	5	3	3	4	2	2
处理器	5	4	5	2	5	5
电池寿命	1	3	1	3	1	4
售后服务	3	2	4	4	5	3
显示质量	3	3	2	5	3	2

第二类规则（补偿性规则）：消费者给每一属性按重要程度赋予权重，同时结合每一品牌在每一属性上的评价值，根据公式算出各个品牌的综合得分，取综合成绩最高者。

假设消费者考虑的商品属性有 n 个，各品牌商品在第 i 项属性上的绩效值为 B_{ib}，消费者给每一属性按重要程度赋予的权重分别为 W_i，那么，品牌 b 的综合得分就可表示为：

$$R_b = \sum_{i=1}^{n} W_i B_{ib}$$

表5-5　属性权重表

属性	价格	处理器	电池寿命	售后服务	显示质量	总分
权重	35	20	5	15	25	100

计算结果是苹果电脑得分最高，入选。

4. 购买实施

消费者在做出评价后实施购买行动，首先会考虑购买方式，即店铺购买或非店铺购买。随着社会的发展，出现了各种形式的非店铺购物方式：邮购、网络销售、电视直销、自动售货机等。越来越多的消费者也喜欢并采用这种购物方式。其次选择商品销售商，即解决"在哪买"的问题。此外，消费者还需要考虑购买时间、购买数量和付款方式等问题。因此，营销人员不仅要了解消费者如何选择店铺，还要了解消费者利用非店铺方式购物时对企业信誉和快捷送货及售后服务的要求。

另外，消费者实施消费行为还是放弃购买会受到一些因素的影响：第一，他人的意见。如果消费者自己做出的购买意向与他人的态度方向不一致，则可能导致购买意愿的降低或终止。这里的他人泛指前文所讲的社会群体。第二，突发事件。某些突发的意外也可能打断消费者的消费行为。第三，消费者的知觉风险。消费者对消费对象的熟悉程度越低，其所感知到的知觉风险越高，因而中断消费行为的可能性也越大。

5. 购后行为

消费者的购后行为包括处置商品以及购后评价。一些商品需要经过安装调试，才能顺利运行；也有些商品需要经过专门的消费者培训，消费者才会正确使用。同时，由于备选商品和品牌的多样性，消费者往往会在购后产生购买评价。评价的结果会直接影响到下一轮购买，即是否重复购买某种商品或某一品牌的商品。因此，企业不仅要做好售前宣传和售中服务，售后工作同样很重要。

（1）商品的处置。商品处置包括消费者使用商品、暂时搁置商品和永久废弃商品几种方式。营销人员不仅需要了解消费者如何使用商品，还要弄清消费者搁置或废弃商品的原因，并给出相应的对策。

（2）购后评价。顾客满意度是描述消费者购后评价的一个常用指标，指一个顾客通过对某一种商品的可感知的效果与他的期望值相比较后，所形成的愉悦或失望的感觉状态。顾客的满意度取决于两方面因素的比较结果：顾客对商品或服务的预期值、顾客对商品或服务的实际感知值。①顾客预期＞顾客实际感知，顾客觉得名实不符，产生不满意；②顾客预期＜顾客实际感知，顾客觉得物超所值，感到满意；③顾客预期＝顾客实际感知，顾客觉得物有所值，可以接受。

二、消费者决策类型

消费者几乎每天都会发生消费行为，但并不是每一次购买都经历同样的决策过程。这是因为消费者购买卷入的程度不同，购买卷入度（Involvement）取决于消费者对此次消费的关注程度和备选商品种类、品牌的差异程度。根据消费者的购买卷入程度，可以把消费者决策类型分为扩展型决策、有限型决策和名义型决策（见表5－6）。

表5－6　消费者决策类型与卷入程度

低卷入　　　　↓　　　　高卷入	决策类型	决策过程
	名义型购买决策	认知问题→有限的内部信息收集→购买→几乎没有购后评价
	有限型购买决策	认知问题→有限的信息搜集→少量的备选品牌选择→购买→有限的购后评价
	扩展型购买决策	认知问题→内部信息搜集、外部信息搜集→复杂的、较多备选品牌的选择→购买→复杂的购后评价

1. 扩展型决策

扩展型决策是最复杂的决策类型。消费者的卷入程度最高，决策过程最完全。通常是一些发生概率较低的购买决策，或者当消费者对所需商品了解甚少，如购买住房。由于对商品不熟悉或者各品牌商品之间存在较大的差异性，消费者不仅需要进行大量的信息搜集工作，还要花费大量的时间和精力对各备选品牌进行复杂而细致的比较、评价，购后评价发生不满意的概率较高。

2. 有限型决策

大部分消费行为属于有限型决策类型。适用于消费者对所需商品有一定的了解，或者商品品牌差异较小的情况。决策过程比较完整，如服装等较常使用商品的购买。消费者需要搜集的信息量比较有限，备选品牌的评价过程也相对简单，购买后评价满意度较高。

3. 名义型决策

最简单的决策类型，分为习惯型购买决策和忠诚型购买决策，如日用品的购买。这种类型的购买决策一般只有问题认知和购买两个环节：消费者意识到消费需要后，脑海中马上出现某个品牌或商品，于是直接购买，可以说实际并未涉及决策，购后基本没有评价。值得营销人员注意的是，三种决策类型的划分不能单纯依靠商品的价格高低来判断。

除了正常的计划内购买，大部分消费者会产生冲动性购买。这种消费行为有以下四个显著特点：①冲动性。即突然涌现出一种强烈的购买欲望。②情绪性或刺激性。突然的购买促动力常常因环境而爆发，店铺的布置常常是有效的诱因。③强制性。在强大的、突然产生的促动力的作用下，消费者往往会难以控制自己的行为。④对后果的不在意性。促动购买的力量是如此强大，以致消费者根本无暇考虑消费行为所产生的后果。

消费者市场相对产业市场而言，从交易规模和方式来看，其消费行为呈现出纷繁复杂的特性：购买人数多、市场分散、交易频繁和单次交易数量小，但并非毫无规律，只要营销者充分了解人的心理活动规律及其影响因素，要掌握消费者的购买决策黑箱还是可以做到的。

主要术语

组织消费者市场　最终消费者市场　消费者行为　需求层次理论　恩格尔定律　自我概念　社会阶层　参考群体　意见领袖　卷入度

思考与讨论

1. 消费者市场有哪些特点？
2. 消费者为什么会产生抱怨？
3. 消费者的决策过程是怎样的？
4. 消费者行为受哪些因素影响？

营销实践与应用

康师傅方便面也懂得"泡"情人

方便面和情人节有什么关系？

在 3 月 14 日白色情人节前夕，康师傅爱鲜大餐品牌推出了四款为这个节日特别打造的方便面产品，在电商 1 号店进行独家首发并在一定时间段内限时限量供应的产品。

乍看起来，"在情人节送方便面"都是一件特别"不营销"的事情，因为产品无法与话题搭上界。然而，这确实是传统方便面巨头康师傅互联网模式与年轻化上目前迈开最大步子的一次。

如何搭界？在这次方便面包装上，康师傅爱鲜大餐分别推出了单身、情侣、女女、男男四款，发布会还邀请了比较"另类"的时下热门脱口秀节目《奇葩说》著名辩手姜思达一起畅谈"90后"的新想法。这种明确打互联网话题"擦边"路线的社交化营销产品，对于一直走传统路线的康师傅来说，无疑是一次大突破。

而相比销售，他们更希望借助这个来做互联网"试金石"。

"在2016年，康师傅爱鲜大餐会陆续做一些全新的营销及产品尝试，这次的项目仅仅是个开始。"康师傅方便面事业产品群经理班博勋对《成功营销》表示。

其实，在不改变传统渠道、传统产品的情况下，创造新的子品牌或者子系列去尝试互联网化的销售与营销，已经成了快消品巨头的一个新创新方式。它们有的是自上而下的要求，有的是自下而上的提议。无论是蒙牛的嗨MIKE、杜蕾斯的特别系列产品等都是如此。

而在方便面市场整体下滑的情况下，随着消费者购买力的增强，如何提高定价的方式走向高端路线，除产品本身食物特性外打造其他卖点，也成了老牌快消巨头不得不做的尝试。

众所周知，方便面市场正在整体下滑，AC尼尔森市占分析数据显示，2014年中国方便面市场销售量同比下滑7%，延续了方便面连续四年下跌的态势。为了应对这个趋势，康师傅其实早早就开始布局。班博勋所负责的是康师傅的方便面创新部门，拥有三个品牌：2010年上市的汤品粉丝，2014年上市的爱鲜大餐、面霸煮面，2015年上市的珍料多、汤大师、炒面套餐，都是主打与传统方便面不同的产品（不同口味、更健康、更有营养等）、定位在略高的价位。"根据2015年的统计数据，目前在6块钱以上的高端方便面市场，爱鲜大餐相对领先。"康师傅方便事业爱鲜大餐品牌经理赵天扬表示。

品牌多样的高端方便面已成为未来主导产品，但是在营销投放上，和传统方便面如老坛酸菜面等相比，其营销费用还比较少。但是相对于传统电视广告的营销方式，因为其目标是年轻且相对小众、高端的人群，所以会尝试更多的数字营销及精准营销方式。

"爱鲜大餐的营销费用之前基本上都花在了互联网及其他创新营销上，没有在电视上投放过广告。"赵天扬表示。不论是此前与田亮合作穿越北上广与白领相约泡面，还是与电影《一生一世》推出"爱情保鲜"跨界营销，都是明确针对年轻族群的。而这次"白色情人节"的特别产品活动，更是迈开一大步，更加"互联网+"。

这次爱鲜大餐四款白色情人节产品与以往康师傅营销相比，创新的步子迈得有点大：从产品设计上，擦边"闺蜜""基友"，并且把非常个性化的语言印在了包装上；从渠道上，完全电商发售；从营销上，采用微博营销、海报营销等方式，如打造一个微博话题"#314再不爱就狗带"的热门话题，与年轻人互动，并且免费派赠一万件产品，收集年轻人的反馈与信息。

不管是清新脱俗的漫画风，态度鲜明的文字标榜，还是发布会现场新包装的亮相与展示，相对于以往营销凸显产品本身的"健康性"等，这次营销则更集中于热点话题本身。主导策划了本次活动的"90后"代表、爱鲜大餐品牌经理赵天扬对《成功营销》表示："'哥吃的不是面，吃的是寂寞'已经从过去的笑谈逐渐演化成现实，因此比吃面更重要的是对于这种场景临摹和还原的方式。希望它能成为年轻人的个性表达或情感流露的新标志。"

　　为什么选择和情人节连接？赵天扬回复是："我们发现，情人节大家最渴求的礼物其实是一句真心真意的问候，而且现在的情人节的现状是'单身男女横行，情侣低调暗爽'。基于这些消费者洞察，我们认为它给了我们一个不错的机会来创造一些优质的内容，引起年轻消费者的关注。个性化在因为社交网络的蓬勃发展，所有的口碑都能够在一瞬间传播到五湖四海。基于互联网产品生产优质的内容，更有可能在互联网内引爆流行。在人人都是自媒体的时代，优质内容不仅可以收获关注，甚至让他们可以感受到产品内涵，甚至通过互动领略到品牌的亚文化。"

　　而班博勋表示对于产品的销量不做预判。和销量相比，他们更大的重点是，这款特别版的产品是个"试金石"，试试高端化、年轻化、互联网化的方便面是否走得通？特别是，作为一款方便面，如何与消费者沟通？他们都希望在这次的"实验"中得到答案。"这对康师傅来说是个全新的尝试，这是一个试金石，也是一个开端。我们希望了解年轻人的喜好、吸引到我们想吸引的人；也看看对于爱鲜大餐的品牌、对于康师傅的整体年轻化的形象是不是有一个提升。"

　　在实操中，另一个挑战是：如何在有限的预算，用合适的媒介投放平台与形式，吸引到客户——都市精英白领族群。"以往康师傅的投放多是传统媒体（电视），而这种产品的人群地域相对分散，接触的媒介也是跨屏，所以如何精准的'打'到这群人，也是我们这次的重点挑战。"班博勋表示。"而数字营销，则是我们的主战场。"

　　最新的活动数据是：活动预热期间，产品销售一度缺货，被抢空了；关于微博话题"#314再不爱就狗带#"，从3月10日上线，到3月18日为止阅读量3198.9万，讨论量2.8万；3月12日位居微博首页右侧话题榜第一名，手机端微博热门话题榜单第一名，手机端微博热门推荐第一名，网页端小时话题第一名。

　　资料来源：康迪. 康师傅方便面"泡"情人的实验［J］. 成功营销，2016（Z2）：70 - 71.

💬💬 案例讨论题

　　1. 在消费升级的背景下，为什么方便面的销量会出现下滑？

　　2. 康师傅"泡"情人活动之所以选择网络媒体的原因有哪些？

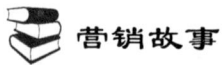 **营销故事**

盛锡福的市场分析

盛锡福是一家专营帽子的中华老字号，1911年由刘锡三（山东掖县人，掖县即现在的莱州）在天津创立至今已历经百年风雨。刘锡三在经营盛锡福的过程中，始终根据社会风气和时尚潮流的变化，及时创新技术，翻新花样，不仅长期占有市场，而且总是引领潮流。

随着社会的进化，帽子的功能也由原来单一的保暖功能，演化为兼具装饰点缀和表明身份的功能。当西方妇女流行戴草帽的风气传入中国后，刘锡三看准时机，赶制款式新颖、潇洒美观，且有异国风情的女士草帽，结果畅销市场。草帽流行多年后，刘锡三又根据流行趋势，用各色毛线、棉线与棕丝帽辫，制成各式别致新颖的帽子，不仅华北各地销路很广，而且畅销南洋。为了准确把握市场流行趋势，刘锡三做了大量的市场调查：他和管理人员经常到影剧院，看新放映的电影中服装帽样，观察观众的穿戴；经常派人考察同业各店的商品情况，及时了解对手信息；刘锡三从美国订阅《帽子生活》期刊，看见新式图样，就送到后厂研制。正因为如此，盛锡福生产的帽子品种、款式不断出新，不仅赚得了利润，也赢得了形象。

品评：《易传》中"变动不居，唯变所适"，论证了宇宙万物生生不息的变化。变化是宇宙和社会的法则，也是市场的法则。商业经营者必须具有审时度势的能力，抓住时机，不断推陈出新，才能赢得市场。上述刘锡三深谙市场变化的法则，不断革新和创新产品，为企业赢得了更大的发展。

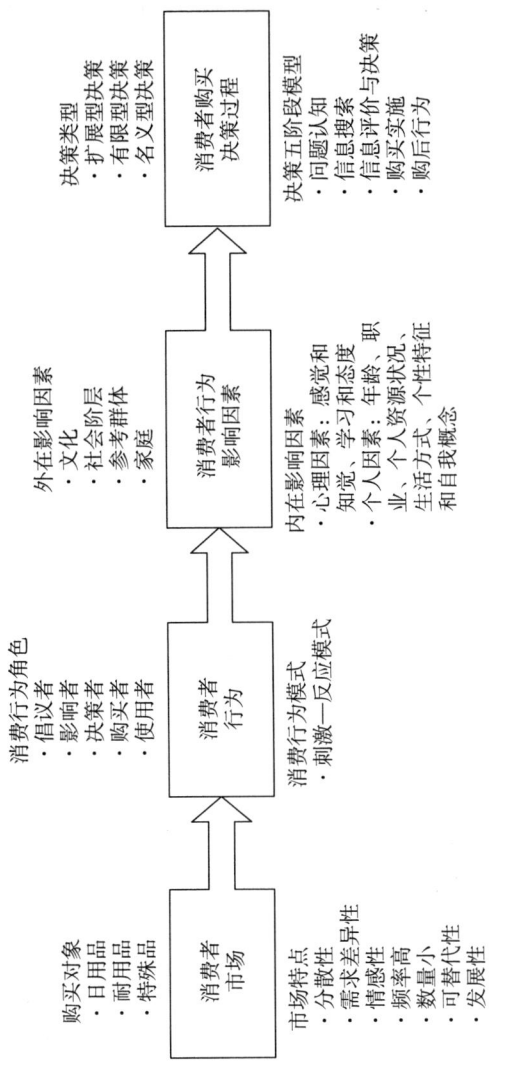

购买对象
·日用品
·耐用品
·特殊品

消费者
市场

市场特点
·分散性
·需求差异性
·情感性
·频率高
·数量小
·可替代性
·发展性

消费行为角色
·倡议者
·影响者
·决策者
·购买者
·使用者

消费者
行为

消费行为模式
·刺激—反应模式

外在影响因素
·文化
·社会阶层
·参考群体
·家庭

消费者行为
影响因素

内在影响因素
·心理因素：感觉和
知觉、学习和态度
·个人因素：年龄、职
业、个人资源状况、
生活方式、个性特征
和自我概念

决策类型
·扩展型决策
·有限型决策
·名义型决策

消费者购买
决策过程

决策五阶段模型
·问题认知
·信息搜索
·信息评价与决策
·购买实施
·购买后行为

营销知识应用导图

第六章

组织市场分析

学习目标

1. 了解组织市场的概念及组织市场的特征。

2. 熟悉组织市场的购买对象。

3. 掌握组织购买的形式、决策的类型、决策参与者、影响组织市场购买的因素。

4. 了解组织市场的购买过程。

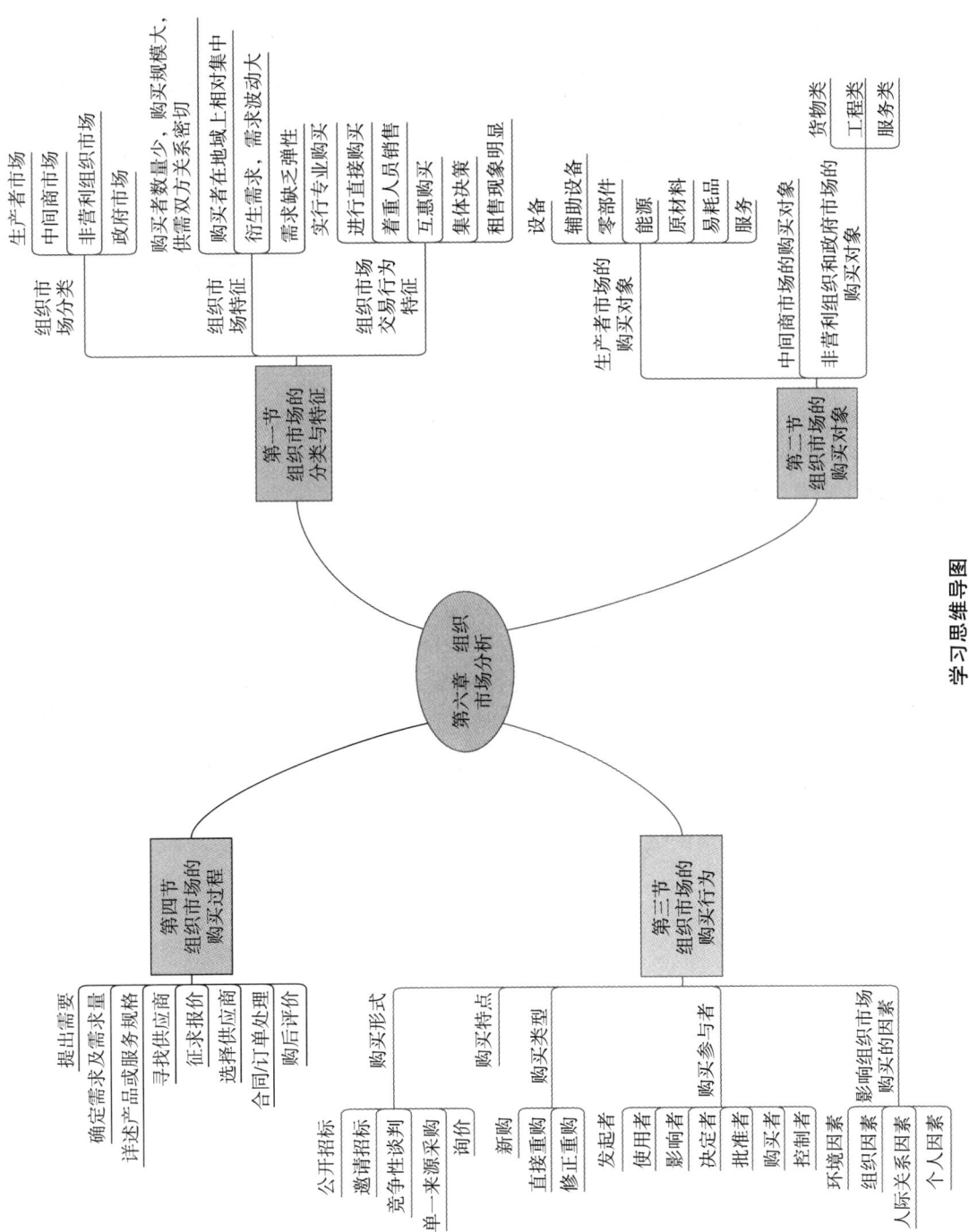

学习思维导图

章首案例　山东网通公司的物资采购

中国网通（集团）有限公司山东省分公司（简称"山东网通"），为大型国有通信企业，其物资采购呈现出以下五个特点：

（1）采购金额巨大：山东网通公司每年的集中采购金额大约有40亿元人民币，2007年山东网通累计采购量为35.28亿元，其中全省集中采购物资为25.91亿元，地市自主分散采购为9.37亿元。

（2）品种规格繁多：山东网通公司的采购物资，从大类上来说有25大类，主要有大设备类、市场终端类、数据接入终端类、光电缆类、线路器材等，每个大类又可分为许多品种。例如，市场终端类包括ADSL终端、话机终端、小灵通终端及智能公话、计费器等，线路类器材物资则包括上百种规格型号。

（3）采购批量小：由于市场的激烈竞争、压缩库存的需要和客户个性化订制的要求，山东网通公司采购订货最重要的一个特点就是"多品种，小批量"。对于常用物资，山东网通公司诸多订单都是从供应商直接发货至营业厅或工地。有些产品客户订单有限，但由于生产工艺、运输等要求，供应商会特别注重对批量的要求，而公司为降低库存，往往只按需求订购。

（4）物资产地分布广泛：山东网通公司采购物资分布广泛，按产品类别呈现一定的区域性。如热缩制品的产地在四川一带，线路器材本地化供货优势明显，大设备类集中在中兴、华为等技术含量较高的通信运营商分布区域，还有部分产品来自国外进口等。

（5）交货周期短：由于市场的激烈竞争及产品维保的因素，大多数产品的交货周期比较短。如常用物资的交货期一般是3～7天，相应地，物资采购要求的交货周期也比较短，在节假日进行促销活动时，要求的采购时效更是紧迫。

资料来源：赵铁.山东网通公司在供应链下的采购管理研究［D］.济南：山东大学，2008.

组织市场（Organizational Market）是由各种组织机构形成的对企业产品和劳务需求的总和。组织市场是指工商企业为了从事生产、销售等业务活动以及政府部门和非营利组织为履行其职责而购买产品和服务所构成的市场。

第一节　组织市场的分类与特征

组织市场，又称法人市场，是由购买产品或服务的工商企业、社会团体、政府机关等各类组织构成的市场。与消费者市场相比，组织市场购买的目的不是为了个人或家庭消费，其需求与购买行为有显著的差别。

一、组织市场的分类

按组织的性质，可以将组织市场划分为生产者市场、中间商市场、非营利组织市场和政府市场。

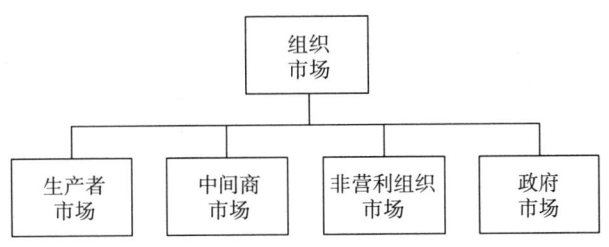

图6-1　组织市场的主要构成

1. 生产者市场

生产者市场又称生产资料市场、工业品市场或产业市场，是指购买产品或服务用于制造其他产品或服务，然后销售或租赁给他人以获取利润的单位和个人。

一个行业（或产业）是指从事相同性质的经济活动的所有单位的集合。生产者市场包括的主要产业有：农、林、牧、渔业；采矿业；制造业；电力、燃气及水的生产和供应业；建筑业；交通运输、仓储和邮政业；信息传输、计算机服务和软件业；金融业；房地产业；租赁和商业服务业；科学研究、技术服务和地质勘探业；文化、体育和娱乐业；居民服务和其他服务业。

2. 中间商市场

中间商市场又称转卖者市场，它是由那些购买产品并将其转卖或租赁给他人以获取利润的组织和个人组成。中间商在市场上购买货物，主要是用于转卖给其他组织市场的购买者，或零售给个人消费者，他们也购买一些产品和服务用于维持自身运营的需要。中间商不提供形式效用，而提供时间效用、地点效用和占有效用。

中间商市场由批发零售业构成，包括各种批发商和零售商。

从社会的角度看，中间商具有集中商品、平衡供求、扩散商品的职能；从生产者的角度看，中间商承担了生产企业的产品销售的职能；从消费者的角度看，中间商的存在使消费者的购买变得十分方便。

3. 非营利组织市场

非营利组织市场是由为了维持正常运作和履行为公众提供公共服务的职能而购买产品和服务的各类非营利组织所构成的市场。

非营利组织是指那些不以营利为主要目的，而是旨在通过努力，完成某项事业或使命的组织。在我国，非营利组织主要有两类：

（1）事业性组织。又称为事业单位，在1999年全国人大常委会通过的《中华人民共和国公益事业捐赠法》中定义为："依法成立的，从事公益事业的不以营利为目的的教育机构、科学研究机构、医疗卫生机构、社会公共文化机构、社会公共体育机构和社会福利机构等。"包括学校、医院、图书馆、新闻媒体、文艺团体、科研院所、体育机构等。

（2）团体组织。我国社会团体分为三大类：一是参加中国人民政治协商会议的人民团体；二是由国务院机构编制管理机关核定，并经国务院批准免予登记的团体；三是中国公民自愿组成，为实现会员共同愿望，按照其章程开展活动的非营利性社会组织。如专业学术团体、业余爱好者协会、消费者协会、个体经济协会、工会、妇女权益保护协会、退休人员协会、退伍军人协会、宗教协会、校友会、同乡会等，这类团体数量多、分布广、社会影响大。

4. 政府市场

政府组织又称为国家机关，是指依照宪法及各种组织法产生、设立并依照法律行使国家对政治经济、科学文化教育等社会公共事务管理的组织和机关。以国家和公众利益为目标，追求维护经济、社会公共秩序，促进社会稳定与经济发展。包括国家的各级权力机关、行政机关、司法机关、军事机关以及党委、政协等。政府采购的目的是履行政府职能或为公众提供公共服务，因此政府采购要兼顾社会效益和经济效益。

在我国，非营利组织市场与政府市场的主体共同构成了政府采购市场。根据《中华人民共和国政府采购法》的规定，各级国家机关、事业单位和团体组织，使用财政性资金采购依法制定的集中采购目录以内的或者采购限额标准以上的产品或服务，应实行政府采购。

二、组织市场的特征

组织市场是由一切购买商品和服务，并将它们用于生产其他商品或服务，以供销售、出租或供应给他人的组织所组成。为获取和创造更多价值，销售者必须了解这些企业组织的市场结构特征、需求特征、市场交易行为特征。

（1）购买者数量少，购买规模大，供需双方关系密切。一般来说，组织营销人员面对的顾客比消费品营销人员面对的顾客要少得多。例如，美国固特异轮胎公司的订单主要来自通用、福特、克莱斯勒三大汽车制造商，但当固特异轮胎公司出售更新的轮胎给消费者时，它就要面对全美 1.71 亿汽车用户组成的巨大市场了。组织市场不仅买主人数少而且其购买次数也少。一家生产企业的主要设备要若干年只购买一次，原材料与零配件也大都只签订长期合同。而文具纸张等日用品也常常是八个月集中购买一次。购买次数少就决定了每次采购量将十分巨大。特别在生产比较集中的行业里更为明显，通常少数几家大企业的采购量就占该产品总销售量的大部分。

由于购买人数较少，大买主对供应商来说更具有重要性和更有力，在业务市场上的顾客与销售者关系密切。

（2）购买者在地域上相对集中。由于资源和区位条件等原因，各种产业在地理位置的分布上都有相对的集聚性，所以组织市场的购买者往往在地域上也是相对集中的。例如，中国的重工产业大多集中在东北地区，石油化工企业云集在东北、华北和西北的一些油田附近，金融保险业在上海相对集中，而广东、江苏、浙江等沿海地区集聚着大量轻纺和电子产品的加工业。这种地理区域集中有助于降低产品的销售成本，这也使组织市场在地域上形成了相对的集中。

很多行业还表现出向某一区域集中的趋势，一些区域性的生产制造中心正在出现。例如，浙江省的塑料行业及服装行业、广东省的家电行业、山东省的造纸与石化行业，在全国占有很大的市场份额。生产的集中又必然导致市场的集中，这既有利于技术扩散，也有利于降低生产经营成本。

（3）衍生需求，需求波动大。组织市场的需求分为独立需求和非独立需求。独立需求是指对一种物料的需求，在数量上和时间上与对其他物料的需求无直接关系，如机器设备、备品备件；非独立需求则是指对一种物料的需求，在数量上和时间上直接依赖于对其他物料的需求，如原材料、各种辅料，它是工业企业的主要需求。非独立需求取决于该企业直接客户的需求，最终取决于个人消费者的需求。

对组织市场上的购买需求最终来源于对消费品的需求，企业之所以需要购买生产资料，归根结底是为了用来作为劳动对象和劳动资料以生产出消费资料。例如，由于消费者购买皮包、皮鞋、才导致生产企业需要购买皮革、钉子、切割刀具、缝纫机等生产资料。造纸用化工品的需求链可用图 6-2 表示。

图 6-2　造纸用化工品的需求链

消费者市场需求的变化将直接影响组织市场的需求。理论研究表明，组织市场的需求具有牛鞭效应。它是指供应链上的一种需求变异放大现象。当需求信息从最终消费者向供应商传递时，由于无法有效地实现信息的共享，使信息扭曲并逐级放大，从而导致需求信息出现越来越大的波动。这种信息扭曲的放大作用在图形显示上很像一根甩起的牛鞭，因此被形象地称为牛鞭效应。因此消费者市场需求的微小变化，经过零售商、批发商、中间制造商的层层放大，会引起生产者市场需求较大的波动。最终消费者市场需求的旺盛或疲软，决定了生产者市场的兴盛或衰退（见图 6-3）。

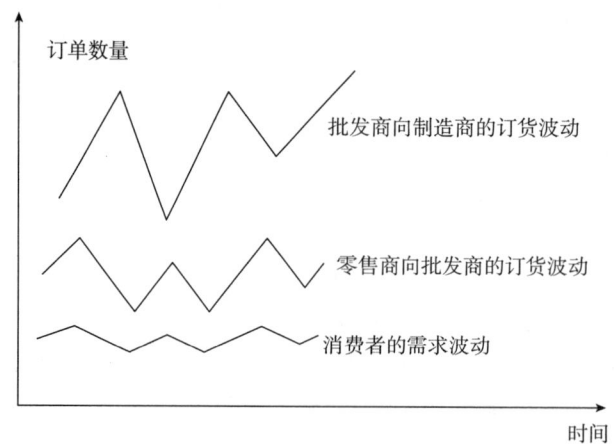

图 6 - 3　牛鞭效应

（4）需求缺乏弹性。一般来说，组织市场的需求受价格变化的影响不大，短期内更是如此。需求在短期内特别无弹性，因为厂商不能对其生产方式作许多变动。对占项目总成本比例很小的业务用品来说，其需求基本上是无弹性的。主要原因如下：

①生产工艺限制了产品的替代。当生产线建成投产以后，企业一般希望能够在最优工艺参数、最佳经济规模下运营，由于生产控制系统很复杂，更改工艺参数会面临很大的风险，这往往是企业经营者和工程技术人员难以承受的。因此，当原材料的价格上涨以后，企业更换原材料，从而更换工艺参数，或者降低产量，在短期内不会成为企业的最优选择。

②总需求受价格的影响不大。当价格发生变化时，由于消费者的购买力发生相对变化，致使价格升高时部分消费者退出市场，而价格降低时，部分潜在消费者进入市场，从而使总需求发生变化。但在生产者市场里，由于存在一定的进入或退出壁垒，价格的变动在短期内不会必然导致现有企业进入或退出，故总需求不会有太大的变化。

③工业企业需求的大部分产品或服务，由于用量不大，在总成本中所占比例很低，其价格的变动，对企业产品的总成本影响很小，而且其采购难度和风险往往较大，使企业价格的敏感度大大降低。例如，某造纸企业使用一种蓝紫染料对纸进行调色，对成品纸的质量影响很大。当价格由 1.5 万美元涨至 3 万美元时，由于用量极少，吨纸成本仅仅提高不足 0.1 元，这对吨纸成本近 6000 元的产品来说是微不足道的。因此尽管国内有很便宜的替代产品，该公司的经营者仍然继续使用这种产品。

④更加注重质量、服务、运输、交货期等非价格条件。工业企业大多为连续性大规模生产，生产线开、停会产生额外的次品，甚至导致缺货；在实行准时制生产的企业里，质量、服务、运输、交货期尤其重要。这都会降低需求弹性。

三、组织市场的交易行为特征

1. 实行专业购买

组织机构通常比个人消费者更加系统地购买所需要的商品，其采购过程往往是由具有专门知识的专业人员负责。这意味着组织营销者必须具有完备的技术知识，并能提供大量的有关自身及竞争者的数据。

2. 进行直接购买

消费品的销售通常都经过中间商，但组织材料的购买者大多直接向生产者购买。这是因为购买者数量有限，而且大多属于大规模购买，直接购买的成本显然低得多。并且组织市场的购买活动在售前售后都需要由生产者提供技术服务。因此，直接销售是组织市场常见的销售方式。

3. 着重人员销售

由于仅存在少数大批量购买的客户，企业营销部门往往倾向于通过人员销售，宣传其优惠政策而不是通过广告。一个好的销售代理可以演示并说明不同产品的特性、用途以吸引买方的注意力。根据及时得到的反馈，立即调整原有的政策。当然这种快速反馈是不可能通过广告获得的。

4. 互惠购买原则

在组织营销过程中常见的一种现象是互惠现象。由于生产资料的购买者本身总是某种产品的出售者，因此，当企业在采购时就会考虑为其自身产品的销售创造条件。但这种互惠购买的适用范围是比较狭窄的，一旦出现甲企业需要乙企业的产品，而乙企业并不想购买甲企业的产品时，就无法实现互惠购买了。这样互惠购买会演进为三角互惠或多角互惠。

5. 集体决策

组织市场的购买决策比较复杂。重要的、价值高的产品或服务，如主要设备、原材料、建筑工程、咨询服务等，由于它们对组织的运作质量、成本影响很大，其购买决策一般不是由采购人员个人，甚至采购部门所能决定的，往往需要与其他部门的工程技术人员、财务人员和高层管理人员就技术要求、供货厂家、货款的支付等一系列重要事项协商一致后才能最后决定。

6. 租售现象明显

一些组织购买者乐于租借大型设备，并不愿意全盘购买。租借对于承租方和出租方有诸多好处。对于出租方，当客户不能支付购买其产品的费用时，他们的优惠出租制度为其产品找到了用武之地。对承租方，租借为他们省下了大量资金，又获得了最新型的设备。租期满后可以购买折价的设备。这种方式目前在工业发达的国家有日益扩大的趋势。特别适用于电子计算机、包装设备、重型工程机械、运货卡车、机械工具等价格昂贵、磨损迅速或并不经常使用的设备。在美国，租赁方式已扩大到小型次要设备，甚至连办公室家具、设备也都可以租赁。

另外，除以上显著特点外，组织市场中买卖双方的联系更加紧密，注重关键客户管理，买卖双方更倾向于战略关系。

第二节　组织市场的购买对象

生产者市场、中间商市场、非营利组织市场和政府市场分属于不同的行业，它们的购买对象有很大的差异。组织市场的购买包括购买、租赁、委托、雇用等。

一、生产者市场的购买对象

根据产品的性质和用途，生产者市场的购买对象共分为七类。

（1）主要设备。指各企业在生产过程中使用的工具或设施，包括厂房建筑、关键生产设备等。不同的行业，关键生产设备有很大的差别，如机械行业是各种机床，化工行业是锅炉、反应釜、蒸馏塔等。它们普遍价值高，结构复杂，技术含量大，生产周期长，供应厂家少，标准化程度低，对企业的产品质量、生产效率影响很大。这类设备对服务的依赖程度很高，通常在企业新建、扩建和技术改造时才有购买需求。

（2）辅助（附属）设备。指对主要设备起辅助作用的设备，如电机、水泵、叉车、磅秤、测量仪表等。这类设备的价格较低、使用寿命较短，对生产的重要性相对较小，大多属于标准化产品，供应厂家较多，价格敏感度较高。

（3）零部件。指构成设备整机的各种部件。在生产过程中，各种设备的活动部分，如轴承、成套设备上的电机、阀门等，容易磨损而造成设备故障，企业需要对这些产品保持一定的库存以随时进行检修。此外，设备上的很多部件有一定的设计寿命，当它们的预计寿命达到时，尽管还未发生故障，企业也应在大修时给予正常替换，以确保设备正常运转，避免发生设备事故或质量事故。企业中的零部件种类繁多，既有非标准部件，也有标准部件，大多需求量不大，但对质量、供货期要求较高，因此其价格敏感度较低。

（4）能源。包括水、天然气、煤等一次能源和电、蒸汽、汽油、柴油、煤气等二次能源，它们为企业的生产提供动力。这类产品是企业生产所必不可少的，同时由于它们大多属于垄断经营行业，企业采购时选择余地不大，谈判地位弱，价格敏感度较低。

（5）原材料。原料和材料合称原材料。原料是指用来直接生产其他产品的未经过加工的原始产品，包括各种农、林、牧、渔产品；材料是指用来直接生产其他产品的经过加工后的产品。对设备制造业而言，原材料是最终产品的零部件。原材料属于消耗性产品，需求量大，在企业产品的成本中占有较大的比重。

（6）易耗品。易耗品是指日常维护、修理用品和办公用品。它们是企业日常经营所必需的，但又不参与企业产品的直接生产过程。由于多为标准品，市场供应商家多，竞争激烈。这类产品价格低，采购量也不大，企业一般采用松散管理，实行"一揽子"采购计划，定点采购。

（7）服务。企业购买的服务种类繁多。与生产有关的服务有设备安装与调试、操作人员培训、各种软件等，它们一般与设备一起购买，以及建筑设计与施工、厂房维修服务、设备维修服务。与经营、管理有关的服务则包括运输、保险、市场调研、广告、审计、咨询、培训等。

二、中间商市场的购买对象

中间商经销产品的花色品种决策十分重要，它决定着中间商在市场中的位置。中间商通常有四种"货色战略"：独家货色即经销同一厂牌的不同产品，如某企业设立的专销商店或专销柜台；专深货色即经销不同厂牌的、各种规格型号的同类产品，如西装店、自行车行等；广泛货色即经销各种系列的相关产品，如服装店、五金商店等；杂乱货色即经销多种多样彼此毫无关联的产品，如大型百货公司、超级市场等。

一般来说，零售商面向个人消费者，他们的购买对象主要是各类消费品；批发商的购买对象则既包括各类消费品，也包括各类生产资料。但是，就每一个具体的中间商来说，他们的购买对象存在着很大的差别。有的中间商专门经营某一类甚至某一种产品，如水果批发商、零售商，服装批发商、零售商；有的则经营多种类的消费品，如百货商店、超级市场；有的批发商专门经营消费品或生产资料，有的则兼而有之，如有些医药公司，既批发原料药，又批发各种普药和新特药。

三、非营利组织市场和政府市场的购买对象

这两类市场的购买对象包括货物、工程和服务三类。

（1）货物类：是指各种形态和种类的物品，包括燃料；一般设备、专用设备；物资、专用材料、办公消耗用品；交通工具等。

（2）工程类：是指建设工程，包括建筑物和构筑物的新建、改建、扩建、装修、拆除、修缮等工程；环保绿化工程、弱电工程等。

（3）服务类：是指除货物和工程以外的其他政府采购对象，包括印刷、出版；信息技术、信息管理软件开发设计；专业咨询、工程监理、工程设计勘察；维护保障等。

第三节　组织市场的购买行为

正如个人消费者一样，组织消费者在做出购买决策之前，也经历了几个步骤，心理过程在这之中也充当了一个重要的角色。两者不同的是，组织购买更正规化、专业化、系统化。这一节将主要论述组织购买区别于个人购买的一系列决策行为。

一、购买的形式

1. 公开招标

公开招标（Open Tendering），是指招标人以招标公告的方式邀请不特定的法人或者其他组织投标，招标人从中选择中标者。其一般步骤如下：

（1）招标。采购人在公共媒体上公开刊登招标通告，通告的主要内容是：采购人的

单位名称、采购对象的名称、规格、数量、质量等要求、供应商的资格要求、投标的时间及地点等、开标的时间及地点等、发售招标文件的时间及地点等。

（2）投标。有兴趣的供应商可以在购买招标书和交纳保证金后，在规定的时间内，准备投标书，投标书的内容要与招标书的要求相一致。在规定的投标日期前提交投标文件。在开标以前，所有的投标文件必须密封，妥善保管。

（3）开标。开标就是招标单位在招标公告规定的时间和地点，以公开的方式，当众进行验标、拆开投标资料、唱标、宣布评标原则、宣布评标的时间和地点等。

（4）评标。一般有评标委员会对投标书的交易条件、技术条件及法律条件等进行评审、比较，选出最佳的投标人。评标委员会一般由采购人、招标机构、技术、法律、经济等方面的专家组成，委员会的人数一般是五人以上的单数，以便通过举手表决来确定最佳的投标人。

（5）授标及签订合同。决标后向中标的供应商发出中标通知书，并与中标的供应商签订采购合同。同时通知其他没有中标的投标人，并退还投标保证金。

公开招标与其他采购方式相比，无论是透明度上，还是程序上，都是最富有竞争力和规范的采购方式，也能最大限度地实现公开、公正、公平原则。该方式具有信息发布透明、选择范围广、竞争范围大、公开程度高等特点。所以，公开招标成为政府采购的主要采购方式，世界银行《贷款采购指南》也把公开招标作为最能充分实现资金的经济和效率要求的方式，要求借款国以此作为最基本的采购方式。

2. 邀请招标

所谓邀请招标，也称选择性招标（Selective Tendering），是指招标人以投标邀请书的方式邀请特定的法人或者其他组织投标。

由采购人根据供应商或承包商的资信和业绩，选择一定数目的法人或其他组织（不能少于三家），向其发出招标邀请书，邀请他们参加投标竞争，从中选定中标的供应商。这种采购方式具有以下特点：一是发布信息的方式为投标邀请书；二是采购人在一定范围内邀请供应商参加投标；三是竞争范围有限，采购人只要向三家以上供应商发出邀请标书即可；四是招标时间大大缩短，招标费用也相对低一些；五是公开程度逊色于公开招标。

3. 竞争性谈判

竞争性谈判（Competitive Negotiation）是指采购人或代理机构通过与多家供应商（不少于三家）进行谈判，最后从中确定供应商。这种方式是目前比较广泛流行的方式。谈判是指采购人或代理机构和供应商就采购的条件达成一项双方都满意的协议的过程。与公开招标方式采购相比，竞争性谈判具有较强的主观性，评审过程也难以控制，容易导致不公正交易，甚至腐败。

4. 单一来源采购

单一来源采购（Single Source Procurement），也称直接采购或直接签订合同采购，是指在适当的条件下向单一的供应商、承包商或服务提供者建议或报价，来采购产品或服务。这是一种没有竞争的采购方式，所购商品的来源渠道单一，或属专利、首次制造、合同追加、原有采购项目的后续扩充和发生了不可预见紧急情况不能从其他供应商处采购等情况。该采购方式的最主要特点是没有竞争性。

5. 询价

询价采购方式，又称为选购，是指采购人向有关供应商发出询价单让其报价，然后在报价的基础上进行比较并确定供应商的一种采购方式。这种采购方式就是通常所说的货比三家，这是一种相对简单而又快速的采购方式。与其他采购方式相比有以下两个明显特征：一是邀请报价的供应商数量应至少有三家；二是只允许供应商报出不得更改的报价。这种方法，适用于采购标准化的、货源丰富且价格变化弹性不大的产品或服务，也适于简单的重购，即采取例行选购的方式，向熟悉的和有固定业务联系的供应商直接询价购买。

二、购买决策的类型

组织市场的购买决策可分为三种类型：新购、直接重购和修正重购。

（1）新购。是指生产者首次购买某种产品或服务。由于是第一次购买，买方对供应商、购买对象不是很了解，因而在购买决策前，要收集大量的信息，调查供应商、试用新产品，要花费很长的时间，其购买的成本也很高。为了降低这种不确定性给组织带来的高风险，往往要求更多的人员参与购买决策。新购对营销人员来说是挑战，也是最好的营销机会。营销人员应采取各种有效的营销方式和技巧，积极提供产品或服务的信息，争取对组织的决策人员、采购需求施加影响，以与客户建立正式的合作关系并赢得有利的价格条件。

（2）直接重购。购买者在供应商、购买对象、购买条件都不变的情况下购买以前曾经购买过的产品或服务。易耗品、办公用品等产品，采购金额不大，在组织总成本中占的比重少，宜采用直接重购，以降低采购成本。一些设备、原材料、能源等产品或服务的供应商，因为产品质量、服务、供货期、价格、信誉等各个方面得到购买者的认可，已经与购买者建立了稳定的长期合作关系，买主不愿花费更多的人力、物力去寻找新的供应商，也会采用直接重购的方式购买。直接重购属于例行采购，一般由采购部门做出采购决策，不需要其他部门的介入，采购程序也相对简化。

对这种类型的购买，原有的供应商应尽力提供优质的产品与服务，与组织、个人建立并保持稳定的、长期的合作关系，同时要密切关注竞争对手的动向。新的供应商则应通过提供更多的让渡价值，如更低的价格、更高的产品质量和更好的服务，通过小量订单渗透进去，再逐步扩大采购份额。

（3）修正重购。是指购买者在改变供应商、购买对象或购买条件的情况下购买以前曾经购买过的产品或服务。这就需要重新调整采购方案，相关部门，如质检部门、技术部门、使用部门及财务部门，都有一定的决策权。一般来说，购买者要定期对供应商进行评估，对不满意的供应商会随时淘汰。此外，产品工艺的调整、新材料新技术、新竞争对手的出现，也会导致修正重购。对于这种类型的购买，原有的供应商应加强与购买者的沟通，了解掌握他们的现实需求与潜在需求，积极提出解决方案，以保持和扩大现有业务；新的供应商，则应抓住机遇，积极开拓。

三、购买决策参与者

在组织市场中，购买的职能通常由采购部门完成。在不同的组织里，采购部门的决策权限有很大的差异：有的采购经理对产品或服务的购买全权负责，对一些价值较低的易耗品、办公用品，甚至低级别的采购人员就可进行决策；但有一些组织里，采购经理只负责把订货单交给供应商，重要的采购决策要与其他职能部门共同做出。大型组织中一般设有采购委员会或采购中心，以对重大的采购事项，如关键设备、重要原材料、供应商的选择与评价等，做出决策。影响组织购买决策的角色共分为七类：

（1）发起者。发起者是指提出和要求购买的人，通常为组织的计划人员。在工业企业中，办公用品的计划一般由各使用部门提出；易耗品、原材料、能源的计划由计划部门或仓储部门提出，而设备、零部件的计划则由技术部门或生产部门提出。

（2）使用者。使用者是指组织中将使用产品或服务的人员。原材料的使用者是操作人员和工艺技术人员，设备的使用者为操作人员和维修人员。使用者往往是最初提出购买某种产品或服务意见的人，他们在决定产品或服务的品种、规格中起着重要作用。使用者对供应商产品或服务质量的评价，对下一步的采购有很大的影响。

（3）影响者。影响者是指影响购买决策的人，特别是技术人员和质保人员。组织内部和外部的设计人员通过指定品牌、规格型号、生产厂家，可以直接或间接影响购买决策。质保人员有权审查供应商的质量保证体系，并根据质量检验报告参与对供应商的初选及定期评估，从而对供应商的选择与评价施加影响。这部分人员对供应商开拓新市场具有举足轻重的作用。

（4）决定者。决定者是指有权决定产品要求和供应商的人。在小规模采购或例行采购中，采购者就是决定者。但在复杂的采购中，特别是一些风险大的采购，决定者通常是采购经理甚至是组织的高层管理人员。

（5）批准者。批准者是指有权批准决定者或购买者所提方案的人。他们会使用手中的权力来操纵其他角色，最终达到与他所希望的供应商合作的目的。在有些组织里，采购经理持有合同章，自己在合同上签字就可生效，而有些组织的授权程度较低，合同需要更高一级的管理人员，甚至总经理，才能签字生效。

（6）购买者。购买者是指正式有权选择供应商并安排购买条件的人。他们履行组织的采购职能，其主要任务是交易谈判和选择供应者，对重复购买拥有很大的影响力。在复杂的采购工作中，采购者还包括组织的高层管理人员。

（7）控制者。控制者是指有权阻止销售员与购买者接触的人。诸如低级采购员、技术人员、秘书等，他们阻止供应商的推销人员与使用者和决定者见面，通过隔断他们之间的信息传递与沟通来影响采购决策，从而维护自身的既得利益。

不同的采购对象，其影响组织购买决策的角色也不同。在简单的采购中，一个人可能同时扮演多种角色，如办公用品的采购，采购员充当了决定者、批准者、采购者三重角色；而在复杂采购中，一个角色可能由多人担任，如重要原材料的决定者就包括工艺技术人员、生产管理人员、质量保证人员等。

面对组织市场，营销人员应准确地了解各个不同决策角色的构成人员及其地位、权力、决策模式和程序，以便抓住最有影响力的关键决策者，有针对性地采取营销措施。

四、影响组织市场购买决策的因素

影响组织购买行为的因素很多，有宏观的，也有微观的；有组织可以控制的，也有组织不能控制的，但归结起来，影响组织购买行为的因素按照涉及范围的大小分为四大类：环境因素、组织因素、人际关系因素和个人因素，如图6-4所示。

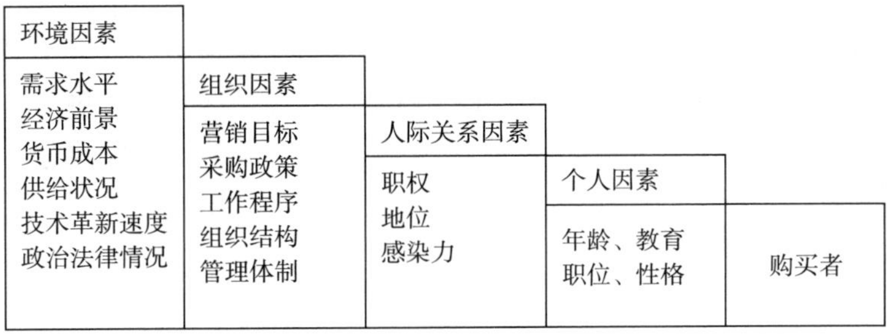

图6-4　影响组织市场购买决策的主要因素

1. 环境因素

国内及国际的政治、经济、社会文化、技术、法律、自然等因素都是组织无法控制的环境因素，它们影响着组织的购买行为。

当前经济环境及预期经济环境对组织市场的购买影响很大。当经济处于衰退期时，最终消费者的当前收入及预期收入会下降，需求水平也会随之降低，由于组织需求的派生特性，生产者市场与中间商市场就会缩减投资、压缩原材料的库存，他们的购买数量就会减少；国家为了刺激消费，包括投资消费与个人消费，也会降低利率，加大投入，政府采购的水平会相应提高。但总体来说，经济环境对政府采购的影响相对于工商企业的影响要小得多。当经济景气时，组织市场的购买会呈现相反方向的变化。

技术创新速度加快、市场竞争激烈、消费者需求变化大是目前市场环境的大趋势，使产品更新换代的速度加快，生命周期缩短，组织市场对技术服务的依赖程度提高，采购人员的专业化日益加强，越来越多的专业技术人员从事采购工作。社会文化因素不仅影响到组织的结构和功能，而且也影响着组织之间、组织内部成员之间的关系，从而影响组织的购买行为。如果组织奖励那些努力争取最优交易条件的采购人员，就必然会对价格更加敏感。

政治、法律环境对组织环境的影响越来越大。为了保护环境，我国正陆续出台一些法律，提高大排量汽车的消费税率，降低大城市对小排量汽车的限制，对汽车的生产与销售企业造成很大的冲击。国家实行的政府采购政策，制约着政府机关、事业单位和团体组织的购买行为。

2. 组织因素

影响组织购买行为的组织因素主要包括两个变量：一个是采购部门在组织中的地位，

另一个是组织采购的发展趋势。

每个企业的采购部门都会有自己的目标、政策、工作程序和组织结构。如果组织奉行成本领先战略，那么价格就会成为主要影响因素；如果把技术领先作为企业目标，则对产品或服务的质量更感兴趣。如果组织授权不够，采用了严格的采购政策和规范的采购制度，如组织的按采购金额的逐级审批制度、重要产品或服务必须保持两家以上的供应商等，使采购部门的购买行为就会更复杂。

随着技术与管理水平的提高，组织通过生产与技术降低成本的空间越来越少，难度也越来越大，采购部门已成为成本管理的重点，采购部门在组织中地位也在不断提升。这表现在两个方面：一是采购已上升为战略采购。组织为提高长期竞争优势，倾向于与供应商建立长期合作的关系，乃至建立战略联盟。二是加强集中采购。把以前分散于各个部门的分散采购集中起来，实行专业化采购。集中采购还扩大了采购规模，增强了组织的吸引力，使组织在购买中拥有更好的谈判地位和议价能力，有助于组织提高采购的效率与效果。

3. 人际关系因素

组织内部参与购买过程角色包括发起者、影响者、决定者、使用者、批准者、采购者、控制者七种角色。这些角色的利益、地位、职务、说服力支配着相互之间的关系，从不同角度影响着对产品或服务的购买决策。

组织购买决策的类型、产品或服务的性质、组织规模的大小与组织文化，都会影响组织中的决策角色；在每一个采购阶段，参与决策的人员及其作用也有所不同。因此，组织市场的营销人员，应当了解与购买行为有关的每一个人所扮演的角色，弄清楚他们在决策中的地位、决策方式和评价标准、互相之间的关系和影响力，并利用这些影响力来促成交易。

4. 个人因素

组织市场的购买行为虽然是理性的，但参加采购决策的仍然是一个个具体的人。由于受到信息、知识和经验的限制，这种理性是有限的理性。他们在做出决定和采取行动时，还不可避免地受其年龄、收入、教育、职务、个人特性和风险态度的影响。

一般来说，受过良好教育的采购人员会成为专业购买者，只有那些具有良好产品或服务知识的人，才能与他们取得更好的沟通效果，更容易达成预期的营销目的；而文化程度不高的采购人员，则可能更重视双方的感情因素，乐于重复购买。

采购的风险主要来自两个方面：一是决策错误出现的可能性；二是决策错误后果的严重程度。通常情况下，在直接重购和风险相对较小的修正重购中，倾向于由个人做出决策；在风险相对较大的修正重购和新购中，则更多地由集体做出购买决策。大部分采购人员有减少采购风险的强烈愿望，但风险喜好型的采购人员，更容易接受新产品、新服务。

因此，组织市场营销人员应了解采购人员的个人态度、偏好等个人信息，有针对性地采取不同的营销措施。

第四节　组织市场的购买过程

组织市场的购买过程共分为九个阶段：提出需要、确定需求及需求量、详述产品或服务规格、寻找供应商、征求报价、选择供应商、发出正式合同/订单、合同/订单处理、购后评价。组织购买过程的阶段多少，取决于组织的购买方式。在新购这种最复杂的情况下，购买过程的阶段最多，要经过全部九个阶段。在直接重购这种最简单的购买情况下，组织购买者只需经过发出正式合同/订单、合同/订单处理、购后评价三个阶段。

一、提出需要

提出需要是组织购买的起点。需要的提出，既可以是内部的刺激，也可以是外部的刺激引起。如内部的刺激，或因生产新产品，需要新的设备和原材料；或因存货水平开始下降，需要购进生产资料；或因发现过去采购的原料质量不好，需更换供应者。外部刺激如商品广告，营销人员的上门推销等，使采购人员发现了质量更好价格更低的产品，促使他们提出采购需求。通常新技术、新材料、新工艺对组织有更大的吸引力。

提出需要的发起者，可能是组织的使用者、生产技术人员、专门计划人员或设计人员。低值与低风险的购买，可由使用部门直接决策；高值与高风险的购买，由技术部门会同其他部门，如采购、生产等共同来决定，并由采购委员会/高管审批。

组织市场的营销人员应加强与组织中的相关人员的沟通，通过用户访问、广告宣传等方式，向购买者描述产品特征，协助他们确定其组织的需要。

二、确定需求及需求量

组织的需要提出以后，应进行价值分析，确定所需产品或服务的具体形态，从而将组织的需要上升为组织的需求。价值工程是通过各相关领域的协作，对所研究对象的功能与成本进行系统分析，不断创新，旨在提高所研究对象价值的思想方法和管理技术。价值可以用公式表示：

$V = F/C$

式中，V 为价值（Value）、F 为功能（Function）、C 为成本或费用（Cost）。

根据产品或服务的易得性及需求价值的大小，需求量由不同的部门和人员做出决策，一般来说：

（1）易得到、业务比重低的产品或服务：按月用量或季用量确定需求量。

（2）易得到、业务比重高的产品或服务，应根据价格趋势、月用量确定需求量。

（3）不易得到、业务比重低的产品或服务，应按年用量确定需求量，按季用量或年用量购买。

（4）不易得到、业务比重高的产品或服务，则应确定一年以上的需求量，分月购买。

三、详述产品或服务规格

由专业技术人员对所需产品的规格、型号、功能等技术指标做出详细的说明，作为合同的附件及验收标准。不同性质的产品或服务，规格的称谓也不相同。例如，在机械产品中称为技术规格或图纸，在化工产品称为技术标准，而在服务则是性能/效果描述。

供应商应尽早参与产品或服务的设计，以影响采购者产品或服务规格的制定。如果能使本企业的产品或服务规格成为购买者的标准规格，就可以把握市场的先机，在市场竞争中处于有利的地位。

四、寻找供应商

购买者可从以往合作过的供应商、工商名录、电话簿、广告、展销会、供应商的上门推销留下的资料等中寻找可能的供应商。另外，在实际中，采购企业为了体现公平公正的采购原则，或采购企业对货源不清楚时，常常采用招标采购，通过在媒体上刊登广告，广泛地寻找供应商。

供应商的资格审查分为一般资格审查和资格预审。一般资格审查适用于一般规模较小或比较简单的采购项目；对于大型或复杂的土建工程或成套设备，在正式组织招标以前，需要对供应商的资格和能力进行预先审查，即资格预审。

一般资格审查要求提供以下资格证明文件：营业执照；法人代表授权书；有关部门颁发的资格证书；财务情况；售后服务的网点分布、人员结构等；工程材料采购要提供当地建筑业主管部门颁发的建筑材料准用证书。

资格预审包括两大部分，即基本资格预审和专业资格预审。基本资格预审是指供应商的合法地位和信誉，包括是否注册、是否破产、是否存在违法违纪行为等。专业资格是指已具备基本资格的供应商履行拟定采购项目的能力，具体包括：经验和以往承担类似合同的业绩和信誉；为履行合同所配备的人员情况；为履行合同任务而配备的机械、设备和施工方案等情况；质量保证体系现状；财务情况；售后服务的网点分布、人员结构等。

营销者应有针对性地进行广告宣传和人员推销，将有关企业和产品的信息传递给购买者。

五、征求报价

对通过资格审查的候选供应商，购买者应请他们提交供应建议书，包括质量保证材料、产品说明书、价目表等有关资料。对价值高、价格贵的产品，还要求他们写出详细的产品或服务说明。

六、选择供应商

在收到供应商的有关资料后，采购者要根据一定的标准对供应商进行评价，从中选择合格供应商。在评价供应商时，不仅要考虑产品或服务的质量和价格，还要考虑其能否及时供货，能否提供必要的服务。评价的主要指标一般包括：质量；价格；交货期；企业信誉；质量保证体系；服务质量；价格条款；财务状况；地理位置等。

一些复杂的产品如有机化工产品，还要进行实验室试验、工厂试验。通过对样品进行实验室试验，可以检验供应商提供的产品是否能满足采购企业的技术要求和质量要求；对小批量产品进行的工厂试验，则可以检验产品质量是否与样品吻合，是否适合于大规模生产。

在最后确定供应商之前，有时还要和供应商谈判，争取更优惠的交易条件。对于重要的产品或服务，一般最后确定的供应商数量不限于一个，一是多个供应商可以提供更多的市场信息，降低供应风险；二是通过供应商之间的竞争，获得更有利的价格条件、更好的服务质量。但这些供应商采购份额并不一样，可以一个为主，其他为辅。确定的供应商名单列入正式的合格供应商名单。

七、发出正式合同/订单

选定供应商以后，就可以根据采购计划正式订货了。对于新购产品或服务，以及市场上供应厂家众多、货源充足、价格波动大的产品或服务，应签订合同。价值低的易耗品，可以捆绑起来，与一家或几家供应商签订一年一度的合同，供应厂家少的产品或服务，为保证正常供货，也应签订中长期合同。合同上要详细写明所需产品/服务规格、数量、交货时间、付款、质量标准、三包条款、纠纷处理等，一般须多部门审批才能生效。中长期合同应以订单的形式分批供货。订单是一种简化的合同，只需写明产品/服务规格、数量、交货时间等主要条款，一般采购部门即可签发。

八、合同/订单处理

合同/订单发出后，采购人员就要按照合同对订单进行跟踪，确保购买的产品或服务符合合同规定的数量、质量、时间等要求。产品或服务到达后，采购人员要发出验收通知，组织相关人员对产品或服务进行验收，并出具相关的数量、质量检验证明。对合格的产品或服务，采购人员应按期支付价款。对合同纠纷，如产品或服务不合格，则进行退货、降价等处理。

九、购后评价

使用后，采购部门将与使用部门保持联系，了解产品使用情况，满意与否，并考察比较各供应商的履约情况。应对供应商进行动态管理，不满意的供应商要随时淘汰。

一般来说，购买者应每半年、一年对现有供应商进行评估，并将评估结果反馈给他们。评估指标主要为按期交货率、一次到货合格率、服务满意度等。

主要术语

组织市场　公开招标　选择性招标　竞争性谈判　单一来源采购

思考与讨论

1. 与消费者市场相比，组织市场的需求有什么特点？
2. 生产者市场的购买对象有哪些？
3. 组织购买者的角色有哪几种？
4. 影响组织市场采购的主要因素是什么？
5. 试述组织市场的购买过程。

营销实践与应用

波音的营销"手腕儿"

2015 年 9 月 22～25 日，中国国家主席习近平访美期间，中方企业在美国西雅图与波音公司签订采购 300 架波音飞机的框架协议。

由于民机产业的战略性，民机制造商往往与政府部门有着非同一般的紧密联系。建立良好的政府关系对于民机企业有着更为重要的特殊意义，除了能够帮助企业在产品研制阶段获得所必需的政策和财政支持，更为重要的是能够帮助企业在产品运营阶段获得必要的市场开拓和后续订单支持。正如美国政府官员和波音高层在一次访谈中所说的，虽然根据 30 多年前美欧签署的协议，商业活动应剔除政治因素，但美国政府仍然在波音飞机的销售过程中扮演重要角色。

"手腕"一：与美国政府建立紧密关系

企业发展政府关系的本质可以看作是在政治中寻找商机。美国著名营销学家菲利普·科特勒提出了"大市场营销战略"，其中就讲到了运用"推"的策略，通过高超的游说本领和谈判技能，得到有影响力的立法部门、政府官员的大力支持，从而为企业赢得更优良的发展机遇和空间。

20 世纪八九十年代，欧洲空中客车经过多年的发展，逐步崛起并威胁到了波音的霸主地位。据统计，1986 年空客的订单数超过了当时的麦道公司，并使波音公司当年的订单数减少了 50%，到了 1990 年，波音、空客和麦道的订单数占比分别为 45%、34% 和 21%。而在 1996 年，空客的订单数占比达到了 50%。为了应对空客的威胁，维护美国的航空工业大国地位，1996 年 12 月 15 日，波音公司宣布收购麦道公司，合并后的波音不仅成为当时全球最大的民机制造商，而且是美国市场唯一的民机制造商，在美国国内市场的占比份额几乎达到百分之百。关于这次合并，虽然没有太多的直接和明显的证据证实美国政府在其中所扮演的角色，但通过一些细枝末节，有理由相信美国政府在兼并中必然发挥了主导和关键的作用。其一，1996 年麦道公司凭借 F-15、FA-18 和"鹞"式等著名战斗机的经验，联合英国 BAE 公司联合竞争新一代战机"联合歼击机"，而波音只有轰炸机的经验。实力的悬殊使得麦道总裁直到当年 11 月初依然相信"必胜"。同月 16 日，五角大楼宣布由波音与洛克希德研制"联合歼击机"。这一笔订单的丢失，无疑是给了当时已经穷途末路的麦道致命的一击。同年12月，波音宣布兼并麦道。其二，美国早在20世纪30年代就颁布了《反垄断法》，对美国而言，民机市场由于波音的一家独大，已经形成了一定程度的垄断，波音能成功兼并麦道，背后必然有大量的政府要员为其进行游说和争取支持。

"手腕"二：动员政府要员推销公司产品

在干线飞机市场上，买波音还是买空客，就像一个天平一样，除了必要的价格和性能砝码，其他方面特殊的收益往往成为了倾斜的最终决定者。为了最大化这些特殊的收益优势，发动本国政府要员扮演销售代理人，是波音公司推销公司产品的一个重要手段，实践也充分证明，美国政府要员在波音的政府销售中所发挥的作用，远远超过了预期的设想。

1993年，同样是得到了政府支持的欧洲空客在市场上已经抢占了可观的份额，然而同年波音公司只获得2架波音747的订货合同。为此，公司不得不关闭两条生产线中的一条，并解雇了1.6万名员工。为了走出困境，波音公司及时调整营销战略，利用公司在美国的战略地位，通过时任总统克林顿开展公关活动。克林顿总统亲自出马帮助波音公司寻找新市场，促成波音和沙特阿拉伯签订了一笔价值60亿美元的订货合同，并把竞争对手空客公司挤出了沙特。

2007年年底，石油富国巴林的国家航空公司海湾航空经过董事会决议，将花巨资购买空客的飞机。波音公司在获知此事后，上报至美国政府。美国政府回应称"尽管空客开价比波音低4亿美金，但买卖仍有峰回路转的可能"。时任美国驻巴林大使艾力里及其主要经济官员立刻展开行动，对海湾航空管理层、董事会成员、政府要员、议员展开游说。他们甚至直接向巴林王子请愿，为波音公司争取订单，并承诺由后续来访的前总统布什进行协议签署。在强大的政府攻势面前，不到两周的时间，美国驻巴林使馆通知波音公司，巴林国王和王储已经拒绝空客报价，并指示海湾航空董事会与波音进行购买协议的沟通，以便在布什来访时签署。值得一提的是，时任法国总统萨科奇不甘看到空客落于下风，以个人名义发起了"最后一分钟公关"，表示愿意紧跟布什脚步访问巴林，以图保住空客的订单。然而，波音最终仍然在2008年1月赢得订单。

由此可见，波音公司通过向本国政府开展强大的公关攻势，传播了一种"公司与国家是利益的共同体"信念，因而在波音公司的订单出现被夺走的危险时，美国政府就会义无反顾地政治介入。

"手腕"三：积极拓展与国外政府间联系

政府关系拓展工作不局限于政府部门和官员，还拓展到政府所实施的政务上。波音公司通过良好地践行公司的社会责任，在当地政府和社会公众间树立起自身积极健康的形象，实现多赢的局面。

2005年，为了纪念郑和下西洋600周年，中国政府成立了由交通部负责牵头，多个部门、单位参加的"郑和下西洋600周年纪念活动筹备领导小组"。波音公司紧紧把握这一次具有官方背景的公共活动，将正在做环球飞行首航的777-200LR特意带到中国来，命名为"郑和号"，参加郑和下西洋600周年的纪念活动。这次活动，在电视、报刊和网络媒体上得到了非常高的关注度和传播率，仅通过电视达到的传播覆盖率就有 8 亿人次，报刊媒体覆盖了约 7800 万人次，而网络覆盖人次也达到了 4000 万人次，国内的各大新闻主流媒体都给予了专题报道。波音公司利用这个事件，准确地通过媒体传达了包括波音民用飞机的理念、777 - 200LR 飞机的特点和性能等数据在内的多个信息，实现了完美的广告宣传。并且，波音在活动中获得了活动涉及政府机构的鼎力支持，并加深了与相关政府部门之间的合作与友好关系。

波音公司在全球范围内倡导"企业公民"行动，以教育、健康与公共事业、艺术和文化、环境、公民建设为重点，践行自身的企业社会责任。2008 年，波音全球企业公民副总裁安妮·罗斯福宣告波音公司企业公民行动项目中国行动启动。针对 6 岁以上的孩子绝大多数都有飞翔的梦想，推行了"放飞梦想"活动。活动开展 5 年后，累计有 1009 所学校的 6.6 万名学生参加了"放飞梦想"活动，1300 多名科技教师接受了培训，授课时间达到 25079 课时，发放各种教材和模型 7.5 万套，活动范围全面覆盖北京地区 17 个区县的 170 所小学，并向外拓展至陕西、西藏、四川等地区。

中国的民用航空市场增长强劲，是波音公司重点关注的焦点之一。负责经济事务的前助理国务卿罗伯特·霍尔迈茨承认，美国经济正日益依赖对新兴发展中国家的出口，如中国、印度以及拉美中东的部分国家。而在民机市场的争夺中，产品在公众中获得的认知度是一个重要的砝码。波音公司如此不遗余力地在中国进行企业形象的传播，其目的是显而易见的。

波音公司能有今天的全球民机制造霸主地位，是与紧密的政府关系分不开的。无论是公司的组织构成、经营发展、生产规模、科学技术、市场占比，其中都或多或少地有着政府影响的影子。

资料来源：薛晓冰. 波音在"外交"上的那些手腕儿［N］. 大飞机报，2015 - 09 - 30.

案例讨论题

1. 波音公司是如何赢得政府市场的？
2. 通过波音公司案例的了解，谈一谈我国飞机产业具体的措施建议。

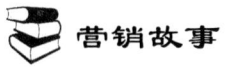 **营销故事**

双合盛的机会

张廷阁（山东掖县人）早年"闯关东"到海参崴，加入双合盛后，使其迅速由杂货铺成长为一个大型百货商店。回国后投资创办了一系列双合盛企业，张廷阁因此成为民国时期著名的实业家。

在海参崴担任双合盛副经理时，张廷阁善查时机的能力就已经表现出来。日俄战争前夕，大批俄军驻扎海参崴，张廷阁见有机可乘，便千方百计拉拢俄军军官，承揽了俄军日用品的供应，从中赚取巨额利润。

张廷阁在与俄军交往中，获得了日俄战争即将爆发的消息，于是适时囤积大量货物。1904年2月，日俄战争爆发，日军封锁了海参崴的海上运输线，外地货源断绝，市内物价飞涨。双合盛乘机高价出售存货，获得暴利。

1906～1907年，帝俄政府曾两次增税，每次都引起物价上涨，张廷阁听到风声后，利用当时进货不用先付款的有利条件，赊购了大量货物，待涨价后出售。双合盛没有动用分文流动资金，却赚了一大笔钱。

品评：白圭认为成功的企业家要具备特殊的职业素养和品质，他提出："是故其智不足与权变，勇不足以决断，仁不能以取予，强不能有所守，虽欲学吾术，终不告之矣。"意思是说，如果一个人不具备"智""勇""仁""强"的能力素质，我不会教给他"治生之术"。其中"智"，就是善于把握市场变化趋势，并能及时对市场信息做出反应；"勇"就是指一旦瞄准了行情，就要当机立断，果断决策，并勇于承担风险；"仁"是指要懂得"先予后取""予之为取""多予多取"的辩证关系；"强"是指对已经从事的经营活动，要以坚强的意志力坚持下去。上述故事中描述的张廷阁因其"智"与"勇"，赢得了财富。

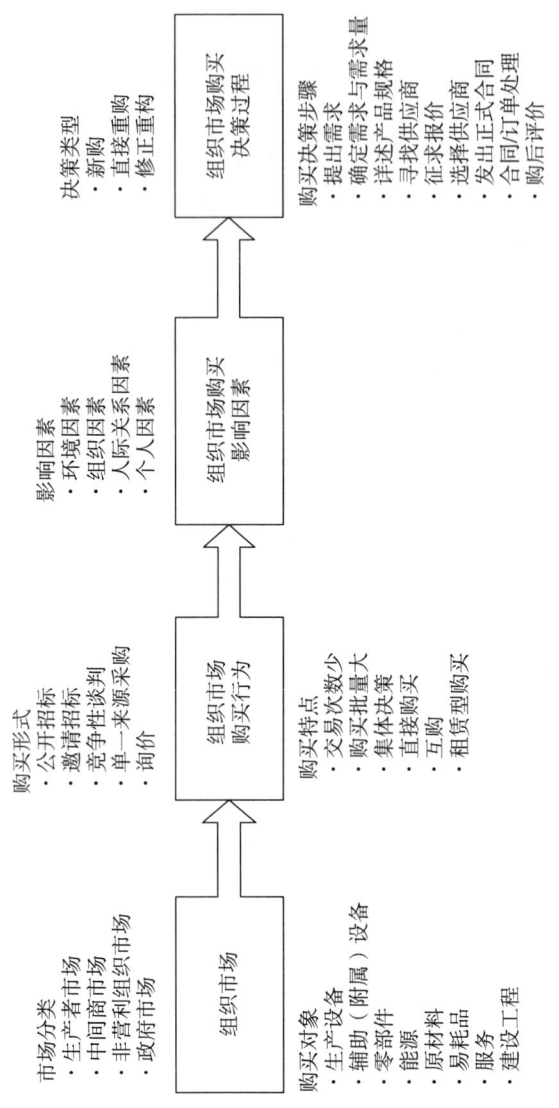

营销知识应用导图

市场分类
- 生产者市场
- 中间商市场
- 非营利组织市场
- 政府市场

购买对象
- 生产设备
- 辅助（附属）设备
- 零部件
- 能源
- 原材料
- 易耗品
- 服务
- 建设工程

组织市场

购买形式
- 公开招标
- 邀请招标
- 竞争性谈判
- 单一来源采购
- 询价

购买特点
- 交易次数少
- 购买批量大
- 集体决策
- 直接购买
- 互购
- 租赁型购买

组织市场购买行为

影响因素
- 环境因素
- 组织因素
- 人际关系因素
- 个人因素

组织市场购买影响因素

决策类型
- 新购
- 直接重购
- 修正重购

购买决策步骤
- 提出需求
- 确定需求与需求量
- 详述产品规格
- 寻找供应商
- 征求报价
- 选择供应商
- 发出正式合同
- 合同/订单处理
- 购后评价

组织市场购买决策过程

第七章

目标市场战略

学习目标

1. 认识市场细分的概念、标准、原则。
2. 掌握目标市场概念及选择策略。
3. 掌握市场定位的概念及定位策略。
4. 具备市场细分、选择目标市场和市场定位的能力。
5. 能够实施目标市场营销战略。

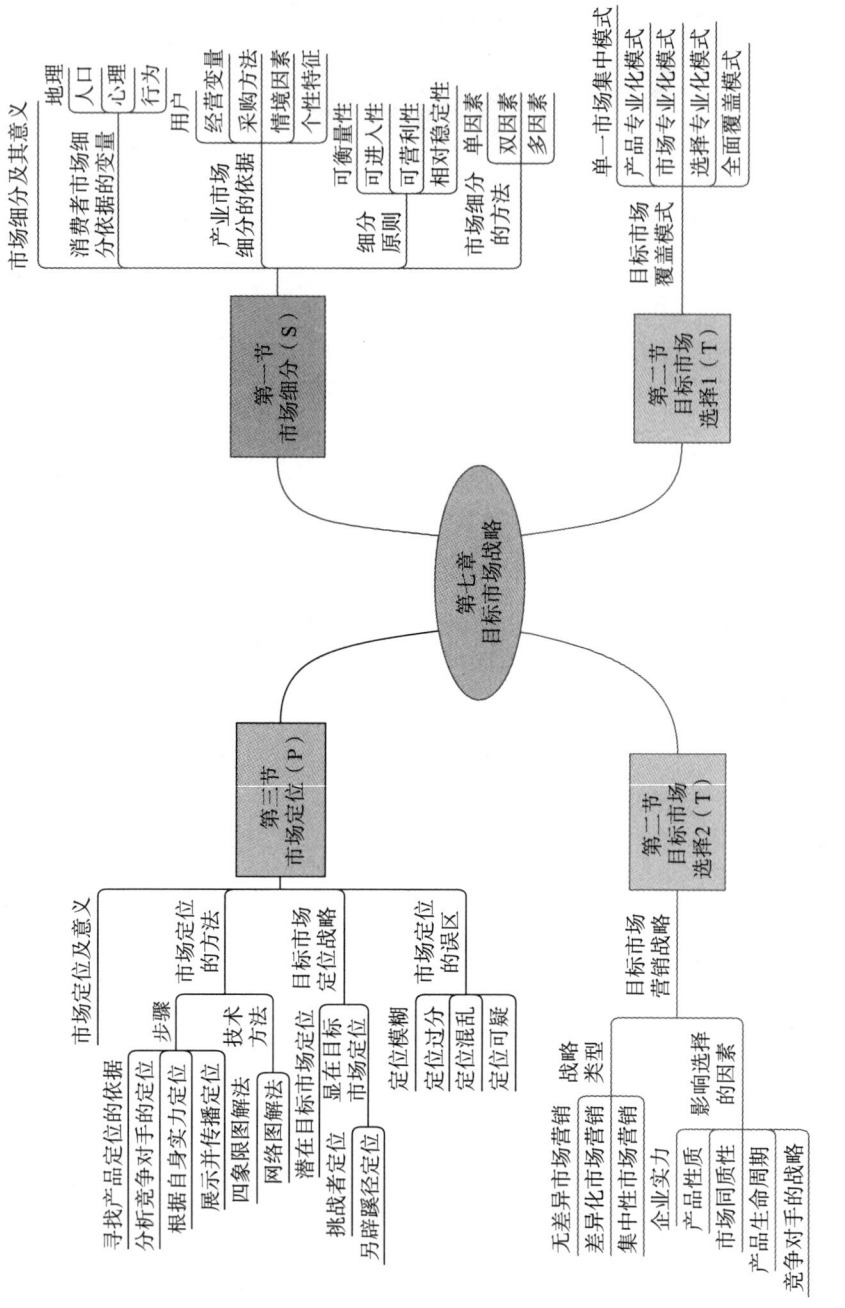

学习思维导图

章首案例　苹果手机的营销战略

2007 年，苹果公司进军手机市场，iPhone 是美国苹果公司研发的智能手机系列，搭载苹果公司研发的 iOS 操作系统。第一代 iPhone 于 2007 年 1 月 9 日由苹果公司前首席执行官史蒂夫·乔布斯发布，并在 2007 年 6 月 29 日正式发售。

第二代 iPhone 3G 于 2008 年 6 月 10 日发布。

第三代 iPhone 3GS 于 2009 年 6 月 9 日发布。

第四代 iPhone 4 于 2010 年 6 月 8 日发布。

第五代 iPhone 4s 于 2011 年 10 月 4 日发布。

第六代 iPhone 5 于 2012 年 9 月 13 日发布。

第七代 iPhone 5s 及 iPhone 5c 于 2013 年 9 月 10 日发布。

第八代 iPhone 6 及 iPhone 6 Plus 于 2014 年 9 月 10 日发布。

第九代 iPhone 6s 及 iPhone 6s Plus 于 2015 年 9 月 10 日发布。

第十代 iPhone 7 及 iPhone 7 Plus 于 2016 年 9 月 8 日发布。

第十一代 iPhone 8，iPhone 8 Plus，iPhone X 于 2017 年 9 月 13 日发布。

第十二代 iPhone XS，iPhone XS Max，iPhone XR 于 2018 年 9 月 13 日发布。

经过几年内的几次软硬件升级，如今的 iPhone 已经可以媲美个人电脑的基本运算功能，同时丰富的娱乐功能加上便携性，使其成为数码生活的核心产品。苹果公司是全球最大手机制造商之一，产品基本能够满足各类消费者需求，从特种工程用手机、高端奢侈手机到依靠全球大量分销而超低成本的 20 美元手机，应有尽有。多年来，在全球手机市场，其采用的是完全覆盖市场战略的差异化营销方法，公司同时进入不同的细分市场，并为每个细分市场设计不同的产品。虽然每个公司对手机市场的市场细分有所不同，但是有一个共同细分市场是大致相同的，那就是迅速发展的智能手机市场。

在智能手机所在的细分市场上，各公司产品除硬件设计外，系统有很多相同或相似之处，而苹果公司通过在 Android 操作系统之上的 iPhone 解决方案，使自己的 Android 操作系统与其他厂家的 Android 操作系统手机产生明显的差异，同时也形成了 iPhone 这款产品及该产品线系列产品的市场定位"聚合社交网络手机"，而 iPhone 正是苹果公司提出的"聚合社交网络手机"定位主张下的第一款聚合社交网络手机产品，满足自己选定目标消费群的市场需求，定位清晰，使自己在智能手机中脱颖而出，便于消费者识别和选择。

另外，苹果公司一直在行业中以工业设计而闻名，在推广差异中，应该把 iPhone 的硬件优势特点放进去，但不宜影响"聚合社交网络手机"这一主张的推广。

资料来源：黄丹丹．苹果公司市场营销策略分析［J］．商场现代化，2016（2）．

目标市场营销战略简称STP战略，包括三个步骤：市场细分（Segmenting），即对整体市场进行划分；目标市场选择（Targeting），即对企业市场进行界定；市场定位（Positioning），即找到占领市场的有利位置。

第一节　市场细分

一、市场细分的概念

市场细分概念于1956年由美国著名市场学家温德尔·斯密（Wendell R. Smith）提出，是现代市场营销观念和竞争日益激烈的产物。它是指营销者通过市场调研，依据消费者的需求和欲望、购买行为和习惯等方面的明显差异，把某一产品的整体市场划分为若干消费群的市场分类过程。

每个消费群就是一个细分子市场，在每个子市场内，消费者需求和爱好大致相同，企业可以提供一种产品和采取一种营销策略；但对于不同的消费者群，因其需求与爱好各有差异，需要企业生产不同的产品并采取不同的营销策略。

市场细分的客观基础是顾客需求的差异性。根据需求差异程度，市场可以分为同质市场（Homogeneous Market）和异质市场（Heterogeneous Market）。当顾客对产品的需求大体一致，对企业同一营销策略反应相似时，称为同质市场；当顾客对产品有不同的要求，并对企业的同一营销策略做出不同反应时，称为异质市场。市场细分就是把异质市场划分为若干相对同质市场的过程。

二、市场细分的意义

实践证明，科学合理地进行市场细分，对企业成功地开展营销活动具有重要的现实意义。

（1）有利于企业深刻认识市场，发现最佳市场机会。善于细分，企业就可以深入了解各市场上顾客的不同需求，发现市场空隙，进而捕捉有利的机会，去开拓新的市场领域，而且可避免与其他企业在现有市场范围内的正面冲突。

（2）有利于企业扬长避短，发挥竞争优势。通过市场细分，中小企业可以发现某些较小的、与自身经营能力相适应的细分市场，全力投入其中，获取局部优势；还可以发挥转向灵活的优点，根据市场细分中发现的"尚未满足的需求"，随时调整经营方向和营销策略"拾遗补阙"，从而在激烈的市场竞争中求得生存和发展。

（3）有利于企业掌握目标市场特点，制定最佳营销组合策略。通过市场细分，企业可以针对市场特点，开发出适销的产品，寻找适宜的途径，实施有效的沟通手段，最终占领市场，实现营销目标。

（4）有利于及时反馈市场信息，灵活适应多变的市场环境。市场细分使企业能专注于自己的目标市场，及时获取信息和发现问题，掌握市场变化的趋势，有助于企业防范重大危害性事件的发生和挖掘市场的潜在需求。

（5）有利于企业合理调配资源，发挥其最佳营销效益。在市场细分的基础上，选择一个或几个对本企业有相对优势的细分市场，把有限的资源用到有价值的市场上，制定针对性强的营销策略，才能获得成功。

三、市场细分依据的变量

市场细分必须依据一定的细分变量来进行，基于消费者市场和产业市场的购买行为具有很大的不同，可把两类市场细分所依据的变量分别加以阐述。

1. 消费者市场细分变量

由于消费者需求的差异性是市场细分的内在原因，因此，凡是能引起消费者需求差异的因素即为细分变量。消费者细分主要依据地理、人口、心理和行为四个变量，每一类细分变量都含有许多子变量（见表7-1）。

表 7-1　消费者市场细分变量一览表

主细分变量	子细分变量
地理	区域、地形地貌、气候、城乡、城市规模、人口密度、交通、环保及其他
人口	国籍、种族、宗教、职业、受教育程度、性别、年龄、收入、家庭人数、家庭生命周期及其他
心理	社会阶层生、活方式、个性、购买动机、偏好及其他
行为	追求利益、使用时期、使用者状况、使用频率、品牌忠诚度、对产品了解程度、对产品态度及其他

（1）地理细分（Geographic Segmentation），就是根据消费者所处不同地区的地理环境和条件划分市场。由于地理环境、气候条件、社会风俗和文化背景不同，同一地区的消费者往往具有相似的消费特征，不同地区的消费者在需求内容和特点上有明显差异。

（2）人口细分（Demographic Segmentation）很久以来一直是细分市场中的重要因素，这是因为人口因素中的变量主要源自消费者自身，比其他变量更易测得和比较。应注意的是，人口因素的影响是十分复杂和不稳定的，仅靠人口统计因素很难准确把握需求。因此，要看准市场，有时必须考虑多类因素和结合多个变量分析。

（3）心理细分（Psychographic Segmentation）是指依据消费者的生活方式、个性、购买动机、价值观念、社会阶层等心理因素细分市场。常用的心理变量主要包括：①生活方式。是指个人由于兴趣、观念和态度上的差异而选择的不同生活形式，并通过吃、穿、住、行、用的不同选择表达出来。据此可以把市场划分为：传统型、新潮型、节俭型、奢靡型、严谨型、活泼型、归属型等。②个性。是指消费者的个人生活特征，常潜在地影响人们的消费观念和购买行为。人的个性大致可分为坚强与懦弱、外向与内向、独立与依赖、竞争性与非竞争性、显耀性与沉默性等。③购买动机。包括求实、求廉、求美、求新、求名、求奇等心理动机。各种购买动机都可以作为细分市场的重要参数。

（4）行为细分（Behavioral Segmentation）是指根据消费者的知识、态度、产品使用率或对产品的反应等行为因素细分市场。常用的行为细分包括：

①购买时机。通常指节假日或季节性变化带来的消费者不同寻常的购买行为表现。企业可以把特定时期的市场需求作为短期市场营销的目标，达到集中扩大销售的效果。

②购买频率和数量。据此可以把消费者分为经常购买者、定期购买者、偶尔购买者，再进一步分为大量使用者、中量使用者、少量使用者。据此细分有利于企业搞好货源组织和制定价格策略。

③使用状况。一般分为经常使用者、初次使用者、曾经使用者、准备使用者、未使用者五种类型。大企业注重抓住经常使用者和准备使用者，小企业可把初次或经常使用者作为目标。

④品牌忠诚度。分为单一品牌忠诚者、几种品牌忠诚者、喜新厌旧者、无品牌偏好者。品牌忠诚度高的市场，其他企业想进入比较困难，即使进入了也不易提高市场份额。企业可以通过分析消费者的品牌喜好，发现问题并采取措施，改进市场营销工作。

⑤态度。即按照消费者对产品的评价和关心程度划分市场。人们的态度可分为热心、肯定、漠不关心、否定和敌视五种类型。企业可对不同态度的市场采取巩固、加强或改善等不同的营销对策。

⑥受益追求。即根据消费者追求的预期利益不同细分市场。人们购买一种特定的产品时总要获取某种益处，因而，受益细分适用于大多数市场，在市场导向情况下具有广阔的适用范围。

2. 产业市场细分变量

许多用来细分消费者市场的变量同样可以用来细分产业市场，但两类市场毕竟不同，产业市场的细分有自己的特点。美国波罗玛（Thomas V. Bouoma）和夏皮罗（Benson P. Shapiro）两位学者提出了产业市场细分的基本变量。具体见表7-2。

表7-2　产业市场的主要细分变量

人口变量
1. 行业：我们应把重点放在购买这种产品的哪些行业？
2. 公司规模：我们应把重点放在多大规模的公司？
3. 地址：我们应把重点放在哪些地区？

经营变量
4. 技术：我们应把重点放在哪些顾客重视的技术？
5. 使用者/非使用者情况：我们应把重点放在大量、中度、少量使用者，还是非使用者？
6. 顾客能力：我们应把重点放在需要很多服务的顾客，还是只需要很少服务的顾客？

采购方法
7. 采购职能组织：我们应把重点放在采购组织高度集中的公司，还是采购组织高度分散的公司？
8. 权力结构：我们应把重点放在工程技术人员占主导地位的公司，还是财务人员占主导地位的公司？
9. 现有关系的性质：我们应把重点放在现在与我们有牢固关系的公司，还是追求最理想的公司？
10. 总采购政策：我们应把重点放在乐于采用租赁、服务合同、系统采购的公司，还是秘密投标等贸易方式的公司？
11. 购买标准：我们应把重点放在追求质量的公司、重视服务的公司，还是注重价格的公司？

情境因素

12. 紧急：我们应把重点放在那些要求迅速和突然交货的公司，还是提供服务的公司？

13. 特别用途：我们是否应把重点放在本公司产品的某些用途上，而不是全部用途上？

14. 订货量：我们应把重点放在大宗订货，还是少量订货？

个性特征

15. 购销双方的相似点：我们是否应把重点放在那些人员与价值观念与本公司相似的公司？

16. 对待风险的态度：我们应把重点放在敢于冒风险的用户，还是避免冒风险的用户？

17. 忠诚度：我们是否应把重点放在那些对供应商非常忠诚的用户？

表7-2中列出了产业营销者在确定其细分市场和为之服务的客户时必须考虑的问题。其中可以分为两大类因素：一类是反映产业用户宏观特征的因素，即行业、规模和地理位置；另一类是反映产业用户微观特征的因素，即经营变量、采购方式、情景因素和个性特征。实际操作中，企业一般遵循由宏观到微观的顺序来细分产业市场。

产业市场购买与消费者市场购买有很大的差异。产业市场购买者是一个由担任不同职责的角色组成的采购中心，出于整体利益和企业发展考虑，购买决策是理智的，由此决定了产业市场细分的主要变量都是理性变量。

四、市场细分的原则

市场细分的目的是寻找有价值的市场机会，无论采用单变量还是采用多变量细分都必须遵循一定的原则。

（1）可衡量性。是指所选择的细分变量对市场细分后，子市场的规模大小、购买力水平及人口等市场特征能够被识别和衡量，可以被区别和界定。如果细分市场的特点不突出，标志不明显，在实践中就不好把握和操作，失去了市场细分的价值。

（2）可进入性。企业细分后选择的目标市场，应是能够进入并为之服务的市场，即企业能够运用某一营销组合进入并占有一定市场份额，否则就没有现实意义。

（3）可营利性。是指企业选择的细分市场规模足够有利可图，并具有一定的发展潜力。运用的市场细分变量越多，市场分得就越细，消费者的需求特征也会越清楚，但细分市场的消费者人数和购买力也会随之大幅减少。如果出现市场细分过度，就需要利用"反细分化"策略，对过于狭小的市场合并，使企业能以规模经营优势实现以较低的成本去满足较大顾客群体的消费需求。

（4）相对稳定性。是指企业在预期的时间内，选定的细分市场上消费需求、购买趋向和市场容量不会发生大的动荡和改变。细分市场保持相对稳定性，才能使企业避免因市场变化不定而带来的收益风险。

五、市场细分的方法

1. 顾客偏好与市场细分

顾客需求偏好的存在是市场细分的客观依据，产品属性是影响顾客偏好和购买行为的重要因素。以服装为例，可以选择服装的样式和质地两个属性，调查了解购买者的重视程度，会出现如图7-1所示的三种不同模式。

（1）同质偏好。图7-1（a）显示了一个所有消费者都有大致相同偏好的市场，不存在自然的细分市场。

（2）分散偏好。图7-1（b）显示了消费者的偏好四处散布，表明消费者的偏好存在很大差异。

（3）集群偏好。图7-1（c）显示了消费者偏好呈现多个密集群，是自然的细分市场。

由于顾客的偏好不同，企业的目标市场营销战略有两种基本方式：一是同质偏好的市场，即把产品的整体市场作为目标市场开展营销活动。二是在具有分散偏好或集群偏好的市场上，必须通过市场细分，选择出适宜本企业的目标市场，实施目标市场营销战略。

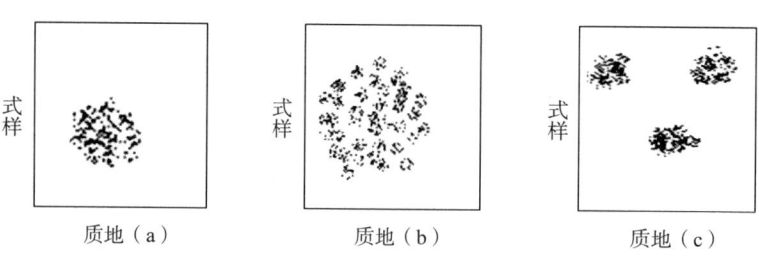

图7-1 顾客偏好类型

2. 市场细分的方法

市场细分变量为每个企业提供了细分的依据和标准，但不同企业的经营任务和发展目标不同，在细分方法上会有所不同。这种差别表现在运用变量的种类、数量、选择变量的难易程度三个方面。因此，不同企业市场细分的程度和方法有差异。

（1）单因素细分法。此法是指从影响消费者需求的多种因素中，选择出一种影响最大的因素，并以此为标准进行市场细分。单一因素细分比较简便，易操作，但较粗略，许多产品市场靠单一因素细分很难看清楚。

（2）双因素细分法。此法较普遍使用的是"产品—市场矩阵"图法。即以"行"代表产品（顾客的不同需要），以"列"代表市场（不同的用户或顾客群）。图7-2显示了某铝制品公司对铝制品市场进行的分析，三种不同用途的铝制品和三类不同用户共划分出九个细分市场。营销人员通过对各细分市场调研，认真评估各个细分市场上用户需求、竞争态势、市场容量及发展潜力，再结合企业技术状况、生产能力、销售力量、成本、价格等情况，从中选择出适合于自己的目标市场。但这种细分法选取的目标市场不一定合适，可能还需结合其他因素继续细分，这时矩阵选择法就受到了一定的限制。

		市场（用户类型）		
		汽车制造业	住宅建筑业	饮料容器制造业
产品（用户需求）	半制成品			
	建筑构件			
	铝制活动房屋			

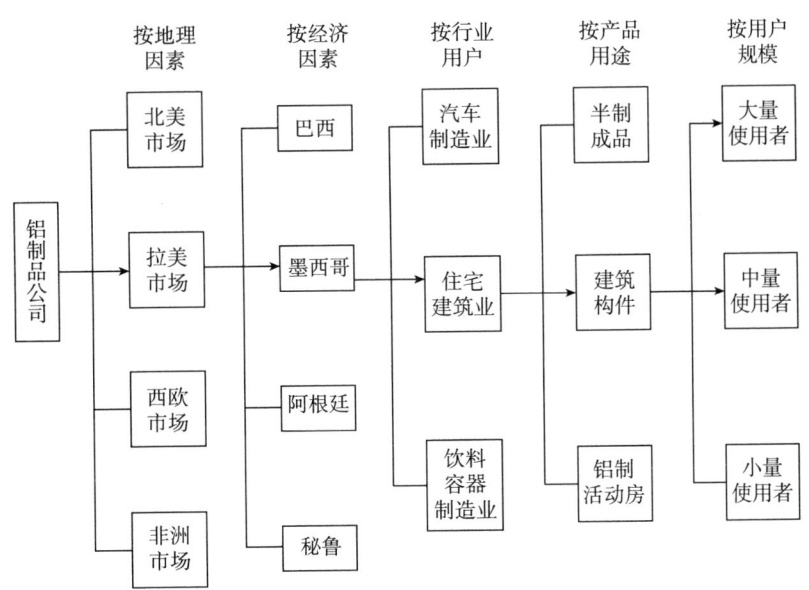

图 7－2　产品—市场矩阵

（3）多因素细分法。如果用三个以上的因素划分市场，就是多因素细分法，其基本思路是根据一定顺序逐次细分市场。细分过程也是比较选择目标市场的过程，下一阶段的细分是在上一阶段选定的样本市场里进行，最终层次的样本市场就是企业将全力投入的目标市场。如果铝制品公司拟打入国际市场，其市场细分过程如图 7－3 所示。

图 7－3　多层次细分过程

如果不对市场进行细分而是把产品的整体市场作为目标市场，那么完全市场细分则是把每一个消费者都作为一个独立的市场。对企业来说，必须注意细分成本会随着细分市场的增多而增多，所以，恰当的市场细分应该既能保证市场细分的有效性和精确性，又能使成本最低。

第二节 目标市场选择

市场细分后企业将面临较多的机会市场，哪些机会市场可以成为企业的市场，取决于企业的任务、资源和竞争优势。因此，市场细分后，企业需要选择出自己能够为之服务的目标市场，并进行战略定位。

一、目标市场覆盖模式

细分市场评估后，企业需要考虑从中选取一个或几个细分市场作为目标市场。目标市场范围选择是否恰当，直接关系到能否有效利用企业资源并取得良好的营销效果。以产品和市场两种因素构成二维坐标，目标市场的覆盖模式有五种，如图7-4所示。图中横向代表产品，纵向代表市场。

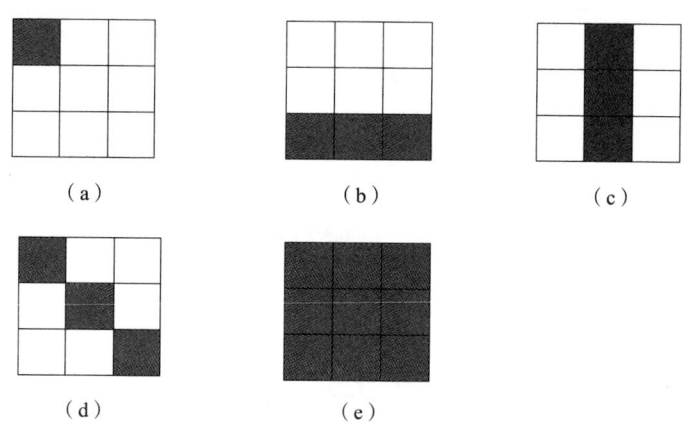

图7-4 市场覆盖的五种模式

1. 单一市场集中化模式

企业仅选择一个细分市场，集中力量为这一市场提供产品和服务，如图7-4（a）所示。企业采用单一市场集中模式的原因有三点：一是由于资金限制只能经营一个细分市场；二是该细分市场中没有竞争对手；三是准备以此为出发点，以求取得成功后向更多的细分市场发展。

单一市场集中化模式有两个优点：一是企业能集中精力对市场作深入了解和分析，使产品更好地适应市场需要，并获取最高的市场占有率；二是可以节省营销成本，提高投资收益率。该模式的缺点是：经营的产品和市场范围小，面对的市场风险也会随之增大，当竞争者侵入或市场需求发生突然变化时，企业将受到冲击。

2. 产品专业化模式

企业决定只生产一种产品，面向各类不同的顾客，满足不同市场对这一产品的共同需求，如图 7-4（b）所示。这种模式的优点是，企业专注某一产品的生产，有利于形成和发展生产与技术上的优势，节省成本，容易在该领域树立较高的市场声誉。同时，采用这种模式也存在替代技术出现、产品和企业被淘汰的风险。不过，其风险程度要比单一产品市场集中化模式低。

3. 市场专业化模式

即企业专门为某一顾客群生产多种产品，如图 7-4（c）所示。采用市场专业化模式，能有效地分散经营风险；能满足顾客的多方面需求，也便于与顾客建立稳定的关系，塑造企业的良好形象。但该模式集中于某一类顾客，一旦这个顾客群的需求降低，企业将面临收益下降的风险。

4. 选择专业化模式

企业选择若干细分市场为目标市场，其中的每个细分市场都有机会且适合于企业开展经营活动，但每个细分市场之间联系很少，如图 7-4（d）所示。其优点是能有效分散经营风险，即使某个细分市场经营失利，企业还能在其他的市场上取得盈利。但这种模式要求企业拥有较为丰富的资源。

5. 全面覆盖模式

企业把细分后的所有市场都选为目标市场，力图用各种产品满足各类顾客群的需要，如图 7-4（e）所示。其优点是能最大限度地分散经营风险，把经营的触角伸向各个领域，建立起企业广泛的大市场。此模式对企业的人、财、物资源和组织管理能力要求较高。

选择多少细分市场，运用何种覆盖模式要视企业的条件和能力。一般而言，企业总是首先进入最有吸引力的市场，待积累了经验或条件成熟时，再根据竞争动向和企业能力灵活地采取产品专业化、市场专业化或选择专业化模式，有计划地扩大目标市场范围，进入越来越多的细分市场，最终达到全面覆盖市场的目的。

二、目标市场营销战略选择

1. 目标市场营销战略类型

企业确定目标市场的方式不同，选择目标市场的范围各异，采取的营销战略也各有区别。目标市场营销战略通常有三种类型。

（1）无差异市场营销战略。无差异市场营销（Undifferentiated Marketing）或大众市场营销（Mass Marketing）就是把产品市场看作一个无差异的整体，以一种营销组合服务于整体市场，试图吸引尽可能多的顾客。采用这种策略有两种基本情况：一是客观上，某些产品同质性强，市场需求本来就不存在差别；或某些产品虽有差异，但市场同质性高，企业无须区别对待。二是主观上，企业忽视顾客需求差异的存在，只关注推出顾客普遍需要的产品，并借助大规模促销和大众化分销在市场上树立形象。此种情况主要存在于那些需求广泛、能大量生产和大量销售的产品市场或垄断性、不易仿制的产品市场。

无差异市场营销战略的优点是成本的经济性。企业不需要市场细分，市场调研费用可以节省；产品线单一，生产批量大，单位产品的生产成本低；标准化大批量销售，可以降低销售成本；单一的宣传活动可以节省促销费用。这是一种与标准化生产和大批量生产相适应的目标市场营销战略。

无差异市场营销具有明显的产品导向性，存在着其固有的一些缺陷：一是消费者需求是千差万别的，用一种商品满足所有人的需要，客观上是难以办到的。所以它只存在于有限的范围和有限的时间之内。二是容易引起这一市场领域的过度竞争，以至于市场越大利润越小。三是企业抗御竞争的能力较弱。当市场上出现了关注顾客不同需要的竞争者时，竞争者会以不同的品种、款式、花色的产品去赢得顾客，从而瓦解企业的市场份额。

（2）差异化市场营销战略。差异化市场营销（Differentiated Marketing）或细分市场营销（Segmented Marketing）是将整个市场划分为若干个子市场，从中选择两个以上甚至全部细分市场作为目标市场，根据不同的目标市场状况采用不同的市场营销组合策略。差异化市场营销战略可有两种选择：一是在市场细分的基础上选择部分细分市场进行多方位差异市场营销；二是在市场细分的基础上选择所有细分市场开展全方位差异市场营销。企业如何选择取决于自身的实力和市场机会。

差异化市场营销战略的优点有两点：一是生产批量小、品种多、机动灵活，能较好地满足消费者的多样化需求，市场占有率高，竞争力强；二是在多个不同市场开展经营活动，分散了风险，也提高了企业的应变能力和环境适应能力。

差异化市场营销战略的缺点是生产和销售成本较高。由于多品种小批量生产，会使企业资源分散，产品研发费用，生产和改进成本，物流、促销费用，以及各项管理成本都要大幅增加。因此，只有当实行差异化带来的收益增加大于因差异化而造成的成本增加时，才可实行这种战略方式。

（3）集中性市场营销战略。集中性市场营销（Concentrated Marketing）或补丁市场营销（Niche Marketing）是把目标集中在一个细分市场（或对该市场进一步细分后的几个更小的市场部分），集中力量为该市场开发一种理想的产品，实行高度专业化的生产和销售。这种战略适合一些小企业或进入新市场的企业。

集中性市场营销战略的优点是：营销对象小而集中，更有利于市场渗透；生产销售方面实行专业化，能节省营运成本，获得较高收益。集中性市场营销战略的缺点是风险较大，一旦市场突然发生变化，企业就可能元气大伤。因此，采用此战略的企业必须密切注视目标市场的动向，并制定适当的应急措施。

2. 影响目标市场营销战略选择的因素

（1）企业的实力。企业实力主要包括财力、生产能力、销售能力以及对营销活动的管理能力等。企业实力雄厚，管理水平高，根据产品特性可考虑采用差异化或无差异市场营销战略。当企业实力有限时，无力顾及整体市场或多个细分市场，应采用集中性市场营销战略。

（2）产品性质。产品性质是指顾客对产品特征感觉是否同质（即相似性）。对于同质性很高的产品，适宜采用无差别市场营销。而同质性较低，需求的差异性较大，顾客选择性很强的产品，企业可考虑采用差异性市场营销战略或集中性市场营销战略。

（3）市场同质性。市场同质性是指消费者的需要、偏好及其他特征的接近程度。同质性强的市场，可实行无差异市场营销战略。当市场同质性较弱，顾客的需要和偏好相差很大，宜采用差异化或集中性市场营销战略。

（4）产品市场生命周期。企业应根据产品所处的市场生命周期阶段变化适时变换目标市场营销战略。通常情况下，产品处于导入期和成长期前期时，宜采用无差异市场营销。产品进入成长后期和成熟期时，企业应当采用差异化市场营销战略，维持或延长产品市场生命周期。产品进入衰退时，企业可考虑采用集中性战略。

（5）竞争对手的市场营销战略。企业选择目标市场营销战略，往往要视竞争者的战略而定。假如竞争对手实行无差异营销战略，企业就可以采用异化性或集中性战略相抗衡；如果企业能力并不比对手弱，而市场需求潜力又大，也可考虑采用无差异市场营销，与竞争对手"平分秋色"；当竞争者都采用差异化市场营销战略，企业也只能以差异性战略去抗衡；当面对强大的竞争者时，最好采取集中性营销战略。

另外，企业在选择目标市场时，还要考虑其他因素，如目标市场的社会、法律和道德责任等。企业的营销活动因对社会负责，对消费者负责，不能也不应该把目标市场选择当成是易于欺骗某些特殊消费群体的行为。

第三节　市场定位

一、市场定位的概念和意义

1. 市场定位的概念

"定位"（Positioning）一词是 20 世纪 70 年代由美国两位广告经理艾尔·里斯（Al Ries）和杰克·特劳特（Jack Trout）提出来的。他们认为定位是现有产品的创造性工作，并指出："定位是从产品开始，可以是一种商品、一项服务、一家公司、一个机构，甚至是一个人，也许可能是你自己。但定位的对象不是产品，而是针对潜在顾客的思想，是你对未来的潜在顾客心智所下的功夫，也就是把产品定位在你未来潜在顾客的心中。"这里所谓的定位即指市场定位。

所谓市场定位就是指企业为适应目标顾客的特定需求，而设计和确定企业及产品在目标市场上的相对位置。此"位置"并非空间的概念，而是一种心理反应或感觉，是产品和企业的总体形象在消费者心目中相对于竞争对手而言的印象和地位。市场定位就是向一切现实或潜在的顾客说明企业及其产品区别于竞争者的特色和形象，并使顾客从心理上认可购买本企业产品所能得到的特有利益。从此意义上，市场定位也可称为"顾客心理的定位"，即能引发顾客心灵上的共鸣，留下印象并形成记忆。

2. 市场定位的意义

市场定位是现代营销观念的具体体现，它不是从公司或产品本身出发，而是以了解和分析顾客的需求心理为中心和出发点。市场定位思想一经提出，立即得到了西方企业界的积极响应和高度重视，"市场定位时代"随之到来。从市场环境的现况与趋势来看，市场定位战略日益成为企业营销体系中的重要支柱。

（1）有利于建立企业及产品的市场特色。由于买方市场的形成，产品大量过剩，商品之多几乎是全方位的，不仅总量、种类繁多，而且某一种商品就有数不清的品牌，而且科学技术的迅速发展还使产品的替代范围在不断扩大。面对市场上琳琅满目的商品和众多的竞争干扰，企业必须给产品一个明确的定位，让顾客清楚企业产品的特色和给消费者带来的利益。企业只有通过定位并向市场传播定位，通过市场定位在顾客心目中烙上难以忘却的记忆，才能使顾客在购买产品时把本企业作为上乘的选择。

（2）有利于建立企业特有的竞争优势。随着市场同类商品的增多，企业之间的竞争愈演愈烈。每一个企业都在挖空心思，并紧紧盯着其他企业的动向，有市场优势的想保住优势，没有优势的想争取优势，这种残酷竞争的结果难免导致两败或多败俱伤。而定位的基本哲学是：竞争并不是大家"你死我活"，而是我们各有不同。市场定位不提倡消耗太多的实力与竞争对手打促销战，而是注重在顾客的心目中与竞争者的相对排位；注重去培养顾客的信任和忠诚。因此，定位是另类竞争，是针对顾客的一种心理战术，准确、成功的市场定位可以为企业赢得不易撼动的竞争力。

（3）准确的定位是广告有效运作基础。在信息爆炸的现代社会，各种消息、资料、新闻、广告等铺天盖地，充斥着全社会，顾客被周围的各种信息包围常感应接不暇。然而，人的大脑能接收和储存的信息是有限度的，面对大量的广告，人们往往选择"听而不闻"和"视而不见"。许多企业也因此浪费了大量广告费用。准确的定位不再是企业大把花钱去搞狂轰滥炸，而是把广告对准顾客心智，搔到顾客的内心之痒，形成对消费者的强力吸引，从而达到花费少、效果好的目的。

（4）市场定位为企业营销组合指明了方向。企业营销活动的重心问题是解决如何使用产品、定价、分销、促销四种基本手段整体地满足消费者的需要。市场定位是制定营销组合策略的基础，只有当定位的问题解决之后，企业才能决策营销组合中的产品是什么，定价、分销、促销工作应该怎样匹配才合适。显然，明确的市场定位有助于确保企业营销系统内在的统一性；有利于促进产品和企业形象的塑造和无形资产的积累；有利于提高营销活动的效率和效果，并为进一步开发系列产品、拓宽市场范围和开辟新的市场领域指明方向。

总之，企业发展的成败，关键在于能否在自己所擅长的领域做得更好，市场定位是现代企业目标市场营销中必须予以高度重视和运用的营销战略。

二、市场定位的方法

1. 市场定位的基本步骤

（1）分析目标市场消费者对某种产品属性的重视程度或对产品的评价标准，以此作为企业产品市场定位的依据。

（2）调查和研究目标市场上竞争者产品的市场定位策略及其缺陷。任何市场都存在同类产品的竞争者，并且都会以各自的特色占据一定的市场方位，企业必须对竞争者产品的市场位置进行详细分析，了解竞争者在做什么，做得如何等信息，做到知彼知己，避免失误。

（3）考虑企业实力能否满足定位的需要。用户的需要是定位的基础，其他生产者的位置是定位的参考，而企业的实力则是定位的后盾，它关系着所要争取的顾客能否心有所属不再接受其他企业的产品。因此，只有企业自身的生产、分销、促销能力和资金实力与企业定位相匹配，才能占领实现定位，彰显特色。

（4）展示并传播定位。企业要借助于一定的载体与目标市场进行沟通，使其独特的定位进入并保留于顾客或受众的脑海，在心目中留下深刻的印象。

定位是企业在某方面向社会公众和顾客做出的承诺，要使定位被接受，得到顾客喜欢、信任，并保持长久，企业必须具备履行承诺的决心和能力。

2. 市场定位的技术方法

市场定位技术方法是一种将定位问题数学化的解决方法，主要有四象限图解法和网络图解法两种，四象限图解法用于双因素定位，网络图解法用于三个因素以上的定位。这里主要介绍四象限图解法。

四象限图解法是利用顾客偏好资料，选择出顾客最关心的产品两种主要特征作为纵、横两坐标，构成平面直角坐标图，并在每一坐标线的两端标明其程度。然后，把收集到的市场上同行产品的资料，分别在坐标图上标明其相应的位置，再对比不同位置上其他产品的顾客偏好度，确定本企业产品的位置。下面以某空调机厂市场定位为例说明市场定位的步骤。

（1）确定顾客最关心的两个产品属性。空调厂通过市场调查，确定顾客最关心的空调机的属性为保修期和价格。

（2）找出竞争者产品的市场位置。通过调查了解到，目标市场上现有 A、B、C、D 四家企业的产品，它们的市场位置如图 7 - 5 所示。

图中 A 企业处于高价长保修期（3 年）位置，B 企业处于中价一般保修期（1 年）位置，C 企业处于高价短保修期（半年）位置，D 企业处于低价短保修期（半年）位置，圆圈的大小代表其市场销售量的多少。

（3）根据企业能力进行市场定位。在图 7 - 5 中，Ⅰ、Ⅲ、Ⅳ象限各有一个竞争对手，Ⅱ象限基本上无竞争者，考虑到消费者对产品的评价标准，企业的产品定位可有两种方案选择：

第一，定位于 A 企业或第Ⅰ象限位置，为用户提供价格较高、保修期较长的空调机，与 A 企业争夺同一顾客群。由于 A 企业已先入这一位置，给用户留下了深刻印象，因此需要企业具备一定的条件：一是与 A 企业相比能生产出比它更好的产品，在生产工艺、成本、销售力量、原材料供应等方面更显优势，能提供比 A 企业更长的保修期和能给用户适当的价格优惠，即本企业在图中△位置，比 A 略胜一筹；二是高价、长保修期市场能容纳两个或多家企业的产品，或者虽容量有限，但企业有能力把竞争对手挤出市场。

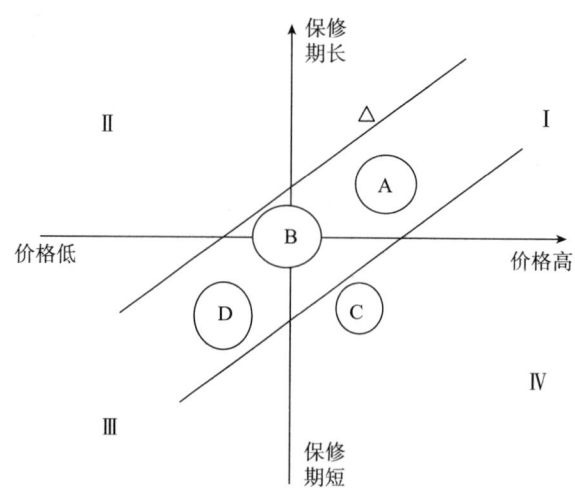

图 7-5 四象限图解法

第二，定位于尚属空位的第Ⅱ象限，为用户提供价格低、保修期长的空调机。这种定位需要企业具备的条件：一是技术工艺可行，即具备提供低价、长保修期的优良服务能力；二是经济上可行，即在这种价格水平上，能实现企业的利润目标；三是能够通过有效的沟通手段，使潜在的用户相信本企业服务远比 C 企业的好，而与 A 企业的产品又不相上下，以确保有足够的销售额，并不断提高市场占有率。

在上述四象限中，有一条在Ⅰ、Ⅲ象限延伸的条形区域，表示该区域竞争激烈，即多数企业会采用价格与服务质量同步提高策略，在可能的情况下，企业应尽量避开。如适当采取服务质量比竞争者稍高而价格不变策略，或服务与竞争者相同，而价格优惠的策略。

三、目标市场定位战略

1. 潜在的目标市场定位

这种定位方式适合于企业选择的目标市场是其他企业未发现和进入的市场，这种市场上企业的周转余地大，能力允许的话也可以从性能、质量、价格、档次等多方面综合考虑，生产出各档次的产品，以适应目标市场不同的消费者需要。如上例四象限定位中，若 A、C、D 企业未进入之前，B 企业定位就属于这种方式。

2. 显在的目标市场定位

这种方式是企业准备进入已存在同类产品竞争者的市场。上例中，空调机厂选择进入的目标市场即为此种类型。在这样的市场上参与竞争的企业要争得一席之地，难度较大，必须根据自身情况选择适当的定位战略。"挑战者"定位和"另辟蹊径"定位是两种常用的方式。

（1）"挑战者"定位。也叫针锋相对式定位，即把产品定位在与竞争者相同或相似的位置上，与竞争对手一比高低，争夺同一顾客群的方式。上例中，若该空调机厂把产品定在 A、B、C 企业附近位置上均属此种。显然，竞争性定位有时是一种危险的战术，但不少企业认为这是一种更能激励自己奋发向上的可行尝试，一旦成功就会取得巨大的市场优势，成为行业的佼佼者。如百事可乐与可口可乐之间持续不断的争斗、安腾方便面与麦当劳快餐之间的竞争等均属此类。实行挑战者定位，必须知己知彼，尤其应清醒地估计自己的实力，不一定非要压垮对方，只要能够平分秋色，就是获得了成功。

（2）"另辟蹊径"定位。或叫避实就虚定位，即避开强有力的竞争对手，避免与其发生直接冲突，寻找目标市场其他的顾客群，实行独有特色的定位战略。如上例中该厂避开 A 企业、C 企业两个竞争对手，选择定位于 Ⅱ 象限就属于此种。避实就虚定位一般有两种情况：一是这部分潜在市场即营销机会没有被其他企业发现，在这种情况下，企业如果定位于这一市场，不需花很大的努力，就能取得较大的成功；二是许多企业发现了这部分潜在市场，但无力去占领，企业如果定位于这一市场，就需要有足够的实力才能成功。

四、市场定位的误区

企业可以用来定位的要素很多，诸如产品功能和利益属性、产品的价格和使用者类型、产品的销售渠道和文化内涵等，凡是能够引起消费者关注的一切因素，企业可以用其中的一种，叫单因素定位，也可以用其中的两种或多种，叫多因素定位。无论用哪种定位策略都要避免以下误区：

（1）定位模糊。即定位不充分、不明确，顾客对产品或品牌只有一个模糊的概念，并没有真正感觉到它有特别之处。

（2）定位过分。即定位过于狭窄，过分强调产品适于某一领域或某一方面，限制了顾客对产品其他方面特征和作用的认识和了解，致使产品市场过于狭小，影响了企业更广泛的盈利。

（3）定位混乱。定位时或者由于主题过多，或者由于品牌改变过于频繁，或者由于品牌延伸过度等，致使顾客对品牌形象感到困惑。

（4）定位可疑。有的企业唯恐自己的产品不能被更多的消费者接受，定位贪多求全，招致消费者的不信任，怀疑广告中对产品特色、价格或制造商的宣传而拒绝购买。如某化妆品，既便宜又增白还防晒、去斑、去皱等，这么多的好处很难能让人不起疑心，消费者不相信，企业的定位也就失败了。

🎯 主要术语

市场定位　市场细分　目标市场　同质市场　异质市场

🔬 思考与讨论

1. 什么是市场细分？为什么要进行市场细分？
2. 简述消费者市场细分的标准。
3. 选择目标市场策略应考虑哪些因素？

4. 简述目标市场战略的具体内容。

5. 什么是市场定位？市场定位的策略有哪些？

6. 简述市场定位的步骤。

 营销实践与应用

锤子手机定位，"功能获得"还是"情感获得"？

貌似罗永浩同学的锤子手机快要面世了。我是借机谈谈我喜欢的话题——商业经营中的方法论。

我把商品分成两个大类别：无限改进型和有限改进型。前者的代表如汽车、电脑或者手机，随着科技进步，只要有想象力，可以无休止地改进下去；后者的代表比如可乐、矿泉水、啤酒、洗发水……在这些类别中，产品本身的改进是有限的，努力到一定地步后，改无可改，产品品质上大家都没什么明显差异，撕掉 Logo，90% 以上的普通消费者分不清品牌间的区别。

我们很容易得出第一个简单结论：无限改进型产品依靠产品功能的突破来驱动，有限改进型产品依靠品牌的提升来壮大。为了表达简洁，我们称之为"功能驱动"和"品牌驱动"也行。

说到底，基于无限改进型产品的企业，产品本身的突破是命根子。如果不是处在颠覆性技术变革的时期，也可以努力经营自身品牌，把品牌经营出色些，也能"续命"。最好例子莫过于乔布斯不在苹果的那几年。那些年里，事实上苹果已经在 PC 领域全面落后了，但由于前期的品牌底子太好了，居然能撑到乔布斯回来。换个品牌，撑不住三年，多大的家业也折腾光——你看诺基亚是多好例子？

再来看看"品牌驱动"的企业，这个类型的成功企业基本上依托两大"杀手级理论"，一个叫"定位理论"，另一个叫"货架有限理论"。不用看别人，看宝洁就够了，一想到去头屑洗发水，你就会想到海飞丝。营养头皮与发梢？有潘婷；柔顺飘逸？OK，飘柔最棒；什么？你是中国人，相信草本护发行，咱给你准备了伊卡璐……什么？你还想到很多次要的卖点？抱歉，超市的货架摆满了，已经没地方给小品牌那些次要卖点的洗发产品做摆放了，货架空间有限。所以你看，一个毫无科技含量可言的洗发水，宝洁卖了那么多年没有对手。两大理论太猛。

"王老吉"是依靠"定位理论"成就的，而目前"加多宝"在依靠"货架有限理论"来翻盘——同一个饭馆内，通常不可能摆放两种凉茶，这时，顾客心里想着要"去火"，嘴里点了瓶"王老吉"，服务员随手拿来罐"加多宝"，这一过程顺理成章，毫无违和感。不过，有限改进型也有痛苦，和过去的科技"滞胀期"不同，有限改进型今天遇到两大颠覆——首先是电子商务带来的渠道颠覆：货架不是有限，而是无限了。在天猫开个店比吃白菜都快，想卖多少品种的洗发水都有地方。另外，互联网、移动互联网所带来的人们信息获取方式的变革，"90 后"一切的注意力都在手机和 iPad 那小小屏幕上。

上面那些，还是从企业角度出发，从消费者角度呢？主要又分成两个层面："功能获得"和"情感获得"。对应着上面的理论——购买"功能驱动"型产品时，消费者更看重"功能获得"，购买"品牌驱动"型产品时，更看重"情感获得"。偶尔有企业打穿了，"穿越型打法"的成功典型就是iPhone，本来消费者是购买其功能的，结果额外大量的"情感获得"，碉堡了！

毫无疑问，锤子手机的品类归属，当然在"无限改进型"这一类的。但仅仅从这个层面来看，锤子极不乐观，这个我就不细说了，有铺天盖地文章看衰老罗。其实，总结到最后两句话，就是：一是在功能上，你无法明显超越同行（如果软件上有亮点的话，几乎第二天就会被抄袭）；二是在硬件成本上，你没有优势，这是个巨头们拿着百亿元人民币血拼的领域，你老罗融的那些钱，不够烧到第二款产品。但我认为，老罗恰恰处在一个巧妙的时期——安卓阵营，目前正处在"科技滞胀期"。头脑正常的人怎么想都能笑出声来，现在的安卓手机的4核8核32核有用吗？6寸屏肯定比5.5寸屏好用吗？每次高声宣布的"我又薄了0.1毫米"真有人在乎吗？

如前面所讲，当科技滞胀的时候，"有限改进型"企业那些花招就有用武之地了，等等，有人问了：你不刚说"定位理论"和"货架有限理论"目前也被废了么？没啊！从手机这个品类出发，"货架有限理论"确实没用，但"定位"理论仍在——但请注意，我下面要说的，还不是里斯、特劳特两人的《定位》原教旨理论，那个理论是基于头脑中"品牌即品类"，是"硬的"，而我要谈的，是人们脑海中还有一个"情感定位"，属于"软的"，是"品牌即情感"。

品牌三部曲——劈开脑海、补充记忆、品牌升华。

什么是品牌升华？也就是说，这个品牌用简单的品类已经不能解释了，而代表某种形而上的情感部分。想想可口可乐，这个品牌当然属于"可乐"这个品类。这个品类干脆就是他们家发明的，可是，你冷静下来想想，可口可乐的成功也太巨大了吧——全世界第一饮料品牌，这就不是"品牌即品类"这个原教旨"定位理论"所能解释的了。而对于太多人来说，喝可口可乐是一种情感，这个饮料象征着某些欢快、激情、朝气蓬勃、积极乐观的精神。请问一下，还有哪种饮料，能和这些最正能量的词汇紧紧联系在一起吗？

同理，耐克用原教旨定位理论来解释，只能解释到运动鞋的成功，但事实上，很多不太运动的人也都买了耐克，哪怕买完后放家里搁着，因为耐克一句"Just do it！"脍炙人口背后，是对"超越自我，想做就做"精神的渴望与点燃——你能立刻想起阿迪达斯或彪马所引发的情感关联吗？如果你犹豫了的话，就明白为何耐克如此成功了。

从奔驰宝马到LV爱马仕，从拉菲葡萄酒到哈雷摩托车，都无法用品类来解释其品牌的价值，都是脑海中某种情感的寄托。

回到老罗的锤子——找手机功能或价位的"定位"就没什么可做的了，市面上已有针对各种人群的各种价位手机，可换个思路，针对"情感"部分的切入，没谁在做，也没几个人会做。

说到这里，聪明人已经知道答案了。罗永浩本身就是最大财富（也是最大障碍）。他离奇的成长环境，叛逆的创业历程，疯狂的各种嘴仗，恰恰为大量特定"普通人"提供了对他的"情感幻想"，而这些"寄托"，落实到具备"罗永浩气质"的锤子手机上，能爆发出巨大力量。

哈雷如果把情感寄托剔除，就是辆噪声巨大、费油不环保、速度不够快、小故障多且造型老旧过时的摩托车。但是，在死忠哈雷迷心里这是"哈雷精神"的特征，是刻意这般的、是顾客筛选器。赢弱小资们死开，你想谈谈哈雷摩托的"瑕疵"？最著名的回答是——他傲慢盯着你双眼，"抱歉，这不是摩托，这是哈雷。"最大障碍和最难部分为何也是罗永浩呢？因为截至目前，就我所看到，老罗同学做的"减法"不够、"聚焦"不足，他的铁粉还难以描绘出自身代入感的形成——"情怀"这个词太大，而"工匠"这个词又太小了。

如果接下来不多的时间里，老罗能够聚焦到情感部分的提炼，将消费者的"功能获得"弱化，"情感获得"强化，即上面曾说的"穿越型打法"。那么，锤子手机出来时，亮点成为亮点自然不用说，更重要的是瑕疵——你不会认为初次做手机的老罗将锤子打造得没瑕疵吧？恐怕瑕疵到很奇葩才现实——但重要的是，通过情感定位与文化创新，老罗的死忠能够骄傲地捍卫这些优点及瑕疵，底气十足地告诉你："抱歉，这不是安卓手机，这是锤子。"

资料来源：孟醒．锤子手机的机会［J］．企业观察家，2014（4）：27 – 29.

案例讨论题

1. 锤子手机的市场营销战略对我们有什么启示？
2. 试着分析锤子手机的市场定位依据。

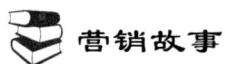 **营销故事**

周志俊的目标市场战略

周志俊（安徽至德县人）虽然不是华新青厂（即山东青岛华新纱厂）的创办人，但其一生的事业以华新青厂为开端。周志俊深知"人欲我弃、抢占先机、以己之长，克人之短"的经营策略，并熟练加以运用，为华新青厂的成功打下了坚实的基础。

在与日资纱厂的竞争中，周志俊深知不能与他们硬碰，须避其锐气。在产品方面，日商自恃资本雄厚，为了便于倾销和大量生产，纱支经年不变；而华新青厂利用自身规模小、调整快的特点，在重点生产32支细纱后，又生产42支纱、60支纱和80支细纱，以特色占领市场。胶东地区因为沿海渔民织渔网的缘故，合股线的市场需求旺盛，而国内生产合股线的厂家却很少。1927年周志俊订购英国新机器，建成合股线厂，产品畅销山东、辽宁、黑龙江等地区，且供不应求。这些产品批量小利润厚，成功避开了日商大批生产抢占市场的可能。1934年，周志俊鉴于日资纱厂有织无染的状况，建成了印染厂，产品同样十分畅销。

品评：近代鲁商懂得变通，经营方式灵活。至今广为流传的"人无我有，人有我优，人有我廉，人廉我转"营销思想就是山东商人孙华锋提出的。周志俊避开对手的锋芒，另辟蹊径的市场选择与现代目标市场战略如出一辙。

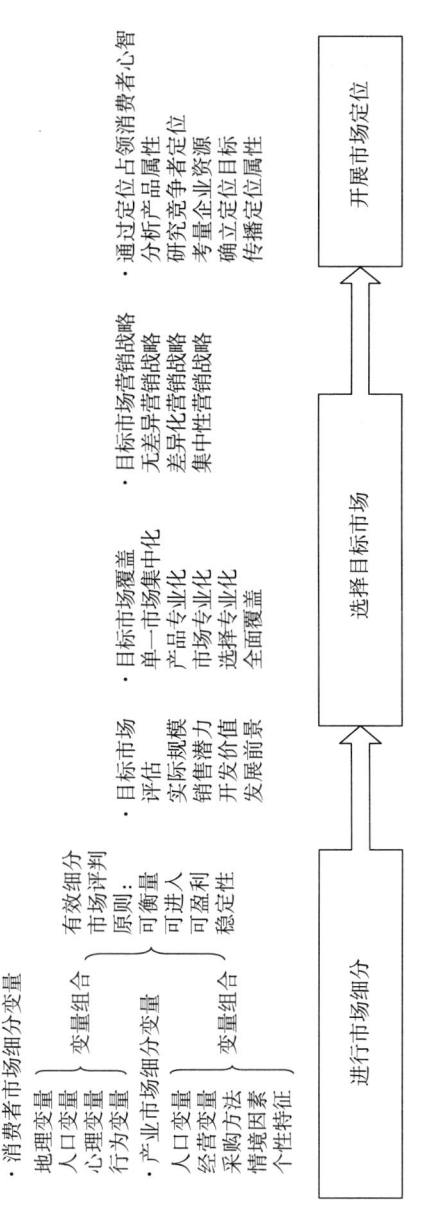

营销知识应用导图

进行市场细分 ⟹ 选择目标市场 ⟹ 开展市场定位

• 消费者市场细分变量
　地理变量
　人口变量 ⎫变量组合
　心理变量 ⎬
　行为变量 ⎭
• 产业市场细分变量
　人口变量
　经营变量
　采购方法 ⎫变量组合
　情境因素 ⎬
　个性特征 ⎭

有效细分
市场评判
原则：
可衡量
可进入
可盈利
稳定性

• 目标市场
评估
实际规模
销售潜力
开发价值
发展前景

• 目标市场覆盖
单一市场集中化
产品专业化
市场专业化
选择专业化
全面覆盖

• 目标市场营销战略
无差异化营销战略
差异化营销战略
集中性营销战略

• 通过定位占领消费者心智
分析产品属性
研究竞争者定位
考量企业资源
确立目标
传播定位属性

第⑧章

市场竞争战略

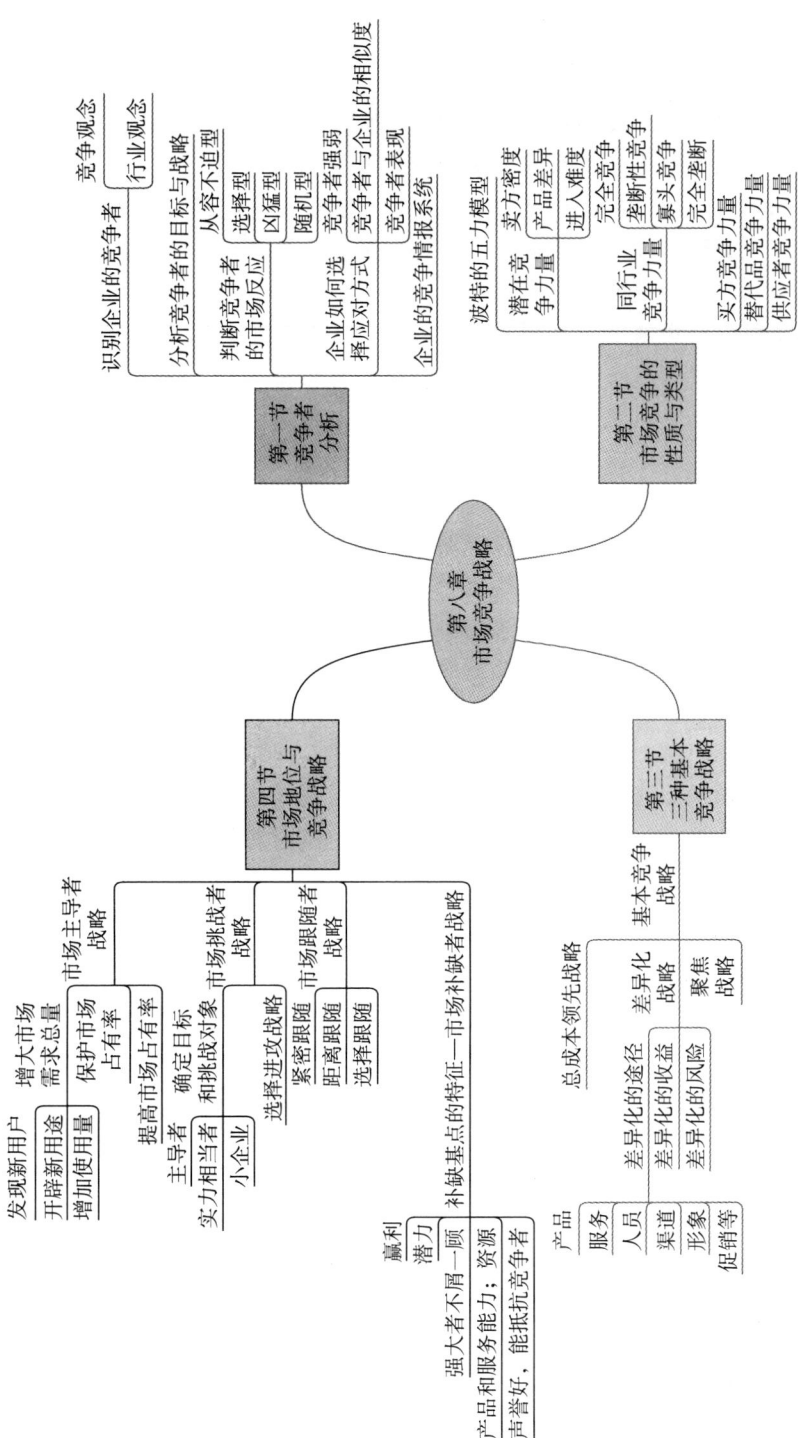

学习思维导图

章首案例 低成本航空的竞争战略

低成本航空公司的概念最早出现在 20 世纪 70 年代的美国，其内涵是指航空公司通过降低经营成本，提高劳动生产率，在规模效益中获得利益的最大化。低成本航空公司主要经营客流量大的短程航线，不提供免费餐点等附加服务，同时多在二级机场起降，因此低成本航空公司可以大幅压缩其经营成本，从而使其票价低于其他主流航空公司，因此低成本航空公司也被称作廉价航空公司。

对于低成本航空公司来说，控制成本无疑是最需要重视的因素，因而绝大多数低成本航空公司都采取了低成本战略，通过各种措施来严格控制成本，最大限度地制止浪费。航空公司的成本主要包括生产成本、管理成本和销售成本等方面。

在生产成本方面，由于飞机起降服务费、机场的各项收费、航空飞机租赁、车辆、设备和其他航材等费用都属于固定成本，并且占总成本的比例非常大，因此要想节约生产成本只能从可变成本方面来采取措施。在节约生产成本方面，最常见也是最有效的措施之一就是采用单一机型。使用单一机型能够有效提高飞机载运容量和飞机的日利用率，同时还可以降低航空公司在航材储备方面的资金占用。并且，使用单一机型还能够节省飞行人员、乘务人员和机务人员等参加机型改造的培训费用，还避免了重复培训造成的人力资源闲置。以春秋航空为例，春秋航空统一采用了 A320 单一机型进行航空运输，并对飞机的座舱布局进行了改装，将 150 个座位的 A320 改造成了 180 个座位，使得春秋航空的每客公里的单位成本降低了 20%。

在降低管理成本方面，最重要的就是精简机构、减少冗员。目前国内很多航空公司的人机比都超过了 100∶1，国航、东航和南航三大航的人机比平均在 130∶1 左右，过于臃肿的管理机构势必会带来高额的成本和大量的浪费。春秋航空公司结构扁平，推行一专多能、一人多岗，并且管理层级也远远少于传统的航空公司，人机比只有 90∶1 左右，有效提高了人员效率，降低了大量管理成本。

在降低销售成本方面，春秋航空主要采取了两个措施：一是减少大量的广告费用，而是通过口碑式的宣传来达到营销的目的。这个措施也取得了非常好的效果，越来越多的旅客通过其他旅客口碑式的宣传开始选择春秋航空。二是利用母公司春秋国旅在全国各地的旅行社销售网络优势，通过旅行社等方式预订机票，而不是像其他公司那样使用中国民航联网销售系统，节省了巨额的营销费用，成功降低了营销成本。

资料来源：胡一鸣. 我国低成本航空公司竞争战略研究［J］. 时代金融，2018（27）：275－280.

竞争是市场经济的基本特征之一。企业营销活动的开展，仅仅了解目标市场上的消费者是远远不够的，还必须了解竞争者，并正确地运用竞争战略才能取得竞争优势，在商战中获胜。本章从企业的主要市场竞争者展开分析，探讨了企业市场竞争的不同性质和类型，介绍了市场竞争的三大基本战略，以及处于不同市场地位的企业应采取的竞争性营销战略。

第一节 竞争者分析

面对激烈的市场竞争，企业必须加强自己的"竞争力量"。但竞争不是盲目的，需要企业练就一双慧眼，用心分析自己的竞争者，时刻关注竞争态势和竞争者的动向。

一、识别企业的竞争者

竞争者一般是指那些与本企业提供的产品或服务相似，并且所服务的目标顾客也相似的其他企业。识别竞争者看似简单，其实不然。企业未免会患上"竞争者近视症"（Competitor Myopic）。其实，一个公司实际的和潜在的竞争者范围非常广泛，现实中，一个企业可能不是被当前明显的竞争者打败，而是不久之后栽在了潜伏的竞争者手里。所以识别企业的竞争者有必要拓宽眼界，从行业和市场两个角度确认，到底哪些对手是自己的竞争者。

（1）从市场竞争观念来识别竞争者。从市场方面来看，竞争者是那些满足相同市场需要或服务于同一目标市场的企业。这种分析方式，可使企业更广泛地看清自己的现实竞争者和潜在竞争者，从而有利于制定长期的发展规划。

（2）从行业竞争观念来识别竞争者。行业是指提供同类产品或可替代产品的相互竞争的企业集合。同行业企业产品具有相似性和可替代性，彼此间形成了十分明确的竞争关系，所以企业需要从本行业出发来发现竞争者。在同行业内部，如果一种商品的价格发生变化，就会引起相关商品的需求量的变化，企业需要全面、透彻地了解本行业的竞争状况，以制定本企业在行业中的竞争策略与目标。

二、分析竞争者的目标与战略

了解了谁是企业的竞争者之后，下一步就是搞清楚每个竞争者在市场上追求的目标和实施的战略是什么。经济学家认为，所有竞争者努力追求的都是利润最大化，并依此采取行动。但是，每个企业对短期利润或长期利润的侧重不同。因此，企业必须搞清楚每一个竞争者在市场上寻求什么？其行为的背后所隐藏的动机是什么？

1. 分析竞争者的营销假设

每个企业都会对自己所处的营销环境进行一系列的假设，其中既有对自身情况的假设，也包括对整个行业及行业中某些企业的情况假设。不管企业的这种假设正确与否，都将成为指导企业的行为方式和其对营销环境变化的反应方式。识别市场竞争者的假设，可以帮助企业恰当地估计竞争对手的行为。市场竞争者营销假设一般包括：

（1）竞争者对自身优劣势的假设。涉及诸如生产成本、产品质量、技术领先和营销实务等关键方面而产生的相对地位的看法。

（2）竞争者对市场竞争的假设。包括竞争者对其竞争对手营销目标和营销能力的看法；是否会高估或低估其中的任何一位竞争对手的实力等。

（3）竞争者对市场需求及行业发展趋势的假设。包括竞争者对产品设计、质量、制造地点、销售方法、分销渠道等方面是否有某些历史原因和感情色彩而迅速扩展营销战略；竞争者是否会毫无根据地对市场需求缺乏信心而不愿投入更多营销能力，或者因为相反原因而迅速扩展营销能力；竞争者是否容易错误估计某种特定趋势的重要性等。

2. 判断竞争者的目标

每个竞争者都有侧重点不同的目标组合，如获利能力、市场占有率、现金流量、技术领先和服务领先等。企业要了解每个竞争者的重点目标是什么，才能正确估计自身对不同的竞争行为如何反应。影响竞争者目标的因素很多，包括公司规模、公司历史、管理者风格、资金状况等。

3. 明确竞争者的战略

企业最接近的竞争者是那些与企业采用相同策略并且追逐相同目标市场的企业。各企业采取的战略越相似，它们之间的竞争就越激烈。根据所采取的主要战略不同，可将竞争者划分为不同的战略集群，即在产业中的特定市场上，采用相同战略的一群厂商。迈克尔·波特（Michael E. Porter）认为，可以通过以下组合进行战略群体的划分：产品（或服务）的差异化程度；各地区交叉的程度；细分市场的数目；所使用的分销渠道；品牌的数量；营销的力度（如广告覆盖面，销售人员数目等）；纵向一体化的程度；产品的服务质量；技术领先程度；研究开发能力（生产过程或产品的革新程度）；成本定位（为降低成本所做的投资大小等）；能力的利用率；价格水平；装备水平；组织的规模；与政府、金融界等外部利益相关者的关系等。

为了清楚地识别不同的战略群体，通常在上述特征中选择两项有代表性的特征绘制二维坐标图，再按选定的两个特征把行业内的企业列在这个坐标图内，这样就可以把战略大致相同企业归为同一个战略群体，最后给每个战略群体画一个圆，使其半径与各个战略群体占整个行业销售收入的份额成正比，这样就得到了一张战略群体分析图。例如，选取"研究开发能力"与"组织规模"两项特征，可得到如图 8-1 所示的战略群体分析图。

一般而言，在同一个战略群体中的企业间竞争最为激烈，但集群间也常有互相对抗发生。一是某些不同的战略集群可能会追求相同的顾客群；二是顾客可能无法分辨出各厂商所提供的产品或服务有何差异性；三是每一集群内的企业在该集群站稳后，往往会有进一步的扩张计划，尤其是对于进入障碍小的行业，这一潜在的威胁不容忽视。

三、评估竞争者的优势与劣势

每一竞争者的战略与策略能否达到其目标，取决于其资源与能力。企业必须搜集竞争者最近几年的一些重要数据资料，来确认每一竞争者的优势与劣势。一般情况下，每个公司在分析竞争者时必须重点监测以下三个变量：

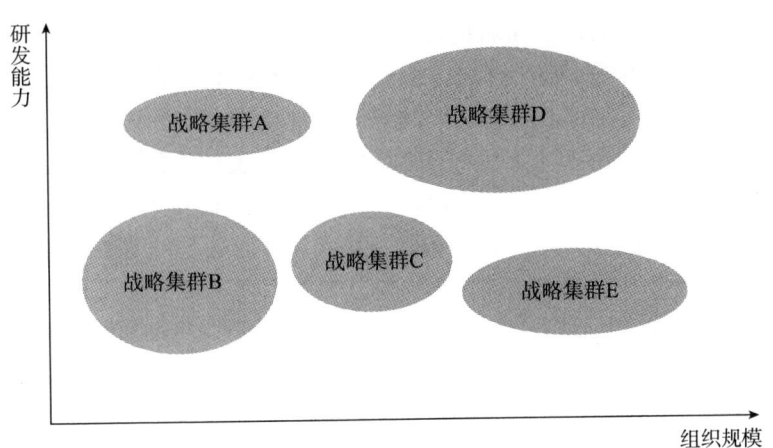

图 8 - 1　战略集群分析

（1）市场占有率：衡量竞争者在有关市场上所拥有的销售份额情况。

（2）记忆占有率：在回答"举出这个行业中你首先想到的一家公司"这一问题时，提名竞争者的顾客在全部顾客中所占的百分比。

（3）情感占有率：在回答"举出你喜欢购买其产品的公司"这一问题时，提名竞争者的顾客在全部顾客中所占的百分比。

一般情况下，能获得稳定的记忆占有率和情感占有率的公司，更容易逐步提高其市场占有率，并因此而获得竞争优势和实质利益。

四、判断竞争者的市场反应

每个竞争者都有自己的一套经营哲学、企业文化和信念，这会影响竞争者的市场反应及其可能采取的行动。因此，企业还要深入了解竞争者的真实想法，以准确判断竞争者面对外界变化可能有的行动谋略。以下是常见的四种竞争者反应型态：

（1）从容不迫型：反应不强烈，行动比较迟缓的竞争者。

（2）选择型：会在某些方面反应强烈，但对其他方面不予理会的竞争者。

（3）凶猛型：对任何方面的进攻都迅速强烈地做出反应的竞争者。

（4）随机型：有些企业的反应模式难以捉摸，从其经济情况、历史背景或其他任何线索都无法预知它会有何种行动。

五、选择竞争应对方式

企业明确了谁是主要竞争者并分析了其优势、劣势和反应模式之后，就要决定自己的对策，进攻或是回避都需要根据以下情况做出决定：

（1）竞争者的强弱。以较弱的竞争者为进攻目标，可以节省时间和资源，事半功倍，但是获利较少。以较强的竞争者为进攻目标，可以提高自己的竞争能力并且获利较大。

（2）竞争者与本企业的相似度。有的企业主张与相似的竞争者展开竞争，但为了避免造成对自己可能不利的结果，应避免摧毁相似的竞争者。

（3）竞争者的表现。有时竞争者的存在对企业是必要和有益的，甚至具有战略意义。竞争者可能有助于增加市场总需求；可分担市场开发和产品开发的成本，并有助于使新技术合法化；有利于产品差异性的增加，以及能增强企业同政府的谈判力量等。但并不是所有的竞争者都是有益的，通常每个行业中的竞争者都有表现良好和具有破坏性两种类型。表现良好的竞争者按行业规则行动，按合理的成本定价，有利于行业的稳定和健康发展。而具有破坏性的竞争者则相反，常常用不正当手段（如收买贿赂等）扰乱行业的均衡。

企业试图与那些表现好的竞争者组成一个竞争者行业，通过颁发许可证，选择相互关系（结盟）及其他手段，试图使本行业竞争者的市场营销活动控制在协调合理的范围之内，共同遵守行业规则，凭自己的努力扩大市场占有率，彼此在市场营销组合上保持一定的差异性，从而减少冲突。

六、建立竞争情报系统

企业从识别竞争者到选择竞争对策都需要有良好的竞争情报系统（Competitive Intelligence System，CIS）支持。虽然搜集竞争情报要花费的金钱和时间，但不搜集的代价可能更高。

1. 竞争情报系统建立的步骤

第一步，建立系统：明确市场营销管理者所需要的主要情报及其最佳来源是什么。

第二步，收集数据：通常推销人员、经销商和代理商、市场咨询机构、有关的协会、有关的报纸杂志等，都可成为情报来源。

第三步，评价分析：对所收集的资料分析评估，做出必要的解释，整理分类。

第四步，传播反应：通过电话、报告、通信、备忘录、布告等形式，将情报资料及时送给企业有关的管理部门。

企业竞争情报系统的设计模式可有三种：

（1）分散式。即按照企业现有的职能部门和结构建立，把每一个职能部门看作竞争情报系统中的一个子系统，负责在本职能部门所接触的环境中收集传递信息，供决策者使用。这种模式比较适合于那些职能部门的管理对象很少交叉的企业。

（2）集中式。在企业中设置一个情报中心，企业内外的信息收集、处理和分析等由这个情报中心统一完成，并向企业内部各职能部门提供其所需要的情报。

（3）重点式。将接触竞争情报最频繁的重点职能部门作为竞争情报系统的核心。若设在营销部门，竞争情报工作重点是提供战术情报，即向中层管理人员提供有关市场发展变化和竞争对手动态的情报；若设在计划部门，竞争情报工作重点是向决策者提供产业或行业竞争对手的战略情报；若设在研发部门，竞争情报工作重点则主要提供行业发展趋势和关键技术跟踪等战术情报。

2. 竞争情报系统的发展趋势

（1）网络化。企业竞争情报系统网络化即竞争情报收集的网络化和竞争情报服务的网络化，包含三层含义：内联网（Intranet）、外联网（Extranet）和互联网（Internet）。

（2）智能化。随着信息技术水平的提高和新方法、新工具的产生，企业竞争情报系统越来越向智能化方向发展，强调系统的智能化分析功能、学习功能和智能化检索功能。

（3）集成化。企业将在实物资源、财务资源、人力资源和情报资源四类系统之间实现恰当的集成，从而使其能够在企业的协同作用方面以及在与竞争能力相关的产品、服务、市场反应、管理决策等方面都获得显著改善。

（4）决策化。企业竞争情报系统的工作重心将从单纯的、分散的日常性情报工作转向目的性很强的竞争对手跟踪、重大课题深入分析、竞争策略研究等方面，并日益成为企业战略决策的重要依据。

第二节　市场竞争的性质与类型

企业从创立之始就不可避免地要参与竞争。在不同情况下，企业面临的竞争压力不同。按照波特的观点，一个行业的竞争，不只是在原有竞争对手中进行，而且还存在五种基本的竞争力量：潜在的竞争者力量、同行业现有企业竞争力量、买方竞争力量、供应者竞争力量、替代品竞争力量。

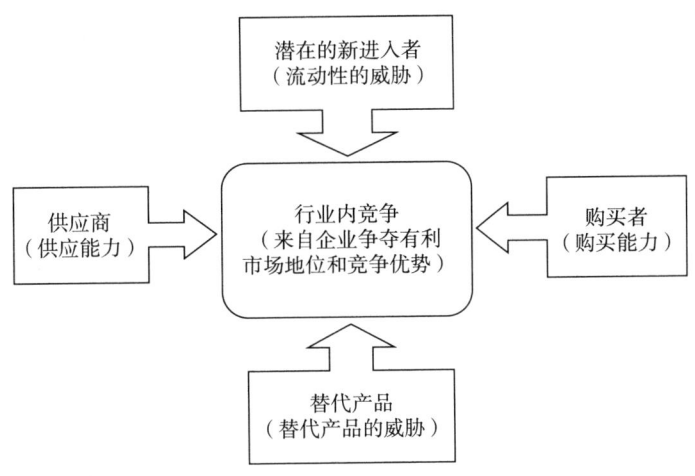

图 8-2　波特的五力模型

一个企业的竞争战略目标是争取在行业内部处于最佳地位，保卫自己，抗击五种竞争作用力，或根据自己的意愿去影响这五种竞争作用力。

一、潜在的竞争力量

每个行业随时都可能有新的进入者参与竞争，它们会给整个行业的发展带来新的生产力，同时也会形成行业内企业之间更激烈的竞争。新进入者给行业带来的压力大小，主要取决于三个方面：

（1）卖方密度。卖方密度指同行业或同一类商品经营中卖主的数目。在市场需求量相对稳定时，直接影响到企业市场份额的大小和彼此竞争的激烈程度。在卖方密度较高的目标市场上，新进入者往往会遭到竞争对手较为强烈的抵御。

（2）产品差异。产品差异指同一行业中不同企业同类产品的差异程度。产品差异使各企业的产品有不同特色而互相区别。

（3）进入难度。进入难度指某个企业在加入某个行业时所遇到的困难程度，特别是技术难度和资金规模，会构成新进入者的行业进入壁垒。不同行业，新进入者的进入难度不同。

二、买方竞争力量

买方是企业产品（服务）的直接购买者和使用者，关系到企业营销目标的实现与否。买方往往通过压低价格、追求更好的产品质量、寻求更全面的服务等，从竞争者彼此对立的状态中获利。为了减少买方讨价还价的威胁，保护企业自身，企业选择的理想目标客户是议价能力最弱者或者转换销售商能力最弱的购买者，较好的防卫方法是提供顾客无法拒绝的优质产品、差异化产品，且具有比较大的发展潜力。

三、供应者竞争力量

企业营销目标的实现，必然要依赖于某些特定的原材料、设备、能源等的供应。因此，与企业有关系的所有供应者就构成了一种颇具威胁的竞争力量。供应者可以通过提高价格、降低其所提供的货物（服务）质量，或者从供货的稳定性和及时性等各方面显示其讨价还价的能力，这会迫使企业提高产品成本进而失去利润。企业可以通过改善自身处境，加强后向整合的威慑、寻求消除转换成本的方法等，一定程度上来削弱供应者的竞争力量。

四、替代品竞争力量

广义地看，企业的竞争对手并不局限于同一行业中，许多企业尽管彼此生产的产品（服务）在形式、内容等方面并不雷同，然而这些产品（服务）却都从特定的角度满足市场的需求而吸引社会购买力。因此，替代产品竞争力量同样会影响到企业的市场地位，甚至是生死攸关的大问题。替代品所提供的价格—性能选择机会越有吸引力，行业利润的"上盖"压得就越紧。企业必须注重行业内的产品质量改进、营销努力、提供更大的产品有效性等措施，以改善行业整体竞争环境，从根本上提高企业的竞争力；也可以通过品牌策略或差异化的产品策略从替代品中脱颖而出，站稳市场。

五、同行业现有企业竞争力量

同行业内现有企业之间的竞争是最直接、最显见的，往往因为企业争取改善自身的市场地位而引发。从市场竞争结构来看，有完全竞争市场、垄断性竞争市场、寡头竞争市场、完全垄断市场四种。

第三节　三种基本竞争战略

企业在与五种竞争作用力抗争中，有三种可以获取成功机会的基本战略方法，即总成本领先战略、差异化战略和目标聚焦战略，如图 8 - 3 所示。

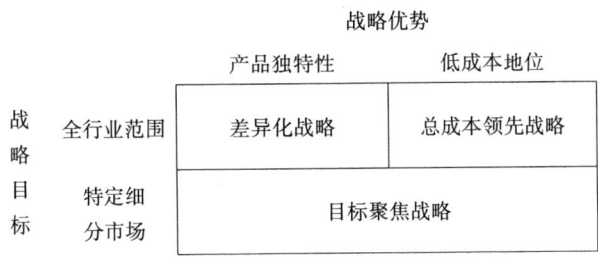

图 8 - 3　三种基本竞争战略

一、总成本领先战略

总成本领先战略是指企业通过一系列针对成本的具体措施，全力以赴使全部成本低于竞争对手的成本，甚至是在同行业中最低的成本，以此获取竞争优势的一种战略。采用成本领先战略要具有以下条件：企业所处的产品基本上是标准化或者同质化的；实现产品差异化途径很少；多数顾客使用产品的方式相同；消费者转换成本低；消费者具较大的降价谈判能力。

二、差异化战略

差异化战略是指通过企业别具一格的营销活动，争取在产品或服务等方面具备独有特性，使消费者产生兴趣而消除价格的可比性，以差异优势产生竞争力的竞争战略。

1. 差异化战略的途径

实现差异战略可以有许多方式，企业利用产品设计、使用功能、外观、包装、品牌、客户服务、经销网络等途径，都可形成在同行业中别具一格的企业形象。

2. 差异化战略的收益

实施差异化战略有助于建立起顾客对企业的忠诚，形成强有力的产业进入障碍，既能增强企业对供应商的讨价还价能力，削弱购买商的讨价还价的能力，又能抵御替代品的竞争。

3. 差异化战略的风险

实现产品差异将意味着企业以高成本为代价，可能丧失部分顾客。如果大量的模仿缩小了感觉到的差异，用户所需的产品差异因素也会随之下降。要使差别化战略充分发挥竞争优势，最理想的情况是企业使自己在几个方面都差异化。当然，差异战略并不意味着企业可以忽略成本，只是此时成本不是企业的首要战略目标而已。企业应该做到既争取得到市场认可的独特性，又使自己的成本尽可能降低。

三、目标聚焦战略

目标聚焦战略也叫集中战略，是指通过集中企业力量为某一个或几个细分市场提供有效的服务，充分满足一部分消费者的特殊需要，以争取局部竞争优势的竞争战略。在不拥有全面竞争优势的市场上，企业采用目标聚焦战略，可以扬长避短，发挥优势，以更高的效率、更好的效果为某一狭窄的市场服务，从而使自己居于有利地位；也可以通过为这一对象服务取得低成本优势，或者二者兼得。

上述三种基本竞争战略是可供选择的、抗衡竞争作用力的可行方案，究竟哪一种适合本企业，取决于某一种战略能否最佳地利用企业优势。

第四节　市场地位与竞争战略

竞争战略的核心问题是企业在市场上的相对地位，这种地位显示了企业是否具有竞争优势。一个地位判断准确、选择得当的企业，即使在行业平均盈利水平不高的情况下，也能有较高的收益率。

一、市场主导者战略

市场主导者是指在相关产品的市场上占有率最高的企业。一般而言，大多数行业都有一家企业被认为是市场主导者，它在价格变动、新产品开发、分销渠道的宽度和促销力量等方面处于主宰地位，为同行业者所公认。它是市场竞争的先导者，也是其他企业挑战、效仿或回避的对象。主导者的市场地位是在竞争中自然形成的，但也不是固定不变的，如果没有获得绝对的垄断地位，就会面临竞争者的无情挑战，以至于丧失领先地位。市场主导者为了保护自己的市场地位通常可采取以下三种战略：

1. 扩大市场需求总量

当一种产品的市场需求总量扩大时，受益最大的是处于领先地位的企业。一般地，市场主导者可通过寻找新用户、增加现有用户的使用量、开辟产品的新用途三个方面扩大市场需求量。

2. 保护市场占有率

处于市场领先地位的企业，必须保卫自己的市场阵地，时刻防备竞争者的挑战。《孙子兵法》曾指出："故善战者，求之于势，不求于人。"其意是善战者不是依靠对手不进攻，而是靠自己具有不被攻破的实力。

防御战略的目标是减少受攻击的可能性，使攻击转移到危害较小的地方，并削弱其攻势。虽然任何攻击都可能造成利润上的损失，但防御者的防御措施如何，反应速度快慢后果大不一样。通常，市场主导者可供市场选择的防御战略有六种：

（1）阵地防御。阵地防御就是在现有阵地周围建立防线，保卫自己目前的市场和产品。

（2）侧翼防御。侧翼防御是指市场主导者除保卫自己的阵地外，还建立某些辅助性的基地作为防御阵地，或必要时作为反攻基地。特别是注意保卫自己较弱的侧翼，防止对手乘虚而入。

（3）以攻为守。这是一种"先发制人"式的防御，即在竞争者尚未进攻之前，先主动攻击。具体做法是，当竞争者的市场占有率达到某一危险的高度时，就对它发动攻击，或者对市场上的所有竞争者全面攻击，使人人自危。

（4）反击防御。市场主导者在遭到竞争者发动降价、促销攻势或改进产品等的攻击后采取的反击策略。可实行正面反攻、侧翼反攻，或发动钳形攻势，以切断进攻者的后路。

（5）运动防御。这种战略不仅防御目前的阵地，而且还要扩展到新的市场阵地，作为未来防御和进攻的中心。可通过市场扩大化和市场多元化两种方式来实现。

（6）收缩防御。企业如果受到短期资源的限制和能力的限制，在所有市场阵地上全面防御会得不偿失，最好是实行收缩战略，放弃某些疲软的市场或业务，把力量集中用到主要的市场阵地上去。

3. 提高市场占有率

市场占有率是与投资收益率有关的最重要的变量之一，市场占有率越高，投资收益率也越大。研究发现，市场占有率高于40%的企业其平均投资收益率相当于市场占有率低于10%的企业的3倍。提高企业的市场占有率需考虑以下三个因素：

（1）引起反垄断制裁的可能性。许多国家有反垄断法，当企业市场占有率超过一定限度时，有可能受到指控和制裁。

（2）为提高市场占有率所付出的成本。当市场占有率已达到一定水平时，再要求进一步的提高就要付出很大代价，结果可能得不偿失。美国的一项研究表明，企业的最佳市场占有率是50%。因此，有时为了保持市场领先地位，甚至要在较疲软的市场上主动放弃一些份额。

（3）采用的市场营销组合战略。有些市场营销手段对提高市场占有率很有效，却不一定能增加收益。只有在以下两种情况下市场占有率同收益率成正比：一是单位成本随市场占有率的提高而降低；二是在提供优质产品时，销售价格的提高大大超过为提高质量所投入的成本。

总之，市场主导者要保卫自己的市场阵地，防御挑战者的进攻，必须在保证收益增加的前提下，保护并持续提高市场占有率，才能持久地占据市场领先地位。

二、市场挑战者战略

市场挑战者是指那些在市场上处于次要地位（第二、第三甚至更低地位）的企业。这些处于次要地位的企业可采取两种战略：一是争取市场领先地位，向竞争者挑战，即市场挑战者；二是安于次要地位，在"共处"的状态下求得尽可能多的收益，即市场跟随者。每个处于市场次要地位的企业，都要根据自己的实力和环境提供的机会与风险，决定自己的竞争战略是"挑战"还是"跟随"。市场挑战者如果要向市场主导者和其他竞争者挑战，首先要确定自己的战略目标和挑战对象，其次再选择适当的进攻战略。

1. 确定战略目标和挑战对象

（1）攻击市场主导者。这种进攻风险很大，但吸引力也很大，目的是要削弱主导者的地位。挑战者需仔细研究领先企业的弱点，作为自己进攻的目标，如主导者有哪些方面未满足顾客需要或有使顾客不满意的地方。也可以开发出超过领先企业的新产品，以更好的产品来夺取市场的领先地位。

（2）攻击与自己实力相当者。挑战者对一些与自己势均力敌的企业，可选择其中经营不善而发生亏损者作为进攻对象，设法夺取它们的市场阵地。

（3）攻击地方性小企业。对一些地方性小企业中经营不善、财务困难者，可夺取它们的顾客，甚至这些小企业本身。

总之，战略目标与进攻对象密切相关，如果以主导者为进攻对象，其目标可能是夺取某些市场份额；如果以小企业为对象，其目标可能是将它们逐出市场。

2. 选择进攻战略

在确定了战略目标和进攻对象之后，挑战者还需要考虑采取怎样的进攻战略。

（1）正面进攻。正面进攻就是集中全力向对手的主要市场阵地发动进攻，即进攻对手的强项而不是弱点。在这种情况下，进攻者必须在产品、广告、价格等主要方面大大超过对手。正面进攻的另一种措施是投入大量研究与开发经费，使产品成本降低，以降低价格的手段向对手发动进攻，这是正面进攻最可靠的措施之一。

（2）侧翼进攻。侧翼进攻就是集中优势力量攻击对手的弱点。通过寻找未被市场领导者和实力强大的企业占领的市场或消费群体，作为攻击目标。侧翼进攻可分为两种情况：一种是地理性的侧翼进攻，即在全国或全世界寻找对手力量薄弱的地区，在这些地区发动进攻。另一种是细分性侧翼进攻，即寻找领先企业尚未为之服务的细分市场，在这些小市场上迅速填空补缺。侧翼进攻是一种最有效和最经济的战略形式，比正面进攻有更多的成功机会，符合现代市场营销观念——发现需要并设法满足它。

（3）包围进攻。包围进攻是一种全方位、大规模的进攻战略，挑战者拥有优于对手的资源，并确信借助围堵计划足以打垮对手时可采用这种战略。该战略实施的条件有：一是提供比竞争对手更多的东西，使消费者愿意接受或是择优采用；二是本企业确实具有比竞争对手更强大的资源优势。

（4）迂回进攻。这是一种最间接的进攻战略，完全避开对手的现有阵地而迂回出击。其具体办法有三种：一是发展无关的产品，实行产品多元化；二是以现有产品进入新地区的市场，实行市场多元化；三是发展新技术、新产品取代现有产品。

（5）游击进攻。主要适用于规模较小、力量较弱企业的一种战略。游击进攻的目的在于以小型的、间断性的进攻干扰对手的士气，把对方拖垮。一般采用短期的促销措施、降价措施、广告等。

上述市场挑战者的进攻战略是多样的，一个挑战者不可能同时运用所有这些战略，但也很难单靠某一种战略取得成功，通常是设计出一套战略组合即整体战略，借以改善自己的市场地位。作为市场挑战者需具有的条件：一是有一种超过主导者的明显的、持久的竞争战略；二是必须有某种办法部分或全部抵消主导者的其他固有优势；三是有某些阻挡主导者报复的办法。

三、市场跟随者战略

许多位居第二及后面位次的公司往往选择跟随而不是挑战。因为在很多情况下，做一个跟随者比做挑战者更加有利：一是避免承受向市场主导者挑战而可能带来的重大损失；二是让市场主导者和挑战者承担新产品开发、信息收集和市场开发所需的大量经费，自己避免风险坐享其成。现代营销学的奠基人之一西奥多·莱维特曾指出，产品模仿有时像产品创新一样有利。由于市场跟随者企业只需仿造或改良市场主导者的新产品，不需大量投资，其盈利率甚至可能超过全行业的平均水平。

市场追随者战略的宗旨是保持现有的市场份额，并争取一定数量的新顾客。其主要战略有以下三种：

（1）紧密跟随。紧密跟随战略是在各个细分市场和市场营销组合方面，尽可能仿效领先者。这种跟随者有时好像是挑战者，但只要它不从根本上侵犯到领先者的地位，就不会发生直接冲突，有些甚至被看成是靠拾取领先者的残余谋生的"寄生者"。

（2）距离跟随。距离跟随是在主要方面，如目标市场、产品创新、价格水平和分销渠道等方面都追随领先者，但仍与领先者保持若干差异。这种跟随者可通过兼并小企业而使自己发展壮大。

（3）选择跟随。选择跟随在某些方面紧跟领先者，但在另一些方面又自行其是。也就不盲目跟随，而是择优跟随，在跟随的同时还发挥自己的独创性。在这类跟随者中，有些可能发展成为挑战者。

四、市场补缺者战略

1. 市场补缺者的含义

20 世纪 80 年代，美国商学院的学者们开始将补缺市场（Niche Market）这一词引入市场营销领域。补缺市场是指在市场中通常被大企业所忽略的某些细分市场。市场补缺者战略也称为利基战略，是指企业根据自身所特有的资源优势，通过专业化经营来占领这些市场，从而最大限度地获取收益所采取的竞争战略。通常就是小企业如何在大企业的夹缝中求得生存和发展。

可见，所谓市场补缺者，就是指精心服务于市场的某些细小部分，而不与主要的企业竞争，只是通过专业化经营来占据有利的市场位置的企业。这种市场位置（补缺基点）不仅对于小企业有意义，而且对某些大企业中的较小部门也有意义，它们也常常设法寻找一个或几个这种既安全又有利的补缺基点。

2. 补缺基点的特征

一个理想的"补缺基点"应具有以下特征：

（1）具有一定的规模和购买力，能够盈利。

（2）具备发展潜力。

（3）强大的竞争者对这一市场不屑一顾。

（4）公司具备向这一市场提供优质产品或服务的能力和资源。

（5）公司已在顾客中建立了良好的声誉，能够抵挡竞争者的入侵。

3. 市场补缺者战略

补缺者企业取得补缺基点的主要战略是专业化市场营销。下面有几种可供选择的专业化方案：

（1）最终用户专业化，专门致力于为某类最终用户服务。

（2）垂直层面专业化，专门致力于分销渠道中的某些层面。

（3）顾客规模专业化，专门为某一种规模（大、中、小）的客户服务。

（4）特定顾客专业化，只对一个或几个主要客户服务。

（5）地理区域专业化，专为国内外某一地区或地点服务。

（6）产品或产品线专业化，只生产一大类产品。

（7）客户订单专业化，专门按客户订单生产预订的产品。

（8）质量和价格专业化，专门生产经营某一种质量和价格的产品。

（9）服务项目专业化，专门提供某一种或几种其他企业没有的服务项目。

（10）分销渠道专业化，专门服务于某一类分销渠道。

作为市场补缺者要完成三个任务：创造补缺市场、扩大补缺市场、保护补缺市场。选择市场补缺基点时，多重补缺基点比单一补缺基点更能减少风险，增加保险系数。因此，企业通常应选择两个或两个以上的补缺基点，以确保生存和发展。总之，只要善于经营，小企业也有许多机会可以在获利的条件下更好地为顾客服务。

主要术语

竞争战略　战略集群　总成本领先战略　差异化战略　目标聚焦战略　市场领导者战略　市场挑战者战略　市场追随者战略　市场补缺者战略

思考与讨论

1. 如何识别企业的市场竞争者？
2. 波特的五力模型指的是什么？
3. 作为市场主导者有哪六种防御战略选择？
4. 市场竞争的关键因素是什么？
5. 试比较三种企业基本竞争战略的异同点。
6. 企业实施低成本战略需要有哪些条件？
7. 作为市场挑战者一般采用哪几种战略？

营销实践与应用

阿里巴巴竞争战略分析

一、公司简介

阿里巴巴集团是全球电子商务的领导者，是中国第一家电子商务公司。自1999年创建以来，阿里巴巴集团茁壮地成长，现已拥有阿里巴巴网站、支付宝、淘宝网、阿里软件、阿里妈妈、中国雅虎、阿里学院七家公司。阿里巴巴的运营总部位于中国杭州市。在中国大陆超过30个城市设有销售中心，并在中国香港、瑞士、美国、日本等设有办事处或分公司。阿里巴巴旗下的业务群现主要有：①淘宝网——亚洲领先的个人网络购物市场；②支付宝——中国领先的在线支付服务；③阿里软件——服务于中国中小企业的以互联网为平台的商务管理软件公司；④中国雅虎——国内领先的搜索引擎和社区；⑤阿里妈妈——中国领先的网上广告交易平台；⑥口碑网——中国最大的生活搜索平台。

二、企业的战略目标

（1）企业的愿景：成为一家持续发展102年的企业；成为全球十大网站之一；只要是商人就一定要用阿里巴巴。

（2）企业使命：让天下没有难做的生意。

（3）具体的战略目标：为全世界创造1000万家小企业的电子商务平台；为全世界创造就业机会；为全世界10亿人提供消费平台。

三、阿里巴巴企业的战略选择

(一) 切入点精确

阿里巴巴成立初阶段，充分分析了当时的市场环境，准确确定目标市场，并把握市场需求，制定服务提供策略，以中小企业而不是大企业为切入点，进军电子商务。

(二) 双向战略实现产业链协同

业务上，阿里巴巴以 B2B 业务切入，通过横向和纵向一体化战略的结合，使其构筑了 B2B、C2C、软件服务、在线支付、搜索引擎、网络广告六大业务领域的电子商务生态圈，全面覆盖中小企业电子商务化的各大环节。整个商业生态圈的六大环节之间相互作用、相互影响、相互支撑，通过资源的整合应用最终发挥最大价值，实现了产业链的协同。

四、阿里巴巴行业环境分析

(一) 宏观环境分析

(1) 政治环境。2014 年是电商热火之年，为认真贯彻落实《国务院办公厅转发商务部等部门关于实施支持跨境电子商务零售出口有关政策意见的通知》等文件精神，浙江省出台了全国首个省级跨境电商政策，政策旨在结合"电商换市"和"国际电子商务中心"建设目标，加快发展跨境电子商务，这无疑是已经在纳斯达克上市的阿里巴巴一条大利好，总部在杭州的阿里巴巴还有什么理由不借着这股东风扶摇直上呢？

(2) 经济环境。全球一体化加快，分工更加精细，要求合作更加紧密，随着中国加入 WTO，通过境外双边贸易交往合作，国内经济开始迅速发展尤其是中小型企业，而中小型企业的信息不对称是最大问题。阿里巴巴发现并充分利用了这个机会实行免费政策，抢先快速圈地，全面布局中小企业信息市场。

21 世纪是劳动密集型向知识经济过渡的时机，阿里巴巴遇到了电商发展的机遇期，有数据表明，2014 年全球移动支付交易值将达到 3250 亿美元，与 2013 年 2354 亿美元的交易价值相比，增长达 38%，而在可预见的未来，全球移动支付市场仍将维持在 40% 左右的复合增速持续快跑，国内相关行业空间和国外电子商务的成熟发展给了阿里巴巴一个极其有利的经济环境。

(3) 社会环境。随着经济的发展，网上购物已经不再是一个新鲜名词，网购的便利性和高效性带动了企业间网络交易的发展，而出身 B2B 的阿里巴巴集团充分占尽天时地利人和，除了在中国的消费市场上有很强的杀伤力外，上市后更将成为全球企业首选的商务平台。阿里巴巴的总部在杭州，在浙商文化"求速度、善创新"和"独特的创富模式"的文化影响下，阿里巴巴有了一个快速成长的摇篮。

(二) 行业竞争结构分析

1. 新进入者的威胁

中国网上交易规模不断扩大，尤其汇聚 80% 以上电子商务交易额的 B2B 电子商务领域开始受到各类企业的关注，业内的竞争格局发生了巨大的变化。首先是慧聪/环球资源等 B2B 电子商务企业开始积累了一定的实力并占据相当市场份额；其次是不少新建企业开始投身 B2B 电子商务，并带来新的经营方向与新方式；最后更有一些具有官方背景的机构如中国网/多赢网等也涉足此间，凭借优势资源意图分羹市场，阿里巴巴的行业地位受到挑战。

2. 替代品的竞争

电子商务的发展以一系列新型技术为依托，现处于飞速发展时期，能够为分散在各地区、各行业的网商提供了低成本、便捷的平台，其中蕴藏了无数的机会和资源，有利于实现信息资源、客户资源、商品资源等大的有效整合，实现买卖双方的双赢。加之，阿里巴巴所实行的免费政策，为众多商家的网上经营降低了成本，赢得了网商们的青睐。而替代电子商务的传统商务模式成本较高，受众面较小。从发展趋势来看，电子商务迅速发展并不断替代传统商务模式。

3. 购买者议价能力

阿里巴巴采取免费政策，先圈地占领市场，积累大量企业需求信息，为网商提供服务，网商逐步养成了利用阿里巴巴平台进行商务活动的习惯，并产生对其服务的依赖。在实现"Meet at Alibaba"后，为了达到"Work at Alibaba"的战略目标，阿里巴巴利用中国供应商、诚信通等为用户提供所需信息，这在一定程度上牵制了用户，但阿里巴巴为吸引更多收费会员而推出的推广策略，以及来自其他电子商务运营商的竞争给予后者些许议价力。

4. 供应方的议价能力

网络技术的不断发展，使硬件生产商众多，因此，在硬件上，阿里巴巴基础设施的采购拥有多个选择，并且供应商的转换成本较低；在软件上，阿里巴巴拥有世界级的精英团队，创新能力强；内容服务上，阿里巴巴提供在线平台，文字及图片内容由用户免费提供，且由于阿里巴巴的知名度，拥有数量庞大的用户——各类企业，因此，用户的议价能力较低。

5. 行业现有竞争激烈程度

随着我国进出口贸易的不断繁荣，互联网技术的不断成长，为国际贸易服务的 B26 网站近几年层出不穷。中国台湾久大、Made－in－China、沱沱网等都是近几年成长起来的进入中国市场 B2B 国际贸易综合网站。2006 年，环球资源和慧聪联手对抗阿里巴巴，成为阿里巴巴的劲敌。

五、阿里巴巴的竞争战略选择

阿里巴巴选择差异化战略以求在行业中占领优势地位。

（1）产品差异化。每一个网络顾客的需求都是不同的，通过便利的信息沟通和信息处理，顾客可以参与到产品的设计、制造中去，实行个性化定制生产。

（2）服务差异化。服务的差异化主要体现在与客户及其他合作伙伴沟通过程中的信息反馈和信息处理上，企业可以 24 小时接受顾客或合作伙伴关于产品或服务的资料索取和问讯，并可及时响应他们的需求。

（3）渠道差异化。首先，在网页上提供产品和服务信息的企业可以利用互联网作为沟通的渠道；其次，通过互联网，企业可以开通在线交易，拓展分销渠道；最后，通过互联网建立与客户直接对话平台，了解现有及潜在顾客的特征，形成新型的基于电子信息交流的客户关系渠道。

（4）品牌形象差异化。互联网中的品牌差异建立在企业有能力去创造并维持异于其他的顾客体验。而顾客体验则建立在企业的品牌承诺，包括便利的承诺、成就的承诺、自我表现和认可的承诺以及归属的承诺等。

总结：伴随着网络化和全球化的深入，互联网正以一种势不可当的气势飞速发展壮大。同时，一种以互联网为载体的新型的商业运营模式——电子商务也成为时代的宠儿，其蕴含的巨大商机和经济价值正被越来越多的人所认可。在全球激烈的竞争环境下，阿里巴巴脱颖而出成为全球电子商务的典范。

资料来源：高雷. 阿里巴巴集团发展战略研究［D］. 黑龙江大学，2012.

李洪波. 阿里巴巴网络有限公司竞争战略研究［D］. 西北大学，2011.

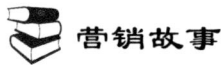 案例讨论题

1. 通过对阿里巴巴竞争战略的分析，总结其快速发展的成功经验。
2. 在未来的"互联网＋"环境趋势下，阿里巴巴将面临怎样的竞争机遇和挑战？

📖 营销故事

"同升和"和"盛锡福"的竞争

20世纪30年代前后，天津市有"盛锡福""同升和""同馨和"三个帽庄，相互之间竞争非常激烈。尤其是"盛锡福"和"同升和"，二者实力相当，各有特色，除了在价格、门店位置、广告宣传等方面相互竞争外，产品竞争更是此起彼伏。

盛锡福在草帽、呢帽方面有独到之处，帽品色泽漂亮，式样美观。而同升和也加紧研制，改变花样，增加品种，提高成色，毫不示弱。盛锡福的皮毛原料都是用上等的貂皮，质量上乘，技艺精湛，令同行难以望其项背。同升和自知在这方面很难超越盛锡福，于是另辟蹊径，私下研究出一种用进口青根貂皮零头拼制的黑三角皮帽，手工精细，美观大方，而且价格比较便宜。冬天来临之际，同升和几个门市部同时摆出新款皮帽，顾客争相抢购。待到盛锡福等同行奋起直追时，冬季已过，只待明年推陈出新。

当时流行一种白通帽，帽胎用软木制作，国内不能生产，需要向德国洋行订货，从外国进口。帽胎到天津后，需要自行加工布面方为成品。这种帽子夏天戴着既遮阳光，又轻便凉快，同升和、盛锡福均有经营，且售价相同为每顶7元。后来盛锡福创办人刘锡三利用通晓英语之长，与香港帽商联系，直接购买白通帽软木胎。新的进货渠道大大降低了盛锡福的成本，白通帽的价格也随之降到每顶4元。同升和不得已赔钱降价销售。

品评：义利之辨，古往今来喋喋不休。传统义利观在义与利的关系上，义居于指导地位，注重的是伦理的领域，利受制于义；近代义利统一观在义与利的关系上，利居主导地位，注重的是利益原则，义服务于利。20世纪初期，义利统一思想被近代鲁商接受，上述同升和与盛锡福的竞争就是义利统一思想的表现。

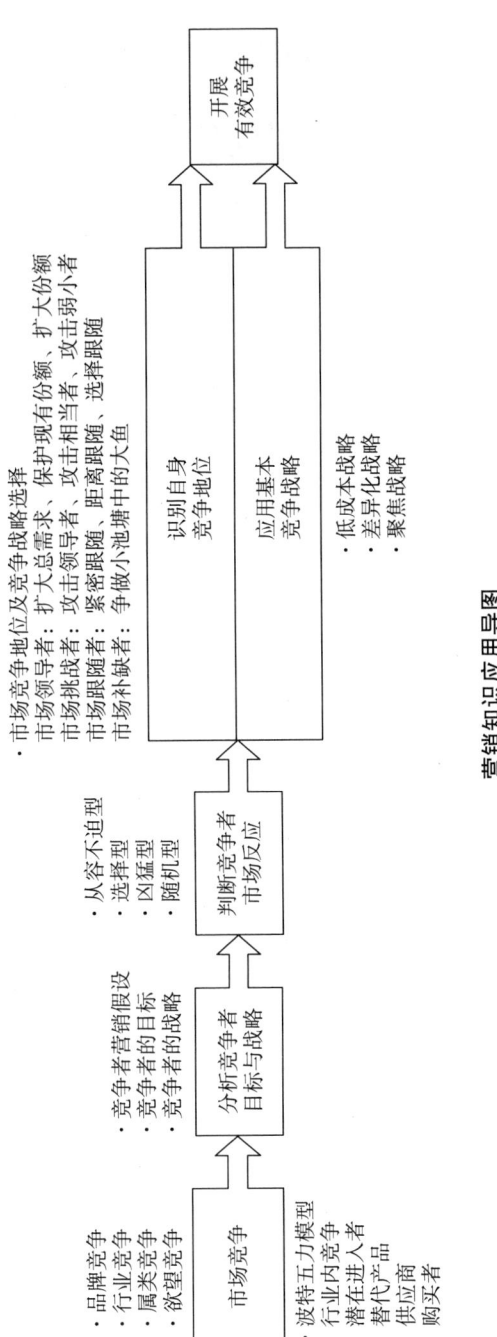

营销知识应用导图

第九章

品牌战略

学习目标

1. 掌握品牌的定义及其核心价值。

2. 理解品牌概念与相关概念的辨析。

3. 掌握品牌延伸的定义及其优缺点。

4. 了解品牌延伸的有效策略。

5. 理解多品牌策略的优缺点。

6. 掌握品牌资产的概念及其构成要素。

7. 理解品牌资产的提升策略。

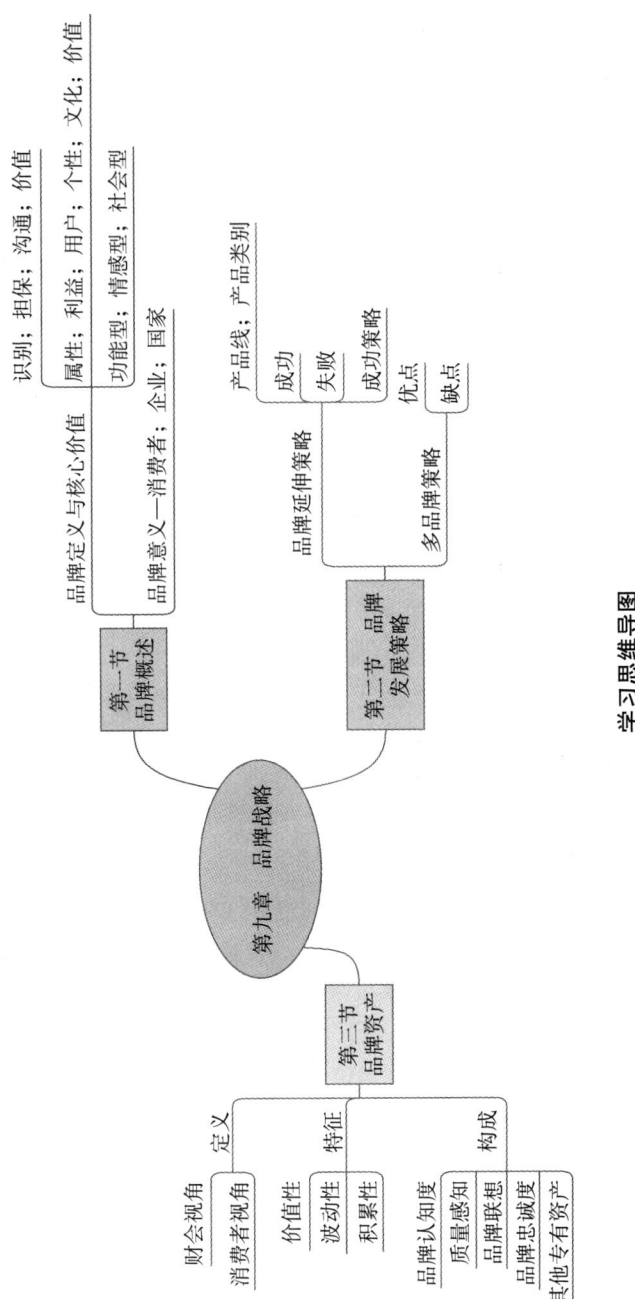

学习思维导图

章首案例 章丘铁锅成为"网红品牌"

2018 年 2 月 19 日，农历正月初四晚八点多，全国 2000 多万人通过纪录片《舌尖上的中国 3》观赏了王玉海、高恒盘这对章丘夫妻档铁匠。你一点，我一捶，夫妇俩对着一块锻铁挥着铁锤，脸庞被映得通红。一同出镜的还有王玉海的 83 岁的父亲王立芳。王立芳打了一辈子铁，"没有这个功夫出不了这个产品，你糊弄它，它就糊弄你。"在《舌尖上的中国 3》里，还这样描述章丘铁锅："历经十二道工序，再过十八遍火候，一千度高温锤炼，经受三万六千次锻打直到锅如明镜。"

央视纪录片《舌尖上的中国 3》播出才几十分钟，臻三环天猫旗舰店库存的 2000 多口铁锅被抢购一空，几天内数十万订单纷至沓来。节目播出后短短数日，原本名不见经传的章丘铁锅销量同比增长近 6000 倍。

章丘位于山东济南，自古矿产资源丰富，冶铁铸造业发展历史悠。据考古挖掘发现，早在汉代时期，章丘便有大片冶铁业遗址。据统计，20 世纪 50 年代初，山东济南章丘区境内人口为 73 万，约有 38 万人以打铁养家糊口。仅在章丘注册登记的锅具和厨具生产商就有 16 家，而销售更多达 500 余家，素有"铁匠之乡"之美誉，曾有"章丘铁匠遍天下"之说。"庄庄净是叮当响，锤点压过寺庙钟；家家不用打鸣鸡，锤声连连报五更。"曾经，人们还用歌谣来描述章丘的打铁盛况。

早前，对众多铁匠来说，打铁是一种谋生技能。在没有机械全靠人力操作工具进行生产和生活的年代，铁器对农民来说至关重要。如今，随着机械制造业的迅速发展，打铁声已渐渐在人们的生活中远去。此外，打铁手工艺较为复杂，又卖不出价钱，因此很多家庭铁铺的经营都难以维系。由于制作工艺烦琐、工程量大、产量低，社会需求小，章丘铁锅渐渐与时代脱节。

当章丘铁匠王玉海打铁做锅的场景出现在《舌尖上的中国 3》时，古老的章丘铁锅瞬间进入了千万人的视线，甚至上了微博热搜。一夜之间，章丘铁锅成为了网红，原先几十块一口的铁锅现在最高炒到了 6999 元。已经没落了几十年的章丘铁锅，展现出了"重生"之势。

几十年如一日专心做锅的匠人精神打动了屏幕之外的人们，加之有央视为其背书，章丘铁锅焕发了生机，在网络上带起了一波怀旧的节奏。用惯了机械化制作铁锅的人们，对手工制造的铁锅趋之若鹜。

如今，在满足了基本生活需求后，人们更倾向于返璞归真。那么带有乡土气息、原生态的产品，反而受到了热捧和欢迎。有人认为，工业流水线上生产出来的产品价格越来越低，同时消费者对产品品质和体验的要求越来越高。章丘铁锅在这个层面上，刚好契合了人们的需求。与此同时，借助网络传播和互联网销售平台，章丘铁锅也成为了名副其实的"网红品牌"。

资料来源：郭师绪. 章丘铁锅的网红经济学［J］. 新产经，2018（4）：69－70.

田甜. 寻找章丘铁锅［J］. 中国企业家，2018（4）：92－97.

　　企业要想在行业中提高竞争能力，增加市场占有率，就要实施品牌战略。企业的品牌战略即企业的竞争战略，是企业在竞争环境中，为赢得竞争优势，实现企业经营目标和使命，而着眼于长远，适应企业内外形势而做出的企业总体发展规划。

第一节　品牌概述

　　20 世纪 50 年代，美国奥美广告公司创始人大卫·奥格威（David Ogilvy）第一次提出了具有现代意义的品牌概念，突破了品牌只用于区分不同生产者的原始功能。美国著名管理学家彼得·德鲁克说："21 世纪的组织只有依靠品牌竞争了，因为除此之外它们一无所有。"美国广告专家莱瑞·赖特（Larry Light）指出："未来的营销是品牌的战争——品牌互争长短的竞争。拥有市场比拥有工厂更重要。拥有市场的唯一办法，就是拥有占市场主导地位的品牌。"在经过产品竞争、价格竞争、广告竞争、服务竞争之后，随着国际市场界限的消除，市场竞争已经跨入了品牌竞争时代。

　　那么，企业应该如何创建自己的品牌？如何树立自己的品牌优势？如何实施自己的品牌战略？回答这些问题还是要从品牌的概念入手。

一、品牌的定义与核心价值

1. 品牌的定义

　　品牌的英文"Brand"源于古挪威文"Brandr"，意思是通过"烧灼"上烙印，最初是指通过在家畜身上打上不同的标记来表明其主人。随着商品交换，人们逐渐习惯用特殊的标记来表明或区分产品的产地和生产者，生产者也特意以此为消费者提供产品质量担保，这就是品牌早期的雏形。

　　1960 年，美国市场营销协会（AMA）对品牌给出了如下定义：品牌是一个名称、术语、标记、符号或设计，或是它们的组合，其目的是识别某个销售者或某群销售者的产品或服务，并使之同竞争对手的产品和服务区别开来。从这一品牌定义可以看出：

　　（1）品牌是区别的标志，具有识别功能。品牌的历史起源反映了这一点。古挪威的"烙印"、古希腊和罗马的地址、吆喝声和简单的图画等可作为区分货物提供者的标志。而现代这一功能有了新的要求和措施：一方面品牌的命名、标识、设计、包装可以用来反映品牌的个性特征和品牌形象；另一方面品牌的名称、标识、包装等要素可以通过向国家品牌管理部门申请注册而受到法律的保护，构成企业具有专用权、所有权和转让权并区别于其他厂商的商标。此外，消费者可以通过商标来识别产品的产地或内在品质等因素。

　　（2）品牌是对消费者的承诺和保证，具有担保功能。企业通过提供特色鲜明、质量上乘的产品，满足消费者的需求，才能树立起品牌形象。因此，企业会不断提升品牌带给消费者的功能性、社会性、情感性的价值，进而推动企业品牌发展进入良性循环，这客观上形成了品牌对消费者购买产品的附加价值方面的担保和承诺。

　　（3）品牌是产品与消费者的关系，具有沟通功能。品牌把各种象征符号如名称、标识、色彩、包装和设计等都合并到一起，浓缩为消费者愿意接受的信息。企业把这些浓缩的信息传达给消费者，引起消费者对自己产品的注意、记忆、识别与联想，形成事实上的沟通关系。

（4）品牌是无形资产，具有价值功能。品牌可以让消费者为购买产品而愿意支付更高的价格，可以抵抗市场环境下产生的各种风险，形成独特的品牌竞争优势。当一个企业愿意出高出净资产或市值几倍甚至更高的价格收购一个具有品牌优势的企业时，这种品牌无形资产的功能就表露无遗了。

2. 品牌的核心价值

（1）品牌的内涵。在现实生产经营中，提到品牌，人们想到的不仅是产品的功能和价值，还会把产品和它的消费群体联系起来，想到它的商标、社会声誉，甚至想到拥有这一产品时的喜悦。美国著名营销学家菲利普·科特勒在其著作《营销管理》中认为品牌内涵至少可以包括六个方面的内容：属性、利益、价值、文化、个性和用户，品牌的六个方面的内容构成品牌内涵的六个层次（如图9－1所示）。

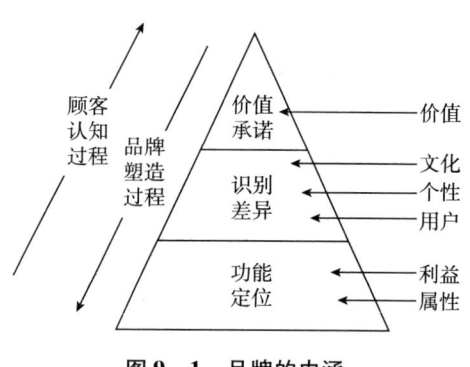

图9－1　品牌的内涵

①属性。产品本身的性质和特点。企业一般可以采用一种或几种属性为其品牌产品做广告。

②利益。顾客购买的不是属性，他们购买的是利益，属性需要转化成功能性或情感性的利益。质量可靠的属性可转化为功能性的利益；价格昂贵的属性可转化为情感性利益。

③价值。品牌也体现了一些生产者价值。品牌的营销人员必须分辨出对这些价值感兴趣的购买者群体。

④文化。品牌也可能代表一种文化。奔驰汽车代表德国文化——高度组织、效率和高质量。

⑤个性。品牌也反映一定的个性。如果品牌是一个人、动物或物体，人们通过一些外部特征就可以识别、判断他（它）。个性培育或选择要坚持突出、稳定的原则。

⑥用户。品牌暗示了购买或使用产品的消费者类型。

从顾客的认知过程来看，往往是从品牌的利益、属性体验到品牌的功能定位，之后才意识到品牌在用户、文化、个性上的独特，最后才能领悟到品牌的核心价值。

（2）品牌的核心价值。品牌的核心价值就是品牌的内核，是与其他品牌特别是与竞争品牌相区别的根本所在，是品牌最突出、最鲜明的个性。它让消费者明确、清晰地记住并识别品牌的利益点与个性，是驱动消费者认同、喜欢乃至爱上一个品牌的主要力量。

品牌的核心价值分为三种类型：功能型、情感型和社会型。功能型核心价值偏重于品牌给消费者提供的物质层面的功能利益，一般来源于产品的制造和服务过程，主要体现在技术、品质、便捷等方面，是区别于其他竞争品牌的差异化来源。情感型核心价值是指消费者在购买和使用某品牌的过程中能通过企业核心价值的表达获得的情感满足，主要体现在感情、友情、时尚等方面。社会型核心价值也称自我表现型核心价值，是指品牌成为表达消费者价值观、个人财富、社会地位、人身修养与审美品位的一种载体与媒介的时候，品牌就具有了独特的自我表现型利益。

二、品牌的意义

1. 品牌对消费者的意义

品牌使消费者的购买决策更容易，购后评价也更满意。消费者因此用三种方法回报品牌：重复购买产品、显示忠诚、付出较高的价格。

（1）获得自我认同和社会认同。成功的品牌一般都具有鲜明的个性和形象，通过使用某一品牌，消费者在内心实现了理想自我或理想社会自我，达到自我平衡或被他人和社会所接受。

（2）降低交易费用。在市场经济中，参与交易的买卖双方除了按商品价格支付货款外，为了完成交易还需支付的其他费用称为交易费用。知名品牌凝聚着消费者选择商品想要掌握的各种信息，它是卓越的产品、服务质量、企业信誉、高知名度和市场占有等综合优势的象征，大大节省消费者选择购买商品所需的交易费用。

（3）减少认知不协调。消费者在进行一次较重大的购买之前或之后，都可能会感到不协调，常常会问自己："我买对了，还是买错了？"这种担忧往往会形成不协调的感觉。但如果买的是名牌产品，人们在购买时不仅可以用这牌子消除自己的疑问，而且能感觉到一种荣耀的自我满足。

2. 品牌对企业的意义

品牌对企业的根本意义在于其代表很高的经济效益和经济实力，是公司未来发展的主要驱动力，是公司产品的高附加价值的来源。一个著名品牌本身就是企业一笔巨大的无形资产。

（1）创造市场和占有率。企业通过品牌达到对某一市场的占有权，并实现一定的市场占有率，包括通过品牌延伸开发新产品、进入新市场，获得顾客忠诚，冲破各个地区、国别市场所面临的各种壁垒等，而这正是企业发展的战略目标。

（2）形成竞争防线。强势品牌能够使企业长期保持市场竞争的优势。面对来自竞争对手的正面进攻，品牌资产筑起森严的壁垒，品牌资产所代表的品质，无疑抬高了市场进入的门槛。

（3）提供渠道上的助力。强势品牌面临的来自渠道的压力较轻，渠道人员往往更乐于与知名品牌打交道，他们知道如何让他们的顾客获得知名品牌，否则他们会失去顾客。因此，一个强势品牌在争夺货架空间位置和在取得渠道更好的合作上都占有优势地位。

（4）获得更高的收益。消费者在许多情况下乐意为购买名牌而支付更高的价格。一方面定价被作为质量的暗示认知，品牌资产所体现的品质支持更高的定价；另一方面追求拥有名牌的满足与优越感使消费者不介意支付更多。同时，品牌有利于提高顾客的忠诚度。

（5）应对环境变化。面对环境的变化，品牌资产为企业提供了更强的适应性与应变能力。当面对较高的通胀、原料与能源的短缺、消费者偏好的变化、新的竞争者的介入等环境变化时，有品牌资产强有力的支持，品牌与公司就有时间进行技术革新、重新定位、战略战术调整而立于不败之地。

（6）有助于企业的资本运营。企业融资、并购的关键是标明未来收益的经营资本的价值，除了企业的技术、人才、市场、运营模式等方面的因素外，企业的品牌资产是经营资本评估的非常重要的因素。品牌是吸引投资、开拓市场的卖点，因为强势品牌的背后是强大的市场需求和顾客关系。

3. 品牌对国家的意义

品牌是国家形象的代表。品牌不仅是一个企业开拓市场、战胜对手的有力武器，更是一个国家综合实力和整个民族财富的标志。民族品牌不仅代表国家产业水平，而且代表国家的国际形象，承载着重构民族自尊心和自信心的历史责任。品牌与国民经济存在相关性，一个国家或地区的经济实力和地位，与品牌的多与寡、强与弱密切相关。

第二节　品牌发展策略

一、品牌延伸策略

1. 品牌延伸的概念和类型

品牌延伸（Brand Extension）是指企业利用已经取得成功的品牌名称来推出改良产品或新产品。品牌延伸的最终目的是吸引消费者对新产品的认同，将新产品迅速推入市场，从而获得竞争优势。

从品牌延伸领域与原有品牌领域的密切度分析，品牌延伸主要有以下两大类型：

（1）产品线延伸（Line Extension）是指品牌从原有领域向上或向下延伸，品牌成长空间更为广阔。品牌沿原有领域向上延伸，可进入高端产品市场；品牌沿原有领域向下延伸，可填补低端市场空白，扩大市场占有率。

（2）产品类别延伸（Category Extension）是指品牌延伸的新领域与原有领域完全不相关的品牌延伸行为。产品类别延伸的消费者群体有一定的重合度，借助原有品牌的品牌声誉，在新的领域内快速获利。

2. 品牌延伸的利弊

品牌延伸作为企业扩张的一种经营策略，在品牌延伸过程中，对原有品牌和新品牌既有有利的方面，也有不利的方面。因此，全面正确地识别品牌延伸的利弊，对于何时、何地和如何延伸品牌等问题的回答有重要的意义。

（1）品牌延伸的有利方面也从原有品牌产品和新产品两方面加以论述：①提升原有品牌形象。品牌形象由品牌认知和品牌联想构成。一是品牌延伸可以加深品牌名称的认知深度，强化已有形象。二是品牌延伸赋予品牌新内涵，产生新的品牌联想。品牌延伸可以丰富原有的含义，公司不断推出新的产品，可以让消费者感觉到品牌具有可创造性，增强消费者对品牌和公司的信赖，满足消费者的多样化需求，扩大市场覆盖面。一方面，采取战略性的品牌延伸，划分更多的细分市场，可以抑制竞争者占领目标市场，起到保护原有品牌的作用。另一方面，通过品牌延伸，充分利用消费者对原有品牌的信赖，不断给原品牌注入新的活力，提供多种不同功能和形象的产品，给消费者更多的选择余地，从而也增加原有品牌的销售量。②提高新产品的可接受性，并提高促销效率。借助原有品牌的知名度、信誉度等来推出新产品。消费者会利用对原有品牌的信赖尝试购买新产品，从而使新产品在短时间内得到消费者的接受。通过品牌延伸引入新产品，还可以降低新产品市场导入成本和所需的促销费用。

（2）品牌延伸的不利方面。在一定条件下，品牌延伸是企业常用的一种有效的营销策略，但也要注意品牌延伸失败带来的影响。具体表现在以下三个方面：①淡化并损害原有品牌的形象。过度进行品牌延伸，会淡化原有品牌的形象，尤其是那些具有高品质联想的品牌形象会受损。任何一个成功的品牌都具有其特有的品牌个性，进行品牌延伸时，如果改变了这一特性，使得消费者不能接受，则品牌延伸就陷入困境了。②消费者产生心理冲突。在购买产品时，消费者首先会选择购买自己信赖的品牌。企业通过品牌延伸推出各具特色的产品，特别是各种产品在功能用途上存在矛盾时，不仅模糊了原有品牌的定位，消费者也会因为品牌联想而失去对原有品牌的忠诚，带来消费者心理上的冲突。③产生"株连效应"。株连效应是指品牌延伸产品的失败会影响原有品牌已有的声誉和形象。实施品牌延伸时，如果品牌延伸的新产品因技术、质量等出现问题，则会影响其他产品的信誉，导致消费者感觉受到欺骗，对这个品牌失去信任，并排斥该品牌的所有产品，形成"株连效应"。

3. 品牌延伸的有效策略

一方面，品牌延伸利用原有品牌在消费者中的知名度，使新产品顺利进入市场；另一方面，品牌延伸又可以通过新产品的销售进一步扩大原有品牌的影响力，获得品牌宣传的规模效应。那么，如何实施有效的品牌延伸呢？具体做法如下：

（1）保持品牌独特的核心价值。核心价值是品牌的精髓，一个成功的品牌都有其独特的核心价值。在品牌延伸时，要始终保持延伸产品与原有产品具有一致的核心价值，扩大原有品牌的内涵，使原有品牌的核心价值具有包容性。如果品牌的核心价值能包容延伸产品，那么原有品牌的延伸能力就强。反之，若品牌延伸与品牌的核心价值相违背，则最终会稀释、淡化甚至会毁坏原有品牌的形象，品牌延伸的能力将大打折扣。另外，在实施品牌延伸战略前，应该正确认识品牌的核心价值。有人认为，一个企业的品牌若成为某一产品的代名词后，再进行品牌延伸会降低品牌的核心价值。然而，真正正确认识到原有品牌的核心价值后再进行品牌延伸，不但不会损害品牌的核心价值，相反还会使企业进行成功的品牌延伸策略。

（2）把握企业的市场环境。进行品牌延伸时，须从两个方面把握市场环境。第一，考虑品牌延伸的市场机会。市场机会又可分为以下三种情况：①品牌所延伸的产品市场还没有形成强势品牌，延伸品牌容易进入。②品牌市场上强势品牌实力比较弱，延伸产品有一定的市场空间。③在已具有强势品牌的市场中寻找空隙，进行品牌延伸。只要有效地抓住市场机会，是可以扩大品牌延伸的市场和生存空间的。第二，要考虑市场竞争状况。市场竞争状况要考虑两个市场，即主导产品市场和延伸产品市场，企业应该根据两个市场的竞争程度采取不同的延伸策略。两个市场的竞争状况对品牌延伸的影响可用矩阵（见图9-2）来表示。在该矩阵中，水平维度衡量主导产品市场的竞争，垂直维度衡量延伸产品市场的竞争。在象限A中，延伸产品的市场竞争不激烈，主导产品市场不存在强势品牌，可以大胆地进行品牌延伸。在象限D中，就不适合做品牌延伸。在象限B是主导产品市场强而延伸产品市场竞争不激烈的情况。这种情况下可以进行品牌延伸，但要保持专业品牌的市场地位，才能成功实现品牌延伸。在象限C中，延伸产品要保持市场的差异性，才能顺利进行品牌延伸。

主导产品市场

		弱	强
延伸产品市场	弱	A 适合品牌延伸	B 可以品牌延伸，要保持 主导市场的地位
	强	C 可以品牌延伸，但在延伸 产品市场要有差异性	D 不适合品牌延伸

图9-2 市场竞争状况对品牌延伸决策的影响

（3）实施主副品牌策略。副品牌是指企业生产多种产品，给所有产品冠以统一品牌的同时，再根据每种产品的不同特征给其取一个恰当的名字。这种策略的好处是可以借用原有品牌的影响力顺利进入市场，同时也可在一定程度上降低风险。实行主副产品策略，可以使新产品在统一中突出差异性，还可以形象地向消费者传达新产品的特色、功能，让消费者感觉到推出了新产品，从而引发消费者对新产品的美好联想。需要注意的是，副品牌的推出要有利于提高主品牌的价值，始终把主品牌放在主导地位，实现主副品牌的有机统一。

二、多品牌策略

1. 多品牌策略的概述

多品牌（Multi-Brands）策略，也称产品品牌（Product Brand）策略，是指企业对于其生产或经营的同一种产品使用两个或两个以上品牌的战略。多品牌策略对于其每一种产品赋予一个品牌，每一个品牌都有一种定位，能最大限度地实现品牌的差异化与个性。

多品牌策略一般适用于企业同时生产、经营两种或两种以上不同种类甚至性质截然不同的产品，也适用于企业的产品在质量、性能上存在较大差异的情况。多品牌策略相对于品牌延伸策略来说，具有很多优点，但并不是所有的企业都适合应用。

消费者需求的差异化是实施多品牌策略的基础。没有差异化的需求，就没有多品牌营销；并且需求差异必须要达到一定的程度，才能进行多品牌营销。市场具有较大的容量也是进行多品牌营销的一个重要条件。因为进行多品牌营销要对市场进行细分，把整个市场按不同的消费需求分为几个子市场，如果市场容量本身比较小，那么细分后的市场就更小，可能会不足以支持多品牌营销的相关费用，就没有必要应用多品牌策略。

实施多品牌策略对资金的要求较大。企业对不同的品牌进行不同的广告传播和营销，需要花费大量的资金。打造一个品牌需要如此大的资金，同时成功率又很低，这是一般的中小企业无法承受的。

实施多品牌策略能否取得成功，市场需求差异是基础，企业的管理能力是关键，细分市场容量与企业资金实力是重要前提条件。

2. 多品牌策略的优缺点

（1）多品牌策略的优点：

①占有更大的货架空间，挤占竞争者的货架空间。零售商一般是按照品牌名称来确定其销售条码和货架陈列空间的，多品牌策略可以在零售货架上占得更大空间，增加销售的机会。

②有利于企业占领市场，扩大市场覆盖面。一个市场是由许多具有不同期望和需求的消费者组成的，推出一种品牌只能满足某一类消费群体的需求，而不能满足其他消费群体。而如果根据不同消费群体的不同消费需求推出不同的品牌，就可以吸引不同的消费群体，从而整体上提高企业的市场占有率。

③借助不同的品牌突出各自的产品特性，满足消费者的个性化需求。多品牌策略有利于适应细分市场的需要，推进品牌的个性化和差异化，满足不同消费群体的不同需要，可以突出每一种产品的特色，从而在消费者心中形成比较明显的产品差别，以适应不同消费群体的品牌偏好和消费特点。

④能较好地分散风险，提高企业抗风险能力。采用多品牌策略的公司赋予每种产品一个品牌，而每一个品牌之间是相互独立的，个别品牌的失败不至于殃及其他品牌及企业的整体形象。这不同于单一品牌策略，实行单一品牌策略，如果某个产品的经营出现问题，将产生"株连效应"，使企业的几个产品种类遭到打击。

⑤有利于激发企业内部的活力，提高企业的效率。由于一个企业内部有多个品牌，一类产品就有一个品牌，这使每位品牌经营者都感到竞争的压力，使他们努力搞好自己担负的品牌营销与市场开拓工作，推动企业效率的提高。

⑥获取品牌转换的利益。诸多事例显示，虽然消费者心目中存在着品牌忠诚信念，但却很少有消费者会对某一品牌绝对忠诚，也不会对其他优质品牌毫无兴趣。因此，获取"品牌转换者"的光顾和利益就成了企业认真思考的问题。而多品牌策略提供好几种品

牌，就可能吸引住大部分品牌转换者，使他们继续使用本企业的其他品牌。在一定条件下，企业多品牌战略提供多个品牌，是获取"品牌转换者"的主要办法甚至是唯一办法。

（2）多品牌策略的缺点：

①促销费用高，增加企业的成本开支。多品牌策略需要对每个品牌进行独立宣传、独立保护、独立管理等，这样会造成营销资源的相对分散。例如，企业需要对每个品牌开发一套独立的品牌识别系统，并进行注册保护，同时需要各自的广告费用开支与管理人员的费用支出等，这些都将分散企业有限的营销资金。

②不同品牌之间存在着相互竞争。一个企业开发多个品牌分别服务于不同的细分市场，满足不同的需求。但是各品牌之间的权责边界常常很难确定，容易造成品牌之间的过度竞争。实际上，各个品牌的界限是不可能绝对明确的，一定程度的相互竞争在所难免，也是有利的。但是，多品牌策略的管理难度大，稍有不慎就会形成过度竞争，影响到整个企业的品牌战略。

③不利于树立企业整体的、统一的形象。如果企业的品牌较多，各个品牌在形象上有很大差异，就很难形成统一的公司形象。如果没有在产品上标明公司名称，消费者将无法判断产品的出处。

第三节　品牌资产

品牌资产（Brand Equity）的概念超越一般资产的价值范畴，这种价值基于品牌对消费者的动员能力和影响力。消费者喜爱的品牌，其知名度高、美誉度好，甚至存在不同程度的品牌忠诚度，消费者为了选择该品牌愿意支付更高的价格，企业也愿意在收购过程中为品牌影响力而付出几倍甚至更高的出价。品牌资产也可视为将商品或服务冠上某种品牌后所产生的持续性的额外收益。

一、品牌资产概述

1. 品牌资产的定义

可以从财务会计和消费者与品牌的关系两个不同的角度描述品牌资产的概念。

（1）财务会计视角的品牌资产。从财务会计的角度，品牌资产具体表现为品牌在市场上给产品价格或销售额所带来的增值，并最终反映为公司财务报表或金融市场的价值增值。其实质意义在于方便计算企业的无形资产，以便向企业投资者或者股东提交财务报表，为企业并购、合资等商业活动提供企业价值的依据。这一概念认为，品牌资产本质上是一种无形资产，一个强势品牌被视为具有巨大价值的可交易资产。

品牌资产的财务会计概念模型主要可用于以下目的：①向企业的投资者或股东提交财务报告，说明企业的经营绩效；②便于企业资金募集；③帮助企业制定并购决策。财务会计角度的内涵把品牌资产货币化，其现金流的折现也为品牌资产评估和品牌运作提供了依据。

（2）消费者视角的品牌资产。基于顾客的品牌资产是指顾客品牌知识所导致的对营销活动的差异化反应。品牌影响力存在于消费者对品牌的知识、感觉和体验中，也就是说品牌影响力是一个品牌随着时间的推移存在于消费者心目中的所有体验的总和。

消费者视角的品牌资产主要表现为消费者与品牌之间的关系，是基于消费者对品牌的认知、认同和忠诚而存在的，消费者与品牌的关系决定着品牌资产的高低。国际权威品牌专家大卫·阿克（David A. Aaker）将品牌资产分为品牌认知度、品牌联想、质量感知、品牌忠诚度和其他专有资产（如专利、商标、渠道关系等）五个方面，就是从这个角度出发，突出了品牌与消费者的关系。

消费者视角的品牌资产是从品牌资产的来源的角度强调品牌资产的积累。第一，拓展品牌知名度，让消费者认识它是了解它和喜爱它的前提。第二，与消费者的需求之间建立联系，很好地满足消费者的需要。也就是说，当消费者产生了对该类产品的需求时，就能够很自然地联想到该品牌。第三，品牌的产品功能和绩效必须满足消费者的要求。第四，品牌必须与竞争对手区分开来，并表现出相对于竞争对手的独特优势。第五，品牌必须与其终端消费者建立某种情感联系。只有知道某品牌处于什么位置，品牌经理才能制定适宜的战略和策略来维持或提高顾客的忠诚度。

2. 品牌资产的特征

品牌资产是企业的一项重要资产，它超越了生产、商品、厂房、设备等有形资产的范畴，是一种特殊的无形资产。品牌资产具有以下特性：

（1）资产的价值性。品牌资产是企业最重要的一项无形资产。它来源于品牌的客户资源、渠道资源、品牌延伸和差异性优势等方面的综合效应，可以支撑品牌在未来很长的一段时间内持续获利。正因为品牌具有价值，所以在企业并购中，除了收购设备、产品、技术、人才等有形和无形资产之外，还需要对品牌进行估价。

（2）资产的波动性。品牌资产是企业品牌管理行为的结果，这个结果随品牌管理行为、品牌传播投入等因素呈波动性。无论是世界品牌实验室，还是英特品牌咨询公司，每年发布的品牌排名都有所变化。因此，品牌资产是需要规划和维护的，任由其发展可能会导致品牌资产的波动和下滑。

（3）资产的积累性。品牌资产来源于企业与消费者的关系，是企业和产品在与营销者、消费者的无次接触中逐渐形成的。从接触点管理的角度来讲，每一次接触都是建立消费者与品牌关系的关键，也是积累品牌资产的关键。认识到品牌资产的积累性，企业就能够时时以"为品牌资产服务"的理念来规范自己的各项行为。同时，品牌资产的积累性也表明，不存在品牌资产"速成宝典"。

二、品牌资产的构成

1. 品牌资产构成要素

品牌资产的内涵可以从财务会计的视角和消费者与品牌关系视角来理解，不同视角理解的品牌资产，其构成要素也有所差别。例如，财务视角强调产品价格、现金流量，而消费者与品牌关系视角强调消费者是品牌资产的来源，品牌认知度、感知质量、品牌联想和忠诚度是品牌资产的来源要素，市场占有率、产品价格和企业销售收入等是来源要素基础之上的衍生要素。因此，本节分析品牌资产的构成要素时，只关注消费者与品牌关系为基础的构成要素。

品牌资产由两个方面的要素构成：一是企业传播载体部分，主要是品牌名称、品牌标志和标记、品牌广告语、品牌广告曲和包装，称为品牌构成的有形要素；二是消费者接受企业传播而形成的品牌认知度、质量感知、品牌联想、品牌忠诚度和其他专有资产，称为品牌构成的无形要素。

2. 品牌资产构成的无形要素

品牌资产构成的无形要素为：品牌认知度、质量感知、品牌联想、品牌忠诚度和其他专有资产五个方面。

（1）品牌认知度。品牌认知度是指品牌被公众知晓的程度，是评价品牌资产的量化标准之一。从消费者的心理和行为反应来看，品牌认知度就是目标群体对商品、公司、商标等信息的学习和记忆的结果。而它作为一种条件联系，形成和消退也依赖于强化。这种强化的根源在于对商品各种物理特性（价格、款式、包装、质量等），以及消费者通过体验和感受这些物理特性而形成的认知。认知是一个由浅入深的变化过程。消费者对品牌认知的不同程度可用品牌认知金字塔来表示（见图9-3）。

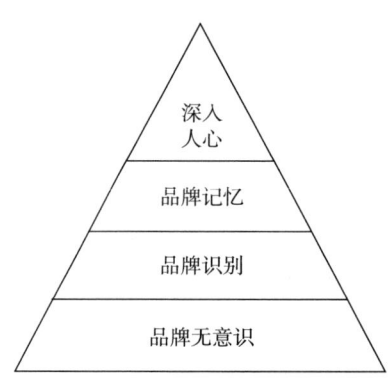

图9-3　品牌认知金字塔

① "品牌无意识" 阶段。"品牌无意识" 阶段位于品牌认知金字塔的最底层，消费者对该品牌没有更详细的认识和了解，仅仅是 "知道有这个品牌"，或者 "好像在什么地方见过"。在这个阶段，品牌不会对消费者的行为产生明显的影响，但该阶段是消费者对该品牌更深层次的了解和认知的基础。

② "品牌识别" 阶段。"品牌识别" 阶段是消费者与其他品牌逐渐建立差别的阶段。如果被测试者能够将产品类和品牌联系起来（但不一定十分强烈），那么该品牌在消费者的心目中就是处在品牌识别阶段。

③ "品牌记忆" 阶段。"品牌记忆" 是指消费者在得不到提示和帮助的情况下能够对某品牌产生自主记忆和回忆的心理行为。在这个阶段，品牌明晰地存在于消费者的记忆中，当消费者意识到对该产品类别的需要时，该品牌能够顺利地成为备选项。

④"深入人心"阶段。品牌知名度的最高阶段是"深入人心"，该阶段位于金字塔的顶端。处于该阶段的品牌是消费者在无任何提示的情况下，脱颖而出的第一品牌。这种品牌在消费者的心目中处于一个特殊的位置，而使其经久难忘。

（2）品牌质量感知。品牌质量感知是消费者的一种主观判断，它是消费者对于品牌所标示的产品或服务的全面质量和优势的感性认知，是对品牌全面的、综合的、无形的感知。品牌质量感知并不一定与产品本身真正的品质相符。不相符的原因有两个：①它是一个主观认识，主观认识是有局限性的；②不同的顾客有着不同的偏好和要求，其对质量的关注点不同，有的顾客可能因为对产品性能要求不高而感到满意，有的顾客可能对价格较高的高品质产品持有一种消极态度，还有的顾客可能因对产品的品质过分信赖而不惜代价。

对品牌的质量认知可以从内在要素和外加要素两方面去理解和认识。内在要素是指产品的具体的、物理性资产。只有在改变产品本身时，内在要素才会发生变化，而且只有当使用产品时才会消耗内在要素。有学者把耐用品的质量总结为：使用简易性、功能性、使用表现、耐久性、服务能力以及社会地位。服务行业的内在要素包括：信赖、负责、保证、认同和可见性。

外加要素与产品实体无关，即使改变它们，产品实体也不会有所改变。例如，价格、品牌名称、标志、广告、分销渠道、促销及质量保证和售后服务等都是品质的外加要素。对品牌所体现的质量认知因消费群体的不同而各异，因为不同消费群体的目的、意图不同，甚至不同的消费群体还存在千差万别的个性、偏爱和需要等，这些都影响他们对特定产品或服务的关注点的选择。另外，在不同的市场阶段，消费者对产品或服务要素的关注点也不同。提高质量认知，首先要明确消费者对质量的关注点，其次提炼消费者关注的要素质量，再针对关注点的要素质量开展品牌塑造活动。

（3）品牌联想。品牌联想是指消费者记忆中与某品牌相关联的每一件事情，是品牌特征在消费者心目中的具体体现。当人们想起一个特定的品牌时，会很自然地与某种特定的产品、服务、形象甚至愉快的场景等联系起来，或者当对某种产品或服务存在需求，或者体验到某种场景时，就会和某一特定的品牌对接起来，这些都是品牌联想的具体表现。

一个成功的品牌包含丰富的品牌信息，这些信息都可以成为品牌联想的来源。不同的消费者群体会从不同的角度理解和记忆这些信息，这就是品牌联想的支撑点或品牌联想的来源。对于不同类别的产品，消费者会从不同的方面与该品牌联系起来。企业要根据产品特征和消费者需求，向消费者传递相关的信息，以便消费者产生积极的联想，在产生需求时能联想到自己的品牌。产生联想的信息来源于以下五个方面：①产品设计、个性、定位等。在消费者产生需求时，能与竞争对手区别开来，使联想与需求相符合。②价格。价格是成本的表现，但塑造品牌信息时，更重要的是要考虑能给消费者带来心理和感情的溢价，使其承载品质质量和服务至上、质高价优的保证。③消费者。当一个品牌所标示的产品或服务选择一个明确而又独特的目标群体时，人们有时会将品牌与特定的目标群体联系起来，从而形成品牌的消费者联想。④地区和产地。要将地区和产品信息与产品的优良品质联系在一起，并有效地传达给消费者。⑤生活方式。品牌信息塑造的优势要与人们崇尚的生活方式联系在一起。

（4）品牌忠诚度。品牌忠诚是指消费者在与品牌的接触过程中，由于该品牌所标示的产品或服务的价格、质量因素，甚至是由于消费者独特的心理和情感方面的诉求所产生的一种依恋和稳定的感情，并由此形成的偏爱，使消费者长期重复购买该品牌产品的行为。品牌忠诚是消费者对某品牌产生的感情度量，测度它的指标是重复购买次数、购买决策时间、对价格敏感程度、对竞争者的态度、对品牌产品瑕疵的态度等，反映了一个消费者的偏好由一个品牌转向另一个品牌的可能程度。

这种转向是一种行为过程，也是一种心理（决策和评估）过程。品牌忠诚度的形成不完全依靠产品的品质、知名度、品牌联想及传播，它与消费者本身的特性密切相关，它的形成更有赖于消费者的产品使用经历和体验。提高品牌忠诚度，对一个企业的生存、发展和市场份额的扩大具有极其重要的作用。忠诚的消费者是企业的财富，品牌忠诚度是品牌价值的核心。品牌忠诚度可以根据程度划分为五个层次：

①无品牌忠诚度。消费者对品牌漠不关心，无品牌意识，完全按照自己惯用标准进行决策，而这个惯用标准通常情况下是价格，哪个价格低就选哪一个。许多低值易耗品、同质化行业和习惯性消费品都没有品牌忠诚度。

②靠习惯维持的品牌忠诚度。消费者购买某一品牌的产品或服务后，并没有明显的不满之处，会继续购买该品牌，形成消费习惯和偏好。但是这种习惯是脆弱的，一旦有明显的诱因，如竞争者利用价格优惠等，就有可能改变主意和以往的习惯，转而购买其他品牌，所以这类消费者的品牌忠诚度也不高。

③基于满意的品牌忠诚度。消费者对产品或服务很满意或至少不至于反感，从而对某一品牌具有习惯性购买的行为。他们认为，更换品牌可能意味着风险，担心所更换的品牌不会令人满意，因此不会轻易更换品牌。

④以情感为纽带的品牌忠诚度。消费者对产品品牌有着忠贞不贰的情感依赖，品牌已成为他们生活中的朋友或情人，一旦更换品牌，就会有背叛对方的愧疚感。

⑤完全的品牌忠诚度。消费者对某品牌有着强烈的偏好，有时可能发展成一种偏执，甚至把使用该品牌视为一种实现自我追求、自我价值的表现。他们为成为该品牌的使用者而自豪，并乐于向其他人推荐该品牌。

（5）其他专有资产。除上述四个品牌资产的无形要素外，附着在品牌上的其他专有资产，也是品牌资产的重要组成部分。它主要包括与品牌密切相关的专利、专有技术、分销渠道、商业模式等，它们对品牌增值能力具有重大影响。

主要术语

品牌　品牌延伸　产品线延伸　产品类别延伸　多品牌　产品品牌　品牌资产

思考与讨论

1. 什么是品牌？如何正确理解品牌的内涵和核心价值？
2. 如何正确理解品牌与产品、商标、品类、名牌之间的区别？
3. 什么是品牌延伸？品牌延伸有哪些利弊？
4. 品牌延伸有哪些策略？

5. 实施多品牌策略企业应具备哪些条件？

6. 多品牌策略的优缺点有哪些？

7. 什么是基于顾客的品牌资产？品牌资产由哪些要素构成？

 营销实践与应用

百年张裕，品牌驱动企业成长

2018 年 9 月 8 日，"张裕卡斯特酒庄第十届风情采摘节"盛大开幕。其间，在景区参与采摘节的游客们，不仅可以品尝到 20 余种鲜美的葡萄，还可以参与"寻味之旅""寻找醉初的味道"抖音大赛、"一秒变果农"等特色互动活动，更有"葡萄公主 show""国庆亲子嘉年华"等主题活动。作为国内葡萄酒行业最具竞争力的品牌之一，张裕一直从不同层面和角度来提升企业的运营能力与竞争实力。那么，张裕是通过怎样的品牌策略来逐步实现企业在不同竞争时期的良性跨越？

一、百年征战，成就卓越企业品牌

张裕的创立缘起 19 世纪晚清政府开展的"洋务运动"。1892 年，张弼士先生为了实现"实业报国"的理想，先后投资 300 万两白银在山东烟台投资创建"张裕酿酒公司"，由此开立了中国葡萄酒工业化生产的先河。"裕"取"丰裕兴隆"之喻义，"张"取创始人之张姓，"张裕"由此得名。自创立之日起至今，张裕逐渐形成了葡萄酒、白兰地、保健酒和香槟酒四条主要的产品线。

20 世纪 90 年代初，中国国内市场逐渐兴起了白兰地热，成为了酒类行业继啤酒热之后又一个浪潮。张裕抓住了这次机会，利用其白兰地产品在国内市场长期以来形成的品牌优势，迅速打开了白兰地的市场局面。从 1995 年下半年开始，干红出现热销。这两次不同产品品类的销售浪潮将中国葡萄酒行业带入了发展的快车道，也进一步奠定了张裕在市场上的领导地位。

2005 年年底，张裕成功实现改制，公司由原先的国有大型企业转变为具有中外合资企业和民营企业双重身份的企业。改制的成功为张裕进一步在管理制度、用人制度和分配制度的改革方面提供了制度保障。之后，伴随着国内民众消费水平提高而来的消费升级换代，张裕也进入迅速增长的新时期。也是在这个过程中，经过 100 多年的征战，张裕在国内市场上成就了卓越的企业品牌。张裕集团继 2007 年首次跻身全球葡萄酒企业十强之后，2008 年又以 8.9 亿美元的销售额上升至第七位，目前已成为世界第四大葡萄酒企业，成为中国葡萄酒行业绝对的领导品牌。"传奇品质，百年张裕"，这句企业宣传口号为张裕跨越三个世纪的营运发展提供了做好的注解。

二、多管齐下，全线布局产品品牌

很长时间以来，张裕采用单一品牌的方式（即企业品牌与产品品牌相同）的策略来推广公司旗下的产品系列。但是，在市场碎片化和消费多极化趋势影响下，通过同一品牌来涵盖中高低端全线葡萄酒产品系列所带来的营销挑战也越来越大。在此背景下，张裕启用了多品牌发展战略（即中高低端产品通过不同子品牌实现市场区隔）。目前，爱斐堡、黄金冰谷、解百纳等均已成为张裕针对不同目标市场的注册商标。

此外，张裕还与人民大会堂和钓鱼台国宾馆合作推出的联合品牌——"钓鱼台·张裕解百纳""钓鱼台·张裕蛇龙珠"和"人民大会堂·张裕解百纳"等，应用这些联合品牌来主打中高端商务政务用酒市场。根据张裕品牌发展规划，公司主要发展战略仍将通过葡萄酒产品为重心、以中高端为发展目标，并将低端作为补充。具体品牌规划内容如下：发展"百年酒窖"品牌，打造公司最顶尖产品并限量生产，主攻超高端市场；在高端部分，"北京爱斐堡国际酒庄"将处于核心位置，是最关键的子品牌；"张裕·解百纳"将继续在中高端品牌中发挥战略性作用。至此，张裕已经形成了以"张裕"为中心，众多产品子品牌为辐射的全线品牌布局。

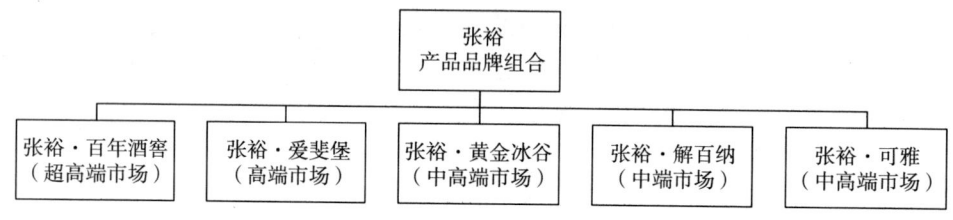

图9-4 张裕产品品牌组合

三、独辟蹊径，推广行业服务品牌

近年来，国民的日常消费逐渐向"健康、生态"转变，这一消费诉求同样也发生在旅游需求方面。烟台是中国葡萄酒工业的发祥地，也是亚洲唯一的"国际葡萄·葡萄酒城"，还拥有"世界七大葡萄海岸之一"的旅游资源优势。借助自身的行业地位和烟台的地理位置优势，张裕通过积极开展工业旅游还提高了品牌在服务领域的竞争能力。2004年年初，张裕旅游有限责任公司正式挂牌成立，并将张裕酒文化博物馆、百年地下大酒窖、酒文化广场、张裕·卡斯特酒庄以及张裕集团的现代化葡萄酒生产线、万亩葡萄园、白兰地蒸馏车间、大型发酵中心等连成一线，构建出中国第一条葡萄酒工业旅游线路——"张裕酒文化之旅"。该条旅游路线将葡萄生态采摘游、葡萄酒文化主题游、葡萄酒酿造与葡萄酒酒庄参观游和葡萄酒品鉴游等内容全面囊括在内，现已成为山东葡萄酒旅游规划带的精品项目和葡萄酒文化推广的重要窗口。此外，张裕集团还着手以"张裕酒文化博物馆"和"张裕国际葡萄酒城"为龙头，贯联张裕辽宁冰酒酒庄、张裕北京爱斐堡国际酒庄、宁夏摩塞尔十五世酒庄、新疆拔宝男爵酒庄、陕西瑞纳城堡酒庄等为依托的大旅游带。自2002年以来，张裕国际葡萄酒城景区经历了集生产、窖储向观光、科普和个性化体验于一体的转变，逐渐成为了作为烟台旅游景区的招牌之一和展示烟台深厚葡萄酒文化的重要窗口。

中国市场的全球化引来了世界各国竞争对手的关注，国内消费者的需求也呈现出多样化的局面。来自法国、意大利、德国、西班牙、南非、智利和美国等国家的葡萄酒产品纷纷进入中国市场。面对国外竞争对手的挤压，张裕并没有采取排斥的态度。公司一方面与国外企业合作合资设立多个酒庄项目（例如，北京张裕爱斐堡国际酒庄、辽宁张裕黄金冰谷冰酒酒庄和烟台张裕卡斯特酒庄等）；另一方面利用自身在分销网络上的优势开始着手开展国外酒水品牌在华代理销售事宜。2006 年 3 月，烟台张裕先锋国际酒业有限公司正式成立，先后代理意大利、法国、澳大利亚等其他国家的利口酒与葡萄酒产品。

2013～2018 年，张裕先后在法国、西班牙、智利和澳大利亚收购 5 家国外酒庄，旨在为国内消费者提供来自更多全球优质产区的葡萄酒产品。张裕力求完成在世界所有优质产区的酒庄布局，将"张裕先锋酒业"发展为横跨新旧世界的巨型酒庄航母，与国内外竞争对手共同拓展中国葡萄酒市场。而"张裕先锋酒业"也将逐渐成为张裕向分销渠道成员提供企业品牌背书功能、降低消费者选购时间成本的国内葡萄酒分销渠道的专业服务品牌。

2018 年 3 月，张裕又提出了"重新出发、二次创业"。张裕公司董事长周洪江认为，中国经济发展态势整体趋好，消费升级将会推动中国葡萄酒迎来黄金 10 年的发展期。而在未来的 10 年中，张裕意欲通过全球化布局实现企业的"二次创业"——用世界眼光做大张裕、用国际标准做强张裕、使张裕成为被更多消费者所认可的国际品牌。

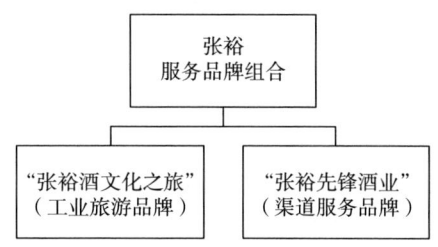

图 9 - 5　张裕服务品牌组合

当然，张裕也像其他企业一样面临着品质提升、品牌升级与运营能力提高等诸方面的综合挑战。但是，张裕通过"企业品牌＋产品品牌＋服务品牌"的三轮驱动战略模式下所展开的综合运营尝试，显示出企业只有在不断变化的竞争环境之下"寻找自我、完善自我、突破自我"，才能在更加残酷的国际化市场竞争中保持持续的优势竞争地位。

资料来源：改编自唐文龙. 张裕的多品牌发展策略［J］. 市场研究，2011（2）.

💬💬 案例讨论题

1. 张裕为何要开发出众多的产品品牌？
2. 在国际化过程中，张裕应该塑造什么样的品牌形象？

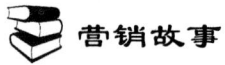 **营销故事**

东元盛的"名牌战略"

1898 年，张启垣接管了当时经营不佳的东源盛染坊，并将其改名为"东元盛染坊"。就是这样一家手工作坊，经过 40 多年的艰苦创业，成为抗战前山东省规模最大的机器染厂。东元盛取得如此成就，与其不断革新技术、勇创名牌密不可分。

1. 重视技术革新，提高产品质量

为了解决长期困扰染厂精炼后的棉布有黄斑、青布出红花和纳富妥红布出白点三个难题，张启垣的三儿子张东木亲自下车间研究用料、温度和操作规范等问题。经过几个月的反复试验，终于攻克难题，产品销路大开，企业利润随之增加。

1938 年开始，市场上流行青布和蓝布，为了改变青布和蓝布质量落后的地位，东元盛经过 4 个月的大小样试验，终于研制出新的配料方法和工艺，两种布的质量都超过了竞争对手。自 1940 年起，东元盛进一步大胆革新，挑战传统工艺，取消青布上浆工序。通过这一改革，东元盛的"名驹"牌青布的色光、手感更优于其他染厂的青布，一跃成为名牌。

2. 现场试验宣传，打消顾客疑虑

取消上浆工序生产出来的青布虽然色艳柔软，但却被同行认为布的坚固度不如其他染厂的产品。1950 年，东元盛特意从上海购来拉力机，进行耐拉试验，结果"名驹"青布的耐拉强度比其他青布高出许多。此举进一步稳固了东元盛核心产品的名牌地位。

3. 注重商标保护，提高知名度

名牌产品不仅要质量好，还需要产权保护。张启垣很早就意识到商标的重要性，在为色洋布行加工染布时不贴商标，开始自加工自染自销后，东元盛就贴上"白猿"牌商标。此后东元盛又推出"群英会""登坛拜将"等商标。"名驹"青布为彩色商标，呈正方形状，图案上有八匹骏马，或撒欢奔驰，或饮水吃草；"双鱼"也为彩色商标，构图为椭圆形，图中有两条鲤鱼上下游翔。特色商标的推出更加稳固了东元盛产品的名牌地位。

品评：子贡，孔子的学生，人称"儒商之祖"。在师从孔子之前、之中和之后一直从事商业活动。跟随孔子多年完成学业后，子贡不仅在道德、学识、能力上大有长进，很好地做到了"富而不骄，富而好礼"，而且还拥有了孔子高徒的名片，增强了在商业竞争中的软实力和无形资产。因此，子贡在做生意过程中，庞大豪华的车队穿梭于诸侯国之间，受到国君们的礼遇，同时不遗余力地宣传自己的恩师和儒家思想，赢得了"儒商之祖"的美名。子贡的成功告诉我们，现代企业打造名牌，仅有营销策略和技巧是不够的，运用系统思想，锻造优秀企业文化并与企业战略和策略协同发展，才是正道。本书附有多个东元盛的故事，从不同的角度解读了东元盛名牌战略的真谛。

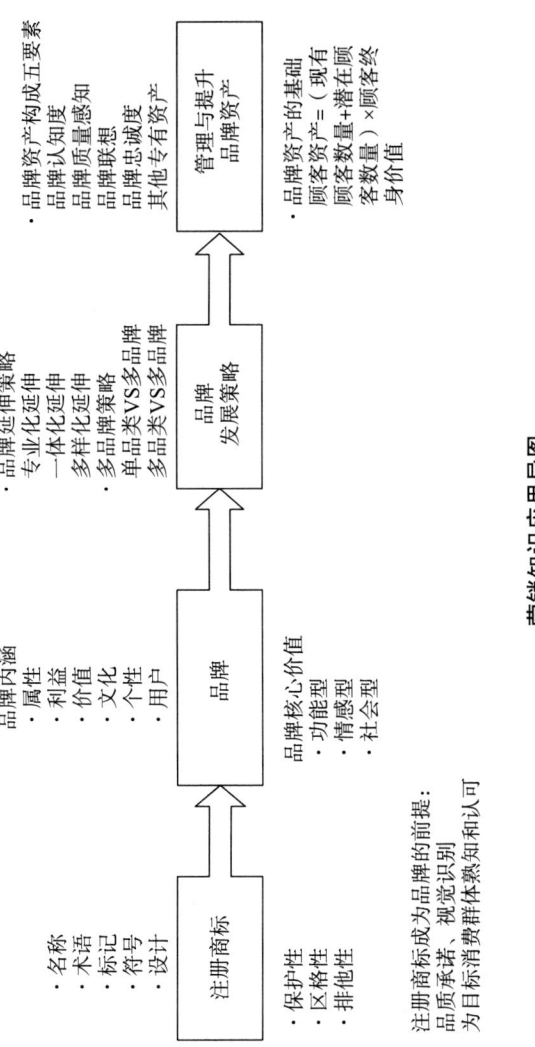

营销知识应用导图

注册商标 → 品牌 → 品牌发展策略 → 管理与提升品牌资产

注册商标
・名称
・术语
・标记
・符号
・设计

・保护性
・区格性
・排他性

注册商标成为品牌的前提：
品质承诺、视觉识别
为目标消费群体熟知和认可

品牌

品牌内涵
・属性
・利益
・价值
・文化
・个性
・用户

品牌核心价值
・功能型
・情感型
・社会型

品牌发展策略

・品牌延伸策略
  专业化延伸
  一体化延伸
  多样化延伸
・多品牌策略
  单品类VS多品牌
  多品类VS多品牌

管理与提升品牌资产

・品牌资产构成五要素
  品牌认知度
  品牌质量感知
  品牌联想
  品牌忠诚度
  其他专有资产

・品牌资产的基础
  顾客资产＝（现有顾客数量＋潜在顾客数量）×顾客终身价值

第**十**章

产品策略

 学习目标

1. 理解产品整体概念。
2. 掌握产品组合以及衡量产品组合的相关概念。
3. 理解新产品概念，了解新产品开发程序。
4. 理解产品包装内涵，了解包装策略。
5. 掌握产品市场生命周期各阶段的特点及营销策略。

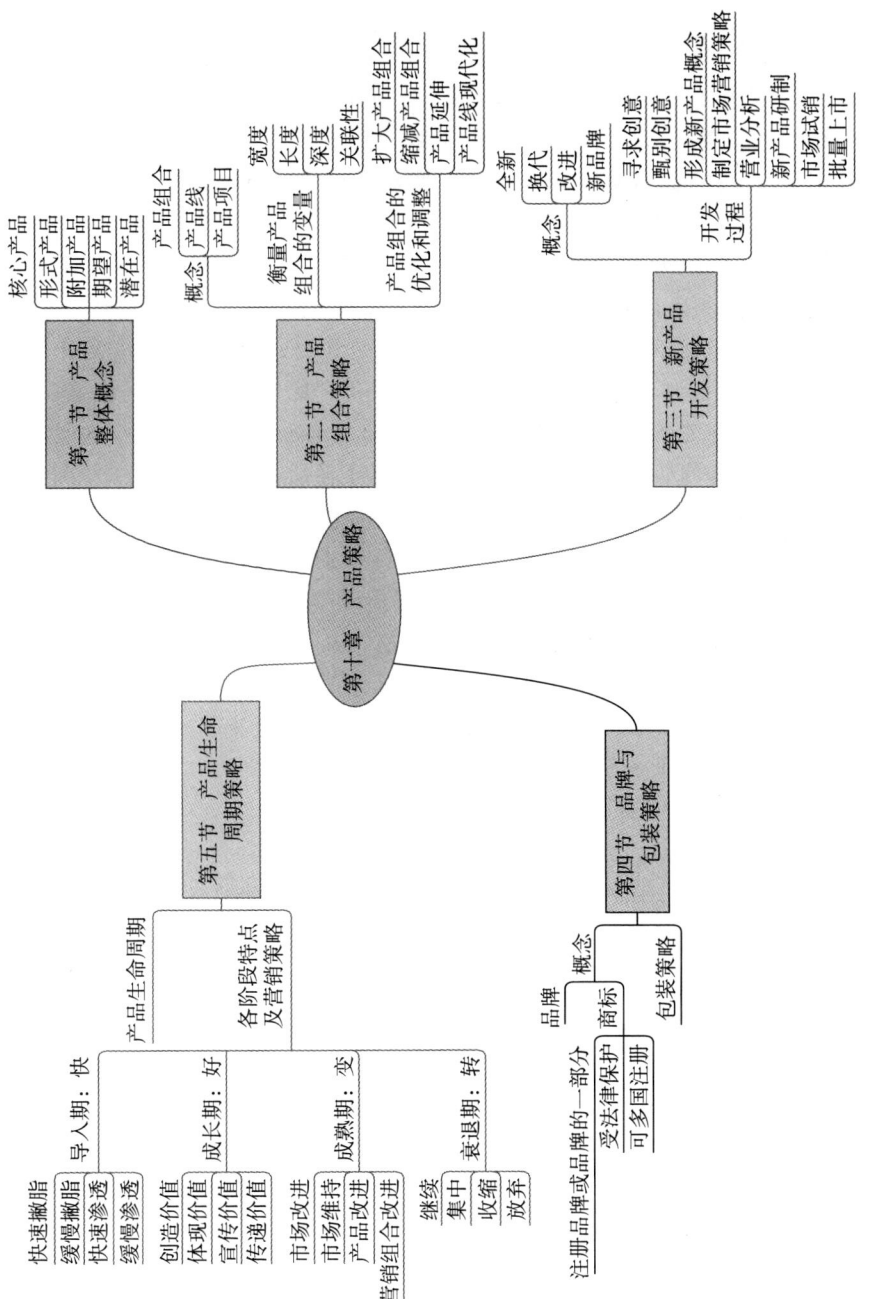

学习思维导图

第十章　产品策略

第一节　产品整体概念
核心产品
形式产品
附加产品
期望产品
潜在产品

第二节　产品组合策略
概念
产品组合
产品线
产品项目
衡量产品组合的变量
宽度
长度
深度
关联性
产品组合的优化和调整
扩大产品组合
缩减产品组合
产品延伸
产品线现代化

第三节　新产品开发策略
概念
全新
换代
改进
新品牌
寻求创意
甄别创意
形成新产品概念
制定市场营销策略
营业分析
新产品研制
市场试销
批量上市
开发过程

第五节　产品生命周期策略
产品生命周期
各阶段特点及营销策略
导入期：快
快速撇脂
缓慢撇脂
快速渗透
缓慢渗透
成长期：好
创造价值
体现价值
宣传价值
传递价值
成熟期：变
市场改进
市场维持
产品改进
营销组合改进
衰退期：转
继续
集中
收缩
放弃

第四节　品牌与包装策略
概念
品牌
商标
包装策略
注册品牌或品牌的一部分
受法律保护
可多国注册

章首案例 腾讯黄金红包：它来自哪里，有多重要？

继 2016 年 2 月 14 日微信短暂地将红包额度上限提升到 520 元之后，在 2017 年情人节，腾讯微黄金红包正式开启公测，同时还很应景地推出了"1314 毫克"黄金红包的活动。

什么是黄金红包，怎么玩？本次黄金红包基于腾讯财付通与工商银行联合推出的"腾讯微黄金"平台，工商银行负责黄金买卖交易和资产安全管理，财付通负责保障支付交易资金安全和提供客户咨询服务。

黄金红包在春节期间就开启了内测，人群仅限于腾讯、工行员工和部分特邀用户，2 月 14 日开启的是正式公测。腾讯黄金红包的数量最高可发 100 个，单个红包克数不超过 1000 毫克，每个人能领一个，克数也不超过 1000 毫克（仅在 2 月 14 日当天开放 1314 毫克上限）。一对多发送红包时，单人单次最多能发送 30 克红包、最多发送给 100 人。用户收到的红包会存进"腾讯微黄金"账户中，而且随着微黄金价格的波动，账户内微黄金的价值也会变化，微黄金报价跟踪上海黄金交易所价格浮动。

想发黄金红包，账户里要先有黄金，有两种方法可以实现。第一种是买入黄金：门槛非常低，0.001 克起就能买入和卖出，买入无须手续费，单笔金额上限为 10 万元，卖出需要收取 5‰的手续费，单笔上限为 20 万元；第二种是用户收到红包后，直接在领取页面点击"我也要发黄金红包"，进入发红包页面。

虽然目前用户只能在微信玩黄金红包，但黄金红包的入口跟普通微信红包不同，入口在微信公众号中，用户需要关注"腾讯微黄金"的公号，才能使用其他服务。根据规则，微信黄金红包的交易时间是周一至周五 9：40～22：20（法定节假日除外）。

黄金红包的影响力几何？

黄金红包由 FIT 开发完成，属于财付通和工行的合作产品，它对一直不温不火的腾讯 FIT 来说很重要。得益于红包的形式，这是一款社交性很强的理财投资产品，对用户来说接受度更高，进入门槛也更低。此前财付通还没有任何一款产品能得到跟黄金红包相近的大众关注度。它对阿里的蚂蚁金服也有不小压力。此前，市场上曾经有多款打着"黄金"旗号的理财投资产品，比如蚂蚁金服的存金宝、京东金融的"京东黄金"、黄金钱包等产品。

从目前来看，腾讯黄金红包是一款有趣的产品，几块钱就能买入，还能微信一键购买，黄金保存在工行内部，它改变了传统黄金投资重资产、低周期、高成本和长账期的种种不便。现货黄金数字化之后，借助于微信平台的高活跃用户数优势，能吸引更多消费者入场进行黄金买卖交易。

资料来源：崔鹏. 腾讯黄金红包开始公测：它来自哪里，有多重要？ ［EB/OL］. http：//www. sohu. com/a/126272677_ 115565，2017 - 02 - 15.

某种意义上讲,品牌的核心是产品,即任何品牌都离不开产品这一载体,企业要满足市场需要,必须通过提供某种产品来实现。所以,产品策略是企业市场营销及其管理的关键因素。没有适应市场需要的、具有竞争力的产品,企业的其他三个 P 就无从谈起,产品策略是 4P 营销组合策略的基石。

产品策略的本质是为社会和消费者或用户创造价值(即利益),或者说任何价值或利益都是以产品为载体,充分理解产品整体概念,对于更好地创造价值具有重要意义。

第一节 产品整体概念

产品是指提供给市场,用于满足人们某种欲望和需要的任何事物,包括有形商品(Goods)、无形的服务(Service)、事件(Events)、体验(Experiences)、人物(Persons)、场所或地点(Places)、财产权(Properties)、组织(Organization)、信息(Information)和理念(Ideas)等。产品整体概念一般包含五个基本层次:核心产品、形式产品、附加产品、期望产品、潜在产品,如图 10 - 1 所示。

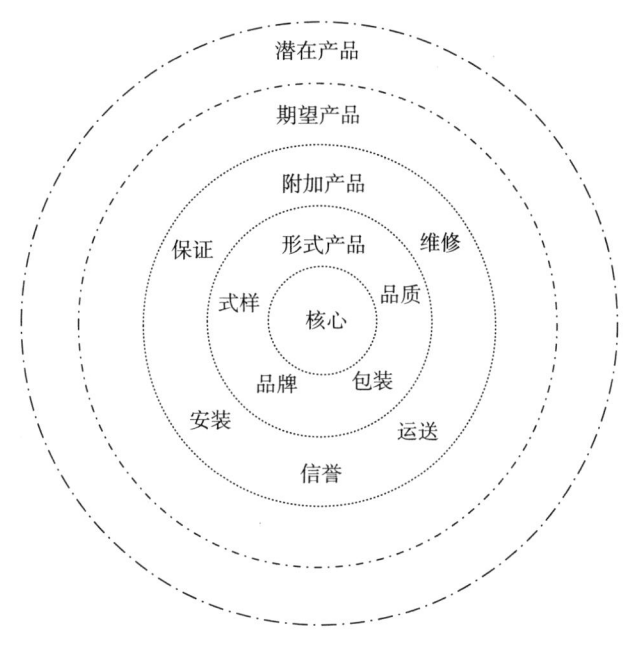

图 10 - 1 产品整体概念层次

一、核心产品

核心产品,是指产品的核心功能,是人们购买产品时所追求的核心利益,也是产品称其为产品的最基本、最主要的核心内容。人们购买某种产品,并不仅仅是为了占有或获得产品实体本身，而是为了获得能满足某种需要的效用或利益。因此，充分理解核心产品概念，对于开阔思维，提高创新及创造价值的能力具有关键作用。

二、形式产品

形式产品，是指核心产品借以实现的形式（或载体），是向市场提供的物质实体或服务形象。如果产品是有形商品（看得见或摸得着），它在市场上通常表现为商品的品质、特征、式样、品牌、商标及包装等。产品的基本效用必须通过某些具体形式的载体才得以实现。比如洗衣机本身的质量、外观设计、功能、规格等，化妆品本身的成分、品质、品牌、色彩、包装等都是消费者选择效用与利益的参考依据。因此，企业在满足消费者购买产品所追求利益需求的前提下，还应寻求利益得以实现的形式，进行产品设计，以求更完美地满足顾客需要。形式产品是实现产品差异化，提高产品竞争力的重要手段之一。

三、附加产品

附加产品，是指顾客购买形式产品时所获得的全部附加利益。包括送货、维修、保证、安装、培训、指导、资金融通、企业声望和信誉等。由于购买者的目的就是满足某种需要，希望得到与满足该项需要有关的一切附加价值，附加产品概念就来源于消费者对这种市场需要的认识与理解。企业如果从消费者的角度很好地理解附加价值并提供出来，有利于增强产品的竞争力。

四、期望产品

期望产品，是指购买者在购买产品时期望得到的与产品密切相关、高于一般同等级产品的属性，可以是物质的也可以是精神的。不同的人，对于同一种产品的期望不同。期望产品理念要求企业在生产设计销售过程中充分考虑到消费者的利益，有利于增强品牌美誉度。

五、潜在产品

潜在产品，是指现有产品包括所有附加产品、期望产品在内的，可能发展成为未来最终产品的潜在状态的产品，是现有产品的可能演变趋势与前景。或者说，潜在产品指出了现有产品最终可能演变的趋势与前景，或所有可能增加和改变的利益。它是在核心产品、形式产品、附加产品、期望产品之外，能满足消费者潜在需求的，尚未被消费者意识到，或者已经被意识到但尚未被消费者重视或消费者不敢奢望的一些产品价值。

潜在产品与期望产品的主要区别在于：顾客没有潜在产品仍然可以很好地满足其现实需求，但得到潜在产品，消费者的潜在需求会得到超值的满足，消费者对产品的偏好程度与忠诚程度会得到大大强化。

潜在产品是产品整体概念当中的最高层次。如企业能做到这个层次，将形成绝对的竞争优势，引领行业发展，并能够建立行业规则。这要求企业具有超强的预测能力和长远的战略眼光。

第二节　产品组合策略

一、产品组合及其衡量变量

1. 产品组合的概念

产品组合，是指企业提供给市场的全部产品大类、产品项目的组合或结构，也就是企业的业务经营范围。讨论产品组合及其衡量变量，需要明确产品大类及产品项目两个基本概念。

（1）产品大类，又称产品线，是指在产品类别中具有密切相关、满足同类需求（或经由同种商业网点销售或同属于一个价格幅度）的一组产品。

（2）产品项目，是指产品线内不同品牌因规格（或尺码）、价格、外观及其他属性不同而有所区别的具体产品。是衡量产品组合各种变量的基本单位。

2. 衡量产品组合的四个变量

产品组合通常由四个变量来衡量，它们分别是产品组合的宽度（或广度）、产品组合的长度、产品组合的深度及产品组合的关联性（度）。由此可以衡量一个企业的产品组合状况。表 10-1 列出了宝洁公司（部分产品）的产品组合，下面就以此为例，阐述上述四个衡量变量的概念。

表 10-1　宝洁公司（部分）产品组合

	产品组合的宽度（产品大类/产品线）				
	洗发护发品	织物护理品（洗衣粉）	个人清洁品	美容护肤品	口腔护理品
产品组合的深度	飘柔	碧浪	舒肤佳	玉兰油	佳洁士
	潘婷	汰渍	玉兰油	SK-Ⅱ	
	海飞丝		卡玫尔	蜜丝佛陀	
	沙宣			男士	
	伊卡璐				

（1）产品组合的宽度，是指企业产品组合中所拥有产品大类的数目。表 10-1 显示的产品大类为 5，即宝洁公司的产品组合宽度为 5。产品大类数目越大，表明产品组合的宽度越宽（或广）；反之亦然。

（2）产品组合的长度，是指企业产品组合中所包含的产品项目的总数。表 10-1 显示的宝洁公司产品组合的总长度为 15，平均长度为 3。

（3）产品组合的深度，是指产品大类中产品项目的数目。据不完全统计，宝洁公司的洗发护发产品大类中，飘柔有 7 款产品；潘婷有 4 款产品；海飞丝有 6 款产品（丝质柔滑型、滋养护理型等）；沙宣有 9 款产品；伊卡璐有 9 款产品。因此，表 10 – 1 显示的洗发护发产品大类的深度是 35（7 + 4 + 6 + 9 + 9）。需要说明的是，这里还没有计算各个品牌由于花色、规格、包装等不同形成的产品项目，实际上，以上各个品牌的花色、规格可以达十几种或几十种。产品大类中包含的产品项目越多，表明产品组合深度越深；反之亦然。

（4）产品组合的关联性，是指一个企业的各产品大类在最终用途、生产条件、分销渠道等方面的密切相关程度。

产品组合的宽度、长度、深度和关联性，不仅与企业发展战略、营销战略密切相关，而且直接影响着企业的销售额和利润状况。因此，市场营销者必须依据不断变化的营销环境，结合企业自身资源状况，适时地调整和优化产品组合。

二、产品组合的优化和调整

企业在调整和优化产品组合时，应依据不同情况采取相应的策略。可供企业选择的优化和调整产品组合策略包括扩大产品组合、缩减产品组合、产品延伸和产品现代化。

1. 扩大产品组合

扩大产品组合，是指拓展产品组合的宽度，或加强产品组合的深度，即在原有产品组合中，增加新产品大类和新产品项目。当企业预测现有产品大类的销售额和利润额，在未来一段时间内有可能下降时，应该考虑在现行产品组合中增加新的产品大类，或加强其中有发展潜力的产品大类；当企业计划增加产品特色或为更多的细分市场提供产品时，则可选择在原有产品大类内增加新的产品项目。扩大产品组合既可以使企业的人、才、物等资源得到充分利用，还可以分散经营风险，提高企业竞争力。

企业的产品大类有不断延长的趋势，主要原因有三：一是生产能力过剩，促使产品大类经理开发新的产品项目；二是经销商和销售人员要求增加产品项目，以满足顾客的差异化需求；三是产品大类经理为了追求更高的销售利润，增加产品项目。

2. 缩减产品组合

缩减产品组合，是指减少原产品组合中的产品大类或产品项目。当市场不景气或原料、能源供应紧张时，从产品组合中剔除获利很小，甚至不获利的产品大类或产品项目，企业可集中力量发展获利较多的产品大类或产品项目，从而使企业总利润上升。但是，随着产品大类的延长，在设计、工艺、工程、仓储、运输、促销等方面的费用也会随之增加，最终将会降低企业利润。这种情况下，需要对产品大类的发展进行重新规划，剔除那些得不偿失的产品项目，即缩短产品大类，有利于提高经济效益。

3. 产品延伸

任何企业的产品都有其特定的市场定位，产品延伸策略是指全部或部分地改变公司原有产品的市场定位。

（1）产品延伸策略。产品延伸有向下延伸、向上延伸和双向延伸三种策略。

①向下延伸。是指企业原来生产高档产品，现决定增加低档产品。一般来讲，当遇到下面四种情况之一时，企业可采取向下延伸策略：一是发现其高档产品的销售增长缓慢，而短期内又不可能改变；二是企业的高档产品在市场上竞争激烈，可采取向下延伸策略，进入低档产品市场以提升竞争力；三是企业通过高档产品已经建立了良好的形象，然后再向下延伸，以原有的良好形象带动低位产品；四是为了填补空隙，企业可增加低档产品，进一步增强竞争力。

向下延伸策略可能会遇到三方面的风险：一是向下延伸可能会使原本名牌的产品形象受损，此时，可通过让低档产品使用新商标的方式来规避风险；二是有可能会激怒生产低档产品的企业，使其向高档产品市场发起反攻，加剧高档市场产品的竞争，该风险可通过进一步提高高档产品的品质和形象来化解；三是企业的经销商可能由于低档产品所得到的利润少而不愿意合作，可与经销商加强沟通，并以利益分享来实现共生共赢。

②向上延伸。是指企业原来生产低档产品，后来决定增加高档产品。企业采取向上延伸策略的原因一般有三：一是高档产品畅销，销售增长较快，利润率高；二是企业估计其在高档产品市场具有更强的竞争优势；三是企业希望自己产品的种类更加全面。

采取向上延伸策略也会遇到三方面风险：一是竞争加剧风险，即生产高档产品的竞争者有可能进入低档产品市场；二是来自消费者的不信任风险，即消费者可能不相信企业能够具有生产高档产品的能力；三是来自中间商的风险，即企业销售代理商或经销商可能没有能力经营高档产品。

③双向延伸。是指原定位于中档产品市场的企业，在获得了市场优势以后，决定向产品大类的上、下两个方向进行延伸："上"是指增加高档产品；"下"是指增加低档产品，扩大市场范围。

（2）产品延伸的利与弊。任何事物都具有两面性，企业实施产品延伸策略，在为消费者、社会及自身带来利益的同时，也会产生一些弊端。

①产品延伸的益处。由于产品延伸是通过提供同一旗帜下的一系列不同的产品，所带来的利益主要包括三个方面：一是增加了产品种类，迎合顾客求异求变的消费心理，繁荣了商品经济，满足了更多的消费需求，从而实现共生共赢；二是减少开发新产品的风险，因为产品延伸所需要的时间及其他成本，比开发新产品更加容易控制；三是适应不同价格层次的消费需求，尤其是原拥有高档品牌产品的企业，由于其良好的品牌形象、精湛的生产工艺及卓越的管理能力深入人心并令人向往，向下延伸能够为消费者提供更加低价和优质的产品。

②产品延伸的弊端。产品延伸的弊端主要有以下三个方面：一是降低品牌忠诚度，尤其是原来具有较高忠诚度的品牌，企业因增加产品品种，可能会扰乱消费者原来的购买方式和消费习惯，从而降低忠诚度；二是过度细分的产品延伸，可能会造成"混乱"，导致因产品项目特色不明显而难以区分；三是产品延伸会引起一系列成本增加，显而易见的成本包括研究费用、产品包装、宣传等，易被忽略的成本是分散了研发人员的精力，从而有可能忽视了真正创新产品的研究与开发，降低了企业的创新能力。

4. 产品现代化

产品现代化，主要是指生产模式现代化。在某些情况下，尽管产品组合的宽度、长度都很恰当，但产品大类的生产模式可能已经过时，此时企业应考虑与时俱进、开拓创新，积极对产品大类实施现代化改造。企业产品线现代化一般面临两种选择：一是逐步实现现代化改造；二是快速进行现代化改造。在资金使用及实现速度上各有利弊，应依据企业自身的资源情况和市场竞争状况酌情进行。

第三节　新产品开发策略

现代科学发展日新月异、突飞猛进，消费需求差异化越来越明显，市场竞争越来越激烈，企业必须与时俱进，以求更好的生存、成长、持续发展，其关键因素之一就是要不断开发新产品，以满足社会发展的需要。无论是"一直被模仿，但从未被超越"的以苹果为代表的创新型公司，还是"一直在模仿，但从未被起诉"的追随型企业，都在不同的角度、不同的领域诠释着产品创新的重要性。

一、新产品的概念

市场营销学中的新产品概念，特别强调的是产品的相对性。从营销角度来说，新产品是指企业首次向某个市场提供、能满足某种消费需求的整体产品。在产品整体概念中，任何一个层次的任何一部分创新、变革或改良所形成的产品，都可视其为新产品。新产品主要分为全新产品、换代产品、改进产品、新品牌产品四种类型。

1. 全新产品

全新产品，是指运用新一代科学技术革命创造的整体更新产品，也就是运用新原理、新技术、新工艺、新材料等制造的市场上前所未有的产品。全新产品具有明显的新特征和新性能，甚至能改变用户或消费者的生产方式或消费方式。

2. 换代产品

换代产品，又称革新产品，是指对市场上已经出现产品的结构和性能进行部分改变后的产品，它使原有产品的性能得到改善和提高，具有较大的可见价值。

3. 改进产品

改进产品，是指对现有产品的质量、特点、外观、款式或包装加以全面或局部改进的产品。这类产品与原有产品差别不大，使用者易于接受。

4. 新品牌产品

新品牌产品，是指对现有产品稍加改变，突出某一方面的特点并使用新品牌后提供给市场的产品。一般是企业为了竞争需要，仿制市场上畅销产品而形成的产品。

二、新产品开发的过程

新产品开发过程，一般有寻求创意、甄别创意、形成新产品概念、制定市场营销策略、营业分析、新产品研制、市场试销和批量上市八个阶段（见图10-2）。

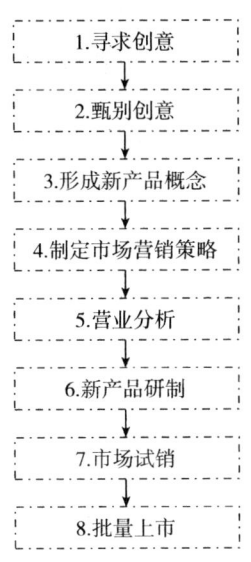

图 10-2 新产品开发过程

1. 寻求创意

创意是超越自我与常规、破旧立新的哲学，是指具有新颖性和创造性的念头和想法。所谓寻求新产品创意，就是开发新产品的设想，寻求尽可能多的创意可以为开发新产品提供更多的机会。新产品创意既可以来源于企业内部，也可以从顾客、中间商、竞争对手、咨询机构、高等院校和有关媒体等外部获得。企业寻求创意可采用头脑风暴法（又称智力激励法或自由思考法）、心智图法、曼陀罗法、逆向思考法、属性列举法、征求意见法、顾客问题分析法、创意解难法等多种方法。

2. 甄别创意

甄别创意，是指在取得足够的创意之后，要对这些创意加以评估、研究其可行性，并挑选出可行性较高的创意。其目的是淘汰那些不可行或可行性较低的创意，使企业有限的资源集中于成功机会较大的创意上。甄别创意时，一般要考虑两个因素：一是该创意是否与企业的战略目标相适应，包括利润目标、销售目标、销售增长目标、形象目标等；二是企业有无足够的能力开发这种创意，这方面的能力表现为资金、技术、人力资源、市场开拓和销售能力等。

3. 形成新产品概念

要形成新产品概念，一般要经过新产品概念形成及其试验两个步骤。

（1）新产品概念的形成。产品创意是企业从自己的角度来考虑能够向市场提供可能产品的构想。这种构想只有得到消费者认可才有意义，满足消费者需求，也是企业开发新产品的目的。因此，经过甄别保留下来的产品创意，需要从消费者角度对产品创意做出详尽描述，即形成产品概念。产品概念是指已经成型的产品创意，即能用文字、图像、模型等予以清晰阐述并具有确定特性，能够让消费者感知的产品形象。

（2）新产品概念的试验。确定产品概念、进行产品和品牌定位后，还应该对产品概念进行试验。概念试验就是把成型的产品形象以说明书、图画、模型或实物的方式展示给部分目标顾客，观察他们的反应。通过概念测试获得的信息将使企业进一步充实产品概念，使之更适合消费者需要。

4. 制定市场营销策略

新产品概念通过测试之后，企业要拟订一个新产品投放或引入市场的初步的市场营销策略规划，并在未来的发展阶段不断完善。该规划应包括三部分内容：一是描述目标市场的规模、结构、消费者的购买行为、新产品市场定位，以及前几年的销售量、市场占有率、利润率预期目标等。二是简述产品计划价格、分销策略，以及第一年的营销预算。三是阐述较长期（如3年或5年）的销售额和投资收益率，以及不同时期的市场营销组合策略等。

5. 营业分析

营业分析，就是新产品开发的经济效益分析。企业市场营销管理者要复查新产品将来的销售额、成本和利润的估计，看看它们是否符合企业的目标。如果符合，就可以进行新产品开发。

6. 新产品研制

新产品概念通过营业分析之后，企业研究与开发部门或工程技术部门就可以把新产品概念转变成为样品。只有通过产品研制并投入资金、设备和劳动力，才能证明这种产品概念在技术、商业上具有可行性。为了保证研制出的样品符合产品概念规定的特征，应该对样品进行包括专业人员和消费者在内的功能测试。专业人员进行的测试包括：新产品是否安全可靠；性能质量是否达到规定的标准；制造工艺是否先进合理等。消费者测试主要是请消费者试用，然后征集他们对产品的意见，以便对样品实行进一步改进。

7. 市场试销

经过测试合格的样品即正式产品，要投放到有代表性的小范围市场上进行试销，以检验新产品的市场效率，并将其作为是否大批量生产的依据。当产品的成本很低，或对新产品非常有信心，或由比较简单的产品线扩展或模仿竞争者的产品时，企业可以不进行试销。新产品试销前应对试销地点、试销时间、延续时间、试销费用、试销策略等做出决策。

8. 批量上市

新产品试销成功后，就可以正式批量生产，全面推向市场。新产品的商业化投放需要大量的资金，而且投放初期往往利润很小甚至亏损。因此，企业必须选择合适的投放时机、投放地区，并根据目标市场特点开展市场营销组合策略。

第四节　品牌与包装策略

一、品牌与商标

品牌是指企业独创、具有显著特点、用以识别卖主产品的某一名词、术语、标记、符号、设计或它们的组合。品牌的基本功能是把不同企业之间的同类产品区别开来。一个完整的品牌应该包括品牌名称和品牌标记两大部分。

商标是指经政府有关部门审核、获准登记注册的品牌。商标可以是品牌的全部，也可以是品牌的一部分。商标可以在多个国家注册，并受法律保护。

有关品牌与商标的相关内容，在本书第九章已进行了详尽的论述，在此不多赘述。但在此有两点需要特别强调：第一，即使是品牌已经上升到企业营销战略的层面，但品牌仍是产品策略的重要内容之一，因为品牌的整体内涵一般通过六个方面来体现：一是品牌属性；二是品牌利益（包括功能利益或情感利益）；三是品牌价值；四是品牌文化；五是品牌个性；六是品牌角色感。第二，品牌是包装策略的重要内容。

二、包装策略

1. 包装的作用和种类

包装在营销活动中具有重要的作用。有时，包装对于提升产品价值具有不可估量的意义。尤其是自选商场（超市）兴起以来，销售包装是否为消费者所喜爱，已成为市场竞争的重要手段之一，特别是食品和日用消费品的销售包装，越来越占有重要地位。

（1）包装的概念。包装，是指"为在流通过程中保护产品、方便贮运、促进销售，按一定技术方法而采用的容器、材料及辅助物等的总体名称。也是指为了达到上述目的而采用容器、材料和辅助物的过程中施加一定技术方法等的操作活动"。不同国家或组织，对包装的含义有不同的表述与理解，但基本内涵一致，都是以包装功能和包装作用为核心内容。

理解现代包装概念，可以从三个方面考虑：一是包装具有商品性，它与商品一起组成统一体；二是包装具有目的性，依据不同的目的，包装会起到不同的作用；三是包装具有生产活动性，包装材料或包装过程是生产活动（过程）的一个重要组成部分。

（2）包装的作用。包装的作用主要体现在以下六个方面：①包装是生产继续的保证。

包装效率的高低，直接影响着生产效率。②保护产品的品质与数量。产品包装能够避免或防止产品在流通各环节受到各种内、外部因素的影响。③便于流通。产品包装有利于最大限度地利用运输工具的装载空间和仓储空间；便于机械化作业；方便收、发、转移过程中产品的识别、验收、计数、清点等工作。④包装有利于促进销售。⑤包装便于消费。⑥包装能够提高商品的身价。

（3）包装的种类。采用不同的分类标志，可将包装分成不同的类型。一般从四个方面对包装进行分类。①按照包装在流通中的作用划分。包装可分为小包装、中包装、大包装。②按包装质量要求划分。包装可分为销售包装、运输包装。③按包装材料划分。包装可分为纸包装、塑料包装、木材包装、金属包装、玻璃包装、纺织品包装、复合材料及其他材料（陶瓷、革、竹、柳等）包装。④按包装技术划分。包装可分为防震包装、防潮包装、防冻包装等。

2. 包装策略

包装设计专家唐·贝克（Don Baker）曾言："包装就是品牌的脸，是一个容易记忆的东西。一提到品牌，消费者立即想到包装。因此，在改变包装时必须谨慎。你必须为品牌设计一个容易认出的包装。"这些话生动地说明了包装对于品牌策略及产品销售的作用。

实际生活中，消费者在超市选购商品，有时确实"往往分不清一种产品和它的包装，很多产品就是包装，而很多包装就是产品"。从某种意义上讲，包装是沉默不语且极具说服力的推销员。

这里主要讨论销售包装策略。销售包装是指直接盛装商品，并同商品一起出售给消费者的小型包装，又称零售包装或小包装。销售包装主要起保护产品、方便运输、美化产品、宣传产品、方便产品陈列、方便消费者识别、选购、携带和使用等作用。可选择以下包装策略：

（1）保护品质。这是一切产品包装的首要条件。

（2）提高身价。在包装设计上，力求美观大方，起到美化产品的作用，以提高产品的身价，这一点对于增强产品的竞争力具有重要的作用。

（3）便于陈列和选购。为了便于产品陈列，可采用堆叠式包装、悬挂式包装、可展开式包装等。为了方便消费者识别、了解产品，可采用透明式包装、开窗式包装、惯用型包装等。

（4）便于携带。为了方便消费者携带与使用，可采用易开式包装、喷雾式包装、配套式包装、送礼式包装、复用式包装等。

（5）与身价相适应。是指包装质量要与产品质量和产品身价相适应。

（6）充分显示特点。是指包装在画面设计上应充分显示内装产品的特点，能够让消费者在短时间内引起注意，并要依据区域、文化层次等（社会制度、宗教信仰、风俗习俗等）不同，设计包装的色泽、画面审美及爱好。

（7）便于储存运输。主要是指要求包装的造型要与运输包装相适应，以充分利用运输包装的容积，节约包装材料、降低运输成本、增强竞争力。

（8）使用新型包装。包括包装材料和包装技术两方面，新颖包装能更好地赋予产品新颖别致、美观大方的装潢，可更加轻便、洁净、牢固。

（9）安全性好。是指包装的安全、卫生性要好，尤其是食品包装，必须对人体无害。

（10）避免过度包装。是指包装不要过度的华丽与奢侈。

第五节 产品生命周期策略

一、产品生命周期的概念

产品生命周期是指产品从进入市场到退出市场所经历的市场生命循环过程。典型的产品生命周期一般由四个阶段组成：导入期（或介绍期、引入期）、成长期、成熟期和衰退期。产品生命市场周期曲线如图 10－3 所示 。该图反映了处于生命周期不同阶段的产品销售额、利润和成本的大致变化状态。

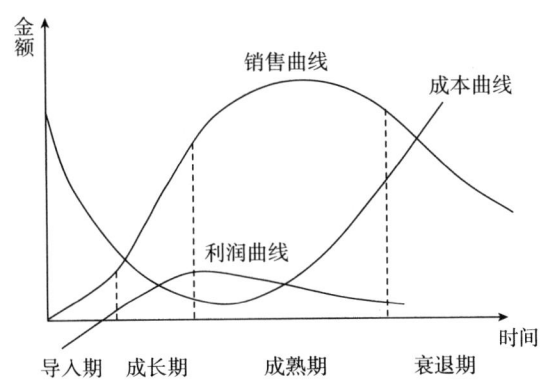

图 10－3 产品市场生命周期曲线

产品生命周期是以统计规律为基础进行理论推导的结果，是一种分析、归纳现象的工具。在理解产品生命周期概念时应注意以下两点：第一，呈基本正态分布曲线的产品生命周期曲线是一种理论形态，在现实经济生活中，不是所有产品的生命历程都完全符合，也就是说，不同的产品具有不同的曲线；第二，不同产品的生命周期会呈现出不同的时间长度及特点，因此，实际运用中，大多用于分析产品的品种。

二、产品生命周期各阶段的特点及营销策略

产品生命周期理论说明，大部分产品都不会经久不衰，永远获利。在产品生命周期的不同阶段，产品的销售额、成本、利润等都会呈现出不同的水平，企业应结合市场需求情况对产品所处的生命周期进行判断与划分，在产品生命周期的不同阶段，选择或采取不同的营销策略，以实现产品在整个生命周期中利润最大化。

1. 导入期的特点与营销策略

（1）导入期的特点。导入期是指新产品首次投入市场的最初销售时期。导入期至少具有五个特点：一是顾客对产品不了解，只有少数追求新奇的顾客才可能购买，销售量较低；二是由于技术还不够成熟，产品不能大批量生产且质量不够稳定；三是成本高，销售额增长缓慢，企业利润少甚至亏损；四是企业还没有建立起稳定的分销渠道，或者说分销和促销费用较高；五是还没有或只有较少的竞争者。

（2）导入期营销策略。导入期的营销策略，主要突出一个"快"字，即在稳定产品质量和建立并完善分销渠道前提下，根据具体情况制定合理的价格水平和促销力度。图10-4列出了导入期可选择采用的营销策略，主要涉及价格与促销两个因素。

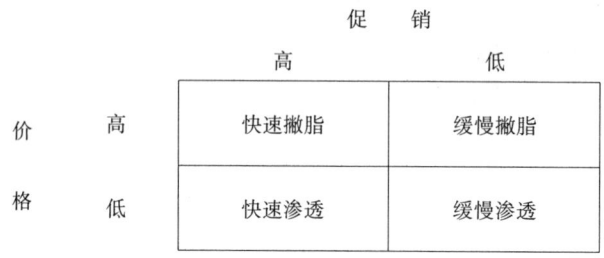

图 10 - 4　价格促销矩阵

①快速撇脂策略。是指以高价格、高促销费用的方式推出新产品，以便迅速扩大销售量，取得较高的市场占有率，获取较高利润。该策略适用条件及效果是：目标市场上大部分消费者还不了解该新产品，但可通过高促销的方式增强其对新产品的认识并愿意高价购买；产品面临潜在的竞争者，通过高促销可迅速使消费者建立对自己产品的认知与偏好。

②缓慢撇脂策略。是指以高价格、低促销费用的方式推出新产品，以便实现更多的利润。该策略的适用条件是：市场规模较小，大多数消费者已经熟悉了该新产品，并且愿意支付高价，潜在竞争者的威胁不大。

③快速渗透策略。是指以低价格、高促销费用的方式推出新产品，以便实现最快速的市场渗透和最高的市场份额。该策略的适用条件是：市场容量足够大，但消费者对新产品不够熟悉，而对价格比较敏感；潜在竞争激烈；随着生产规模的扩大和学习经验的增加可降低产品成本。

④缓慢渗透策略。是指以低价格、低促销费用的方式推出新产品。一般是在市场容量很大，消费者熟悉该产品但对价格反应敏感，并且存在潜在竞争者的市场环境下适于选择采用此策略。

2. 成长期的特点与营销策略

（1）成长期的特点。到了成长期阶段，产品已经打开了销路，市场份额迅速扩大。该阶段主要有五个特点：一是消费者已经了解该产品，销售量迅速增长；二是生产规模扩大，生产成本下降；三是已经建立比较稳定的分销渠道，单位促销费用下降；四是利润快速增长；五是有竞争者进入市场，同类产品增多，竞争开始加剧。

（2）成长期营销策略。此阶段的营销策略，应主要突出一个"好"字，需要在以下四个方面下功夫：①更好地创造产品的价值。通过增加产品新功能、改变产品款式等方式，为顾客提供更高的价值，通过提供更好的服务，强化消费者的购买信心，提高产品的竞争能力，吸引更多的顾客。②更好地体现产品的价值。通过制定更加合理的价格，尤其是选择适当的时机和方式降价，吸引对价格比较敏感的消费者。③更好地宣传产品的价值。将促销目标从介绍产品性能转移到建立产品形象上来，通过各种促销与沟通方式吸引新顾客，建立消费者品牌偏好，并可通过对比显示产品优势，同时努力维系老顾客。④更好地传递产品的价值。通过寻找新的细分市场，开辟新渠道，或增设新渠道，以实现更快、更有效、更便捷、更方便的产品价值传递，提高企业持久竞争力。

3. 成熟期的特点与营销策略

（1）成熟期的特点。产品经过成长期以后，销售量的增长会缓慢下来，利润也开始下降，此时表明产品已开始走向成熟期。成熟期有五个特点：一是产品的销售量增长缓慢，逐步达到最高峰，然后缓慢下降；二是该产品的销售利润也从最高点开始下降；三是市场竞争非常激烈，各种品牌、各种款式的同类产品不断出现；四是绝大多数购买者为重复性购买，只有少数后期首次购买者进入市场；五是产品成熟期一般持续时间较长。

（2）成熟期营销策略。成熟期的营销策略，应主要突出一个"改"字，主要从产品和市场两方面寻求改变，以巩固市场占有率，延长生命周期的成熟阶段。可以用产品/市场矩阵表述成熟期的市场营销策略，具体如图 10-5 所示。①市场改进策略。是指不改变产品，进行市场改进，或发现产品的新用途，或改变推销方式以扩大市场。②维持策略。是指在原有市场上销售原有产品，以维持老顾客。③产品改进策略。是指以改变产品自身来满足顾客的不同需要，吸引有不同需求的消费者。产品整体概念的任何一个层次的改变都可视为产品改进或新产品。④营销组合改进策略。是指通过对产品（包括服务）、定价、渠道、促销策略四个方面加以综合改进，进一步满足消费需求。

	现有产品	新产品
现有市场	（2）现有产品 现有市场 维持策略	（3）新产品 原有市场 产品改进策略
新市场	（1）现有产品 新市场 市场改进策略	（4）新产品 新市场 营销组合改进策略

图 10-5 成熟期的营销策略

4. 衰退期的特点与营销策略

（1）衰退期的特点。该阶段主要有四个特点：一是产品销售量急剧下降；二是该产品利润很低或为零，甚至亏损；三是市场竞争转入激烈的价格竞争，或大量竞争者退出市场；四是消费者的消费习惯已经发生转变。

（2）衰退期阶段的营销策略，应主要突出一个"转"字，即在处理好处于衰退期产品的同时，引入新产品。此阶段可选择的营销策略主要有四种：①继续策略。继续沿用过去的策略，仍按照原来的细分市场、使用相同的渠道、定价及促销方式，直到这种产品完全退出市场为止。采用此策略应注意控制营销费用的投入。②集中策略。将企业资源及营销能力集中在最有效的细分市场，以缩短产品退出市场的时间，为企业创造更多的利润。③收缩策略。大幅度降低促销水平，尽量减少营销费用。该策略可能导致产品加速衰退，但一般仍会有忠实顾客购买。④放弃策略。对于衰落比较迅速的产品，应当机立断放弃经营。企业既可以选择完全放弃，也可以部分放弃。使用该策略时应注意处理现有顾客售后服务的问题，否则会因停止经营该产品使原来顾客的要求得不到满足，从而影响这些顾客对企业的忠诚度。

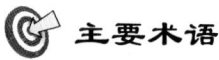 主要术语

产品　产品组合　品牌　新产品开发　产品生命周期

思考与讨论

1. 何为产品？请结合某一具体产品谈谈其整体概念。
2. 请结合某一类产品，谈谈其产品的价值。
3. 何为产品组合？谈谈调整产品组合的重要性。
4. 请结合包装的意义，简述奢侈包装的危害。
5. 何为新产品？请结合新产品开发过程和某一熟悉的产品，尝试开发一种新产品。
6. 简述产品市场生命周期各阶段的特点及营销策略。

营销实践与应用

星巴克，用科技提升"顾客体验"

几年前，也许没有人会相信中国的消费者会愿意花费30元人民币来买一杯咖啡。但仅仅过了几年，如同在其他国家一样，星巴克再次证明不仅这是可能的，并且这个范围还在不断扩大。浪漫的咖啡体验、温暖和共享的感觉，这就是风靡全球的星巴克式的品牌体验。

在互联网大潮下，做餐饮行业不能仅仅做到吸引眼球，如何让餐饮品牌的市场生命周期更持久，才是关键。2014年起引爆O2O餐饮的项目，雕爷牛腩、黄太吉、西少爷、人人湘、伏牛堂等不约而同地都借着"互联网＋"的风口火了一把，但短短几年这些新兴餐饮品牌店已经人气下降、光环不再；近两年出现的餐饮业的网红店，如喜茶、一点点、丧茶、鲍师傅、青团等网红餐饮，标新立异，抓住用户心理，但火爆的背后，行业人士则各有说法。

中国是一个美食大国，星巴克的品牌体验之道值得我们借鉴。

2008 年星巴克经历了史上最差的业绩，除外围经济差之外，创办人霍华德·舒尔茨（Howard Schultz）认为最重要的是品牌的核心价值受到破坏！当时的管理层追求的是增长和向华尔街交差的数字，这些导致公司远离核心价值，顾客体验受到破坏，消费者远离星巴克，这些最终反映在业绩上。于是霍华德·舒尔茨重返星巴克，担任 CEO 一职，通过一系列的改革，令星巴克起死回生，股票至今升近十倍。

霍华德·舒尔茨是最早提出第三生活空间（Third Place）的人，他希望通过咖啡的气味和环境让人们将星巴克当成家和公司之外的第三个去处。这个所谓的"核心价值"并不特别，中国香港的 Pacific Coffee、中国台湾的真锅咖啡、丹堤咖啡，国内其他的咖啡连锁像雕刻时光、漫咖啡等也有着类似的概念，做得很出色。为什么霍华德·舒尔茨能通过重新拥抱核心价值，增强"顾客体验"就能将星巴克起死回生？

霍华德·舒尔茨很重视"顾客体验"，认为是核心价值中非常重要的一环，通过良好的体验，顾客才能体会和感受到星巴克所追求的核心价值。一般人的理解，打造好的顾客体验需要花不少钱，而且对业绩还不一定有直接的帮忙。但其实星巴克通过提升顾客体验，不但提升了营运效率，也促进了营业额的增长。除在产品和环境上用功以外，在数字媒体和科技上的投资，对提升顾客体验也有很大的帮忙。它是如何做到的呢？

当社交媒体已成为人们生活的一部分时，其实已经重新定义了人们连接在一起的方式，星巴克在科技和数字媒体上的投资主要通过和顾客的链接，了解他们的喜好、消费行为，提供更好的体验服务，留住顾客。

引入 My Starbucks Idea，了解市场需求

星巴克的 CEO 兼创始人霍华德·舒尔茨认为只有伙伴（星巴克称自己的员工为伙伴）和顾客才是最了解星巴克的人，早在 2008 年 3 月 19 日就推出 My Starbucks Idea 网站，通过互联网收集用户意见，改善服务，增强顾客的"正面"体验。Idea 可以分为三大类：第一类是和产品有关的，如新产品、咖啡味道等（Product Ideas），第二类是和体验有关的，如店的环境、音乐、付款方式等（Experience Ideas），第三类是和社区有关的，如社会责任、社区互动等（Involvement Ideas）。当年做法大胆创新，非常具有争议性。但如今不少企业争相效仿，小米就是一个好例子。

免费 Wi-Fi 的营运逻辑

免费 Wi-Fi 虽然会导致不少顾客延长停留在店内的时间，但也同时开拓了一群"三五成群"一起来的顾客。他们除了品尝咖啡外，也希望有个地方让他们可以聚会、上网、分享照片和一些有趣的 YouTube 影片。在用户体验方面，不但提供顾客方便，还成功打造"休闲"的生活空间，让顾客可以自由舒适地上网。为他们提供一个场所，让他们好好享受这些"碎片"时间，Wi-Fi 相信是最好的选择。

以 Mobile APP 为核心，随时随地连接用户

Mobile APP 可说是星巴克移动策略的重心。对于星巴克在这方面策略的解读，不应该单单以 APP 的功能而论，而是应该结合奖励计划（也即 Social CRM）、POS 系统、预付卡、移动支付等一起了解，因为它们是独立的系统，但各自依赖，形成一个良好的循环。

没有奖励计划，没有那么多人使用移动支付；没有整合 POS，没法作交易处理和消费分析；没有预付卡，单靠信用卡没法支撑移动支付；没有移动支付，整个 Mobile APP 就失去最大的意义。这种深度结合所带来的用户体验非常棒，除了在服务速度上有所提升外，所产生的数据也非常珍贵。

移动支付，电商最重要的"最后一里"

移动支付最值得投资的地方，在于用户习惯的培养和数据的收集。当初霍华德·舒尔茨投资 2500 万美元给 Square 公司，并承诺在美国的 7000 家星巴克分店同时接受通过 Sqaure Wallet（Sqaure 钱包）进行的移动支付时，就是看中这一点。不过，聪明的星巴克并没有完全依赖 Square 而是同时发展自己的移动支付方案，Starbucks Card Mobile APP 的推出，结合已有的奖励计划、预付卡和 POS 系统，在芸芸移动支付方案中脱颖而出。一旦星巴克的顾客习惯了以手机支付，等于将自己的相关信息，包括地理位置、交易明细、对产品的喜好等开放给星巴克。掌握这些资料，将为星巴克省下不少钱。

My Starbucks Rewards 奖励计划，收集资料、促进消费

目前，My Starbucks Rewards 分为三个会员奖励级别，包括新星级、绿星级和金星级，按照会员账户中累积的"星星"数目决定会员级别，达到具体级别，就会收到适用于该级别的各种奖励。本来这个奖励计划没什么特别，但会员必须通过星巴克的手机 APP 登记已启动的星巴克卡才可以加入，变相迫使用户使用 APP（虽然登记即可获取中杯装或以上之手调饮品的"买一送一"的奖赏优惠），进而"引导"用户不知不觉中使用 APP 上的其他功能，包括移动支付，做法聪明。

资料来源：http://www.socialbeta.com/articles/case-study-starbucks-customer-experience-core-value.html.

案例讨论题

1. 试观察一下近几年出现的餐饮业网红店，你看好哪些品牌，为什么？你认为需要如何改进？

2. 餐饮业网红店应该更多关注顾客的哪些价值体验？

3. 结合自己的观察和体会，根据相关章节分析思考视角，谈一谈自己的看法。

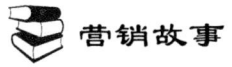 **营销故事**

"抵羊"牌毛线

"九一八"事变后，举国上下抵制外货，为国货提供了良好的市场空间。宋棐卿（山东益都人，益都即现在的青州）抓住这个时机，创办了东亚公司。当时羊毛线充斥国内市场，东亚公司生产出中国自己产的毛线后，有人提议将毛线取名为"抵洋"牌（抵制洋货之意）。宋棐卿认为，抵制洋货虽然是宗旨，但这两个字太露骨，还有可能惹出麻烦，不如将"抵洋"改为"抵羊"，语意双关，寓意自明。于是找人设计一些品牌标识图样，但都不能让宋棐卿满意。于是，宋棐卿从家乡青州拉来了两只公绵羊，使之相抵，拍成照片，再找设计师依照片绘制成商标图样。后来新厂落成，公司又用汉白玉雕刻了一对相抵的羝羊，置于办公楼前的草坪上。东亚公司"抵羊"商标和"国人资本、国人制造"的口号，迎合了举国抵洋抗日的心理，既开拓了市场，又树立了企业良好形象。

品评：义利关系是儒家思想的重要内容，"以义为先，以义致利"也是儒家义利观的精髓。其中"义"的重要表现就是高度的社会责任感。宋棐卿曾留学美国西北大学，专攻商科。1932年怀着兴业报国的热情，在继承父业的基础上在天津创办了东亚毛呢纺织股份有限公司。他在天津开办毛纺企业的原因有二：一是天津为华北羊毛集聚中心，原料有保障；二是天津为华北的大商埠，水陆运输方便，煤电供应也很充足。东亚公司的抵羊商标叫起来响亮，看起来贴切，承载着宋棐卿实业报国的理想，体现了鲁商以民族大义为己任的品格。

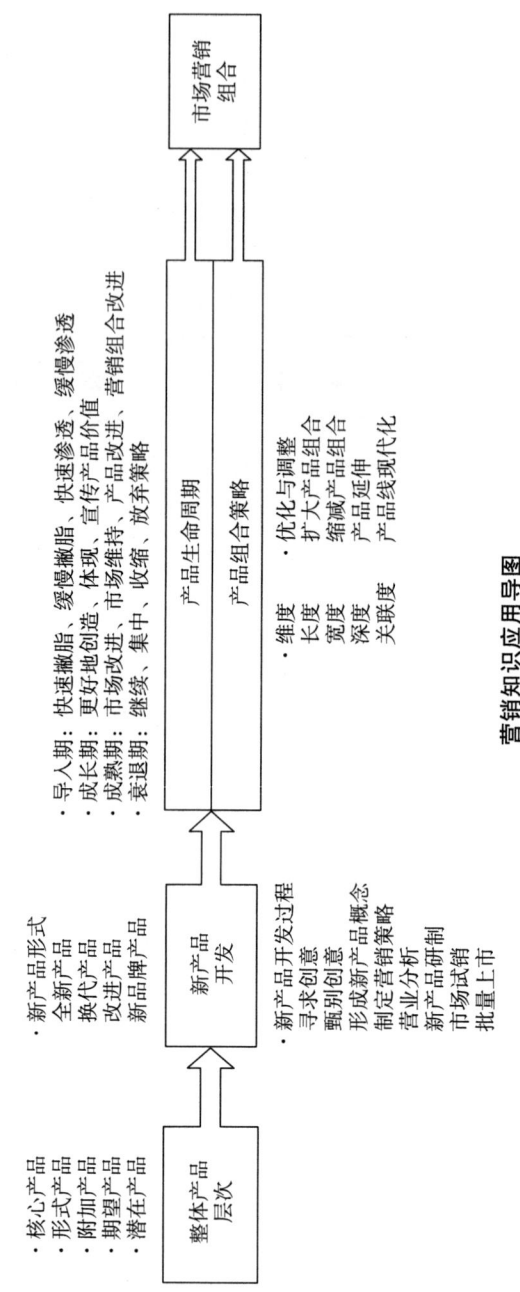

营销知识应用导图

整体产品层次
· 核心产品
· 形式产品
· 附加产品
· 期望产品
· 潜在产品

新产品开发
· 新产品形式
全新产品
换代产品
改进产品
新品牌产品

· 新产品开发过程
寻求创意
甄别创意
形成新产品概念
制定营销策略
营业分析
新产品研制
市场试销
批量上市

产品生命周期
· 导入期：快速撇脂、缓慢撇脂、快速渗透、缓慢渗透
· 成长期：更好地创造、宣传产品价值
· 成熟期：市场改进、市场维持、产品改进、营销组合改进
· 衰退期：继续、集中、收缩、放弃策略

产品组合策略
· 维度
长度
宽度
深度
关联度

· 优化与调整
扩大产品组合
缩减产品组合
产品延伸
产品线现代化

市场营销组合

第十一章

价格策略

 学习目标

1. 了解影响企业定价的因素。

2. 了解企业制定价格所遵循的基本程序。

3. 掌握企业制定价格的不同方法及其特点。

4. 掌握定价策略的类型与应用。

5. 掌握价格变动发生的原因及企业对策。

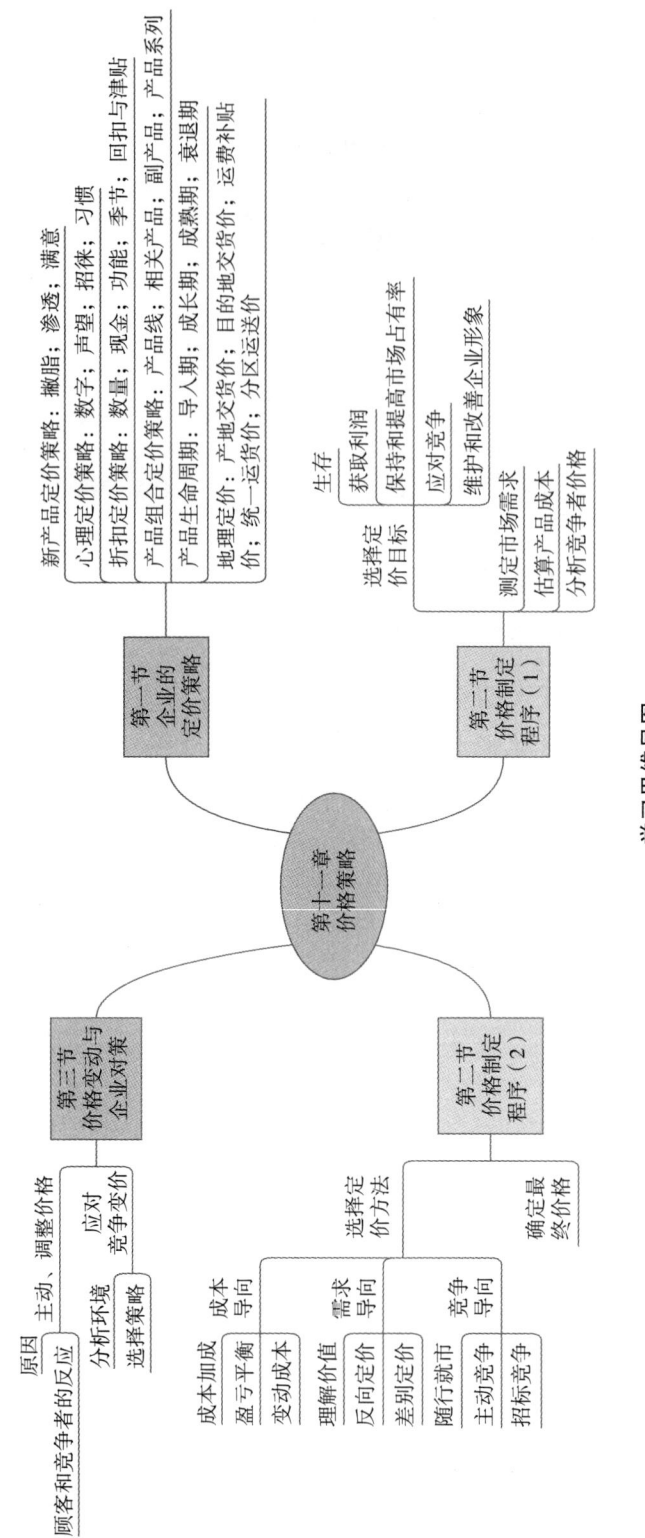

学习思维导图

章首案例 家乐福等超市涉嫌价格欺诈

2017 年春节前，多地消费者举报"家乐福等部分超市价签标低价结账收高价"，坑害消费者，国家发改委高度重视，部署各地价格主管部门，对部分省会城市超市价格行为进行重点检查。经查确有一些城市的部分超市存在价格欺诈行为。国家发改委责成相关地方价格主管部门依法予以严肃处理：责令改正，没收违法所得，并处违法所得 5 倍罚款；没有违法所得的或无法计算违法所得的，最高处以 50 万元的罚款。检查发现的价格欺诈表现如下：

一、虚构原价

长春市家乐福新民店销售的"七匹狼男士全棉横条时尚内衣套"等商品虚构原价，该男士内衣套价签标示原价 169 元/套、现价 50.70 元/套，经查原价为 119 元/套；上海市家乐福联洋店销售 338 克/袋的"正林特供香瓜子"，价签标示原价 14.80 元/袋、现价 6.90 元/袋，经查原价为 7.40 元/袋。还有其他几家超市也存在同样问题。

二、低价招徕顾客高价结算

上海市家乐福南翔店销售弓箭球形茶壶等商品存在结算价高于标签价现象，茶壶标价 36.80 元/把，结算价 49.00 元/把；昆明市家乐福世纪城店销售梗冠绿色盘锦大米，标价为 64.6 元/袋，结算价 69.7 元/袋；武汉市汉福超市洪山广场店销售意邦多功能清洁巾，标价 16.9 元/件，结算价 18.8 元/件。重庆市沃尔玛北城天街店等城市部分超市也有此问题。

三、不履行价格承诺

昆明市家乐福白云店销售老树普洱茶，海报标价 60 元/盒，结算价 120 元/盒。上海市家乐福张江店销售开心果，宣传价 43.98 元/斤，结算价 45.88 元/斤。长沙市家乐福贺龙体育馆店销售袜子、男女内衣三种商品，广告宣传"顾客任选 3 件 1 件免单"，结算时不论买 6 件还是买 9 件都只免收 1 件的价款。哈尔滨市家乐福会展店销售内衣，广告宣传"全场三折起"，经查实际销售中没有一个品种以三折价格进行销售。

四、误导性的价格标示

昆明市家乐福世纪城店销售特色鱿鱼丝，销售价格为 138 元/袋，价签标示时用大号字体标示"13"，用小号字体标示"8.0"，诱导消费者误认为销售价格为每袋 13.80 元；销售 2000 克火腿礼盒，销售价格为每盒 168 元，价签标示时用大号字体标示"16"，用小号字体标示"8.0"，诱导消费者误认为销售价格为每盒 16.80 元。

国家发展改革委指出，上述行为违反了《价格法》第十四条经营者不得"利用虚假的或者使人误解的价格手段，诱骗消费者或者其他经营者与其进行交易"以及《禁止价格欺诈行为的规定》《关于商品和服务实行明码标价的规定》的有关规定，构成了价格欺诈的违法行为，严重侵害了消费者权益。政府价格主管部门查处并公开曝光这些价格违法案件，目的是惩戒违法经营者，提醒和告诫所有经营者加强价格自律，诚实守信经营。

资料来源：国家发展改革委通报家乐福等超市涉嫌价格欺诈 [J]. 中国经贸导刊，2011（3）.

企业在市场营销过程中，价格是唯一能产生收益的营销变量，它不仅直接关系着市场对产品的接受程度，影响着企业利润的高低，而且还会涉及经销商、消费者和竞争者等各方面的利益。价格是营销组合中最活跃、最敏感的因素，也是能够直接产生收入的因素。产品开发、技术引进、产品质量提高、销售渠道开拓和投放广告等营销方案的实施，都要产生相应的成本，而价格则直接产生收入。企业实施价格策略时，应以消费需求为前提，以成本费用为基础，以竞争价格为参照，并与其他策略及产品定位相协调。

第一节　企业的定价策略

在市场营销活动中，企业定价是一项既重要又困难，还有一定风险的工作。产品价格对于该产品的市场接受度有巨大的影响，价格定得是否合理不仅影响到竞争者的行动，而且关系到生产者和经营者的效益及其市场形象，还关系到消费者的生活水平。

企业定价策略是指企业为实现企业定价目标，根据市场中影响产品价格的不同因素，在制定价格时灵活采取的各种定价手段和定价技巧。

一、新产品定价策略

新产品定价关系到新产品能否顺利进入市场，企业能否站稳脚跟，能否取得较大的经济效益。常见的新产品定价策略主要有三种，即撇脂定价策略、渗透定价策略和满意定价策略，具体特征如表 11 – 1 所示。

表 11 –1　新产品常用定价策略及其应用时机

价　　格	市场需求量	产品特点突出程度	产品的价格弹性	产品的可替代性	投资的回收速度
撇脂定价策略	高	大	小	低	快
满意定价策略	↓	↓	↑	↑	↓
渗透定价策略	低	小	大	高	慢

1. 撇脂定价策略

又称取脂定价策略，是指新产品上市之初，将新产品价格定得较高，在短期内获取厚利，尽快收回投资。对于全新产品、受专利保护的产品、需求的价格弹性小的产品、流行产品、未来市场形势难以测定的产品等，可以采用撇脂定价策略。

撇脂定价优点表现为：利用高价产生的厚利，使企业能够迅速收回投资，减少投资风险；提升产品形象；拥有较大的调价余地，持续保持企业的竞争力；利用高价限制新产品开发初期需求的过快增长，缓解产品供不应求状况。

但撇脂定价策略下，过高的价格不利于市场开拓稳定市场，容易导致新产品开发失败；高价高利会导致竞争者的大量涌入，仿制品、替代品迅速出现，从而迫使价格急剧下降，失去一部分消费者；价格远远高于价值，在某种程度上损害了消费者利益，容易招致公众的反对和消费者抵制。

撇脂定价有效需要具备以下条件：其一，有足够的消费者且其当前需求很大；其二，小批量生产的单位成本不能搞到无法获取收益；其三，很高的初始价格不会吸引更多的竞争者进入市场；其四，高价能传达高档的产品形象。

2. 渗透定价策略

这是与撇脂定价相反的一种定价策略，即在新产品上市之初将价格定得较低，吸引大量的购买者，扩大市场占有率。利用渗透定价的前提条件有：一是新产品的需求价格弹性较大；二是新产品存在着规模经济效益。

采用渗透价格的企业无疑只能获取微利，这是渗透定价的薄弱之处。但是，由低价产生的两个好处是：首先，低价可以使产品尽快为市场所接受，并借助大批量销售来降低成本，获得长期稳定的市场地位；其次，微利阻止了竞争者的进入，增强了自身的市场竞争力。

对于企业来说，撇脂定价策略和渗透定价策略孰优孰劣，不能一概而论，需要综合考虑市场需求、竞争、供给、市场潜力、价格弹性、产品特性、企业发展战略等因素才能确定。在定价实践中，往往要突破许多理论上的限制，通过对选定的目标市场进行大量调研和科学分析来制定价格。

3. 满意定价策略

满意定价策略既不是利用价格来获取高额利润，也不是让价格制约占领市场。此策略尽量降低价格在营销手段中的地位，重视其他在产品市场上更有力或更有效率的手段。当不存在适合于采用撇脂定价或渗透定价的环境时，企业一般采取满意定价。

二、心理定价策略

心理定价策略是针对消费者的不同消费心理，制定相应的产品价格，以满足不同类型消费者的需求的策略。常用的心理定价策略有数字定价、声望定价、招徕定价、习惯定价等策略。

1. 数字定价策略

（1）尾数定价策略。尾数定价也称"零数定价""非整数定价"，是指企业利用顾客数字认知的某种心理，以零头数结尾的一种定价策略。使用尾数定价，可以使价格在消费者心中产生两种特殊的效应：一是便宜，二是精确。通常是以一些奇或吉利数结尾，主要适用于单位价值较低而使用频率较高的产品。

（2）整数定价策略。整数定价，针对的是消费者的求名、自豪心理，将产品价格有意定为整数。对于那些无法明确显示其内在质量的商品，消费者往往通过其价格的高低来判断其质量的好坏。整数定价策略，抬高了商品的身价，有利于在消费者心目中树立高价优质的形象，满足消费者求名求新的心理。适用于需求的价格弹性小、价格高低不会对需求产生较大影响的商品。

（3）愿望数字定价策略。由于民族习惯、社会风俗、文化传统和价值观念的影响，某些数字常常会被赋予一些独特的含义，企业在定价时如能加以巧用，则其产品将因之而得到消费者的偏爱。当然，某些为消费者所忌讳的数字，企业在定价时则应有意识地避开，以免引起消费者的厌恶和反感。

（4）小计量单位定价。某些价格高的商品用一般的计量单位表示，会使消费者产生太贵的感觉，抑制消费者的购买。这时可改变计量单位，采用化整为零的方法，用小计量单位来计价。适合于价值高的商品。

2. 声望定价策略

针对消费者"价高质必优"的心理，对于在消费者心目中享有声望的产品制定较高的价格。这是根据产品在消费者心中的声望、信任度和社会地位来确定价格的一种定价策略。声望定价可以满足某些消费者的特殊欲望，如地位、身份、财富、名望和自我形象等，还可以通过高价格显示名贵优质。因此，这一策略适用于一些传统的名优产品、具有历史地位的民族特色产品，以及知名度高、有较大的市场影响、深受市场欢迎的驰名商标。

3. 招徕定价策略

招徕定价又称特价产品定价，是指为迎合消费者求廉心理，企业有意将少数几种商品降价销售，以招徕吸引顾客，带动其他商品的销售。这一定价策略常为综合性百货商店、超级市场所采用。采用此定价技巧应注意两个方面的问题：一是招徕定价的商品必须是消费者生活必需的、购买频率高且价格对消费者有吸引力的商品；二是这些招徕定价的商品的品种和数量要适当，降价的幅度要适中。

4. 习惯定价策略

习惯定价策略，是指根据消费市场长期形成的习惯性价格定价的策略。对于经常性、重复性购买的商品，尤其是家庭生活日常用品，在消费者心理上已经"定格"，其价格已成为习惯性价格，并且消费者只愿付出这么大的代价。企业应根据消费者习惯对这些产品定价，不要随便改变价格，以免引起消费者反感。

三、折扣定价策略

折扣定价是指对基本价格做出一定的让步，直接或间接降低价格，以争取顾客，扩大销量。其中，直接折扣的形式有数量折扣、现金折扣、功能折扣、季节折扣，间接折扣的形式有回扣和津贴。

数量折扣是根据购买数量或金额的差异给予不同的价格折扣，分为非累计数量折扣与累计数量折扣两种形式。

现金折扣是对按约定日期付款或提前付款的顾客给予一定的价格折扣，目的在于鼓励顾客付款，减少财务风险。需要考虑三个因素：折扣比例、给予折扣的时间限制、付清全部货款的期限。

功能性折扣又称交易折扣，是厂商依据各类中间商在市场营销中担负的不同职能给予不同的价格折扣，目的在于刺激中间商，以便更充分地发挥各自组织市场营销活动的功能。

季节折扣是对在非消费旺季购买产品的客户提供的价格优惠。目的在于鼓励淡季购买。

促销让价是厂商为产品推广所进行的促销活动，此方法尤其适用于新产品导入期。

回扣是间接折扣的一种形式，它是指购买者在按价格目录将货款全部付给销售者以后，销售者再按一定比例将货款的一部分返还给购买者。津贴是企业为特殊目的，对特殊顾客以特定形式所给予的价格补贴或其他补贴。

四、产品组合定价策略

在企业产品组合中，各种产品之间存在需求和成本的相互联系，会带来不同程度的竞争，所以企业要制定出一系列价格，使整个产品组合的利润实现最大化。

1. 产品线定价

根据产品线内不同规格、型号、质量、顾客的不同需求和竞争者产品的情况，确定不同的价格。一般来说，不同的档次代表不同的质量，制定不同的价格以满足不同消费者的需求。

2. 相关产品定价

许多企业在提供主要产品的同时，还提供某些与主要产品密切关联的选择品。这些选择品的定价合理与否也会直接影响到主要产品的销售。选择品定价有两种方式：一是将选择品的价格定得较高，靠它来营利；二是以低价的选择品来招徕生意。

3. 副产品定价

某些行业在企业生产过程中会生成副产品。副产品价值的高低和处理费用的多少直接影响到主要产品的定价。若副产品价值高，能为企业带来收入，则主要产品价格在必要的时候可定低一些，以提高产品的竞争力；若副产品价值低、处理费用高，则主要产品的定价必须考虑副产品的处理费用。

4. 产品系列定价

系列定价是指企业将其生产和经营的产品组合在一起，制定一个成套产品的价格，成套产品的价格低于分别购买每件产品的价格总和。该价格策略通过以畅带滞，提高了每一次交易的交易量，减少了库存积压。

五、产品生命周期定价策略

1. 导入期定价策略

这个时期是新产品进入市场的初级阶段。针对这一时期产品初次上市、制造成本高、促销费用大、销售数量少等特点，企业制定价格策略参照新产品定价策略。

2. 成长期定价策略

成长期是商品在市场上打开销路的阶段。这一时期具有销售量迅速增加、成本不断下降、质量逐步提高、市场竞争者较少等特点。此阶段是企业利润快速增长的时期，也是实现企业目标利润的最佳时机，通常采用目标利润价格策略，总的原则是努力扩大产品的市场占有率。

3. 成熟期定价策略

成熟期是产品在市场上普及并达到饱和程度的阶段，也是产品生命周期中最长的阶段。企业必须根据市场条件的变化实行竞争价格。此阶段定价策略的总原则是确保产品的市场占有率。

4. 衰退期定价策略

产品进入衰退期，需求急剧下降，市场份额逐步缩小，利润下降，产品面临被新产品取代的危险。企业可采用的定价策略有：

（1）维持价格策略。指企业对需求弹性小的一般生活品和重要的生产资料，继续保持成熟期的价格，或只作小幅度降价。

（2）驱逐价格策略。指企业对需求弹性较大的产品，实现成本定价，不求利润，从而将竞争者逐出市场，抢占其空出的市场份额，延长本企业产品的市场寿命。

六、地理定价策略

地理定价策略指的是与地理位置有关的制定价格的策略。这种策略在外贸业务中运用较普遍。其具体形式如下：

1. 产地交货价

产地交货价，是指在产地某种运输工具上交货定价，卖方承担货品装上运输工具之前的所有费用，交货后一切费用及风险则由买方承担，类似于国际贸易中的离岸价格（FOB）。产地交货价一般适用于生产企业、批发和零售业。其优点是简化卖主的定价工作，缺点是削弱了卖方在较远市场的竞争力。

2. 目的地交货价

目的地交货价，是指在买主所在地交货的价格。它相当于国际贸易中的到岸价（CIF）。目的地交货价实际上就是生产者的全部生产成本，相当于批发商业通用的"送货制价格"。使用这种策略时，是卖主出于竞争需要或为了使消费者更满意而由自己负担货物到达目的地之前的运输、保险和搬运等费用。

3. 运费补贴价

运费补贴价，是指对距离遥远的买主，卖方适当给予其价格补贴的一种定价策略，其实质是运费折让。为了争夺远距离的潜在消费者，企业必须通过采取运费补贴价格来扩大市场销售区域。运费补贴策略一般适用于较大的商品，如钢铁制品。

4. 统一运货价

统一运货价，是指不分买方路途的远近，一律实行统一价格，统一送货，一切运输、保险费用也都由卖方承担的定价策略。这种策略适用于运费在全部成本中所占比重较小的产品。其优点是：扩大了卖主的竞争区域，统一价格的使用，大大简化了计价工作。

5. 分区运送价

分区运送价，是指在既定地区内向所有买主收取包括运费在内的同一价格，卖主支付实际运费，价格中的运费是该区平均运费；不同地区价格不同。它适用于交货费用在价格中所占比重大的大体积产品。

第二节　价格制定程序

企业在新产品投放市场或者市场环境发生变化时需要制定或者对价格进行调整，以利于企业经营目标的实现。由于价格涉及企业、竞争者和购买者三方之间的利益，因此价格的制定要考虑影响价格形成和变化的诸多因素。为了使定价有条不紊地进行，企业应该遵循一定的定价程序。企业制定价格的步骤一般包括：选择定价目标、测定市场需求、估算产品成本、分析竞争者价格、选择定价方法和确定最终价格六个方面。如图 11 - 1 所示。

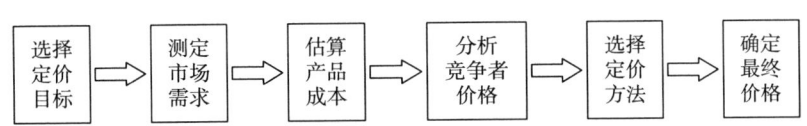

图 11 - 1　企业价格制定程序

一、选择定价目标

定价目标是指企业通过特定水平的价格制定和调整所要达到的预期目的。企业的定价行为既影响着企业利润、销量、市场占有率、竞争能力等战略目标的实现，又与产品策略、渠道策略和促销策略密切相关。因此，企业定价目标既要与企业战略目标相一致，也要与其他营销目标相协调。企业可选择的定价目标主要包括以下五种：

1. 生存

当企业面临产能过剩、激烈的竞争或消费者需求变化等不利形势时，则生存往往是企业所追求的主要目标。只要价格能够补偿可变成本和部分固定成本，企业即可继续维持。

需要注意的是，这种定价目标只能作为特定时期的过渡性目标，一旦出现转机，企业将根据实际情况采用其他定价目标。

2. 获取利润

价格高于成本，获取经营利润，是任何企业开展经营活动的基本目标。而能否获取期望利润则在很大程度上取决于销售价格的制定。所以获取适当利润便成为最常见的定价目标。

这种定价目标，是根据投资额规定利润率，计算出单位产品的利润额，加上产品的成本，就成为该产品的出售价格。根据企业对利润的期望水平不同，利润定价目标又可分为适当利润定价（或称目标利润定价）和最大利润定价。利润目标又分为短期利润目标和长期利润目标两种。

3. 保持和扩大市场占有率

市场占有率是企业经营状况和产品竞争力状况的综合反映，较高的市场占有率既可以树立企业及产品的良好形象，保证企业产品的销路，又便于企业掌握消费需求的变化，形成企业对市场和价格的控制能力，为提高企业盈利率提供可靠保证。企业经常采用价格手段，力图维持或扩大其市场占有率。在现有生产量和销售量基础上，仍具有较大的扩张潜力，成本也有一定的下降空间，而产品的价格需求弹性又较高的企业，适用降价手段，扩大自身的市场占有率。

但在采用这一定价目标时也必须慎重考虑，因为运用低价策略扩大市场占有率，必然会使需求量急剧增加。为此，企业必须有充足的商品供应，否则，由于供不应求而造成潜在的竞争者乘虚而入，这反而会损害企业的利益。

4. 应对竞争

在不断变化的市场环境中，价格通常会成为企业间竞争的主要手段。因此，处于激烈竞争中的企业，经常依据竞争对手的价格策略调整自己的价格策略，以适应价格竞争作为定价目标。根据企业的不同条件，一般有四种情况：

（1）力量较弱的企业，可采用与竞争者的价格相同或略低于竞争者价格出售产品的方法。

（2）力量较强的企业，又要扩大市场占有率时，可采用低于竞争者价格出售产品的方法。

（3）资力雄厚，并拥有特殊技术或产品品质优良或能为消费者提供较多服务的企业，可采用高于竞争者价格出售产品方法。

（4）为了防止别人加入同类产品竞争行列的企业，在一定条件下，往往采用一开始就把价格定得很低的方法，从而迫使弱小企业退出市场或阻止对手进入市场。

5. 维护和改善企业形象

企业形象是社会公众对企业的一切活动及其表现的总体印象和评价，企业良好的企业形象可以使企业在市场竞争中处于有利地位，是企业无形的资源与财富。

价格是消费者据以判断企业行为及其产品的一个重要因素。一个企业的定价与其向消费者所提供服务的价值比例协调，企业在消费者心目中就较容易树立诚实可信的形象；反之，企业定价以单纯的获利，甚至以获取暴利为动机，质价不符，或是质次价高，企业就难以树立良好的形象。为优质高档商品制定高价，有助于确立高档产品形象，吸引特定目标市场的顾客；适当运用低价或折扣价则能帮助企业树立"平民企业"、以普通大众作为其服务目标对象的企业形象。

除却以上定价目标，企业定价中还会考虑比如投资收益率、销售增长率等。在实际工作中，企业定价目标有时会单独使用，有时也会配合使用，要由企业根据实际情况灵活运用。

二、测定市场需求

在买方市场条件下，企业定价首先要考虑市场需求，它直接关系到产品的销售量与市场寿命。每一种产品价格都将导致一个不同水平的需求，并且由此对它的营销目标产生不同的效果。科学定价必须研究市场需求曲线，分析市场需求要素。具体分析的内容包括市场需求的价格敏感度和需求的价格弹性。

1. 价格敏感度

需求曲线显示的是市场对可能销售产品的各种价格的反应，这种反应是基于顾客对于价格的敏感性做出的。顾客对于价格很敏感的话，则价格对于需求量的影响就很大；如果对于价格不太敏感，那么价格变动对于需求量造成的影响就很小。影响价格敏感性的因素主要有以下六种：

（1）独特价值。产品越具有受顾客欢迎的独特特点，顾客对这种产品的价格敏感性就越低。

（2）替代品知名度。替代品的知名度高，顾客对产品价格的敏感度就高，反之则低。

（3）替代品比较难度。如果替代品的质量、价值是难以与特定产品进行比较，顾客对此产品的价格敏感度就越低；反之则越高。

（4）最终收益。如果顾客购买产品的过程中，支出的费用占总顾客成本越少，顾客对产品的价格敏感度就越低；反之就越高。

（5）累积购买。如果顾客所购买的产品需要与以前购买的产品联合起来使用，顾客对此产品的价格敏感度就不强。

（6）产品声望。如果顾客认为某种产品的质量好、声望大、档次高，那么此种产品的价格敏感性就低。

传统上，企业通常的做法是先制造产品，后根据产品成本来定价从而影响市场需求，这从根本上颠倒了两者之间的关系。正确的做法应该是：首先分析消费者支付能力，确定产品的价格范围，再制造相应的产品来满足市场需求。市场需求在很大程度上为企业制定产品价格确定了一个最高价格限度。

2. 需求价格弹性

企业需要清楚顾客需求对价格变化的反应，亦即弹性，为需求量变动的百分比与价格变动百分比的比值。用需求弹性系数"E_p"表示。

$$E_p = \frac{需求量变动百分比}{价格变动百分比}$$

E_p 值可能为正值也可能为负值，且多数情况下为负值，即需求量与价格的变动方向大多数情况下是不一致的。为了比较需求价格弹性的大小，只考虑 E_p 的绝对值。图11-2分别表示不同需求弹性下价格与需求的关系变化。

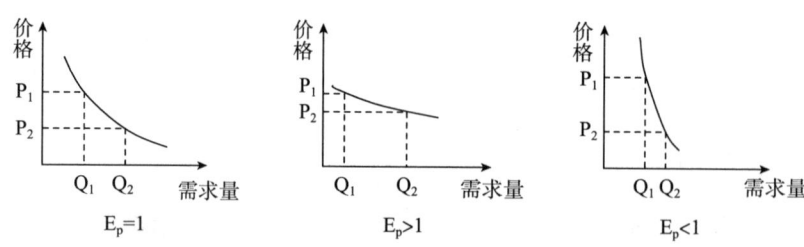

图11-2 不同需求弹性下的价格与需求的关系变化

$E_p = 1$ 时，反映需求量与价格等比例变化，这类商品的价格变化会引起需求量等比例、反方向的变化，为单元弹性。企业定价可选择实现预期收益率的价格或通行的市场价格，并配合其他市场营销措施，可以达到提高收益率的目的。

$E_p > 1$ 时，反映需求量变动的百分比大于价格变动的百分比，这类商品的价格上变化会引起需求量更大幅度、反方向的变化，为富有弹性。企业定价一般通过较低价格、薄利多销达到增加营利的目的；如果由于某种原因需求提价，务求谨慎以防止需求量锐减，影响企业收入和形象。

$E_p < 1$ 时，反映需求量变化的百分比小于价格变动的百分比，这类商品价格的变化只会引起需求量较小程度、反方向的变化，为缺乏弹性。企业一般会把价格定在较高水平上以增加营利，因为低价对需求量的刺激效果不明显，薄利并不能多销，反而会使企业收入降低。

不同商品的需求价格弹性会有所不同，消费者对商品的需求程度和商品的可替代性影响着商品需求价格弹性的强弱。消费者对商品的需求程度与需求价格弹性成反比：生活必需品等需求程度越高的商品，需求价格弹性越小；需求程度越低的一般商品，需求弹性越大。商品的可替代性与需求弹性成正比：商品的替代性越强，其价格上升会引起消费需求向其他替代商品转移，从而使该商品的需求量发生较大变化，表现出较强的需求弹性；商品的替代性越弱或难以替代，消费者只能提高对价格变动的承受能力，使需求量对价格的敏感程度下降。

三、估算产品成本

某种产品的最高价格取决于市场需求，最低价格取决于这种产品的成本费用。从长远来看，任何产品的销售价格都必须高于成本费用，只有这样，才能以销售收入来抵偿生产成本与经营费用，否则就无法经营。因此，企业在制定价格过程中必须估算成本。

产品成本可以分为两大类：一是固定成本，二是变动成本，两者之和就是产品的总成本，具体的成本构成如表 11－2 所示。企业扩大生产，增加产量，则固定成本相对较低。产量取决于需求量，而需求量又同价格相关。因此，企业需要对价格、需求量、产量和成本之间的关系进行分析，并以此作为定价时的依据。

表 11－2　成本构成

固定成本	可变成本
薪金	销售酬金
薪金税	销售税
津贴	装配产品的成本
公用事业费	包装
执照与各种行业收费	运输成本
保险费	差旅费
法律与会计服务费	延时费
折旧与贬值	呆账及延期付款
利息	电话费
维修与保养	邮资
	广告费

四、分析竞争者价格

价格不但取决于市场需求和产品成本，而且还取决于市场供给的情况，即竞争者的情况。这就是说，产品的最高价格取决于市场上对该产品的需求，最低价格不低于总成本，而在这最高和最低之间，究竟可以定多高的价格，则要受竞争者同类产品价格的制约。如果本企业产品质量较高，则产品价格可以定得较高。因此，对竞争者所提供的产品价格和产品特色，要调查研究，深入了解，做到知己知彼，才能使定价适当，在竞争中取胜。比如在某些领域，主导企业主动降价，其目的就是设置"进入门槛"阻止潜在竞争者的进入，以保持自己的地位。此外，仅仅看到某产品供不应求便大幅提价，可能会使消费者转向替代品的消费。另外，企业还要注意非价格竞争。

五、选择定价方法

定价方法取决于企业的定价目标和影响价格的主要因素，同时还要根据不同产品本身的特点。影响价格的主要因素有成本、需求和竞争三方面因素。其中，市场对独特的产品的需求是制定价格的最高限度；产品成本规定了该产品价格的最低界限；竞争者的价格和代用品的价格为企业定价设定了标定点。定价方法一般有三种：成本导向定价法、需求导向定价法和竞争导向定价法。在制定价格的过程中，只有选择合适的定价方法，企业才可以制定出一个合理的基本价格。

1. 成本导向定价法

成本导向定价法，是以产品成本作为定价基础的常见定价方法，它强调企业定价必须以产品成本为最低界限，在保本的基础上综合考虑不同的情况制定价格。

（1）成本加成定价法，是指以单位产品全部成本加上按加成比率计算的利润额来制定的价格。计算公式为：

产品售价 = 单位全部成本 × （1 + 加成比率）

定价的关键是加成比率的确定，加成比率的大小与企业的预期营利和商品的需求弹性有关。需求弹性大的商品，加成率宜低，以求薄利多销；需求弹性小的商品，加成率可以高一些，在不影响需求的情况下可获得更大利润。经济学的研究成果表明，当加成比率公式如下时，企业能实现利润最大化。

$$加成比率 = \frac{1}{1 + 产品的需求价格弹性}$$

加成定价法可以使企业获得预期的营利，而且计算简单、方便操作。不足之处是没有考虑竞争等其他因素，难以适应激烈的市场竞争的需要。

（2）盈亏平衡定价法，是以企业总成本与总收入保持平衡为基础的定价方法。可以从两方面考虑实际价格水平：在销售量达到一定水平时，企业应如何定价才不会发生亏损；反过来，当已知价格在某一水平上时，该产品应销售多少才能保本。

根据盈亏平衡关系可以推导出盈亏平衡点的销售量和保本价格，具体见如下公式：

$$盈亏平衡点时的销售量 = \frac{固定成本}{价格 - 单位变动成本}$$

$$盈亏平衡点时的价格 = \frac{固定成本}{盈亏平衡点销售量} + 单位变动成本$$

企业定价的目标并不仅仅是保本，而是要获得相应的营利。在根据盈亏平衡点销售量和价格选择定价方案时，只要给出每个价格对应的预计销售量，将其与此价格下的保本销售量进行对比，如果低于保本销售量，就淘汰此定价方案。在保留的定价方案中，可根据企业的定价目标计算实际价格，具体公式如下：

$$实际价格 = \frac{固定成本 + 预期营利总额}{预计销售量} + 单位变动成本$$

盈亏平衡定价法侧重于总成本的补偿，该方法简单，而且能保证不亏损。值得注意的是，采用该种定价方法需要两个前提：一是企业的总成本能明确划分为固定成本和变动成本；二是假定企业不存在销售困难，销量等于产量。

（3）变动成本定价法，是以单位变动成本为定价基础的定价方法，该定价法只考虑变动成本，没有考虑固定成本，制定的商品售价较低。其基本思路是利用低价带动产品的销售数量，从而增加总的销售收入，进而弥补固定成本甚至实现相应的利润。该方法规定了企业定价的最低界限，不排除可能会造成企业亏损，但最起码补偿了变动成本，往往是企业面临激烈竞争时采取的一种定价方法。与前两种成本导向定价方法相比，其最大特点就是以成本导向为基础，并综合考虑了需求和竞争因素。

企业一般在以下几种情况下采用变动成本定价法：一是企业生产能力过剩，能够大批量生产满足增长的市场需求；二是市场竞争激烈，企业亏损，为了尽量减少损失，以此作为最低定价界限；三是企业生产相互替代或互补的几种产品，为保持市场的覆盖面，以其他营利品种补偿低价损失。

2. 需求导向定价法

需求导向定价法是以顾客对产品的需求和可能支付的价格水平为依据来制定产品价格的定价方法。这种定价方法符合现代市场营销观念的要求，主要包括理解价值定价法、反向定价法和差别定价法。

（1）理解价值定价法。理解价值定价法也称认知价值定价法，是以消费者对商品价值的感受及理解程度作为定价基础的定价方法。一般来讲，某一产品的性能、质量、服务、品牌、包装和价格等，在消费者心目中都有一定的认识和评价。消费者往往根据他们对产品的认识、感受或理解的价值水平，综合购物经验、对市场行情和同类产品的了解而对价格做出评判。当商品价格水平与消费者对商品价值的理解水平大体一致时，消费者就会接受这种价格；反之，消费者就不会接受此价格，商品就卖不出去。为了加深消费者对商品价值的理解程度，提高其愿意支付的价格限度，企业必须做好产品的市场定位，突出产品特征，形成本企业产品与市场上同类产品的差异，并综合运用各种营销手段，加深消费者对产品特征的认识和理解，使消费者感到购买本企业产品可以获得更多的相对利益，从而提高消费者可接受价格的限度。

（2）反向定价法。反向定价法也称倒算价格定价法，是以消费者能够接受的最终价格为定价基础的定价方法。企业定价时根据消费者的购买能力，确定市场零售价格，以此为基础，推定销售成本和生产成本，最终决定出厂价格。计算公式如下：

$$批发价格 = \frac{零售价格}{1 + 批零差率}$$

$$出厂价格 = \frac{批发价格}{1 + 进销差率}$$

公式中的批零差率是批零差价与批发价格的比率；进销差率是进销差价与出厂价格的比率。

反向定价法完全体现了"以市场需求为中心"的现代市场营销观念，不仅能够适应消费需求并被消费者接受，同时还可以保证中间商的正常利润，形成与中间商良好的关系，有利于产品迅速推向市场。

（3）差别定价法。差异定价法是指同一产品对不同的细分市场采取不同的价格，是差异化营销策略在价格制定中的体现。此定价方法所制定的价格通常与成本无关，只与顾客的需求相联系。差异定价的依据主要表现在四个方面：①顾客差异。同一种产品，会因顾客的职业、年龄和受教育程度，以及社会阶层等原因形成不同的需求，企业可据此制定不同的价格。②产品差异。对不同型号、不同档次的产品制定不同的价格。不同型号和档次的产品固然成本不同，但制定不同价格，主要是为了适应不同消费层次的需求。③空间差异。同一种产品因处于不同的空间位置而制定不同的价格。④时间差异。同一种产品，因在不同的季节、日期甚至钟点销售，而制定不同的价格。

差异定价法是一种基于市场细分的定价方法，它有利于企业增加销售量，获取更多的利润，但实行差异定价法必须具备三个条件：一是企业对价格有一定的控制能力；二是产品有两个或两个以上被分割的市场，并在这两个或两个以上的市场上，顾客不能倒卖产品，一般而言，"服务"是不能被倒卖的，所以服务行业最适于实行差别定价；三是不同市场的价格弹性不同。实行差别定价法，就是为了利用不同市场的价格弹性差异，采取不同的价格，以取得最大的利润。在价格弹性大的市场上价格定得低一些，而在弹性小的市场，价格定得高一些，以达到增加销售收入的目的。

3. 竞争导向定价法

竞争导向定价法，是以市场上主要竞争对手的同类产品的价格为定价依据，并根据竞争态势的变化来调整价格的定价方法。常见的竞争导向定价法有：随行就市定价法、主动竞争定价法和投标竞争定价法。

（1）随行就市定价法。随行就市定价法，也称通行价格定价法，其定价原则是使本企业产品的价格与通行价格保持一致，这种通行价格或者是主要竞争者的价格，或是各企业的平均价格，或是市场上一般采用的价格。这种定价方法广为流行，除完全垄断以外的其他类型的市场结构都可采用。这种定价方法的优点是：平均价格水平在人们观念中常被认为是"合理价格"，易为消费者接受；企业试图与竞争者和平相处，以避免激烈竞争产生的风险。该方法一般能为企业带来合理、适度的营利。

（2）主动竞争定价法。与随行就市定价法相反，主动竞争定价法不是追随竞争者的价格，而是根据本企业产品的实际情况及与竞争对手的产品差异状况来确定价格。其产品价格可能高于、低于或等于市场价格，一般为实力雄厚或产品独具特色的企业所采用。

（3）投标竞争定价法。投标竞争定价法是指由投标竞争的方式确定商品价格的方法，一般由招标方（买方）公开招标，投标方（卖方）竞争投标，密封递价，买方择优选定价格。一般情况下，企业能否中标，在很大程度上取决于该企业与竞争者在质量、服务和价格等方面的综合较量。如果卖者（投标人）供应的商品或劳务质量是一样的，买者（招标人）就选择其中价格最低的卖者。如果卖者供应的商品或劳务的质量不一样，买者就要在质量和价格之间进行权衡并选择。在仅考虑报价水平时，报价高，利润大，但被竞争者抢标的可能性也大；反之，报价低，利润小，中标机会大。因此，企业在投标时，就有一个最优价格的确定问题。一般情况下，企业通常会采用最大期望利润来确定最优报价。

投标竞争定价的主要优点是，通过公平竞争的方式实现交易过程，避免了价格决策的主观性和利用权力谋取利益的各种"寻租"行为。由于组织招标过程复杂，费用较高，该方法一般适用于大宗商品、原材料、零部件和工程项目的买卖和承包。

六、确定最终价格

运用适合企业的定价方法定出基本价格以后，还需要考虑其他因素才能为企业产品确定合理的最终价格。如消费者心理因素、产品新老程度、有关行业政策法令、国家的宏观环境，企业用户和中间商的需求等，根据综合分析、判断和计算之后运用一定的定价策略，确定产品最终价格，以取得最佳效果。

第三节 价格变动与企业对策

企业在制定了产品价格以后，还要根据竞争环境的变化，经常对价格进行调整，以提高企业的市场竞争力。企业调整价格的主要表现为主动调整价格和应对竞争者变价两种情况。

一、主动调整价格

主动调整价格是在同行业中的其他企业价格没有变动时，本企业出于竞争的需要而主动改变自己产品的价格。

1. 降低价格

企业降价一般有以下原因：一是企业生产能力过剩，库存积压严重，而通过增加销量、改进产品或其他方式都不能达到促进销售的目的；二是在强大的竞争压力下，企业的市场占有率下降，通过降价以提高市场占有率；三是企业的成本比竞争者低，通过降价可以扩大销量，提高市场占有率，从而又可以进一步降低成本。除直接降价手段之外，企业还可以通过间接的方式实现降价的目的。

2. 提高价格

尽管提价会引起消费者、经销商和企业销售人员的不满，但一次成功的提价会大大增加企业的利润。企业提价的原因是：通货膨胀造成成本上升，不得不提高产品价格；企业产品供不应求，无法满足顾客需求；产品的包装、款式和性能有所改进。企业在提价时，不一定都是提高基本价格，还可以通过减少价格折扣、减少某些货物或服务、在大类产品中增加高价项目或减少低价项目等方式来实现。

二、应对竞争者变价

当竞争者首先进行价格调整时，企业应根据市场竞争状况和自己的竞争实力对竞争者的变价做出及时反应。

1. 不同市场环境下的竞争者变价分析

在同质产品市场上，竞争者降价会抢走企业原有的相当部分顾客，其他企业只能随之降价。如果一个企业提价，其他企业不跟进，则会迫使发动提价的企业取消提价；如果其他企业认为提价对整个行业有利，也会随之提价。

在异质产品市场上，由于各企业对自己产品一定程度上的垄断，对竞争者变价的反应有更多选择的余地。这时企业需要考虑多方面的问题，包括竞争者的变价意图、竞争者的变价时间、本企业的反应可能对市场竞争格局的影响，以及竞争者本企业反应的再反应，等等。

2. 选择有效的价格竞争策略

在综合分析竞争格局的基础上，企业可选择三种价格竞争策略：一是维持原有的营销组合策略。当企业认为竞争者变价对本企业的市场份额影响不大，或企业有能力在需要的时候恢复时采用该策略。二是保持价格不变，修改其他营销策略，当企业认为运用非价格手段竞争比降价更经济可行时采用该策略，例如企业通过改进产品、服务和沟通方法，强调与竞争者的产品相比，自己的产品具有更高的相对质量。三是同幅度或不同幅度的价格跟进。当企业认为需要与竞争对手保持原有竞争格局时采用该策略。四是推出与竞争对手价格相近的竞争性新产品。当企业正在丢失的细分市场对价格很敏感且消费者对产品认知质量不敏感的情况下，这种做法最为有效。例如，在产品线中增加较低价格的产品，或者单独创立一种较低价格的品牌，以应对竞争对手的价格变动。

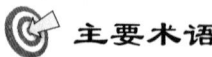 **主要术语**

价格　撇脂定价　渗透定价　满意定价　成本导向法　需求导向法　价格调整

 思考与讨论

1. 影响企业定价的因素有哪些？
2. 企业的定价目标有什么特点？
3. 企业制定价格要遵循怎样的步骤？
4. 简述主要的定价方法。
5. 企业定价的基本策略是什么？
6. 价格发生变动的原因有哪些？
7. 企业如何应对竞争对手发起的价格变动？

营销实践与应用

曾经深陷价格战泥潭的当当网

当当网最近风波不断，先是陷入"卖身"海航传闻，后被北京市消协点名。根据北京市消协的通报，北京市消协 2017 年在当当网购买 19 种比较试验样品，其中有 13 种不达标，不达标率为 68.4％。当当网相关负责人回应《商学院》记者采访时表示："目前所有问题商品已经下架，已经请商家对问题商品进行二次质检，并寄送质检报告。"曾经的互联网宠儿当当网怎么了？

一、拒绝资本，陷入价格战

成立于 1999 年的当当，依靠图书迅速扩大规模，赶上互联网迅速发展的时代，确实享受了一把互联网红利。当当起步的十年，同时也造就了当当网的辉煌。

公开数据显示，当当网2003年做到了盈亏平衡；2004年，当当网的销售额占整个网上零售份额的40%，彼时当当以每年平均180%的速度增长，而传统书店的年增长率不超过5%。这样的业绩，让李国庆有足够的底气拒绝亚马逊2004年时给出的1.5亿到2亿美元的收购意向。六年后，李国庆让当当成功在美国纽约证券交易所挂牌上市。在知名互联网分析师李成东看来，作为中国最早做B2C电商之一的当当，切入了最好的品类，属于最早一批被资本看好、拿到很多钱的B2C电商。

的确，公开资料显示，2000年2月，当当已经获得软银中国和IDG资本600万美元A轮融资，2004年获老虎基金中国投资1100万美元B轮融资，又于2006年7月完成2700万美元C轮融资，投资方为DCM中国、IDG资本、华登国际投资、AltosVentures。

然而这一切随着2010年京东发力图书领域、当当拓展业务品类，2010年变成了当当网的转折点。

那一年，当当成为中国最大的网上书店，年销图书销售额已经超过100亿元，自称已占有国内网上图书零售市场份额的50%以上。对于当当网在图书领域的优势，董事长俞渝毫不掩饰："当当在图书的销量，并非是'微弱'优势，是绝对优势。"俞渝自称，"卖家电当当不如京东，卖书当当'杠杠'的，且截至2017年，情况仍是如此。"

也是在同一年，京东宣布京东每一本书要比竞争对手便宜20%。一场大规模的价格战就此开始。李国庆随即宣布图书降价到全网最低。然而，让当当始料不及的是，在京东当晚下单的图书，第二天早上就可以送达；当天早上十一点前下单，当天晚上即可送达。而在当当网上的订单，当天上午下单，也需要第三天才能送到。这样的物流体系，让用户最终转向了京东。彼时，京东的物流尚未区分自营和第三方。京东的自营物流体系最终给京东图书加了分。

时间来到2017年，一位当当网的老用户表示，她在当当网的图书订单，从天津出版社仓库到北京耗时4天，当当网使用配送公司是宅急送。在用户对物流速度要求越来越高的背景下，当当的物流显然已经无法满足用户需求。

在这场价格战中，物流体系虽然不是决定胜负的关键因素，但是也是影响战局的重要一环。一直使用第三方配送的当当网，物流配送能力自然无法与自营物流的速度相比拟。价格战一旦引爆，就不会轻易结束。2010年源起于图书领域的价格战最终蔓延到全品类，此后价格战成为常态化。早已不只是图书销售网站的当当网，宣布斥资4000万元对电子商品及百货类商品降价，之后京东商城斥资8000万元跟进降价，随后卓越亚马逊加入战场，斥资1亿元跟进此次百货降价，接着淘宝商城也发起了年终大促销。

当当网并未用图书品类去与京东打这场价格战，而是选择了3C数码业务。在业内人士看来，这个决策的致命缺陷是当当忽略了京东在2010年已经培养的忠实用户黏性。以3C数码起家的京东网，早就在家电领域站稳了脚跟，3C数码商品是一个比图书更难迁移用户的品类，用户很难因为微薄的让利重新选择电商平台。

当年京东为了打赢这场价格战，打出"图书五年不盈利"的口号。而在当当内部，无论是李国庆还是俞渝，过于强调利润，避免亏损，只有这样，李国庆和俞渝才能对当当网有绝对的控制权。

价格战需要资金的支持，而李国庆一而再、再而三地拒绝了资本的青睐。2013年百度提出入股当当，因股权占比问题并未谈妥；2014 年腾讯提出以占股 33% 的比例入股当当，同样被当当网拒绝。腾讯转身注资 2.15 亿美元获得京东 15% 股份，成为京东价格战的坚强后盾。公开资料显示，随着腾讯不断地增资京东，腾讯在京东的占股已经超越刘强东，成为京东第一大股东。

反观当当网，李国庆和俞渝一直强调着股份占比问题不肯让步，在这场价格战中，一直依靠当当的利润来输血，结局可想而知。从资金来看，当当网在这场价格战中投入最低，因为当当网没有足够的利润来向这场战争输血。

"归根结底取决于创始人的性格，创始人的优柔寡断，李国庆的文化人性格，实际操盘手俞渝的犹豫不决，保守性格，让当当错失发展良机。"李成东说。

二、转型失败，选择私有化

当当网 2012 年财报显示，当当第四季度净亏损人民币 1.2 亿元，而上一财年同期为净亏损人民币 1.3 亿元。2013 年当当终于扭亏为盈，实现净利润 2170 万元人民币。

公开数据显示，2014 年上半年，当当网图书品类半年销售首次达到 1.6 亿册，销售额同比增长超过 40%。此时的当当，迎来连续 5 个季度的盈利。随后当当大举拓展多品类业务，从图书到 3C 数码、家电、百货、电子书等。大举的业务扩张，大幅度投入移动购物和数字业务，甚至是服饰时尚品类。这导致 2015 年第一财年当当净亏损人民币 6020 万元。这也就意味着，自当当上市以来，亏损大于盈利。亏损，是多方面造成的。

2014 年，当当通过"尾品汇闪购 + 新品闪购 + 服装商城"的布局，实现新品、应季、尾货销售服务。事实上，当当已经基本走通了这条供应链。根据《第一财经日报》曾经披露的数据，从 2012 年下半年起，当当服装业务连续 6 个季度增速超过 100%，销售额从 2012 年的 5 亿元升到 2013 年的 27 亿元，成为图书以外的第二大品类；2014 年第二季度服装品类交易增速高于整个平台，规模也超过了整体平台交易额的 50%。

然而一个让当当头疼的问题是，在当当网入驻的服饰品类，大部分都是淘品牌，而其竞争对手唯品会，主要以一线大品牌服装为主。同时服装品类的扩张需要重新获客，图书品类对服装品类的转化并不高，这就造成服装品类的获客成本较高，严重影响当当网的毛利率。

于是，2015 年当当网转变了对服装品类的经营策略，导致第三方品牌商的大面积撤离。其结果是，第三方收入大幅度下降。

一位不愿透露姓名的当当网前管理层表示，在当当的业务层面，讨论最多的是能不能做好，多长时间内盈利。

在互联网时代，犹豫就意味着机会瞬间即逝。犹豫，正好解释了李成东对李国庆和俞渝的评价："创始人优柔寡断。"

俞渝曾经说过，当当网的股价被严重低估。于是 2015 年 7 月，当当网启动私有化，到 2016 年 9 月，当当完成私有化，从纽交所退市，而完成私有化时的价格是 6.7 美元/ADS，这一价格比当当提出私有化计划时报的 7.81 美元/ADS，低了 14.2%。退市之后，当当控股有限公司的实际拥有人当当网董事长俞渝、CEO 李国庆，将合计持有股票 93.17%。

"当当起了个大早，却赶了晚集，大势已去，已经错失了最好的机会。"李成东说。

"然而正是因为保守，让当当在当年的扩张中及时刹车，保住了性命。"似乎一切又回到了起点。"儿子大了，老婆还小，没有情人牵挂，正是事业第二春！将继续在文化商业奋斗10年。"李国庆写道。

资料来源：王倩. 当当网卖身，它到底做错了什么？［J］. 商学院，2018（4）.

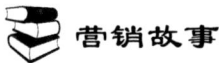 案例讨论题

　　1. 京东与当当发生价格战争的原因是什么？
　　2. 价格战争能否为企业长期竞争优势的积累做出贡献？

营销故事

从良弼的价格策略

　　火柴（也称洋火）进入中国后相当长一段时间内，都属于奢侈品，价格昂贵，只有少数人才能消费得起。第一次世界大战后，民族资本创办的火柴厂逐渐增加，火柴价格随之便宜。但是，随着市场销量增加，进口数量也在逐年上升，1912年仅从青岛港进口的火柴就高达770万罗（数量计量单位，1罗=12打=144个）。由此，促使民族资本更多地开始投资兴办火柴厂。从良弼（山东蓬莱人）就是在这样的条件下，于1913年在济南创办振业火柴公司，后又分别在济宁、青岛、蚌埠开设了三家分公司。

　　为了在竞争中独占鳌头，从良弼一方面努力提高产品质量，增加装盒支数，并不惜占用巨额资金，用先货后款年终结账的优惠条件赊销给各代销店；另一方面派专人刺探主要竞争对手天津丹华的生产动态，每当丹华要向某一地区发货，振业就事前通知各代销店低价出售。振业如发现自己的火柴有质量问题，立即原价收回，并在庙会或集市上当众销毁。

　　1933年徐州江北火柴厂成立，其推出的"瑞麟"牌火柴和振业的"山狮"牌火柴如出一辙，只是瑞麟定价49元，而山狮价格50元。振业发现当天就把"山狮"由50元降到40元。同时，由徐州庄派人会同代理店对振业零售商逐家查货，发现有代卖"瑞麟"者，一律将"山狮"存货收回，款项结清。这样，江北火柴厂前后开办不到一年就宣告破产。

　　品评：管仲，被称为"工商理论集大成者"。其工商理论包括：四民分业，鼓励从商；务本禁末，士农工商并举；主张简约，消费适度；善于侈靡，以利工商；"币有轨"，平衡供求。其中，管子把商品流通问题提到治国御天下的高度，提出了市场供求关系决定商品价格的理论。"物多则贱，寡则贵"，指出了同一商品的价格随供求关系的变化而变化。上述故事中火柴价格的变化就体现了这一规律，从良弼利用价格手段，在同行竞争中脱颖而出。

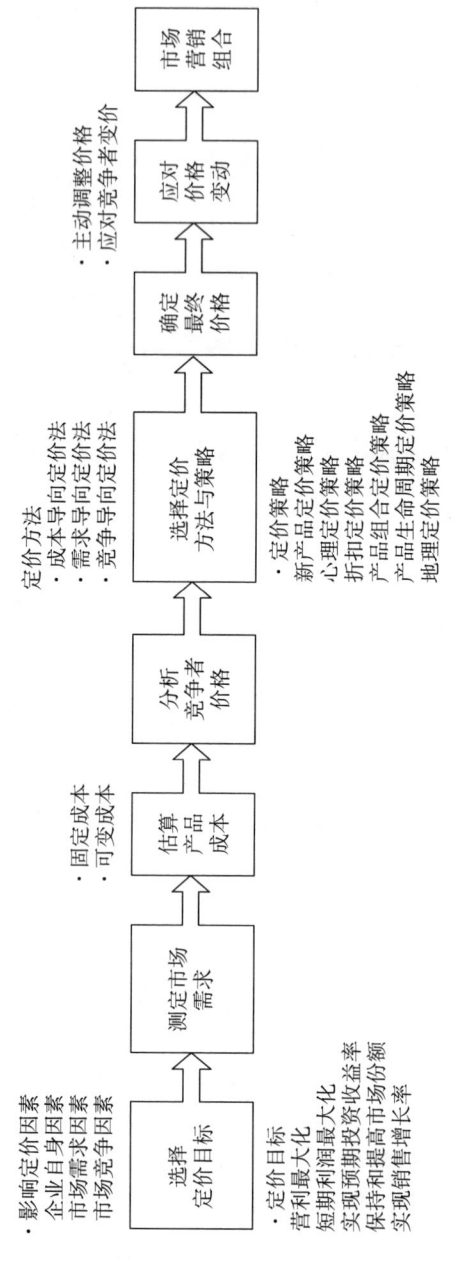

营销知识应用导图

选择
定价目标

・定价目标
营利最大化
短期预期投资收益率
实现利润最大化
保持和提高市场份额
实现销售增长率

测定市场
需求

估算
产品
成本

・固定成本
・可变成本

分析
竞争者
价格

定价方法
・成本导向定价法
・需求导向定价法
・竞争导向定价法

选择定价
方法与策略

・定价策略
新产品定价策略
心理定价策略
折扣定价策略
产品组合定价策略
产品生命周期定价策略
地理定价策略

确定
最终
价格

・主动调整价格
・应对竞争者变价

应对
价格
变动

市场
营销
组合

・影响定价因素
企业自身因素
市场需求因素
市场竞争因素

第十二章

渠道策略

 学习目标

1. 理解分销渠道的概念。

2. 理解中间商的功能与主要类型。

3. 掌握分销渠道系统的主要类型。

4. 掌握分销渠道的设计与管理方法。

5. 掌握电子商务与网络分销渠道的特征。

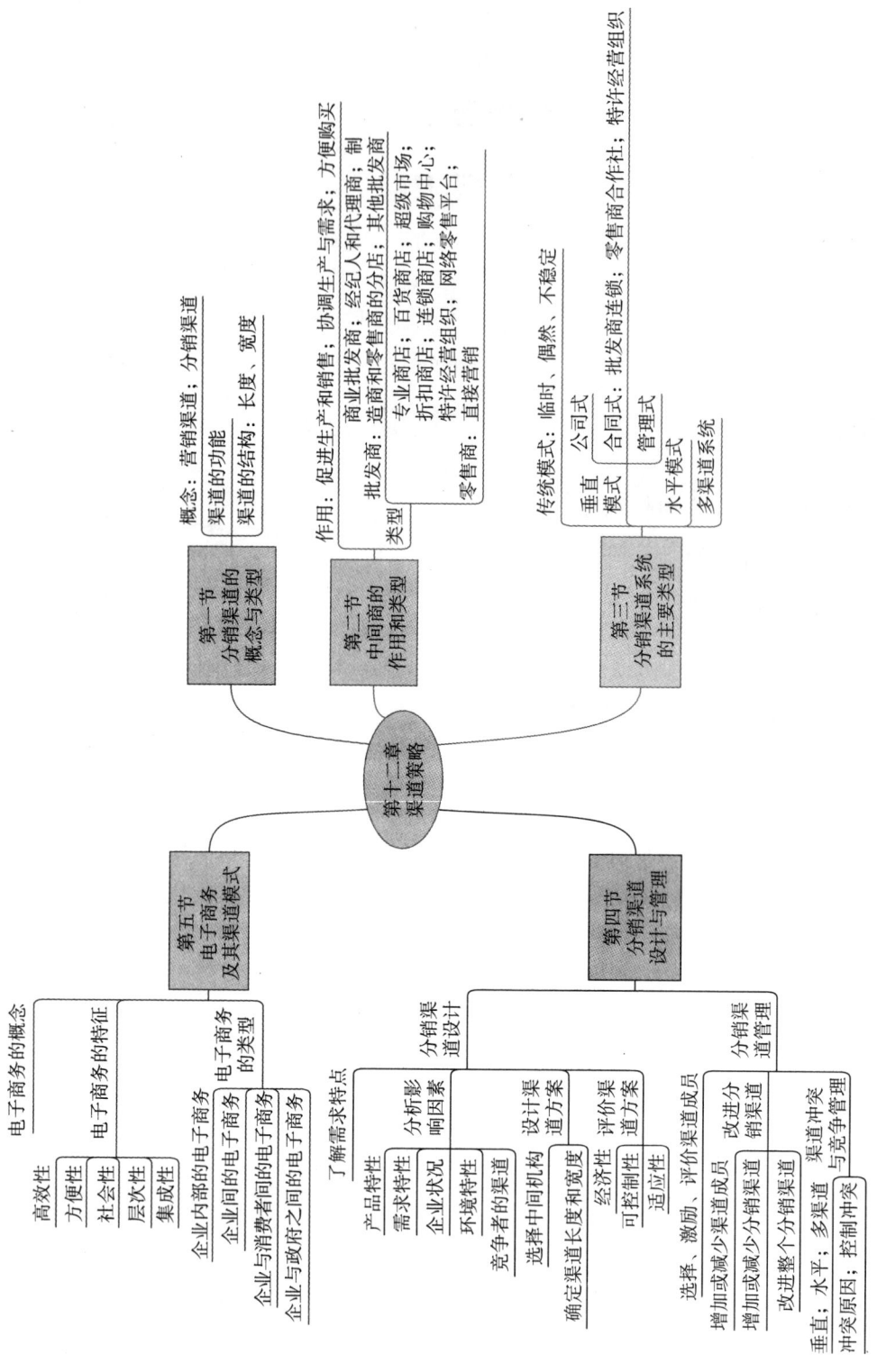

学习思维导图

第十二章 渠道策略

第一节 分销渠道的概念与类型
- 概念：营销渠道；分销渠道
- 渠道的功能
- 渠道的结构：长度、宽度

第二节 中间商的作用和类型
- 作用：促进生产和销售；协调生产与需求；方便购买
- 类型
  - 商业批发商；经纪人和代理商；其他批发商
  - 批发商：道商和零售商的分店；超级市场；购物中心；
    - 专业商店；百货商店；连锁商店；网络零售平台；
    - 折扣商店；特许经营组织；
  - 零售商：直接营销

第三节 分销渠道系统的主要类型
- 传统模式：临时、偶然、不稳定
- 垂直模式
  - 公司式
  - 合同式：批发商连锁；零售商合作社；特许经营组织
  - 管理式
- 水平模式
- 多渠道系统

第五节 电子商务及其渠道模式
- 电子商务的概念
- 电子商务的特征
  - 高效性
  - 方便性
  - 社会性
  - 层次性
  - 集成性
- 电子商务的类型
  - 企业内部的电子商务
  - 企业间的电子商务
  - 企业与消费者之间的电子商务
  - 企业与政府间的电子商务

第四节 分销渠道设计与管理
- 分销渠道设计
  - 了解需求特点
    - 产品特性
    - 需求特性
    - 企业状况
    - 环境特性
    - 竞争者的渠道
  - 分析影响因素
    - 选择中间机构
    - 确定渠道长度和宽度
  - 设计渠道方案
    - 经济性
    - 可控制性
    - 适应性
  - 评价渠道方案
- 分销渠道管理
  - 选择、激励、评价渠道成员
  - 改进分销渠道
    - 增加或减少渠道成员
    - 增加或减少分销渠道
    - 改进整个分销渠道
  - 渠道冲突与竞争管理
    - 垂直；水平；多渠道 渠道冲突
    - 冲突原因；控制冲突

章首案例　奥康公司30年的渠道变革

浙江奥康鞋业股份有限公司创建于1988年，其分销渠道发展走过了中国市场经济的每一个阶段。奥康创始人王振滔先生对前30年的总结是"10年+20年"两大阶段。

第一个阶段：1988～1998年，批发、代理模式。

最初，来自全国各地的经销商带着钱，到奥康的销售点进货，进货后再拿到市场、商场上进行销售。在获得突出业绩的同时，厂家获取的却是低额的生产利润，失去的是渠道网络资源。后来，奥康人探索出厂商联营模式：到大商场租柜台，公司派人亲自站柜台销售，销售额大增。厂方在第一时间掌握了消费者反馈的信息，直接获得顾客对款式、号码、颜色和质量的意见，及时反馈信息并迅速调整生产计划，迅速满足顾客的诉求。

第二个阶段：1998～2018年，连锁经营模式。

1998年1月，第一家奥康专卖店在浙江永嘉县上塘镇亮相，当天就引起巨大轰动，销售现场非常火爆——这也是中国鞋业第一家连锁专卖店。从此推行奥康连锁专卖模式。

"这个模式有一个好处，就是可以直接掌控一线信息，资金回笼快、品牌形象容易出来、产品铺货也快……"王振滔体验如此深刻。

奥康从2009年开始做电子商务，已经成为行业标杆，2017年"双11"全网销售额做到两个亿，而全年网上销售已经占到总销售额的13.06%。

（1）全渠道、全覆盖。奥康的线上线下产品供应有30%的重合率，即同款同价。既照顾到了网上购物的特点，又有效错开了价格冲突、维护了品牌形象；渠道送达采取线上下单、线下分销商、直营店就近配送的方式。

（2）社群营销、会员制。奥康用了两年时间做到了1000万个会员。如四川某一新门店开业，奥康总部直接把信息推送给当地（该门店方圆5～10公里）的会员，给予会员特别的优惠。而向会员发出信息，只通过一个渠道——微信公众号！奥康给社群营销定的指标是，每个会员的复购率必须在20%～30%甚至以上。

（3）大数据、定制化。智慧门店是奥康推出的最新亮点。进入奥康的智慧门店，顾客通过脚型测量仪，会得到一个楦型（每人拥有唯一的楦型），它由几百个数据指标组成。一旦下单，信息传回工厂，那么这个世界上最适合你穿的鞋子就诞生了：奥康鞋类研究院和深圳一家技术公司合作，已经投资数千万元，组成四十余人的项目团队，正在合力研发这种鞋子定制。

资料来源：张环. 走进奥康，寻找中国营销未来新原点［J］. 销售与市场（渠道版），2018（7）.

第一节　分销渠道的概念与类型

一、分销渠道的含义

在营销领域有两个与渠道有关的术语，人们经常不加区分地交替使用，这就是市场营销渠道和分销渠道。

所谓市场营销渠道（Marketing Channel），是指配合起来生产、分销和消费某一生产者的商品和服务的所有企业和个人。它包括某种产品供、产、销过程中的所有有关企业和个人，如供应商（Supplier）、生产者（Producer）、商人中间商（Merchant Middleman）、代理中间商（Agent Middleman）、辅助商（Facilitator）以及最终消费者或用户等。

所谓分销渠道（Distribution Channel），是指某种商品和服务从生产者向消费者转移过程中，取得这种商品和服务的所有权或帮助所有权转移的所有企业和个人。因此，分销渠道包括商人中间商（经销商）和代理中间商（代理商），商人中间商取得所有权，代理中间商帮助转移所有权。此外，分销渠道还包括处于渠道起点和终点的生产者和最终消费者或用户，但分销渠道不包括供应商和辅助商。

二、分销渠道的功能和流程

渠道的主要功能在于弥补生产、服务和使用者之间的缺口，即调节生产和消费在数量、品种、时间、地点等方面的矛盾。具体来说，渠道成员所执行的一系列重要功能和职责是：市场调研、促进销售、联系业务、编配分类、业务谈判、实体分配、资金融通和承担风险等。前五项功能是为了促成交易，后三项则是辅助完成交易。

产品在分销渠道中流动时，有些是正向流程；另一些则是反向流程；还有一些是双向流程。渠道流程如图 12 - 1 所示。

三、分销渠道的结构

1. 分销渠道的长度

任何一个中间机构只要在推动产品及其所有权向最终买主转移的过程中承担若干工作，就是一个渠道级，生产者和最终消费者都承担了某些工作，也构成渠道的组成部分。分销渠道的长度用中间机构的级数来表示。经常运用的不同长度的分销渠道有：零级渠道（直接分销渠道）是由生产者将产品直接销售给消费者；一级渠道包括一个销售中间机构；二级渠道包括两个中间机构；三级渠道包括三个中间机构；还有不多见的更长级数的渠道。从生产者的观点来看，渠道级数越多，越难控制，生产企业一般总是只与最近的一渠道级打交道。图 12 - 2 展示的是常见的消费者市场和工业市场的分销渠道的类型。

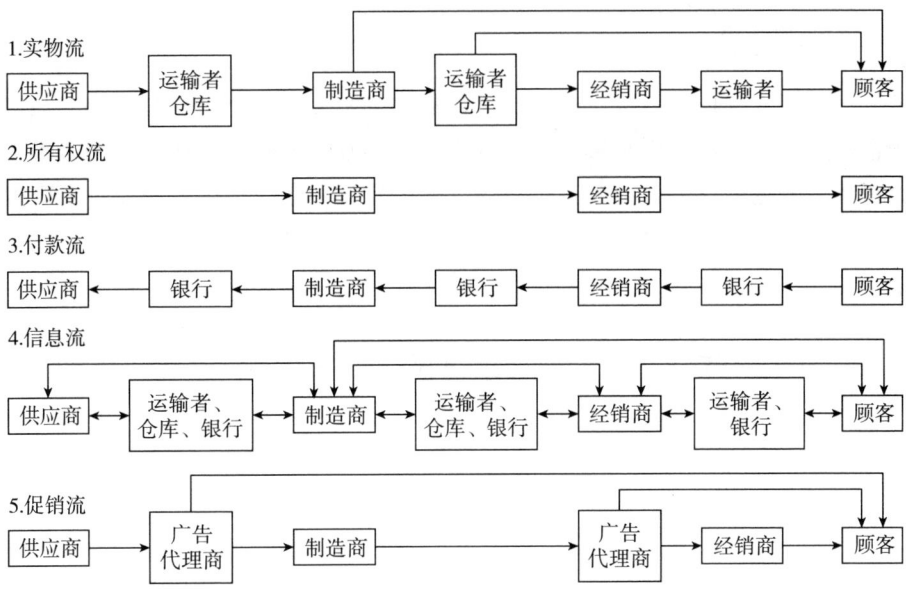

图 12 – 1 分销渠道中五种不同的"流"

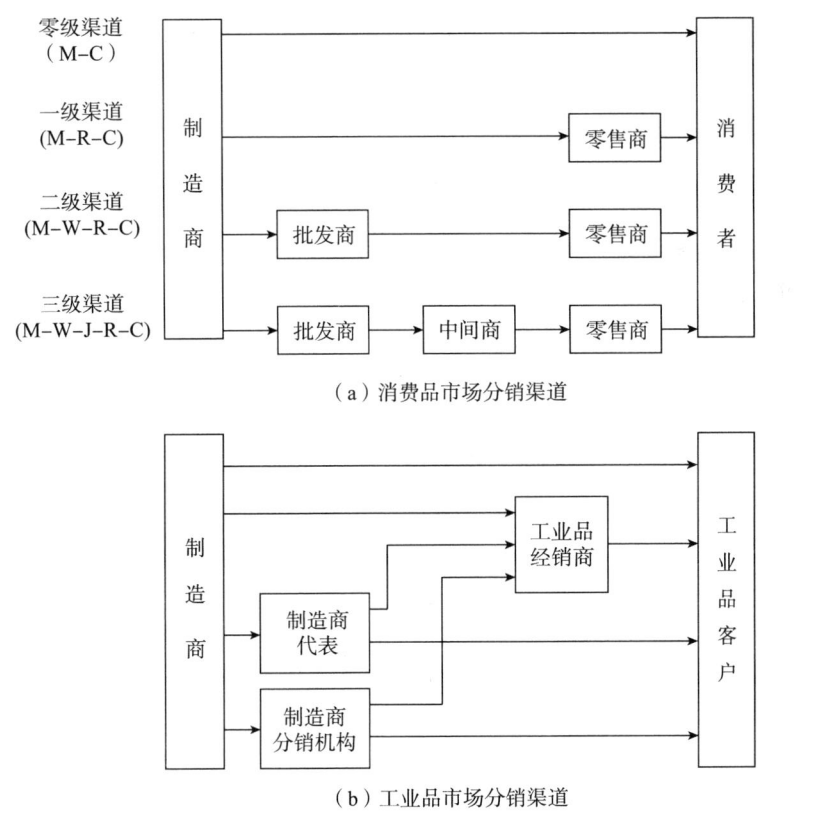

（a）消费品市场分销渠道

（b）工业品市场分销渠道

图 12 – 2 分销渠道的类型

2. 分销渠道的宽度

分销渠道的宽度是指渠道的每个渠道级使用同种类型中间商数目的多少。如果某种产品的生产企业通过许多批发商和零售商将其产品推销给广大地区，送到消费者手中，这种产品的销售渠道较宽；反之，如果某种产品的生产企业只通过很少的专业批发商推销其产品，甚至在某一地区只授权给一家中间商总经销，这种产品的分销渠道就窄。

第二节　中间商的作用和类型

一、中间商的作用

中间商是专门从事商品流通经营活动的企业和个人。随着社会分工的发展，在生产者和消费者之间出现了专门帮助商品从生产领域转移到消费领域的中间商，他们能以较低成本为生产商完成市场营销职能，并在生产和消费之间起到沟通信息和调节矛盾的作用。中间商作用主要有促进生产者扩大生产和销售、协调生产与需求之间的矛盾、方便消费者购买商品。

二、中间商的类型

中间商是介于生产者与消费者之间专门从事商品流通活动的组织和个人。中间商可从多种角度进行划分：按其在流通过程中所处的环节分为批发商（Wholesaler）和零售商（Retailer），按其是否拥有所经营商品所有权划分，可分为商人中间商（经销商）和代理中间商（代理商）。

1. 批发商

批发是商品流通中为了进一步转卖或供生产加工的大宗商品买卖交易行为。从事商品批发活动的企业或个人都称为批发商。批发商处于商品流通的起点和中间环节。批发商与零售商相比具有交易频率低而每次交易数量大的特点。目前，除传统拥有实体店面的批发商之外，以阿里零售通和京东新通路为代表的网络批发商也蓬勃发展。

（1）批发商的职能。主要职能有组织货源（购进）、储备商品（储存、存货）、提供信息、商品调运（运输）、商品分类（分级）、资金融通。

（2）批发商的类型。①商业批发商。商业批发商是独立的商业企业，他们先买下所经销商品的所有权然后出售。商业批发商可以进一步细分为完全服务批发商和有限服务批发商。②经纪人和代理商。经纪人和代理商不拥有商品的所有权，并且仅执行有限的几个功能。其主要功能是促进买卖，并获得占销售额一定比例的佣金。他们一般也专门经营某条产品线，或者专门为某类顾客服务。③制造商和零售商的分店和营业所。制造商和零售商的分店和营业所不是通过独立批发商，而是卖方或买方自己进行的批发业务。这是一种为制造商所有，专门经营其产品的批发销售业务的独立机构，与制造商是隶属和所有的关系。④其他批发商。在某些特定的经济领域，可以看到一些特殊的批发商。他们包括农产品集货商（购买农民的农产品）、散装石油厂和油站（联合购买油井的石油）、拍卖公司（拍卖汽车、设备等给经销商和其他商人）等。

2. 零售商

零售是指把商品直接卖给消费者用于个人生活消费，或供应社会集团用作非生产消费的商品交易行为。零售商是商品流通过程中的最后一个环节，因此又称为终端。

（1）零售商的基本职能是为生产者和消费者服务。首先，为生产者承担风险，促进销售，提供信息。其次，以多种方式为消费者服务。零售商将不同生产者的产品汇集在一起，供消费者挑选；通过广告和推销员向消费者传播商品信息；向消费者提供赊购和分期付款等信用条件；还有可能提供送货上门等服务。

（2）零售商的特点。首先，零售商的销售对象是最终消费者，而且交易较批发商频繁，且每次交易的量小。其次，零售商的地区分布较批发商广，一般分散在全国各地广大最终消费者中间。

（3）零售商的种类。①专业商店。是一种专门经营一类或几类商品的商店，有的只经营本行业商品，有的兼管其他行业，但在消费上经营有连带性的商品都称为专业性商店，这种商店将随商品经济的发展越来越多，越来越细。②百货商店。是一种大规模的经营日用品为主的综合性的零售商业企业，经营的商品类别（系列）多，同时每类商品（每条产品线）的花色、品种、规格齐全（项目多），实际上是许多专业商店的综合体。③超级市场。是一种消费者自我服务、敞开式的自选售货的零售企业。一般经销食品和日用品为主。④折扣商店。也是一种百货公司，主要以低价竞销、重点经营、不限制营业时间、自助选购为特征。出售商品以家庭生活用品为主。⑤连锁商店。指的是在同一资本系统的统一管理之下，分设两个以上的商店。其经营业务在一定程度上受总店的控制，每一家商店都是这个集团的构成单位。⑥购物中心。其形式可分为两种：一种是相当于商场的形式，设立在公共建筑物中由出售食品和日用品的零售商业组成；另一种相当于商业街的形式，这类购物中心位于住宅区附近，还有的位于市中心或交通枢纽。⑦特许经营组织。是由特许人、一家制造商、批发商或服务组织为一方，若干特许经营人（若干家批发商或零售商）为另一方，以契约式固定下来，独立经营、自负盈亏。⑧网络零售平台。网络购物是通过互联网检索商品信息，并通过电子订购单发出购物请求，然后用第三方支付、银行卡、信用卡完成款项支付，厂商通过快递公司送货上门。随着社交媒体的崛起，社交电商也成为人们网购的常用方式。⑨直接营销。又称为无店铺销售，是指产品的所有权从生产者手里直接转移到用户或最终消费者手里，而省去了传统分销渠道的诸多中间环节。包括邮购、目录营销、电话订购、上门销售、无人零售、媒体直接营销（通过电视、报纸、广播等）和新媒体渠道等形式。

第三节 分销渠道系统的主要类型

分销渠道系统是指分销渠道成员之间相互联系的紧密程度，以及成员相互合作的组织形式。现代分销渠道系统主要分为传统渠道系统和整合渠道系统两大类型（如图 12－3 所示）。

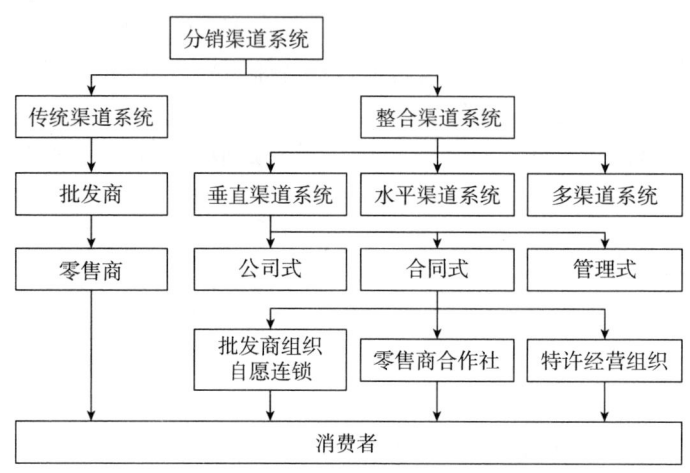

图 12－3 分销渠道系统主要类型

一、传统渠道系统

传统渠道系统也称为松散型渠道系统，是指一般的分销组织形态，渠道成员之间是一种松散的合作关系，是临时的、偶然的、不稳定的关系；各自追求自身利润最大化，最终使得整个分销渠道效率低下。

该模式具有较大的灵活性，可以随时、任意地淘汰或者选择分销渠道成员。但是渠道成员各自追求自身利益最大化，不顾整体利益，结果会使整体分销效率下降，同时渠道成员之间缺乏信任感和忠诚度，难以形成长期、稳定的渠道成员关系。

二、整合渠道系统

整合渠道系统也称为紧密型渠道系统，是指渠道成员通过一体化整合形成分销渠道系统，主要包括垂直渠道系统、水平渠道系统和多渠道系统。

1. 垂直渠道系统

垂直分销渠道系统是一个实行专业化管理和集中计划的组织网，在此网络系统中，各个成员为了提高经济效益，都采取不同程度的一体化经营或联合经营，每个成员把自己视为分销系统中的一分子，关注整个分销系统的成功。该系统有三种主要形式。

（1）公司式。是指一家公司拥有和统一管理若干工厂、批发机构、零售机构等，控制市场营销渠道的若干层次，甚至控制整个市场营销渠道，综合经营生产、批发、零售业务。

（2）合同式。不同层次独立的制造商和中间商，以合同为基础建立的联合渠道系统，有三种主要模式：①批发商组织自愿连锁。是若干独立的中小零售商为了和连锁店这种大零售商竞争而自愿组成的联营组织，参加联营的各个中小零售商仍然保持自己的独立性和经营特点；参加联营的各个独立中小零售商的进货在采购中心统一管理下进行，但分别销售，实行联购分销。②零售商合作社。这是一群独立的中小零售商为了和大零售商竞争而联合经营的批发机构，各个参加联营的独立中小零售商要缴纳一定的股金，各个成员通过这种联营组织，以共同名义统一采购一部分货物，统一进行宣传广告活动以及共同培训职工等，有时还要进行某些生产活动。③特许经营组织。是指由生产与市场营销系统中的各个机构与其中某一机构组成的联合体。这种渠道系统又可分为三种类型：一是制造商倡办的零售商特许经营系统；二是制造商倡办的批发商特许经营系统；三是服务企业倡办的零售商特许经营系统。

（3）管理式。通过渠道中某个有实力的成员来协调整合产销通路的渠道系统。如制造商以其品牌、规模和管理经验优势出面协调批发商、零售商的经营业务和政策，采取一致行动。

2. 水平渠道系统

水平渠道系统，又称为共生型营销渠道关系，它是由两个或者两个以上成员互相联合，发挥各自优势，实现分销系统有效、快速运行，实际上是一种横向的联合经营。工商企业为了扩大销售，获得更多利润，在激烈的竞争中求得生存和发展，不仅在渠道系统内采取垂直一体化经营或联合经营的方式，而且在同一层次的若干制造商之间、若干批发商之间、若干零售商之间采取横向联合经营的方式，即水平分销渠道系统。这种联营主要是由于单个企业无力单独积聚进行经营所必须具备的巨额资金、先进技术、生产设备及市场营销设施，或是由于风险太大不愿单独冒险，或是由于期望能带来更大的协同效应等。

水平渠道系统具有优势互补、规模效益、成本降低等特点，比较适合实力相当而营销优势互补的企业。

3. 多渠道系统

多渠道系统是一个对同一或不同的细分市场采用多条渠道分销的营销系统（见图12-4）。如果市场商品供过于求，卖主之间竞争激烈，制造商往往通过多条渠道将相同的产品送到不同的市场和相同的市场。这就是说，同一种产品由于既卖给消费者，又卖给产业用户用于生产消费，制造商通常通过若干不同的渠道将同一种产品送到不同的市场（消费者市场和生产者市场）；有些制造商还要通过多条渠道将产品送到同一种顾客。这种多渠道结构也叫作双重分销。这种系统一般分为两种形式：一种是生产企业通过多种渠道销售同一商标的产品，这种形式易引起不同渠道间激烈的竞争；另一种是生产企业通过多渠道销售不同商标的产品。

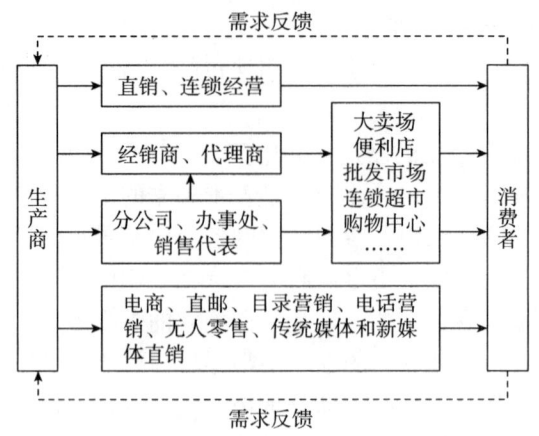

图12-4 企业多渠道分销系统

第四节 分销渠道设计与管理

一、分销渠道设计

分销渠道设计是企业建立分销渠道体系的首要阶段，由于分销渠道具有一旦建立便难以轻易改变的特性，要求企业谨慎设计分销渠道。企业发展的不同时期、面对不同的市场环境和条件，都应选择不同的分销渠道。企业分销渠道设计主要包括四个方面的内容。

1. 了解目标顾客需求特点

设计渠道的第一步，就是了解所选择的目标顾客购买什么商品、在什么地方购买、为何购买、何时购买和如何购买等有关情况。了解目标顾客需要的服务水平，然后在顾客要求的水平上建立理想的分销渠道。理想的分销渠道目标应是既能适应消费者需求，又使整个渠道费用最小。

2. 分析影响渠道选择的因素

（1）产品特性。易腐商品要求较短的分销渠道；体积庞大的商品要求采用运输距离最短、搬运次数最少的分销渠道；非标准化的商品，由于中间商缺乏必要的知识，一般需要由公司销售代表直接销售；需要安装或长期服务的产品通常也由公司或者独家代理商经销；单位价值高的产品一般较少通过中间商而由公司的推销员销售。

（2）市场需求特性。潜在顾客的数目、地区分布、购买模式和习惯等都会影响渠道的选择。个人消费者市场分散，购买频繁，要求就近方便地买到所需商品，企业一般宁愿在批发商的协助下组建长渠道。产业用户因其购买量大而集中，希望与供货厂家直接交易，以节约流通费用。另外，高科技产品的用户需要复杂、系列化的服务，许多商业企业难以承担，应选择较短的分销渠道。

（3）生产企业的状况。企业声誉良好，实力雄厚，具备经营管理、销售业务的经验和能力，在选择中间商方面就有更大的主动权，甚至有可能建立自己的销售力量，形成"短而窄"的分销渠道；产品组合广宜采用"短而宽"的渠道，产品组合深宜采用"窄"渠道；企业需要严格控制产品的零售价格或产品的新鲜程度，应选择"窄而短"的渠道，否则选择"宽而长"的渠道。

（4）环境特性。当经济不景气时，生产企业一般要求以最经济的方法将产品推向市场，这就意味着利用较短的渠道，并取消一些非根本性的服务；法律规定和限制也将影响分销渠道的选择。

（5）竞争者的渠道设计和安排。在竞争不激烈或消费者和中间商已经习惯的情况下，选择与竞争者相同的中间商或渠道策略比较有利；当竞争激烈或各种销路已被竞争者利用或垄断时，应选择与竞争者不同的中间商或渠道策略，通过开辟新渠道占领市场。

3. 设计渠道方案

（1）选择中间机构的类型。为了使产品顺利进入市场，大多数生产者不将其产品直接出售给最终用户，而是通过中间商来实现商品由生产者到消费者的转移，包括经销商、代理商和辅助商。

（2）确定渠道长度。要根据影响渠道的主要因素来决定采取什么类型的分销渠道。确定渠道长度需要考虑：是选择派销售人员上门推销或自设商店销售的短渠道，还是选择通过中间商的长渠道；如果选择长渠道，应通过什么规模和类型的中间商来实现。

（3）确定渠道的宽度。企业必须决定每个渠道层次使用多少中间商，有三种可供选择的策略：①独家分销。独家分销是在一个特定市场上只选用一个中间商的策略。这种选择一般适用于生产企业想对中间商进行严格控制，中间商同意不再经营竞争品牌的情况。②选择分销。选择分销是在特定市场中，选择几家批发商或零售商经销其特定产品的策略。一些已经建立起良好信誉的公司或新公司都利用选择性分销来吸引经销商。③密集分销。密集分销是利用众多的中间商将产品分配到每一个合适分销地点的策略。当消费者要求在目标市场能大量、方便地购买时，即可实行密集分销。

4. 评价渠道方案

如果生产企业已经确定了几种渠道方案，最终要确定一个最能满足企业长期目标的方案。一般以下列标准进行评价：

（1）经济性。即比较不同渠道方案的销量和成本。需要认真地衡量企业使用自身的销售力量和使用经销商或代理商的销量和成本，一般来说产品销售的不同阶段会得出不同的结论。在产品销售的前期利用经销商或代理商的成本较生产商自销成本低，但到销售中、后阶段用经销商或代理商的成本则越来越高。

（2）可控制性。企业使用经销商或代理商时必须考虑控制问题。经销商或代理商是一个独立的企业，它要实现的是本企业的利润最大化，其重视的是能够给其带来最大利润的重要客户，而不是从生产企业的角度考虑问题。另外，经销商或代理商的销售人员可能没有掌握有关生产企业产品的技术细节，或者不能有效地运用生产商的促销资料。以上种种都会影响渠道可控性。

（3）适应性。为了发展渠道，渠道成员之间会互相承诺在某种程度和一个特定时期内持续维持双方关系。但这种关系并不是不可改变的，生产企业要随着市场环境的变化，配合营销策略的改变调整分销渠道。在迅速变化、非持久和不确定的产品市场上，生产企业需要寻求能获得最大控制的渠道结构和政策，以适应不断变化的营销战略。

二、分销渠道管理

1. 选择渠道成员

渠道成员直接影响着企业分销渠道的效果，进而决定企业营销策略的实施。企业选择渠道成员的标准包括四个方面：一是渠道成员的市场经验，生产企业应根据产品的特征选择经商时间较长、对产品销售有专门经验的中间商，这样有利于加快产品的推广速度；二是渠道成员的经营范围，如果渠道成员经营的产品和区域与本企业相关或相同，则有利于产品销售；三是渠道成员的实力，渠道成员是否有良好的企业声誉、强劲的发展势头和高效率管理水平，不仅关系到产品的销售，而且对本企业产品和企业形象的树立以及能否实现长期合作至关重要；四是渠道成员的合作程度，分销渠道作为一个整体，每个成员的利益来自成员之间的彼此合作和共同的利益创造活动，没有合作就没有利益。

2. 激励渠道成员

生产企业不仅要选择中间商，而且要经常激励中间商使之尽职。虽然生产企业将渠道成员纳入本企业的渠道体系，但渠道成员毕竟是独立的企业或个人，有着自己的经营目标和利益，在经营中遇到困难或利益冲突时，就会影响渠道正常运行。生产企业要想得到中间商的合作，首先要了解中间商的需要与愿望，了解中间商的利益所在，然后提出切实可行的减少矛盾、加强合作的方案。一般可采用资金支持、促销支持、提供市场信息、长期合作协议等激励措施。

3. 评价渠道成员

生产企业除了选择和激励渠道成员外，还必须定期评估其绩效。评价内容一般包括：销售配额的完成情况、平均存货水平、向顾客交货时间、对损坏和遗失商品的处理、与公司促销和培训计划的合作情况等。生产企业在某一成员的绩效过分低于既定标准时，既要找出原因，又要考虑可能的补救办法。当放弃或更换中间商将会导致更坏的结果时，生产企业只好容忍这种令人不满的局面，但应要求其在一定的时间内有所改进，否则终止合作关系。

4. 改进分销渠道

生产企业不仅要设计一个良好的渠道系统并推动其运转，还要定期进行改进，以适应市场发展的需要。当消费者的购买方式发生变化、市场扩大、新的竞争者兴起、创新的分销战略出现、产品进入产品周期的后一阶段时，便有必要对渠道进行改进。即使原有的分销渠道非常有效，但也会随着环境的变化失去其有效性。

改变企业分销渠道可从三方面进行：一是增加或减少某些渠道成员，二是增加或减少某些分销渠道，三是改进整个分销渠道。对于生产企业来讲，最困难的渠道变化决策是改进和修正整个分销渠道。如果分销渠道明显地随着时间的推移而无法运作或变得不再有效，就必须进行整体改进。

5. 渠道冲突和竞争管理

无论怎样好的渠道设计和管理，总是不可避免地有冲突，最基本的原因是各个独立的业务实体的利益总是不可能完全一致。

（1）冲突和竞争的类型。通过渠道成员之间的合作，可以更有效地了解目标市场，并为其提供服务，从而达到整体渠道利润高于各自为政的各个渠道成员利润的目的。但同时也会出现渠道的冲突，其主要表现为三个方面：①垂直渠道冲突，是指同一渠道中不同层次之间的利害冲突，这是较常见的冲突。②水平渠道冲突，是指存在于渠道同一层次的成员公司之间的冲突。③多渠道冲突，是指生产企业已经建立起了两个或更多的渠道，并且渠道成员共同把产品推销给同一市场时会产生的多个渠道之间的冲突。当一个渠道成员或降低价格，或降低毛利率时，多渠道冲突会变得特别强烈。

（2）渠道冲突的原因。①目标不一致。一般生产企业要通过低价政策获取快速的市场增长，而经销商则更想获得更高的毛利和重视短期的营利率。解决这类冲突比较困难。②任务和权利不明确。③对未来的预期发生变化。④中间商对生产企业具有很大的依赖性。

（3）控制渠道冲突。控制渠道冲突要求渠道成员树立双赢合作、共求发展的宗旨和信念，具体做到以下三个方面：①认清渠道中的潜在冲突。经常分析和发现可能存在的冲突，采取措施防止冲突发生，并将可能发生的较大冲突转化为较小冲突。②有计划地监测冲突。随时观察渠道中的每一个环节，特别是把渠道中容易发生滞呆或受阻的环节作为监测重点。③解决冲突一是共同管理，即在处理冲突时，渠道控制者应以其他成员得到更大满意为出发点，充分听取其他成员的意见和建议；二是协商、规劝和洽谈，这种策略一般在各方权力均衡的状态下采用；三是运用控制权，实行奖惩制度。

第五节　电子商务及其渠道模式

一、电子商务的概念、特征与类型

1. 电子商务的概念

电子商务（Electronic Commerce）是运用电子通信作为手段的经济活动，通过这种方式人们可以对带有经济价值的产品和服务进行宣传、购买和结算。这种交易的方式不受地理位置、资金多少或零售渠道的所有权影响，公有私有企业、政府组织、各种社会团体、一般公民、企业家都能自由地参加广泛的经济活动，其中包括农业、林业、渔业、工业、私营和政府的服务业。电子商务能使产品在世界范围内交易并向消费者提供多种多样的选择。

2. 电子商务的特点

（1）高效性。电子商务是提供给买卖双方进行交易的一种高效的服务方式。它的高效性体现在很多方面，例如：网上商店无须营业员，无须实体店铺，可以为企业节省大量的开销，可以提供全天候的服务，提高销售量，提高客户满意度和企业的知名度。

（2）方便性。在电子商务环境中，传统商务受时间和空间限制的框框被打破，客户足不出户即可享受到各种消费和服务。客户不再像以前那样受地域的限制，只能在一定区域内、有限的几个商家中选择交易对象，寻找所需的商品，而是可以在更大范围内，甚至是全球范围寻找交易伙伴、选择商品。

（3）社会性。电子商务涉及企业的各个商务环节，消费者、厂商、运输、报关、保险、商检、安全认证机构和银行等不同参与者通过计算机网络，共同组成一个复杂的网络系统结构。它们相互作用、相互依赖和协同处理，形成一个相互密切联系的连接全社会的信息处理系统。

（4）层次性。电子商务具有层次性结构的特点。任何个人、企业、地区和国家都可以建立自己的电子商务系统，每个系统本身都是一个独立的、完备的整体，都可以提供从商品的推销到购买、支付全过程的服务，同时又是更大范围或更高一级的电子商务系统的一个组成部分。

（5）集成性。电子商务大量采用了计算机、网络通信等新技术，但这并不意味着企业原有的信息系统和设备将被全部淘汰，而是要对原有的技术设备进行改造，充分利用企业已有的信息资源和技术，从而高效地完成企业的生产、销售和客户服务。电子商务的集成性还体现在事务处理的整体性和统一性上，它能规范事务处理的工作流程，将人工操作和电子信息处理集成为一个整体。

3. 电子商务参与要素

商务活动本身一种协调过程，需要客户与公司内部、生产商、批发商、零售商间的协调，在电子商务过程中，需要银行、物流配送中心、通信部门、技术服务等多个部门的通力协作才能完成。电子商务的基本组成要素有网络、用户、配送中心、认证中心、银行商家等。

（1）互联网、内联网和外联网。互联网是电子商务的基础，是信息流、资金流传送的载体，内联网是企业内部商务活动的场所，外联网是企业与企业之间及企业与个人进行商务活动的纽带。

（2）网上商城与消费者。网上商城既是买方又是卖方，它既要从网上搜集信息，从生产厂家订货，又要发布信息，向消费者销售商品。消费者是个人最终用户，他们通过浏览网页，搜集商品信息，实现足不出户的网上购物。

（3）认证中心。认证中心是法律承认的权威机构，负责发放和管理电子证书，使网上交易的各方能相互确认身份。电子证书是一个包含证书持有人个人信息、公开密钥、证书序号、有效期、发证单位的电子签名等内容的数字文件。

（4）物流中心。物流中心接受商家送货请求，组织运送无法从网上直接得到的商品，跟踪产品的流向，将产品送到最终客户手中。

（5）网上银行。网上银行在网上实现在线转账业务，为用户提供24小时实时服务；与信用卡公司合作，发放电子钱包，提供网上支付手段，为电子商务中的客户服务。

4. 电子商务的类型

电子商务参与方主要有四部分，即企业、个人消费者、政府和中介方。应该看到，中介方只是为了电子商务的实现与开展提供技术、管理与服务支持，而第三者则是以另一种姿态成为参与方的。有些网上拍卖形式的电子商务属于个人与个人之间的交易，也就是通常所说的C2C（Consumer to Consumer）。企业是电子商务的核心，考察电子商务的类型，主要从企业的角度来进行分析。从企业电子商务系统业务处理过程设计的范围出发，可以把电子商务分为企业内部的电子商务（Intranet）、企业之间的电子商务（Business to Business，BtoB或B2B）、企业与消费者之间的电子商务（Business to Consumer，BtoC或B2C）和企业与政府之间的电子商务（Business to Government，BtoG，B2G）四种类型。

二、电子商务下的网络分销渠道

1. 网络分销渠道的特点

在传统分销渠道中，中间商是其重要的组成部分。中间商之所以在营销渠道中占有重要地位，是因为营销渠道利用中间商能够在广泛提供产品和进入目标市场方面发挥最高的效率。营销中间商凭借其业务往来关系、经验、专业化和规模经营，提供给公司的利润通常高于自营商店所能获取的利润。

但互联网的发展和商业应用，使传统营销中间商凭借地缘原因获取的优势被互联网的虚拟性所取代，同时互联网的高效率的信息交换，改变着过去传统营销渠道的诸多环节，将错综复杂的关系简化为单一关系。互联网的发展改变了分销渠道的结构。

利用互联网的信息交互特点，网上直销市场得到大力发展。网络分销渠道可以分为两大类：一类是通过互联网实现的从生产者到消费（使用）者的网络直接分销渠道（简称网上直销），这时传统中间商的职能发生了改变，由过去的环节的中间力量变成为直销渠道提供服务的中介机构，如提供货物运输配送服务的专业配送公司，提供货款网上结算服务的网上银行，以及提供产品信息发布和网站建设的ISP和电子商务服务商。网上直销渠道的建立，使得生产者和最终消费者直接连接和沟通。另一类是通过融入互联网技术后的中间商机构提供网络间接分销渠道。传统中间商由于融合了互联网技术，大大提高了中间商的交易效率、专门化程度和规模经济效益。基于互联网的新型网络间接分销渠道与传统间接分销渠道有着很大不同，传统间接分销渠道可能有多个中间环节如一级批发商、二级批发商、零售商，而网络间接营销渠道只需要一个中间环节。

2. 网络分销渠道的建设

由于网上销售对象不同，因此网络分销渠道是有很大区别的。一般来说网上销售主要有两种方式：第一种方式是 B2B，即企业对企业的模式，一方面，这种模式每次交易量很大、交易次数较少，并且购买方比较集中，因此网络分销渠道的建设关键是建设好订货系统，方便购买企业进行选择；由于企业一般信用较好，通过网上结算实现付款比较简单。另一方面，由于量大次数少，因此配送时可以进行专门运送，既可以保证速度也可以保证质量，减少中间环节造成损伤。第二种方式是 B2C，即企业对消费者模式。这种模式的每次交易量小、交易次数多，而且购买者非常分散，因此网上渠道建设的关键是结算系统和配送系统。

在选择网络分销渠道时还要注意产品的特性，有些产品易于数字化，可以直接通过互联网传输；而对大多数有形产品，还必须依靠传统配送渠道来实现货物的空间移动，对于这部分产品依赖的渠道，可以通过对互联网进行改造以最大限度地提高渠道的效率，减少渠道运营中的人为失误和时间耽误造成的损失。

在具体建设网络分销渠道时，还要考虑到以下四个方面：

（1）从消费者角度设计渠道。只有采用消费者比较放心，容易接受的方式才有可能吸引消费者使用网上购物，以克服网上购物的"虚"的感觉。如在中国，目前采用第三方网络支付方式比较让人认可。

（2）设计订货系统时，要简单明了，不要让消费者填写太多信息，而应该采用现在流行的"购物车"方式模拟超市，让消费者一边看物品比较选择，一边进行选购。在购物结束后，一次性进行结算。另外，订货系统还应该提供商品搜索和分类查找功能，以便于消费者在最短时间内找到需要的商品，同时还应对商品提供消费者想了解的信息，如性能、外形、品牌等重要信息。

（3）在选择结算方式时，应考虑到目前实际发展的状况，应尽量提供多种方式方便消费者选择，同时还要考虑网上结算的安全性，对于不安全的直接结算方式，应换成间接的安全方式。

（4）关键是建立完善的配送系统。消费者只有看到购买的商品到家后，才真正感到踏实，因此建设快速有效的配送服务系统是非常重要的。

主要术语

营销渠道　分销渠道　供应商　生产者　商人中间商　代理中间商　辅助商　批发商　零售商　企业内部的电子商务　企业之间的电子商务　企业与消费者之间的电子商务企业与政府之间的电子商务　电子商务

思考与讨论

1. 简述分销渠道的含义和主要类型。
2. 中间商的主要作用与功能是什么？

3. 分销渠道系统的主要类型有哪几种？

4. 如何合理设计企业的分销渠道？

5. 如何处理渠道成员之间的冲突？

6. 简述电子商务的主要特征与类型。

7. 如何建设与管理网络分销渠道？

 营销实践与应用

虎邦辣酱在外卖路上的创业故事

很长一段时间里，"央视＋超市"的营销模式，是消费品行业中教科书式的打法。在那个时代，商家只要有效率地控制好少数媒体和少数渠道，就会形成产品和用户的有效互动，消费品巨头们如法炮制着一代代的明星产品，屡试不爽。

互联网将消费者行为打散了。广泛的链接取代了中心节点的绝对支配地位，消费者个性化了。不同群体有了自己喜好的媒体、消费场所和选择逻辑，传统打法失效了，传统企业如何转型？新营销说一时间洛阳纸贵，众说纷纭。

虎邦辣酱团队正是在这样模式重构的互联网时代里，开始创业之旅的。2015 年，我们也深切地感受到了互联网对销售模式的冲击，深知之前的道路已经走不通了。然而面对新营销，我们也没有成熟的方法论，对于充斥在周围的理论、案例，仿佛隔靴搔痒，看得懂，学不会。

于是，创业之初公司决定，先不考虑什么模式，找到立足点再说，慢慢地迭代模式。寻找的过程中，把握"两个不做"的原则：凡是和传统模式一样的不做，凡是和竞品模式一样的不做——既然不能确定怎么做，那么就先用排除法界定什么不能做，逼自己创新，避免进入传统的思维框架中。

在这个阶段，我们尝试了很多方式，传统电商、内容电商、各种 O2O（2015 年特别火）、工业园区食堂，一个偶然的机会，我们发现了外卖。

经过半年时间，通过局部市场的尝试，我们判断这个渠道非常适合我们：第一，场景匹配，辣酱与简单用餐场景契合，接受度高。第二，人群匹配，年轻人集中，愿意尝试新产品，对产品品质要求高，价格敏感度低。第三，渠道特征匹配，封闭渠道，成本低，风险小，适合创业公司起步。于是 2016 年年初，公司正式决定将外卖渠道作为公司的生存战略，全力以赴开战外卖战场。

在立足点的选择上，看似是试出来的，其实偶然中又有其必然性。其内涵的逻辑是场景逻辑和流量逻辑。

解决简单用餐，口味寡淡，没有食欲的问题，那么这个问题最经常出现的场景在哪里？食堂、学校、办公室……而在场景选择的过程中，要特别关注有流量的场景，确实能够保证我们立足，而一旦尝试到有流量的场景，则要不遗余力地扎根下去，聚焦聚焦再聚焦。

虎邦在选择切入点的初期也曾经想过、推敲过：外卖行业是不是够大？能不能支撑我们生存下来？外卖市场会不会有风险？为此我们用了半年的时间，在不同的市场来论证这些问题，然而 2016 年年初，当我们确定将外卖市场作为我们的生存之地时，公司上下要求摒弃一切诱惑，不能彷徨、得陇望蜀。

随着这两年在外卖渠道深耕，我们意识到外卖市场不仅是一个适合辣酱立足的市场，还是一个少有的体量大、增长快、具有趋势红利的市场。2016 年全国外卖销售额突破 1600 亿元，2017 年预计会突破 3000 亿元，这意味着消费品零售总额中，每花 100 元就有一元花在了外卖上，体量巨大。

与此同时，这个市场目前仍以两位数的速度在迅速增长，其结构还在迅速调整。所以，不夸张地说，外卖市场是餐饮行业的又一次革命，外卖市场也是难得一见的具有趋势红利的市场。

然而我们的外卖之路也并非一路坦途。2016 年上半年，公司专门推进渠道开发，这是传统行业的看家本领，半年的时间，开发了近 2 万家终端。然而铺货之后发现动销是个问题，很多商家简单尝试之后把我们的产品很快下架了。我们逐渐意识到，辣酱不像餐盒之类的产品，餐盒是直接消耗品，厂家和商家是一个简单的采购关系，而辣酱不同，是个复杂的采购关系，如果不能有效与商家的运营结合，经营结果差别是很大的。

如何才能与商家深度结合呢？要具备生态思维、共生思维，也就是说，在外卖生态中，我们要形成与商家相互依存，"你离不开我，我也离不开你"的合作关系，而非一味强调自己的核心竞争力。

以我们在外卖生态中的角色为例，我们首先要想清楚辣酱对外卖产生的价值：

第一，辣酱可以有效地延伸菜品的寿命。外卖的菜品更多还是以简餐为主，相对而言品种少，口味单一，有辣酱作为搭配，能够提升消费者对菜品的满意度。

第二，辣酱可以更好地提升商家的客单价，在运营复杂程度不提高的情况下，更好地摊薄经营成本，摊薄商家流量和配送服务的采购费用。找到这样的切入点，才能和商家持久地共生下去，黏性也会更强。

而在运营产品的时候，我们发现，辣酱的运营只有整体糅合到外卖商家的菜单之中，只有与外卖商家的整体菜品结构、平台活动、满减政策相匹配的时候，才能够共存得更好、更持久。不是抱有共生思维，一味只是希望利用好渠道商各种资源的，很难在这个环境中生存。虎邦在经营外卖渠道的过程中，一直把自己定位为一个"超级连接者"。在外卖这个生态中，我们希望自己能起到互通有无、服务生态的作用。

在这两年的时间里，我们整合过十余场外卖平台和外卖商家的资源整合活动；8 月以来，虎邦组织了广州、郑州、沈阳等多地的外卖沙龙活动，邀请不同领域专家对外卖商家进行多角度的知识传播；在各地，虎邦团队也建立起了专门服务于商家的社群，传播外卖知识、对称行业信息，并给商家提供诸如代运营、视图制作、法务、财务等方面的服务。我们把这些也作为自己的产品来研究、经营。如果没有这种先人后己，甚至自我奉献的精神，是不会真正融入生态的。

两年的实践中，我们反复思考互联网时代的特点到底是什么。

我们认为，关键词是"变化"。互联互通使环境的变数增强了，消费者个性化得到体现，资源更为丰富、开放，竞争也更为多样化、多领域。在这个变化的环境中，企业创业应该如何把握呢？

一个重要的思维是生态思维，就一个经济体而言，在环境相对稳定的状态下，更多地通过核心竞争力的打造获得竞争优势。但是在环境不稳定的前提下，企业掌握和调动的资源都变得更有延展性，所以原本单一的刚性的竞争优势不够了，甚至在环境极不稳定的状态下，片面地强调竞争优势还有害，这就需要企业具备生态思维，强调企业对环境的适应能力和外部资源的整合能力，链接能力成了考量企业经营实力的重要维度。这一点在外卖生态中体现得非常明显。

另一个重要的思维是流量思维。当我们开始深度运营终端的时候，发现深度运营的成本是很高的，运营门店数量有限，那么这么多目标门店，如何才能提升效率呢？

我们逐步发现，门店和门店是不同的。在传统渠道，如果在同一个商圈相邻的门店，受时空影响，流量差异不会太大，然而在外卖市场，相同品类相同商圈的门店，差异可能上千倍，外卖市场的流量不像线下餐饮店这样分布平缓，而更像电商，流量集中，赢者通吃。所以在这个市场中，铺货率的概念失效了，我们需要重新审视每个门店的意义。

与此同时，外卖流量还特别不稳定。2016 年年底，我们在部分市场取得一些突破的门店，到了 2017 年年初突然关门大吉了，很多销量很大的门店突然经营惨淡了，流量来得快去得也急，这一点又和传统渠道不同。

基于这样的特点，虎邦在经营外卖渠道的时候，也需要思考外卖的流量分布，这个流量分布既包括门店的特征，也包括品类的特征，甚至包括菜品的特征，如果不能把握这些特征，泛泛地去打，就会陷入集中的渠道建设中去，事倍功半。

流量思维是互联网时代生存的另一种思维模式——精准。在互联网多变的世界里，要么能够适应整个生态（生态思维），要么能够精准找到用户并掌握其行动轨迹，流量思维、大数据思维、用户思维等都是精准化的思维方式。

这两点既是我们在生态中的最大感悟，也是对互联网特征的重要认识。

创业者们最喜欢研究绝招，大家希望通过简化认知来理解问题。然而创业成功真的是一个系统胜出的过程，绝对不是某个要素胜出了就能解决问题。

以虎邦为例，表面上看，是虎邦选择了一个不错的渠道，实质上，取得现在这点成绩，是诸多要素环环相扣，甚至化学反应叠加之后的结果。以产品为例，虎邦的产品十年磨一剑，打磨鲜椒酱也是煞费苦心。目前市面上的辣椒酱，以油泼辣子的工艺最为普及。然而虎邦为了适应消费升级的特点，选择了辣度更低、香度更高的黄河流域辣椒作为主原料，采用新鲜辣椒低温熬制而成，避免油炸，低盐低辣，适合新时期人们饮食的需求。

在包装上面，围绕现代人快节奏的特点，制作了小包装的产品，一餐一个，即食即弃，方便快捷。虎邦上市以来，产品已经迭代四次，不断打磨，才能适应用户及消费场景的需求。

品牌的升级、行业的研究、团队的管理、知识的共享、销售运营体系等每个环节都需要创新，同时这些要素还要融合成为一个新的整体，哪个要素能够决定成功还真不好说。

就好像说一道菜做得好，牵扯到火候、刀工、配料等诸多要素，要我们说到底是什么原因好吃，其实还真很难孤立地说清楚，这才是创业的艰难与魅力所在。

资料来源：胡峤松. 虎邦辣酱在外卖路上的创业故事 [J]. 销售与市场（管理版），2017（11）.

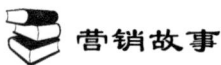 案例讨论题

1. 虎邦辣酱创业成功的秘诀是什么？
2. 该创业故事对你有哪些启示？

营销故事

盛锡福的连锁经营

1929 年，盛锡福的"三帽"牌草帽在菲律宾马尼拉国际嘉年华会上荣获一等奖；1934 年，"三帽"牌帽子又在巴拿马国际展览会上荣获超等奖。此时的"三帽"帽子已然成了世界名牌，仅在天津产销帽子已经不能够满足刘锡三成为"帽子大王"的雄心壮志。于是他开始在天津以外开设分店，让更多的顾客更方便地购买盛锡福的帽子。

盛锡福的第一步是打开国内市场，在国内分别设立分销处、分庄和代销点。天津设两个分销处，北京设四个分销处；上海、汉口、辽宁、重庆、青岛、济南、徐州等地设分销处或批发部；沿西北、东北、津浦、京汉各铁路沿线设立代售店。

盛锡福的第二步是开拓国际市场。新加坡的大华贸易公司是盛锡福在海外的总代销点，由此逐步向菲律宾、马来西亚、缅甸、泰国、越南、印度尼西亚等东南亚国家推销"三帽"牌帽子；在西欧的英、法、荷兰、意大利等国家设立了代销处；后在澳洲、非洲也陆续建立了代销点。

盛锡福在国内外设立多处代销点、分销处，形成了一个遍布全球的销售网络，不仅扩大了销售业务，而且能够及时搜集信息，使盛锡福永远走在时尚的前沿。

品评：中国曾经拥有很多世界知名品牌，如张裕、瑞蚨祥、同仁堂和盛锡福等，在其发展的鼎盛时期都有过名扬天下的风光。美国零售业巨头沃尔玛公司创始人山姆·沃尔顿生前曾说："我创立沃尔玛的最初灵感，来自中国的一家古老的商号。它的名字来源于传说中一种可以带来金钱的昆虫。我想，它大约是世界上最早的连锁经营企业。它做得很好，好极了！"沃尔顿说的古老商号就是创建于 1862 年的瑞蚨祥，沃尔玛的诞生比瑞蚨祥整整晚了一个世纪。上述盛锡福开展连锁经营的时间也比沃尔玛早数十年，可见我国连锁经营历史之悠久。

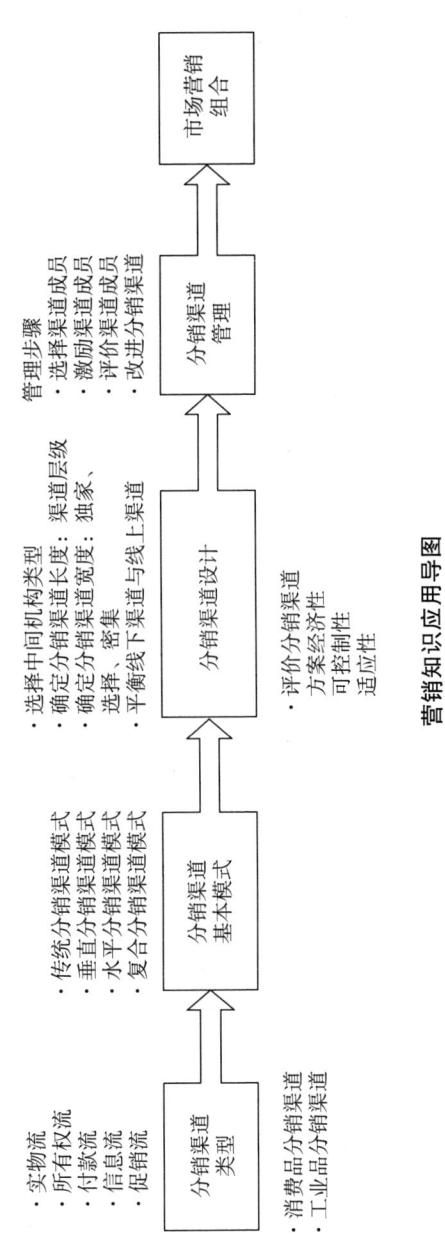

营销知识应用导图

分销渠道
类型
・实物流
・所有权流
・付款流
・信息流
・促销流

・消费品分销渠道
・工业品分销渠道

分销渠道
基本模式
・传统分销渠道模式
・垂直分销渠道模式
・水平分销渠道模式
・复合分销渠道模式

分销渠道设计
・选择中间机构类型
・确定分销渠道长度：渠道层级
・确定分销渠道宽度：独家、
　选择、密集
・平衡线下渠道与线上渠道

・评价分销渠道
　方案经济性
　可控制性
　适应性

分销渠道
管理
管理步骤
・选择渠道成员
・激励渠道成员
・评价渠道成员
・改进分销渠道

市场营销
组合

第十三章

促销策略

 学习目标

1. 了解常用的促销工具及其特点。
2. 掌握促销组合决策的步骤。
3. 了解整合营销传播的含义。
4. 理解广告的含义，掌握广告策略。
5. 理解销售促进的含义，掌握销售促进策略。
6. 理解公共关系的含义，掌握公共关系营销策略。
7. 理解人员销售的含义，掌握人员销售策略。
8. 理解直复营销的含义，掌握直复营销策略。

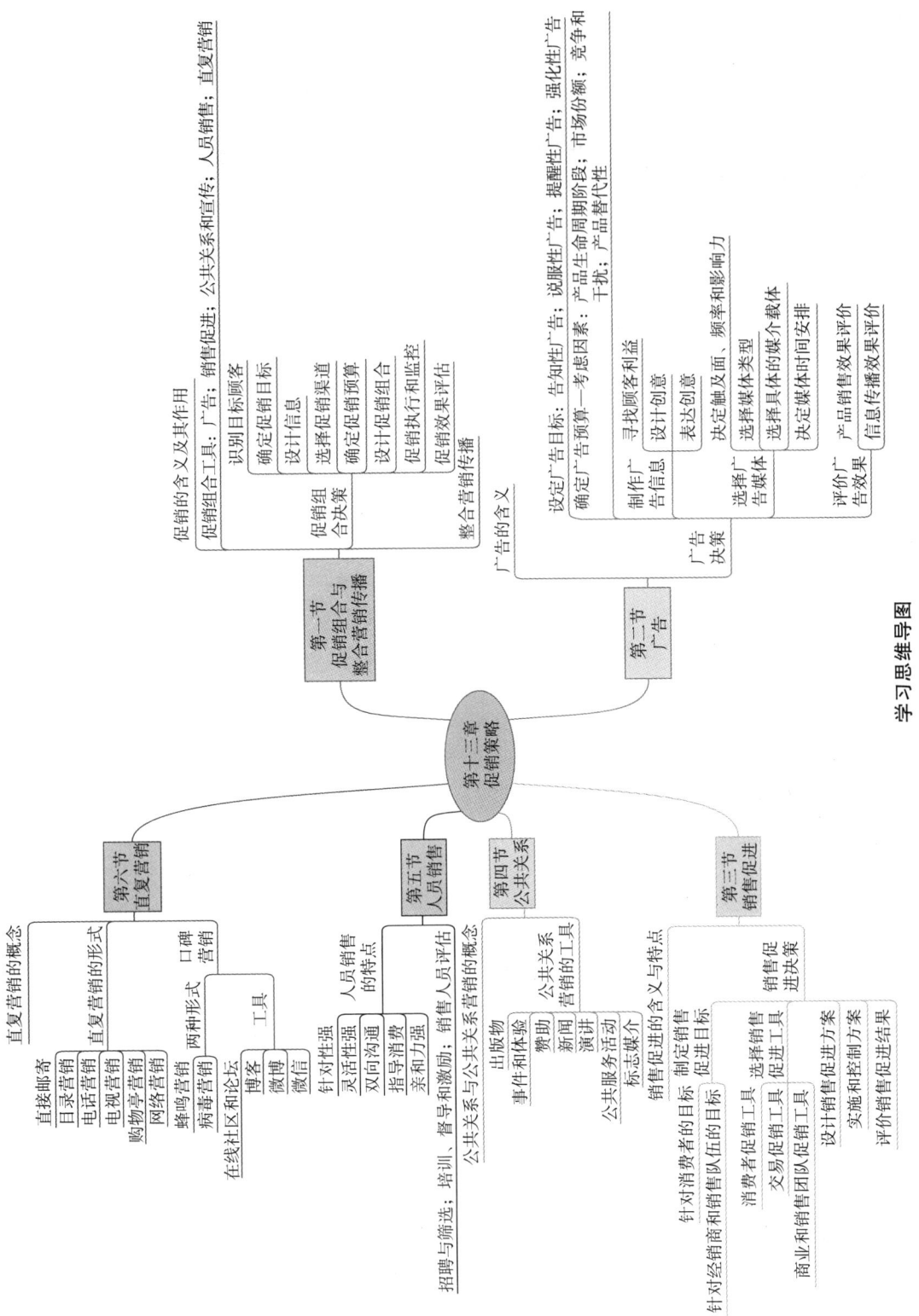

学习思维导图

章首案例　品牌营销如何助力 OPPO 实现逆境生长?

继 2016 年的换机大潮后, 2017 年中国智能手机市进入饱和状态。在整体市场的颓势中 OPPO 却因精彩多样的营销努力而逆势上扬, 销量比上年提升 12%, 连续多年实现稳定增长。

一、强强联手, 玩转跨界营销

(1) 跨界时尚。2017 开年, OPPO 在正式推出 "R9s 新年特别版" 之际, 与野兽派合作打造新年花盒, 与 "宇宙头号时尚博主" gogoboi 联合打造了新年定制礼盒。年中在 OPPO R11 正式发布前, OPPO 与新锐独立设计师王天墨联合推出 "反正都精彩" 纪念版创意 T 恤, 集经典与潮流元素于一体, 不仅突显 OPPO 的年轻个性态度, 也暗含 OPPO R11 的众多亮点。

(2) 跨界娱乐。2017 年 OPPO 联合浙江卫视举办了一场有史以来最不一样的年中盛典暨新品 OPPO R11 的发布会, 基于两者年轻时尚的共同特质和超强资源整合能力, 以科技跨界娱乐的创新形式, 吸引了众多重量级明星热力助阵。

(3) 跨界美妆。在 R11 正式发布之后 OPPO 与法国奢华美妆品牌娇兰进行了合作, 推出 OPPO X GUERLAIN 热力红限量礼盒, 开创国际奢华美妆品牌法国娇兰与手机品牌合作的先例, 也使 OPPO 成为业内首家跨界美妆的品牌, 让两大行业就此产生交集。

(4) 跨界体育。作为巴萨的官方合作伙伴, OPPO 在 2017 年 8 月发布了第三代深度定制手机 "R11 巴萨红蓝撞色限量版", 成为业内首款一体化金属机身撞色手机, 让热血体育与时尚手机碰撞出不一样的科技火花。

二、制造话题, 引爆事件营销

巧借 OPPO 明星家族里两大明星李易峰和陈伟霆的强大粉丝号召力, 制造两者 "谁是 OPPO 拍照 King" 的悬念 PK 事件, 线上发布互呛视频, 联动微博发起全网讨论的热门话题, 线下打造网红地铁站, 持续不断发酵话题, 引导网友及路人围观投票互动, 最后公布的结局视频让事件进入高潮, 使 OPPO R11 "前后 2000 万, 拍照更清晰" 的产品核心卖点更加深入人心, 并创造了过亿的话题阅读量和过百万的互动讨论量。

三、打动人心, 发力情感营销

在岁末 OPPO R11s 星幕新年版上市之际, OPPO 携手周杰伦暖心巨制《周杰伦的 2000W 个故事之最长的电影》, 将 OPPO 产品无缝植入其中。影片凭借周杰伦和周氏情歌的怀旧效应, 通过将周杰伦历年来经典曲目融入到电影情节及细节中, 唤起了受众共同的青春记忆, 从而引发情感共振, 再加上画面唯美、制作精良以及产品承接剧情自然, 这支广告借此成功建立起了与目标消费者 "80 后、90 后" 的跨时代共鸣。

资料来源: 回首 2017, 品牌营销如何助力 OPPO 实现逆境生长? [EB/OL]. http://www.yxad.com/News/hangye-dongtai/News_ 185965. shtml, 2018 - 01 - 04.

在竞争加剧、大众市场分化、信息传播平台多样的营销环境下，企业需要借助多方平台、运用多种方式将其品牌与产品的信息有效地传递给消费者。这就涉及营销组合策略中的第 4 个 P——促销，也可称为营销传播。

第一节　促销组合与整合营销传播

一、促销与促销组合

1. 促销的含义及其作用

促销（Promotion）也可称为营销传播（Marketing Communication），是企业直接或间接地尝试让消费者了解自己的产品和品牌，劝说和提醒消费者购买这些产品和品牌的市场营销活动。促销的形式多种多样，包括广告、公共关系、销售促进、直复营销、人员推销等方式。

促销主要任务在于对目标消费者及其相关群体传递企业、品牌及其产品和服务的相关信息，在市场营销中发挥着唤起消费需求、促进销售和树立企业与品牌形象的重要作用。

2. 促销组合

促销组合（Promotion Mix）也可称为营销传播组合（Marketing Communication Mix），是指企业根据促销的需要，对广告、销售促进、公共关系和宣传、人员销售以及直复营销等促销方式进行选择和综合编配，充分发挥各种促销方式的特点与优势，以达到成本效益最大化。常用的促销工具见表 13-1。

表 13-1　常用的促销工具

广告	销售促进	公共关系和宣传	直复营销	人员销售
印刷广告	比赛、游戏	报刊稿件	邮寄	销售简报
广播广告	抽奖、奖券	宣传资料袋	电话营销	激励活动
外包装广告	奖品和礼品	演讲、研讨会	电子购物	样品
包装内人物	样品、赠券	新闻发布会	电视购物	展销会
电影、电视、网络	折扣、回扣	年度报告	传真	展览会
宣传手册	以旧换新	慈善捐助	电子邮件	
招贴和传单	低息融资	出版物	语音邮件	
企业名录	展销会、展览	企业期刊	微信	
广告复制品	示范	社区关系	微博	
广告牌	娱乐	事件	网站	

续表

广告	销售促进	公共关系和宣传	直复营销	人员销售
陈列招牌	连续活动	游说	博客	
销售点展示	搭售	识别媒介	聊天室	
视听材料		公司展览馆	个人对个人	
标志和商标		工厂参观		

二、促销组合决策

有效的促销活动需要八个步骤，如图 13 - 1 所示。

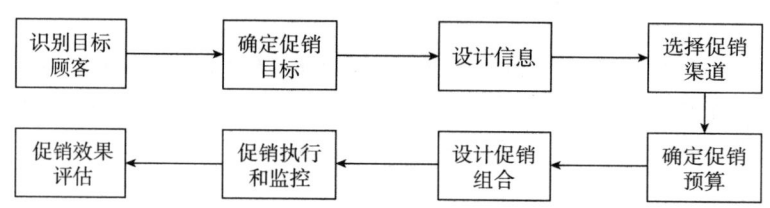

图 13 - 1　促销活动的步骤

1. 识别目标顾客

企业制定促销计划的第一步是清楚地界定目标顾客，他们可能是公司产品的潜在顾客、现有使用者、决策者或影响者，也可能是个人、团体、特殊公众或一般公众。目标顾客决定着企业的营销传播决策。

2. 确定促销目标

促销目标即企业通过促销策略应达到的目的。尽管企业促销的最终目标是消费者购买，但消费者购买决策毕竟需要一个过程，营销人员应该根据消费者购买行为所处的阶段来确定促销目标。图 13 - 2 列出了四种典型的消费者反应层次模式，虽然这些模式的具体反应层次不同，但都可以分为认知阶段、感知阶段和行为阶段，反映了购买者一般需要经历的购买过程。营销传播者首先应该了解消费者所处的阶段，其次才能有针对性地设计促销信息。

3. 设计信息

确定了促销目标后，营销者将开始致力于设计有效的信息。营销传播者必须决定说什么（信息内容）和如何说（信息结构和格式）。

（1）信息内容。确定信息内容，需要营销传播者寻找与品牌定位相吻合，并能够达到预期促销目标的诉求或主题。可供选择的诉求有理性诉求、感性诉求和道德诉求三种类型。理性诉求直接向目标顾客或公众说明某种行为的理性利益，或显示产品具有消费者所

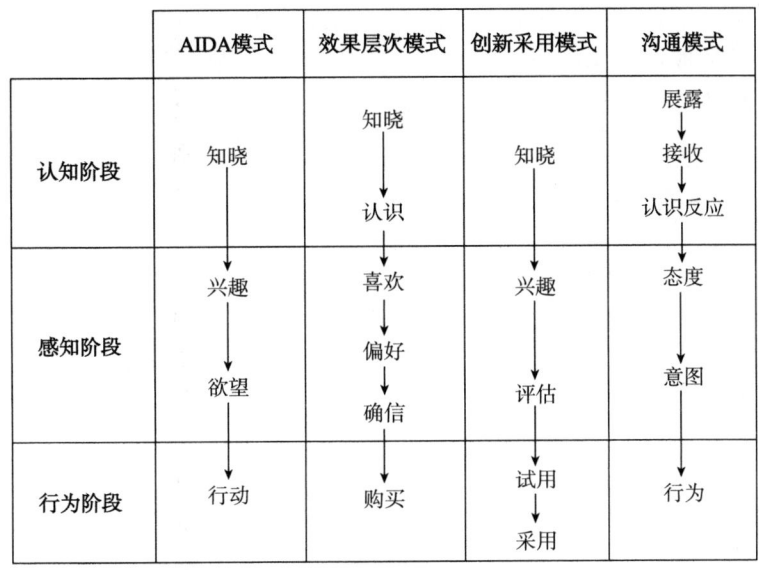

图 13-2　反应层次模式

需要的功能利益与要求。感性诉求试图向目标顾客传递某种积极或消极的情感，以激起人们对某种产品的兴趣和购买欲望。道德诉求为使受众从道义上分辨什么是正确的或适宜的，进而规范其行为。确定信息内容后，营销传播者需要将既定的信息用感情化、性格化、合乎逻辑的表达方式表现出来，表达的方式包括信息结构和信息格式。

（2）信息结构。信息结构包括三个问题：一是应该给出一个结论，还是由受众自己去思考。研究表明，提出问题并让消费者自己得出结论往往效果更好。二是应该把最强的信息首先提出，还是留到最后出现。三是提出一个单方面的论点，即只说明产品的优点，还是提出一个双方面的论点，即在大肆宣传产品优点的同时也承认产品的缺点。

（3）信息格式。营销传播者还需要为信息设计一个醒目的格式，即选择最有效的信息符号来表达信息内容和信息结构。在选择信息格式时需要考虑媒体的特点，以及媒体的时间和空间限制因素。

4. 选择促销渠道

（1）人员促销渠道。人员促销渠道是指两个或者两个以上的人通过面对面、人员对受众、电话或电子邮件方式进行的直接沟通，包括提倡者渠道、专家渠道和社会渠道。其中提倡者渠道是指企业的销售人员，直接同目标购买者接触，是企业直接控制的促销渠道；专家渠道是指对目标购买者进行陈述的独立专家；社会渠道是指对目标购买者产生影响的邻居、朋友、家庭成员和同事等。专家渠道和社会渠道是企业无法直接控制的渠道，社会渠道被称为口碑影响，在许多产品领域影响力很强。

（2）非人员促销渠道。非人员促销渠道是指那些不需要通过人与人之间的接触和反馈就可以传递信息的渠道，包括媒体、销售促进、公共关系。媒体包括印刷媒体（报纸、杂志、直接邮寄），广播媒体（广播、电视），在线媒体（网站、电子邮件等），电子媒体（录音带、录像带、激光录像盘、光盘），展示媒体（广告牌、显示屏和海报）。销售促进包括顾客推广活动（如样品、折扣券和奖金），渠道推广（如广告和陈列折让）。公共关系包括针对企业内部员工的传播以及针对外部消费者、其他企业、政府和媒体的传播。

企业可以根据实际情况整合人员促销渠道和非人员促销渠道，发挥两者最大的协同效应。

5. 确定促销预算

企业确定促销预算的方法有四种：量入为出法、销售百分比法、竞争对等法和目标任务法（具体内容请见第十五章第三节营销费用预算）。

6. 设计促销组合

为达到成本效益最大化，企业需要将促销工具整合为协调一致的促销组合，决定如何在广告、销售促进、公共关系和宣传、人员销售、直复营销之间分配预算。

（1）促销工具的特性。每种促销工具都有其独特性，营销传播者在设计促销组合时必须了解这些特性。每种促销工具的特征见表 13 - 2。

表 13 - 2　促销工具的特征

促销工具	特征
广告	能以较低的单位展示成本将信息传达给地理上分散的广大潜在购买者 销售方能够将一条信息重复多次 顾客一般认为广告更加合法 表现性强，可使企业的产品引人注目
销售促进	吸引顾客注意 刺激购买 可使产品引人注目以扭转下滑的销售额
公共关系和宣传	高度可信 可覆盖到回避销售人员和广告的目标受众
直复营销	非公共性：信息通常是面向个人的 即时性：能够迅速提供信息 互动性：信息可以根据个人的反应加以修改
人员销售	与消费者面对面接触 销售人员与顾客之间可以从普通的买卖关系发展到深厚的个人友谊 购买者能够倾听销售人员的谈话

（2）影响促销组合的因素。①促销组合战略。企业可以选择两种基本的促销组合战略——"推"式促销和"拉"式促销。具体见图 13 - 3。推式促销战略是指将产品顺着分销渠道推向最终顾客，生产企业的营销活动（主要是人员推销和交易促销）针对的是渠道成员，引导他们持有产品并推销给最终消费者。拉式促销战略是生产企业的营销活动（主要是广告、营销公关、销售促进）针对的是最终消费者，引导他们购买产品，由消费

者的需求拉动着产品沿着渠道流动。

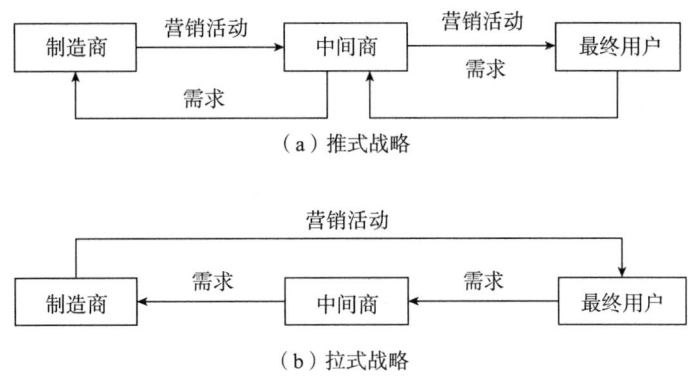

图 13－3　推式促销和拉式促销战略

②促销目标。从消费者购买决策过程看，企业的目标受众可能处于知晓、了解、信任、购买和再购买的任一时期。图 13－4 反映了不同促销方式在不同促销目标下的促销效果差异，企业应该根据促销目标的不同，选择促销成本效益最好的促销组合。

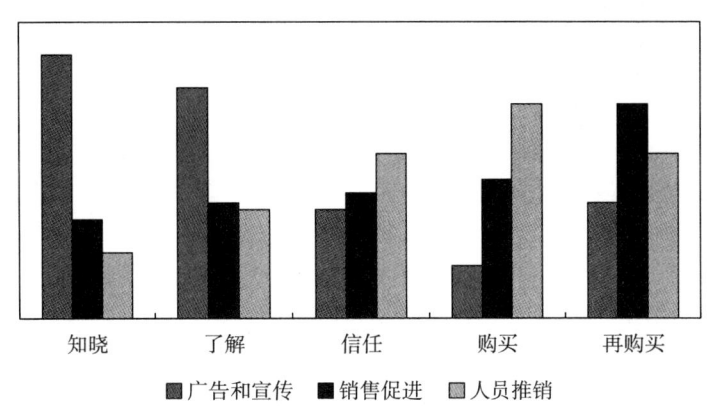

图 13－4　不同促销方式在不同促销目标下的促销效果

③市场类型。消费者市场购买者众多且零星分散，故对其促销以广告宣传为主，销售促进为辅，以一定方式的直复营销相配合，并结合公共关系、商品陈列、展销、产品介绍等方法吸引顾客。生产者市场购买者较少且相对集中，购买批量大，技术性较强，宜以人员销售为主，销售促进为辅，广告与公共关系营销相互配合的组合策略为佳，向用户详细介绍产品，建立关系，促成购买。

④产品市场生命周期。产品处于导入期时，广告和人员销售性价比较高，可使顾客认识和了解商品，而如免费赠送、展销、示范、活动等销售促进方法，则可刺激顾客试用产品；产品进入成长期时，着重介绍产品竞争性特色的广告，能够吸引顾客购买并促其形成对产品的偏好，辅之以口碑和互动营销，有利于增加销量；产品处于成熟期时，提示性广

告、体验等方式在巩固市场方面会发挥重要作用；产品处于衰退期时，降价、优惠等销售促进策略，可以帮助企业尽快售出存货，减少库存。

除上述因素外，促销策略的选择和运用，还要考虑消费行为和消费习惯、经济状况、分销成本、分销效率、技术条件等。

7. 促销执行和监控

在方案实施过程中会存在着许多不确定的因素，需要对活动进行监督、控制，以便根据情况的变化采取有针对性的措施，使活动有效进行。对促销过程中的监控工作主要在于促销执行情况，需要了解促销进展，及时发现和解决问题，确保促销顺利进展。对促销的监督包括：计划的执行情况，计划是否与现实有偏差，活动是否得到顾客的认同；人员的执行情况，人员是否有违纪、工作不负责，导致活动不能按原计划进行的情况；物资控制情况与意外事件的防范，各种宣传品、礼品、货物是否齐全，并按时到位，资金是否短缺等，最后根据这些变化制定针对性措施。

8. 促销效果评估

促销效果评估包括事前评估、事中评估和事后评估。事前评估是促销计划实施前进行的调查预测，用来评估该计划的可行性和有效性。事中促销效果评估主要采取消费者调查的形式来了解促销活动进行期间的消费者动态（如参与者数量、购买量、重复购买率等）、参与活动的消费者结构、消费者意见（包括动机、态度、建议、要求与评价等）。事后评估则是通过比较促销前后产品知名度、认知度、销售量、销售额等变化来评价其实际效果。

三、整合营销传播

整合营销传播（Integrated Marketing Communication，IMC）是指将与企业进行市场营销有关的一切传播活动一元化的过程。即要求把广告、销售促进、公共关系、人员销售、直复营销等一切传播活动纳入营销活动范围之内，确定企业统一的促销目标，协调使用各种不同的传播手段，发挥各传播工具的优势，从而使企业以较低的成本，实现预期的促销效果。

整合营销传播是一个概念，也是一个过程。要达到理想的传播效果，整合营销传播要求企业做到三点：一是传播的信息具有更强的一致性，并对销售有更大的影响；二是需要专门人员负责统一公司的品牌形象和信息，能够使企业的正确信息在恰当的时间和地点送达给合适的受众；三是整合营销传播需要企业关注整个营销过程，而不仅仅是某个部分或某个方面。

第二节　广告

广告（Advertising）是由明确的发起人付费发起的，对创意、商品或服务进行的非人员的演示和宣传。广告是建立品牌偏好、对人们进行教育的有效传播方式，在促销组合中受到普遍重视并被广泛应用，在现代市场营销中占有重要地位。

企业制定广告决策包括五个方面，即"5M"决策：使命（Mission），即广告的目标是什么；预算（Money），即广告支出是多少；信息（Message），即传播的信息是什么；媒体（Media），即使用哪种媒体；测量（Measurement），即如何评价广告效果。广告决策内容如图 13 - 5 所示。

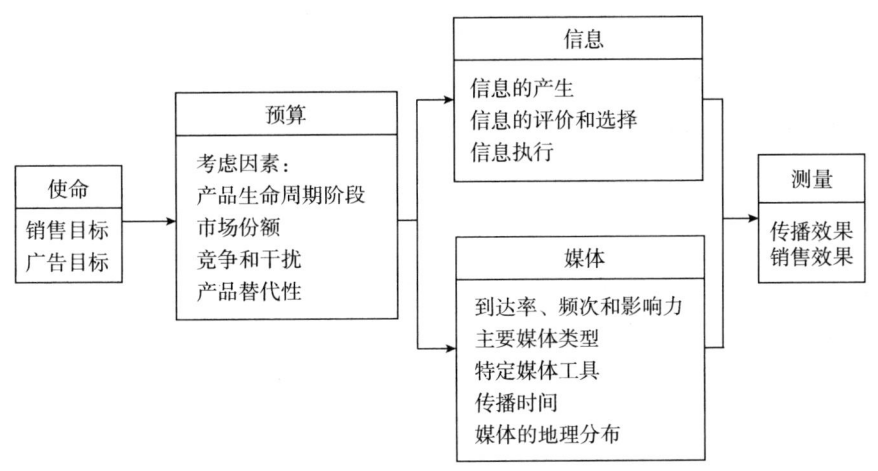

图 13 - 5　广告决策

一、设定广告目标

广告目标是指在一段具体时间内对特定的目标受众所要求达到的特定传播任务。广告目标分为告知、说服、提醒、强化，相应地可以将广告分为四类：告知性广告，其目的是建立新产品或现有产品新特征的认知度；说服性广告，其目的是对产品或服务建立喜爱、偏好、信心和购买；提醒性广告，其目的是促进重复购买产品；强化性广告，其目的是让偶遇的购买者相信其商品购买决定是正确的。

二、确定广告预算

广告预算是企业为从事广告活动预计投入的费用。影响广告预算的因素包括：

（1）产品生命周期阶段。新产品一般需要大量的预算以建立品牌知名度，争取消费者试用；而已有品牌的广告预算占销售额的比例通常都比较低。

（2）市场份额。具有较高市场份额的品牌只需要花费占销售额很小比例的广告预算，就能维持它们的市场地位；而要开拓市场或从竞争者手中夺取市场，比保持现有市场份额需要更多的广告费用；市场份额低的企业广告预算占销售额的比例较高。

（3）竞争和干扰。如果市场中存在众多竞争对手且广告支出很大，企业必须多做广告才能在众多广告中脱颖而出，并有效传递到消费者。

（4）产品替代性。如果不同品牌产品的差异性较小或消费者没有意识到差异，就需要更多的广告来凸显品牌特色；如果与竞争品牌的差异较大，广告宣传同样不可忽视，应该突出品牌具有的独特利益或特性。

三、制作广告信息

制作广告信息需要经过寻找顾客利益、设计创意、表达创意三个步骤。

1. 寻找顾客利益

广告的目的是让消费者以某种方式想起或响应企业、品牌、产品或服务，而人们仅仅会响应那些对自己有益的东西。因此，结合企业的战略定位和顾客价值战略，寻找可以成为广告诉求的顾客利益是制作广告信息的第一步。

2. 设计创意

创意是指把广告信息以差异化和可记忆的方式展示出来的想法，它将指导广告活动选择具体诉求点。广告诉求点应该有三个特征：一是能让消费者看到产品能给自己带来的利益；二是能让消费者相信产品或服务能够传达承诺的利益；三是能让消费者感受到产品、服务或品牌的差异化。

3. 表达创意

确定广告创意后，应该以一定的形式、方法、语气、词语或版式把创意表达出来。具体的广告信息的表达形式包括生活片段、生活方式、引人入胜的幻境、气氛或形象、个性特征、技术特色、科学证据、作证或代言等。

四、选择广告媒体

广告媒体是指传递广告信息的载体。选择广告媒体的主要步骤包括：决定触及面、频率和影响力；选择媒体类型；选择具体的媒介载体；决定媒体时间安排。

1. 决定触及面、频率和影响力

触及面是指在一定时间内，广告活动能触及目标市场上的人员比例。频率指在一定时期内，目标市场上平均每人见到广告信息的次数。影响力指通过某一媒体展露信息的质量价值。

2. 选择媒体类型

广告媒体可分为大众传播媒体和企业自办媒体两大类。大众传播媒体包括报纸、杂志、广播、电视、互联网五种，是广告信息传播的主要工具。企业自办媒体，是企业自己制作的广告媒体，主要有官方微博、微信公众号、户外广告、交通流动广告、招贴广告、邮寄广告、灯箱广告、包装广告等。企业自办媒体是大众传播媒体的补充，具有使用灵活、简便、成本较低的特点，在地区性和销售地点的促销活动中被广泛使用。

每一种媒体都有一定的优点和局限性，主要广告媒体的优缺点见表13-3。企业应结合产品特点、媒体习惯和费用等因素选择广告媒体。

表 13 – 3　主要广告媒体的优缺点

媒体	优点	局限性
报纸	传播及时，范围广，覆盖率高，易被接受和信任	时效短，关注率低，保存性差，表现能力有限
杂志	读者群稳定，针对性强，可信度高，反复阅读率高，保存期长	传播范围小，灵活性差，时间适应性差，容易产生无效广告
广播	传播迅速、及时，范围广，制作简便，费用低	信息展露转瞬即逝，遗忘率高
电视	覆盖面广，表现力丰富，形象生动，感染力强	费用高，时效短，选择性、针对性较差
网络	空间无限，即时互动，效果易衡量	时效短，可信度较差
户外广告媒体	反复诉求效果好，对地区和消费者选择性强、传真度高	传播区域小，创造力受限
直接邮寄广告媒体	针对性、选择性强，反复阅读率高	不易生动，传播面小

3. 选择具体的媒介载体

选择具体的媒介载体就是在主要的媒体类型中选择具体的媒介。例如，企业要选择面向山东受众的媒介，电视可选山东、齐鲁、山东综艺、山东影视、山东生活和山东体育等频道；报纸可选《齐鲁晚报》《半岛都市报》《山东商报》《济南日报》《大众日报》《鲁中晨报》等。

在选择媒介载体时，企业必须平衡媒体成本和媒体影响力之间的关系。为此需要考虑三个方面：首先，评估成本和媒体的目标受众性质；其次，考虑目标受众的注意力；最后，还要评估媒体的编辑质量，如《齐鲁晚报》要比《青岛晚报》的影响力更大。

4. 决定媒体时间安排

企业安排全年的广告展露时间，需要考虑广告展露的时间点和时间段。广告展露的时间点有三种选择：一是在旺季到来之前安排广告；二是反季节安排广告；三是无季节差异安排广告。广告播出的时间段有连续性播出和节奏性播出两种选择，连续性指在一定的时期内均匀地安排广告，节奏性指在一定的时期内不均匀地安排广告展露。

五、评价广告效果

通常评价广告效果的标准有：一是产品销售效果，二是信息传播效果。

1. 产品销售效果评价

产品销售效果是指广告发布后一定时间内销售额的变动与广告费的比例。一般可以采用两种方法评价广告对销售的影响：一是历史资料分析法，具体做法是利用统计技术将过去的销量与过去的广告支出进行相关分析，得出广告对销售量的影响情况。二是通过实验设计测定广告效果。具体做法是选择相类似的三个市场,第一个市场投放正常的广告费用,第二个市场投放正常广告费用的一半,第三个市场投放正常水平的两倍,如果在这三个市场内企业的所有营销努力都一样,三个区域间销售量的不同就应当与投放广告水平有关。

值得注意的是广告销售效果的准确测定比较困难,因为消费者购买行为的产生是多种因素相互作用的结果,除广告外,产品特色、价格、可获得性、竞争对手的行为,以及不可预料的事件等其他因素也会影响企业的销售情况。因此,要将广告的作用与其他因素的作用完全分离开来,对广告效果单独进行评价几乎是不可能的。广告发布后一定时间内销售额的变动值与广告费之比,只能作为衡量广告效果的参考依据。

2. 信息传播效果评价

信息传播效果是指广告的收听、收看人数和目标顾客对广告的印象。对广告的信息传播效果进行评价,比评价广告销售效果容易一些,主要有两种方法:一是事前测定,即在广告投放之前,营销者将广告展示给消费者,了解消费者对广告的感受。二是事后测定,即广告投放之后,营销者了解消费者对产品的反应、认知、支持、喜好。

在实际广告效果测定中,营销者多倾向于对广告信息传播效果进行直接测定,再根据信息传播效果大致估计出广告对销售目标的贡献。

第三节 销售促进

一、销售促进的含义与特点

销售促进(Sales Promotion)也称营业推广,是企业为了刺激需求或引起强烈的市场反应而采取的各种短期性促销方式的总称。

销售促进最大的特点在于促销效果显著,在销量上能产生立竿见影的效果。但其影响面较小且时效较短,若运用不当可能会影响品牌形象。企业通常将其作为一种辅助性促销方式,与其他促销方式结合使用。

二、销售促进决策

企业在进行销售促进时,通常在五个方面进行决策,如图13-6所示。

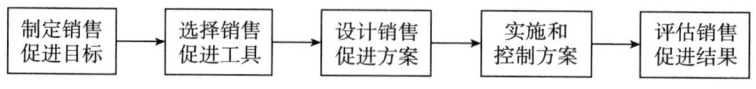

制定销售促进目标 → 选择销售促进工具 → 设计销售促进方案 → 实施和控制方案 → 评估销售促进结果

图13-6 销售促进决策

1. 制定销售促进目标

销售促进目标源于企业的促销组合目标，而后者又源于产品营销目标。企业可针对不同的促销对象制定不同的促销目标。

（1）针对消费者的销售促进目标。针对消费者的销售促进目标包括两方面：一是增加短期销售量；二是帮助获取长期的市场份额。

通常，刺激性的销售促进可以吸引新的试用者，奖励忠诚的顾客，增加不经常使用者的购买频率。在不同的市场环境下，销售促进的效果也会有所不同：在品牌相似度很高的市场上，往往能够创造很高的短期销售额，但却很难持久增加品牌的市场份额，因为刺激性的销售促进吸引的试用者有相当数量可能是品牌转换者；在品牌差异显著的市场上，销售促进往往能够永久地改变品牌的市场份额。

（2）针对经销商和销售队伍的销售促进目标。针对经销商的销售促进也可称为渠道促销，其目标包括：让零售商接受新产品并保持存货；让经销商为产品做广告以及给产品更多的货架空间；促使经销商提前购买产品。对销售队伍的销售促进目标包括：使现有的或者新的产品获得更多的销售队伍支持，或者让销售人员签新的订单。渠道促销和销售队伍促销支持着公司的人员销售过程。

2. 选择销售促进工具

企业可分别针对消费者、中间商和销售团队选择相应的促销工具。

（1）消费者促销工具。生产企业和零售企业都可以针对消费者开展促销活动，常见的消费者促销工具见表 13 - 4。

表 13 - 4　主要的消费者促销工具

促销工具	说明
样品	向消费者提供一定数量的免费产品或服务
优惠券	持有人在购买指定产品时可以获得预先设定的优惠额度的一种凭证
现金返还	消费者在购买产品后将"购买凭证"交给生产商，生产商再将部分购买款返还消费者
特价包装	以比正常价格优惠的价格销售的打包或标记商品
奖品（礼品）	在购买特定产品时以较低价格或者免费提供的用于刺激购买的商品
购买次数计划	针对顾客购买公司产品或服务的次数和数量给予奖励
奖励（竞赛、抽奖和游戏）	消费者在购买特定商品后有机会获得的现金、旅游或者商品。竞赛要求消费者参与某种活动，然后由裁判选择表现最好的参与者并给予奖励。抽奖要求消费者进行摸彩。游戏是指消费者在每次购买时可以得到一些物品
回馈奖励	以现金或者点数给予光顾的顾客以奖励
免费试用	邀请目标顾客免费试用产品，希望他们在试用后会购买产品
产品担保	卖方做出的明确的或隐含的承诺，保证在一定时期内产品性能将满足特定的标准，否则卖方将负责免费维修或者退换
捆绑销售促进	两个或以上的品牌或企业合作发放优惠券、退款，开展竞赛来增加合力
交叉销售促进	利用一个品牌为另一个与其不存在竞争关系的品牌做广告
购买点的展览和演示	在购买地点或者销售促进地点进行的展览或者演示

（2）渠道促销工具。生产企业还需要针对中间商开展销售促进活动，具体的渠道推广促销工具见表13-5。

表13-5　主要的渠道促销工具

促销工具	说明
价格折扣	在指定时期的每一次购买都可以得到的直接的价格优惠
补贴	给予那些同意以某种方式促进产品销售的零售商的一种奖励
免费商品	给予那些购买了一定数量产品或者经营某个产品品种或型号的中间商的额外商品奖励

（3）商业和销售团队促销工具。企业还需要针对商业活动和销售团队开展销售促进活动，具体的商业和销售团队促销工具见表13-6。

表13-6　主要的商业和销售团队促销工具

促销工具	说明
贸易展览会	行业协会为其成员组织的年度展览会。在活动举办期间，参展公司购买展览会的展位，搭建展厅，展示它们的产品，并希望能够获得如下好处：接触新客户，介绍新产品，与客户保持联系，向现有客户推销更多的商品，以及通过印刷品、音像制品和其他视听材料增进顾客对公司和产品的了解
销售竞赛	销售竞赛的目的是激励销售人员和经销商增加一定时期内的销售量并给予成功者一定的奖励（现金、旅行、礼物或返点）
礼品广告	礼品广告是指销售人员送给潜在用户和顾客的一些有用的、低成本的商品，商品上印有企业的名称和地址以及一些广告信息

3. 设计销售促进方案

营销人员在设计促销方案时，必须做出如下决定：一是销售促进工具的使用规模。只有在超出某个最低预算额时，销售促进方案才有可能成功，而且销售促进的规模越大，产生的销售反应就越大，但其效应一般呈递减趋势。二是确定参加者的条件。三是销售促进延续的时间。四是销售促进的时机。五是销售促进的总预算。

4. 实施和控制方案

虽然多数的销售促进方案都是根据以往的经验制定的，但仍然需要通过事前测试检验选用的工具是否恰当，刺激的规模是否最优，实施方法是否有效等。营销人员可以请顾客对各种可能的交易打分或排序，也可以在有限的地理区域内进行测试。

5. 评估销售促进结果

促销投入回报率是评价销售促进方案的常用指标。需要值得注意的是，由于销售促进方案短期刺激销售的效果明显，促销后可能会导致销售量的下降。所以，在评价销售促进方案时，应该结合具体促销目标来评价。比较促销前、促销中和促销后的销售额变化也是评价销售促进方案的方法。

第四节　公共关系

企业不仅要保持与顾客、供应商和经销商的关系，而且需要处理好与公众的关系。公众是指与企业完成目标的能力存在实际或者潜在的利益关系，或者能够影响公司完成目标能力的任何群体。

一、公共关系与公共关系营销

1. 公共关系

公共关系是指用于宣传或者保护公司形象或产品形象的一系列活动。
公共关系部门履行的职能包括：
（1）处理舆论关系。
（2）宣传产品。
（3）对内与对外进行沟通协调，促进企业内各职能部门之间的沟通，增强企业的凝聚力，积极争取公众对企业的理解和信任，消除矛盾和纠纷不良后果。
（4）游说，与立法人员及政府官员建立并维持关系以影响立法和规章制度的制定和实施。
（5）信息监测，就公共关系问题、企业地位、形象等问题进行监测。

2. 公共关系营销

公共关系营销（Marketing Public Relations，MPR）既是促销组合的重要因素之一，又是企业公共关系的一个组成部分，直接支持企业或产品的宣传和形象建设。
公共关系营销的作用包括：支持新产品的推出；支持成熟产品的重新定位；培养对产品的兴趣；营销特定的目标群体；保护遭遇社会问题的产品；通过有利于产品的方式树立公司形象。

二、公共关系营销的工具

可供企业选择使用的公共关系营销工具有多种，具体如表 13 - 7 所示。
企业在考虑何时和如何使用产品公共关系的时候，管理人员应当设立公共关系目标，选择公共关系信息及工具，实施公共关系计划，并评价公共关系结果。

表 13 – 7　公共关系营销的主要工具

主要工具	说明
出版物	依靠发行的材料影响目标市场。包括年度报告、小册子、文章、企业时事通讯、杂志、视听材料
事件和体验	安排特别事件，或吸引目标公众对新产品或者企业活动的关注，或引导消费者对产品和品牌进行体验。如新闻发布会、研讨会、展览、竞赛、周年纪念和其他消费者体验活动等
赞助	赞助体育和文化活动以及社会公益事业，达到宣传品牌和企业形象的目的
新闻	发现和创造与企业、产品或者员工相关的有利新闻，然后推动媒体进行报道或者参加新闻发布会
演讲	企业的管理人员需要能够巧妙地应付媒体提出的问题或者在某些场合发表演说，从而树立企业良好形象
公共服务活动	资助一些公益事业建立声誉
标志媒介	为使公众迅速识别，通过一些手段将企业的形象可视化，包括口号、文具、小册子、标识、名片、网站、建筑物、制服和着装要求等

第五节　人员销售

　　直接销售的最原始、最古老的形式就是销售人员的现场销售访问。全世界的企业都使用销售团队将产品和服务销售给客户或者最终消费者。

一、人员销售的含义与特点

　　人员销售（Personal Selling）是企业通过与顾客直接互动销售产品或服务的一种促销方式。从事销售职业的人被称为销售人员、销售代表、客户经理、销售顾问等。
　　人员销售具有针对性强、灵活性高、双向沟通、指导消费和亲和力强的特点。

二、销售人员的招聘与筛选

1. 优秀销售团队和销售人员的特征

　　（1）优秀销售团队的特征。据调查显示，业绩排名前30%的销售人员可以给企业带来总销售额的60%，可见优秀的销售人员对于企业营销工作的重要性。优秀的销售团队应该具有两个特征：一是保持相对稳定，稳定的标志是不能有过多的新人，还要避免销售人员的流失。销售人员的流失既可能带来销售额的损失，也可能破坏重要的客户关系。二是保持较高水平的销售业绩。
　　（2）优秀销售人员的特征。盖洛普管理咨询集团曾对销售业绩最高人员做过调查，结果显示，优秀销售人员应具备四种关键特征：内在的动力；自律的工作方式；达成交易的能力；同客户建立良好的关系。

2. 销售人员招聘与筛选

（1）招聘销售人员。企业招聘销售人员，首先应该确定销售人员的特质，其次根据要求的特质多渠道招聘销售人员。确定销售人员特质的依据是：销售工作本身的需要；企业所处产业最成功销售人员的特点。招聘销售人员的渠道包括：企业内部举荐；通过职业机构介绍；发布广告招聘；互联网搜寻；直接吸引其他企业的高级销售人员。

（2）销售人员的筛选。企业还必须从众多申请者中挑选出最适合的销售人员。筛选的方法可以是非正式的会面，也可以是正式测验和面谈。主要考察应聘者销售的能力、分析和组织的技能、个性特征和其他特点等，测试分数作为筛选的重要依据。

三、销售人员的培训、督导和激励

1. 销售人员的培训

不同企业对于销售人员的培训时间和方式有所差别。从培训时间来看，少到几天，多则一年以上；从培训方式来看，可以通过聘请专家讲解、座谈会、销售会议和网络视频等持续不断培训。

2. 销售人员的督导

销售人员督导的目标是帮助销售人员"更智慧"地工作，用正确的方法做正确的事情。不同企业对销售人员的督导程度是不同的，督导内容包括：帮助销售人员确定目标客户并制定拜访规范；规定销售人员开发新客户的工作时间；指导销售人员分析客户，确定享受优先服务的客户。常用的督导工具有年度拜访计划和时间—责任分析法。年度拜访计划是指通过规划销售人员拜访现有和潜在客户的时间，以及从事的活动，来督导销售人员更有效地工作。时间—责任分析法是指将销售代表的时间进行合理安排，以完成相应责任的方法。它能帮助销售代表更好地安排他们的时间和选择方法，以提高他们的工作水平和效率。随着互联网技术的发展，许多企业采用了销售自动化系统帮助销售人员更好地管理时间，改善客户服务，降低销售成本，提高销售绩效。

3. 销售人员的激励

销售人员激励的目标是鼓励销售人员"更努力"工作，精力充沛地为达成销售目标而努力。企业可以通过组织氛围、销售定额和正向的激励措施激发销售人员的士气和提高绩效。组织氛围是人们在工作环境中的感受，这里是指销售人员对因良好绩效而获得的机会、价值和回报的感受。销售人员良好的感受将会增强其对企业的忠诚度和获得更好的销售业绩。销售定额是指为每个销售人员规定应该销售的产品以及最低的销售数额。企业还可以运用各种正向的激励方式来鼓励销售人员，如通过销售竞赛、荣誉头衔、奖品或者现金奖励、公费旅游和利润分享计划等，来激发销售人员的工作业绩。

4. 销售人员的评估

企业管理层可以通过销售报告、个人观察、顾客信件及投诉、消费者调查，以及与其他销售人员谈话等获得销售人员工作情况的信息，并据此评估销售人员的业绩。评估内容如下：

（1）每个销售人员每天平均销售访问次数。

（2）平均每次销售访问的时间。

（3）每次销售访问的平均收入。

（4）每次销售访问的平均成本。

（5）每次销售访问所需的招待费用。

（6）每百次销售访问与收到订单数的百分比。

（7）每一时期的新客户增加数。

（8）每一时期失去的客户数。

（9）销售团队费用占销售额的百分比。

具体评估可以将销售代表当期的关键销售绩效与上期或者企业的平均指标进行对比，帮助管理层发现工作中的不足，有针对性地提出改进措施。

第六节　直复营销

随着所选取的目标市场日益狭窄，很多企业由瞄准宽泛市场、传递标准信息的大众营销转向更有针对性的直复营销。

一、关于直复营销

1. 直复营销的概念

直复营销（Direct Marketing）是指同精确细分的个体消费者进行直接联系以获得他们的迅速响应，并培养持久的客户关系。直复营销人员经常在一对一、互动的基础上同客户进行直接沟通，通过详尽的数据库，将产品和沟通方式定制为适合更为狭窄的市场区域甚至是个人需要的形式。

2. 直复营销的好处

直复营销可以为买卖双方带来许多好处，具体见表 13 - 8。

表 13 - 8　直复营销对买卖双方的好处

买方的好处	卖方的好处
方便、简单、自由、隐秘。可以随时随地有选择地浏览目录和公司网站	建立客户关系。营销人员通过数据库将目标确定在极小的细分市场或个人消费者，通过定制化的沟通进行促销
可以接触很多产品。不受物理边界的约束，消费者可以选择世界各地的直接营销者	成本低、效率高、速度快

续表

买方的好处	卖方的好处
获得丰富的关于企业、产品和竞争品的信息	实时调整价格、公告和提供物，灵活性强
互动和即时。消费者通过电话、网络进行互动，提出想要的信息、产品或服务	获得其他方式接触不到的买家

3. 与直复营销相关的道德问题

买卖双方虽然可以享受到直接营销方式带来的益处，但也会发生不愉快的情况，甚至引起一些社会问题。如不期而至的信息对消费者造成干扰，虚假宣传导致不公平和欺诈现象以及因收集、滥用消费者个人信息而侵犯消费者隐私等。

二、直复营销的形式

直复营销的形式包括人员销售（上一节已经介绍）、直接邮寄营销、目录营销、电话营销、电视直销、购物亭营销和网络营销。

1. 直接邮寄营销

直接邮寄营销是指向特定地址的人们发送产品、通知、提示或者其他东西。直接邮寄非常适合直接的、一对一的传播。其优点是：可以实现对目标市场更有效的选择，并有效地接触到潜在顾客；一对一的方式更加个人化，而且非常灵活；结果易于测量。

直接邮寄有两种形式：一是通过邮政系统的邮寄；二是通过传真、语音邮箱和电子邮箱的邮寄。

2. 目录营销

目录营销是指企业向挑选出来的通信地址邮寄印刷的、录在 CD 中或者网上的全系列商品目录、特殊消费者目录或业务目录。目录营销于 20 世纪上半叶在经济发达国家中率先兴起，为实施目录营销的企业带来巨大的收益。随着科技的发展，越来越多的目录走向了数字化，很多的企业在印刷目录中增加了网络目录。

3. 电话营销

电话营销是指利用电话接线员和呼叫中心接受订单和回答问题，以吸引潜在顾客，向现有顾客销售产品或提供服务。电话营销主要用来进行产品销售、客户关系维护、服务与技术咨询。

4. 电视直销

电视直销是指以电视节目形式出现的销售方式。一般经过精心设计和包装，既含信息又有广告，欣赏性和娱乐性较强。电视直销主要有直接响应广告与电视购物频道两种形式。如互动电视则可让观众利用遥控器与电视节目和广告进行互动。

5. 购物亭营销

购物亭是一个用作销售的小型建筑或结构，包括报摊、饮料摊和在购物中心过道经常看到的售卖车。售卖车通常位于车站大厅或大商场，所售商品一般为小件物品。购物亭还包括摆放在商店、机场和其他地方的自动贩卖机。

6. 网络营销

网络营销是以互联网为基本手段营造网络经营环境的各种活动。网络营销具有跨时空、个性化、多媒体、交互性的特点。网络营销的基本功能表现在八个方面：品牌建设与推广、网站推广、信息发布、销售促进、网上销售、顾客服务、顾客关系管理、网上调研。

随着移动互联网的普及，手机成为重要的上网媒介，手机营销也随之兴起，成为网络营销的一种。手机营销就是以手机工具为视听终端、上网平台的个性化信息传播为媒介的营销模式。手机营销以分众为传播目标，其特点为定向、互动。手机营销可以让企业实现随时、随地、随身地精准营销、互动营销和忠诚营销。

三、口碑营销

1. 口碑营销及其特点

（1）口碑营销。口碑营销是一种最为古老的营销方式，其历史可以追溯到人类开始商品交换的初期。口碑是由生产者以外的个人，通过明示或暗示的方式，不经过第三方处理加工，传递关于某一特定或某一种类的产品、品牌、厂商、销售者，以及能够使人联想到上述对象的任何组织或个人信息，从而使受众获得信息、改变态度甚至影响购买行为的一种双向互动的传播行为，这种以口碑传播为途径的营销方式，称为口碑营销。

传统的口碑营销是通过朋友、亲戚的相互交流将产品信息或者品牌传播开来。如今的口碑营销是企业在调查市场需求的情况下，为消费者提供需要的产品和服务，同时制订一定的口碑推广计划，让消费者自动传播公司产品和服务的良好评价，从而让人们通过口碑了解产品、树立品牌、加强市场认知度，最终达到企业销售产品和提供服务的目的。

（2）口碑营销的特点。①口碑营销并不一定能在销售额上实现立竿见影的提升，这是一种有可能需要通过长期耐心推广才能起作用的营销手段。②口碑营销很少作为一种营销战术单独使用，为提高口碑营销的传播速度和效果，营销者辅以实物展示和广告、平面媒体、附赠光碟等辅助工具和其他宣传方式，做到全方位、立体化传播，以期达到最佳效果。③口碑营销兼具渠道促销和品牌传播的双重功效。④口碑营销和其他媒体传播方式相比具有低成本、高效率的优势。

2. 蜂鸣营销和病毒营销——口碑营销的两种形式

媒体上经常见到的蜂鸣营销和病毒营销，这是口碑营销的两种形式。蜂鸣营销，也称话题营销，能激发大众的兴奋，扩大宣传，并通过意想不到甚至惊世骇俗的方式传达与品牌相关的信息。病毒营销鼓励消费者把企业开发的产品和服务信息以音频、视频或书面资料传播给网络上的其他人。

3. 口碑营销的工具

企业常用的口碑营销工具包括在线社区和论坛、博客、微博和微信。

（1）在线社区和论坛。在线社区和论坛有多种形式，规模各异。有些在线社区和论坛是由消费者出于其非营利性目的建立的，与企业没有任何经济关系，有些则是由公司成立的，旨在发布与公司、产品、品牌相关的信息与话题，引起论坛成员的及时关注、跟帖与讨论，从而达到与消费者沟通的目的。

（2）博客。博客营销以博客文章（信息源）的价值为基础，并且以个人观点表述为主要模式，每篇博客文章表现为独立的一个网页。博客营销除用户直接进入网站或者 RSS 订阅浏览之外，往往还可以通过搜索引擎搜索获得持续的浏览。博客对时效性要求不高，决定了博客可以获得多个渠道用户的长期关注。

（3）微博和微信。微博内容短小精练，重点在于表达现在发生了什么有趣（有价值）的事情。微信传播的信息既可以是独创文章与活动记录也可是转发其他来源链接。微博与微信营销以信息源的发布者为核心，体现了人的核心地位，但某个具体的人在社会网络中的地位，又取决于他的朋友圈子对他的言论的关注程度，以及朋友圈子的影响力。用户可以利用电脑、手机等多种终端方便地获取微博与微信信息，发挥了"碎片时间"的价值。微博与微信注重时效性，3 天前发布的信息可能很少会有人再去问津，同时，微博与微信的传播渠道除了相互关注的好友（粉丝）直接浏览之外，还可以通过好友的转发向更多的人群传播，因此是一个快速传播信息的方式。

此外因为微信具有转账、建立微信群的功能，用户可以为某种产品或某个方面共同感兴趣的主题建立微信群，进行相应的产品销售、信息互动与传播，因而在营销方面获得了更广泛的应用。

主要术语

促销　营销传播　促销组合　营销传播组合　整合营销传播　广告　销售促进　公共关系营销　人员销售　直复营销

思考与讨论

1. 主要的促销工具有哪些？说明每种促销工具的特点。
2. 什么是促销组合？简要说明企业促销组合决策过程。
3. 什么是整合营销传播？整合营销传播对企业促销组合提出了怎样的要求？
4. 什么是广告？说明广告决策的内容。
5. 什么是直复营销？直复营销的方式有哪些？举例说明直复营销给买卖双方带来的好处。

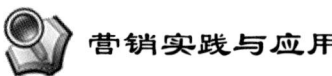 **营销实践与应用**

世界杯营销大战，蒙牛如何借势营销开出花？

2018 年俄罗斯世界杯战火正燃，各大品牌也早已借这一营销热点燃起了营销的战火。如何通过一系列有趣的互动与消费者玩在一起，加深品牌与世界杯的关联，强化品牌印记？蒙牛与多方合作，在世界杯期间进行了多样的促销活动，为我们提供了一套全新的营销思路。

一、借力小程序，强互动引爆销售转化

蒙牛作为 2018 年世界杯全球官方赞助商，借世界杯热点打造了"玩转 FIFA 世界杯，扫码红包 100%"系列整合营销活动。此次促销活动以小程序为中心媒介，连接微信红包卡券、微信运动、微信社交分享，为消费者提供丰富流畅的用户体验，一方面加深蒙牛品牌与世界杯的强关联；另一方面帮助品牌快速完成销售转化、用户引流。

（一）红包卡券、竞猜活动强互动直达核心销售场景

从 2018 年 3 月 15 日开始，当消费者买了印有"玩转 FIFA 世界杯扫码红包 100%"标志的蒙牛系列产品后，扫描产品上方二维码，便能够进入蒙牛 FIFA 世界杯小程序，100% 领取高至 666.66 元现金红包，引发用户广泛参与。

从 3 月 15 日至 6 月 13 日，除红包激励之外，扫码还将获得定制版虚拟牛卡。以世界杯比赛为背景，品牌推出"前锋卡""后卫卡"等 7 种真牛卡。集齐真牛卡即可参与一次真牛卡奖池抽奖，获取蒙牛优惠券等奖励，而集齐真牛卡和一张超牛卡还可参与超牛卡奖池的抽奖，赢取世界杯观赛双人游及世界杯门票的大奖，成为再次引爆扫码热情的途径。

自 6 月 14 日零点起，蒙牛小程序又带来刺激的世界杯竞猜活动。消费者通过购买蒙牛活动产品，扫码获得竞猜卡，参与世界杯比赛竞猜投注，将有机会赢取积分奖励，每阶段总积分在一定水平以上，即可平分百万现金红包。同期还推出 DIY 独特喝彩照片等活动，让用户为心中的球队加油打气。

（二）微信步数调取，促销场景丰富化

在 3 个月的集卡活动中，除了扫码获取牛卡，消费者还能通过微信运动来获得牛卡。每走 10000 步可兑换一张牛卡，每个用户每天最多可兑换牛卡一张。微信运动步数换卡机制让用户不再只是一条窝在沙发上看比赛的咸鱼，激励用户跟着世界杯的足球小将一起动起来！乳制品所主打的"健康"形象与微信运动天然契合，品牌通过激励消费者多运动，使蒙牛"健康"形象更加深入人心。

（三）好友赠卡、游戏 PK，社交裂变扩大影响力

在先前的蒙牛小程序活动中，基于微信的社交属性，蒙牛借助小程序易分享和二次传播的优势，让消费者以向好友索取、转赠的方式搜集牛卡。同时，用户可以参与小程序内嵌游戏，邀请好友一起 PK，兑换品牌电商优惠券。借助小程序的分享机制，通过"呼朋唤友"，引发社交裂变，扩大促销传播范围。

同时，小程序开放多接口，使消费者还能够通过本次促销活动，关注企业公众号；还可跳转到官方线上旗舰店，直接购买。

（四）活动效果

活动上线以来，扫码人次破 1.5 亿，扫码人数达 5000 万。集卡互动拥有的强带货机制，刺激消费者二次购买达到人均 3 次。在 2018 年 5 月 TOP100 小程序榜单中，蒙牛 FI-FA 世界杯小程序指数为 7730，位列零售类目的第一位。

此次促销活动还通过一物一码的部署帮助品牌洞察消费者，实现蒙牛多品类营销数据的实时追踪，实时获取红包奖励和抽奖发放情况。同时，能够帮助品牌得到营销活动中消费者群体的参与次数与购买频次，分析出地理位置与不同品类的数据相关性关系，解决乳制品行业品类繁多、用户群分散的痛点。通过消费者群体画像数据沉淀，在人群和区域层面形成营销策略，为蒙牛二次营销战略奠定基础。

二、携手美图，开创球迷脸 AR 互动新体验

世界杯期间，蒙牛旗下品牌蒙牛优益 C 精准洞察女生爱自拍、世界杯球迷喜欢"国旗上脸"来喝彩的行为特点，以自拍为突破口，携手美图秀秀的 AR 黑科技带来了一场"秒变球迷脸"的全新互动体验，既满足女球迷晒自拍的需求，又能为主队打 CALL。

自 6 月 14 日世界杯开幕赛起，蒙牛优益 C 便紧密围绕用户线上生活轨迹锁定"新闻、社交、视频"三大主流平台，开启话题内容征集、比分竞猜、短视频内容合作、资讯早报冠名等多项合作，配合球迷脸拍照互动展开同步曝光，品牌和"明星，球星，评论员，粉丝"四方联动发生美妙碰撞。多元化的参与方式和内容，使不论是专业球迷还是伪球迷都能在蒙牛优益 C 的球迷脸活动中获得参与感，任何人都能通过球迷脸在这场世界级体育盛会中找到乐趣。

活动上线后，苏醒、曾诚、赵旭日等娱乐界及体育界知名人士纷纷参与微博"晒脸"活动，一众大咖秒变球队迷弟迷妹，纷纷在微博上晒出"球迷脸"照片，化身吃货"小公举"带动粉丝为自己喜爱的球队摇旗呐喊。除此之外，球迷脸活动还调动了吴亦凡及其粉丝的加入。

与此同时，技术手段的创新同样是蒙牛优益 C 迈向成功之路的助力器。美图平台上线的 32 款走心球队贴纸，依托增强现实技术为用户带来炫酷的视觉效果，还在海报页面中设置了句句戳中球迷内心的走心文案，让球迷一边美美自拍，一边通过 AR 互动植入走心球队贴纸，生成既有"态度"又有"面儿"的球迷脸海报，随时随地为自己喜爱的球队疯狂打 CALL。这些精心打造的手绘贴纸和精美插图边框，让不少球迷爱不释手，将照片分享到微博、朋友圈以及其他社交媒体，通过多平台引流为"世界杯球迷脸"互动带来了 1.2 亿次以上的 AR 使用次数。

资料来源：腾讯×蒙牛：借势小程序，这个夏天横"扫"世界杯［EB/OL］. http://e. tencent. com/Success/SuccessDetail – 145. html.

世界杯营销创新怎么玩？蒙牛优益 C×美图 CP 告诉你［EB/OL］. http://www. p5w. net/money/zh/201807/t20180711_ 2156827. htm, 2018 – 07 – 11.

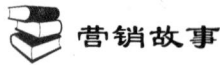案例讨论题

1. 上网搜集更多蒙牛公司 2018 世界杯营销资料。蒙牛公司 2018 世界杯期间都运用了哪些促销手段？

2. 试用促销组合的相关理论，分析蒙牛公司的世界杯期间的促销活动取得较好效果的原因。

3. 蒙牛公司促销方式是否适合于其他行业和企业？请具体说明。

营销故事

华丰机器厂的促销组合

华丰机器厂（以下简称华丰）是近代山东省第一家生产柴油机的企业，从只能打制简单农具、道钉、螺丝和夹板的小作坊，发展到 20 世纪 30 年代中期，能够生产改良织布机和先进的柴油机、发电机等。如此成就，除了创始人滕虎忱（山东潍县人）苦心经营、善抓商机、精于管理之外，与其成功的促销活动密不可分。

华丰推出"丰字"牌新式织布机后，滕虎忱针对农村用户的特点上门推销，挑选工人组织了一支铜管乐队，演员穿着制服，抬着织布机，吹吹打打到四乡"游行"。为了让老百姓尽快掌握新式织布机的性能，厂方当众示范，对初学者包教包会。同时，向农民宣传购买织布机的效益——"每天可织一匹布，三月能买一头牛"。对于想买但没钱的农民，滕虎忱采用赊销的方式，在当地掀起了购买"丰字"牌织布机的热潮。

1934 年，华丰在山东潍县东关大街建起了一座大楼，成立了气势恢宏的营业部，邀请著名书法家郭恩言书写"华丰机器厂"五个大字，高悬大楼前额。华丰还利用自有发电机，在营业部橱窗安装彩色电灯。由于当时在潍县电灯还被视为新奇事物，因此每晚前往观灯者络绎不绝，全城轰动，无形之中还为工厂的发电机做了广告。

1928～1933 年，华丰分别在黄县（现山东龙口）、济南、徐州、郑州、青岛等成立营业部。1936 年夏，为了扩大郑州营业部规模，滕虎忱把工厂生产的各种产品全部运去展览，并将历届全国铁路沿线产品展览会所获奖状，以及总厂各个车间生产情况的照片，悬挂于营业部四壁，新营业部开张之初，每日参观者达 1000 余人。

柴油机研制成功后，滕虎忱多次参加铁道部在北京、青岛举办的展览会，展出华丰生产的产品，借以提高产品知名度。

品评：到了近代，鲁商逐渐意识到"酒香不怕巷子深"经营理念的局限性，开始对企业和产品进行主动宣传，上述华丰机器厂因地制宜开展的促销活动与现代企业促销组合别无二致，不仅促进了产品销售，还树立了企业良好形象。

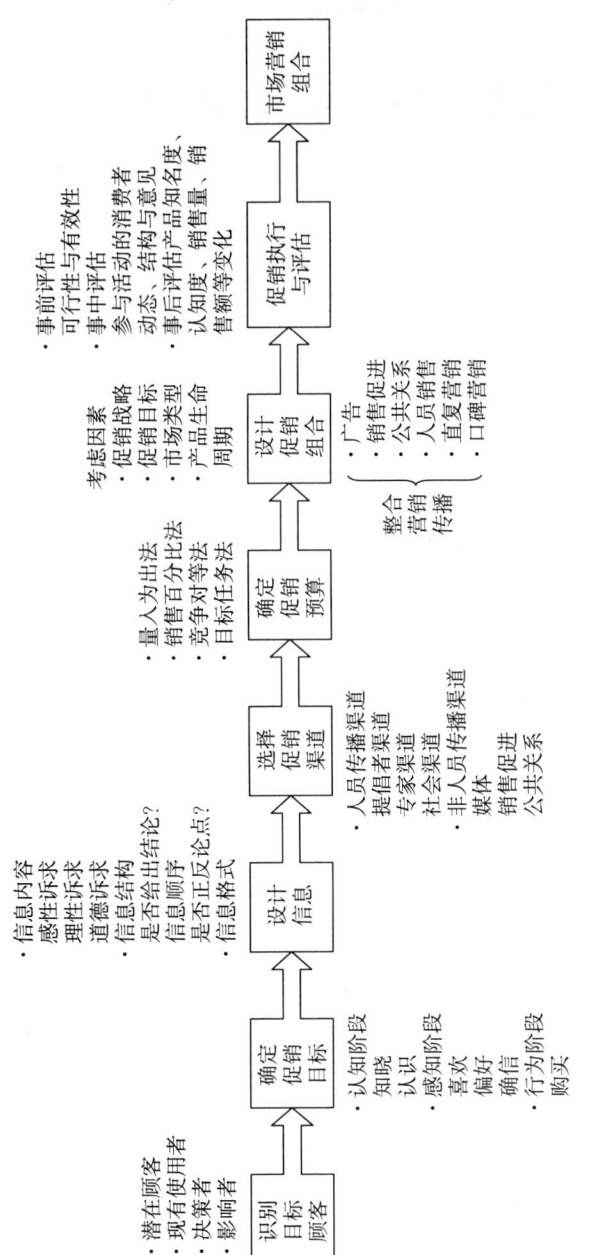

营销知识应用导图

第十四章

市场营销组织管理

 学习目标

1. 了解市场营销组织的演进历程。

2. 掌握市场营销部门的组织模式类型。

3. 理解市场营销部门与其他部门之间的关系。

4. 掌握市场营销组织的设计原则和程序。

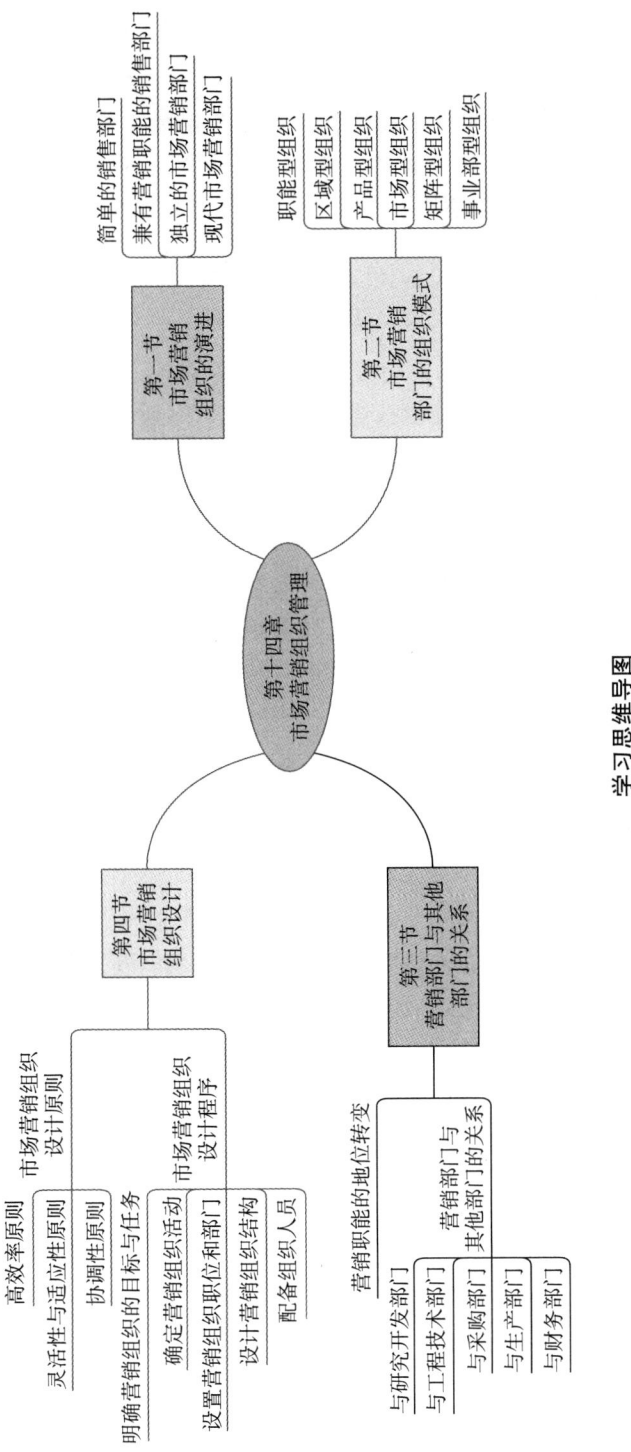

学习思维导图

章首案例　中铁某局华东区域的"OKR+阿米巴"营销模式

近年来，国内建筑行业市场竞争日益激烈，市场营销对于建筑企业的发展更显重要。2016年，中铁股份有限公司出台相关文件，正式提出区域经营理念。中铁某局华东区域指挥部根据此创造性地提出了"OKR+阿米巴"营销组织模型，建立完整的营销体系，实现了全方位、立体化经营。

一、"OKR+阿米巴"营销组织结构

OKR（Objectives and Key Results）即目标与关键成果法，是为确保达成企业目标的关键成果分解和实施。而阿米巴经营管理体系的本质是量化赋权。各个阿米巴以领导为核心，自行制订各自的计划，依靠全体员工完成目标。

中铁某局华东区域指挥部主管上海市、江苏省、浙江省、安徽省的经营管理。指挥部建立"OKR+阿米巴"营销组织结构，采取三级扁平化的组织结构形式，将整个区域内的经营机构划分为三个层级：指挥部—办事处—联络点。这种组织结构实现了全区域城市覆盖，做到经营无死角、组织内部各级之间随时沟通信息，跟踪项目进展情况，有助于实现既定的经营目标。其营销组织结构如图14-1所示。

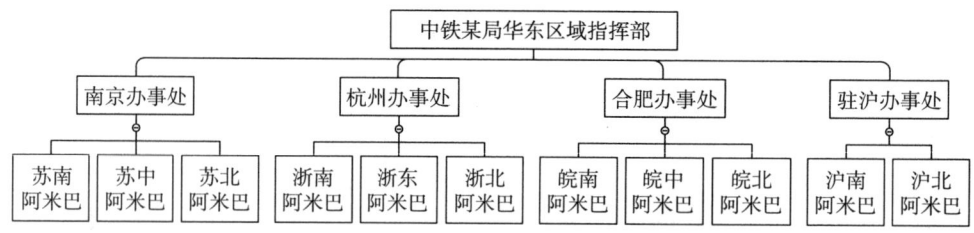

图14-1　中铁某局华东区域营销组织结构

二、"OKR+阿米巴"营销组织结构的职能

"OKR+阿米巴"营销组织结构各层级的职能如下：

第一层级，中铁某局华东区域指挥部作为整个区域内的经营总部，不仅负责制定经营目标，分解落实到各办事处，同时负责实施过程中的监督和考核，以推进各级组织按照制定的经营目标运行。

第二层级，各办事处首先负责执行指挥部下达的、本办事处所辖各省市的经营目标；其次将目标进一步分解，落实到相关联络点（阿米巴）；最后帮助各阿米巴实现经营目标。

第三层级，每个联络点（阿米巴）自主经营，将上级下达的目标分解到关键成果，积极主动完成目标，并接受指挥部的监督和考核。

资料来源：蔺敬跃，刘美英. 基于"互联网+"的建筑企业区域营销组织研究——以中铁某局华东区域指挥部"OKR+阿米巴"营销组织模式为例［J］. 经营与管理，2018（8）.

企业要成功地实施其制定的经营战略、营销策略，完成各项销售计划，必须依托恰当的营销组织（Marketing Organization）。市场营销组织的重要任务在于将企业的人力、财力、物力等各项资源进行有效整合，在各类营销人员之间合理分工，协调与控制企业的各项营销活动，为营销活动的正常运作提供框架。因此，营销组织结构合理与否不仅影响企业的经营效率与成本高低，而且关系到企业战略目标能否实现。

第一节　市场营销组织的演进

随着市场营销从一种简单的销售职能发展演变成为一个复杂的职能群体，营销组织的结构、任务也经历了一系列的发展变化。营销组织的发展过程大体可划分为四个阶段：简单的销售部门（Simple Sales Department）、兼有营销职能的销售部门（Sales Department with Ancillary Marketing Functions）、独立的市场营销部门（Separate Marketing Department）、现代市场营销部门（Modern Marketing Department）。

一、简单的销售部门

当企业的营销职能主要体现为销售，其他营销职能很少发挥作用时，企业往往采用这种组织形式。一般两种企业适合采用这种组织形式：小企业和以生产观念为指导的企业。

小企业由于人员很少，通常只设置一名销售经理管理销售队伍，而销售经理本人也或多或少地从事某些具体的销售活动。若企业需要进行市场调研或广告宣传等其他营销活动，一般由销售经理聘请外部力量来帮助。

以生产观念为指导的企业，在企业成立之初往往都是从财务、生产、销售和会计这四个职能部门开始发展的。在这四种职能中，生产是企业经营的重点，而销售则相对次要，仅仅履行推销职能，推销生产部门生产出来的产品。企业经营的相关决策，如产品的种类、规格、数量等问题，主要由生产与财务部门决定，销售部门几乎没有任何发言权，如图 14-2（a）所示。

二、兼有营销职能的销售部门

随着企业规模的扩大和经营观念的改变，企业需要更经常地进行其他营销活动，如市场调研、广告宣传、顾客服务等。当这些营销活动的工作量达到一定的程度时，它们便成为专门的营销职能，销售经理就设置一位市场主管来负责这些职能的规划与管理。在这样的企业中，市场主管只是组织相关人员来完成一些相对简单的市场营销调研与广告策划工作，而公司所需的规模较大或专业性较强的调研与广告策划工作仍需通过外购来实现，如图 14-2（b）所示。

三、独立的市场营销部门

随着企业的规模和业务范围进一步扩大，营销调研、新产品开发、广告、促销和顾客服务等原来作为辅助性职能的营销工作在企业经营中的重要性日益增强，企业便成立一个独立的、平行于销售部门的市场营销部门来专门负责这些工作，设置一名营销经理管理该部门，与销售经理一道向总经理负责。

这种安排给企业总经理提供了从更全面的角度分析企业经营中面临的机遇与挑战的机会。例如，当企业的销售额下滑时，销售经理往往从增加销售人员数量、进行销售人员培训、提高销售费用、展开销售竞赛等方面提出解决措施，而营销经理则是从市场细分、产品定位、价格、促销、服务等角度给出调整建议，如图 14 - 2（c）所示。

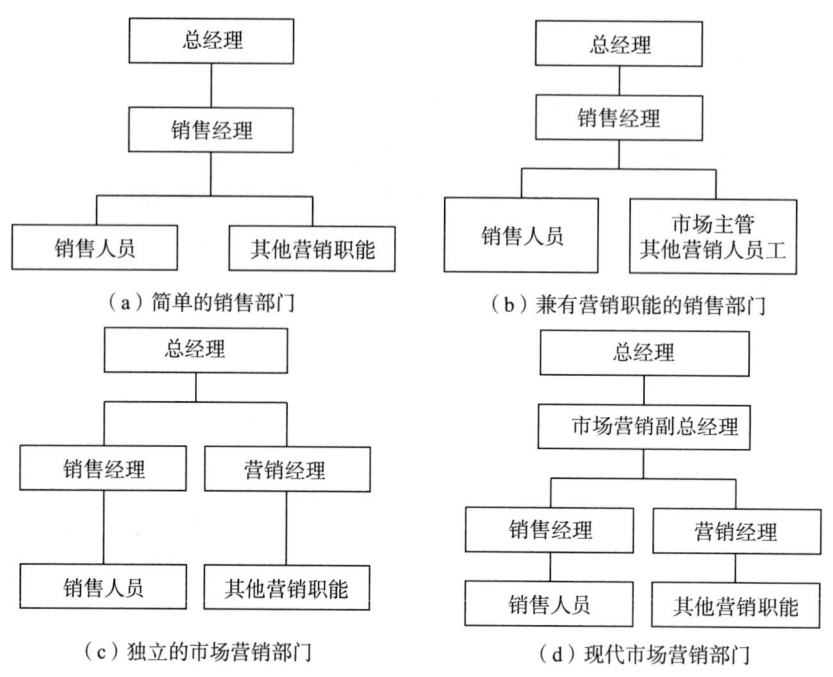

（a）简单的销售部门　　　　　（b）兼有营销职能的销售部门

（c）独立的市场营销部门　　　　（d）现代市场营销部门

图 14 - 2　营销组织的演进阶段

四、现代市场营销部门

虽然理论上营销经理与销售经理在工作中应目标一致、相互协作，但实际上它们之间的关系往往由于各种原因而带有竞争与敌对的色彩。营销经理注重长期目标，其任务在于确定营销机会，制订营销战略与计划，关注的是市场份额的获得和产品利润的实现。销售经理则趋向于短期行为，其任务是销售计划的执行与销售定额的完成，关注的是近期利益。销售经理并不甘愿销售部门的重要性在企业中有所降低，而营销部门则极力扩大其影响，寻求在营销预算上有更多发言权。

为了解决销售部门和市场营销部门之间的矛盾与冲突，企业设置了市场营销副总经理，下辖销售部门和营销部门，管理所有的营销职能，如图 14 - 2（d）所示。

第二节 市场营销部门的组织模式

市场营销部门的组织模式多种多样。为了实现企业的营销目标，企业必须选择和建立适合企业自身特点的营销组织模式。营销部门组织模式主要有六种：职能型组织（Functional Organization）、区域型组织（Geographic Organization）、产品（品牌）型组织（Productor or Brand – Management Organization）、市场型组织（Market – Management Organization）、矩阵型组织（Matrix Organization）、事业部型组织（Corporate – Divisional Organization）。

一、职能型组织

这是最常见的营销组织模式。根据职能的不同，营销组织被划分为几个营销部门：销售部门、市场调研部门、广告部门等，各营销部门由相应的营销职能专家组成，分别执行不同的营销职能，如图 14 – 3 所示。营销部门的数量可根据实际情况进行增减，如可增加售后服务部门、营销计划部门等。企业设立一名营销副总经理管理所有的营销事务，这些部门的经理接受营销副总经理的领导，营销副总经理负责协调他们的工作和相互之间的关系。

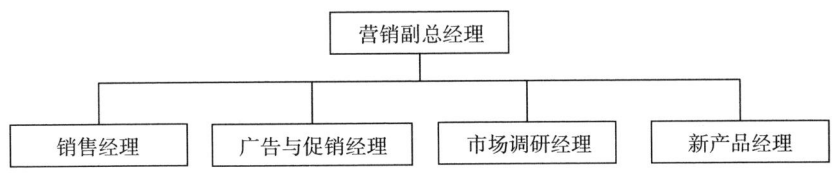

图 14 – 3　职能型组织

职能型营销组织模式的优点在于分工分确、简便易行，有利于培养职能方面的专家，适用于产品品种较少或各产品的营销方式相同且具有一定规模的企业。

但随着产品品种的增多、市场范围的扩大，职能型组织逐渐显露出效益不高的缺点。由于各个职能部门只承担某项具体的营销职能，没有哪个部门对某个特定产品或特定市场负有完全的责任。因而可能会导致企业的某个产品与市场的营销计划缺乏系统性与完整性，未受到各职能专家青睐的产品或市场就会被搁置一旁。而且，各个职能部门还会为了获得更多的预算和更高的地位而进行竞争，常常提出各种对自身部门有利却忽视整体利益或其他部门利益的要求，加大了营销副总经理对各部门工作协调的难度。

二、区域型组织

当企业在较广的地理范围内开展营销活动时通常按照地理区域组织其营销力量。企业根据市场的范围大小，把全部市场按区域层层划分，并由相应管理人员对其负责。如把全国市场划分为几个大区，大区之下辖有几个较小的地区，地区之下再设办事处，分别由营销副总、大区经理、地区经理、办事处主任等对相应的层次与区域的营销活动进行管理，如图 14 - 4 所示。通常情况下，在区域型组织中，各个层次的区域之内没有营销职能的分工，由区域管理人员负责区域之内所有的营销活动。

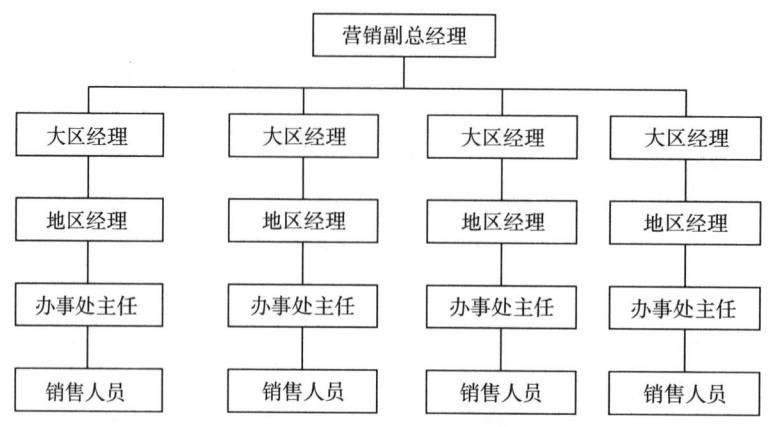

图 14 - 4　区域型组织

区域型组织的优点主要体现在两方面：一是责任明确，决策迅速，工作效率高。由于每名营销人员对其所辖区域的所有营销活动及其成效负有全部责任，这使市场决策权力相对集中，对市场的变化能够迅速做出反应，同时也将每个区域变成了利润中心，极大地调动了营销人员的积极性，提高了工作效率。二是营销决策针对性强，更好地体现顾客导向。由于每个区域由相对固定的人员负责，他们经过长期的接触与努力，与顾客建立了良好的关系，对顾客需求的差异与变动有更好的理解与把握，能及时采取有效措施更好地满足他们，使营销工作更有成效。

区域型组织同时也存在着弊端。由于营销人员对其区域内营销活动负全责，这也使他们有机会决定执行哪些营销职能、重点投资哪些顾客、营销努力集中于哪些产品上。他们往往更多地履行他们擅长的营销职能，重视对他们个人更有价值的产品和顾客，而这种做法有时与企业的目标与管理政策并不一致，不利于企业营销目标的实现。此外，由于他们要从事所有的营销活动，这也对营销人员的素质提出了较高的要求。

实际中，区域型组织主要用于产品品种有限、产品线不复杂且规模不大的企业。当大公司采用这种模式时，往往将其与其他组织模式结合起来，如与职能型组织相结合，在公司营销总部设有其他营销职能部门，指导和帮助各区域完成相应的营销活动。如图 14 - 5 所示。

三、产品型组织

生产多种产品或多种品牌的企业，若其各个产品、品牌之间差异较大，往往会选择产品型组织。产品型组织一般是在职能型组织中增设产品经理一职，其下设有几个产品线经理，每名产品线经理管理若干产品项目经理，由产品项目经理负责某个具体产品的工作。

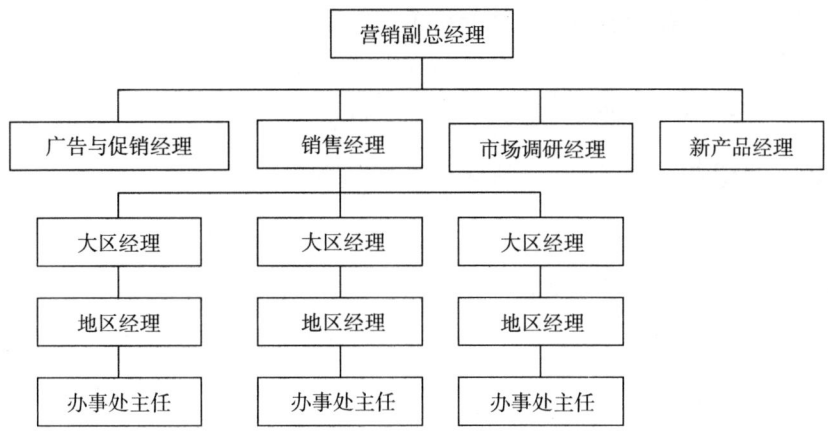

图 14 – 5　职能/区域型组织

如图 14 – 6 所示。

在产品型组织中，产品经理的工作涉及产品经营的各个方面，需要与销售、市场调研及广告等其他部门密切配合，共同提升产品的竞争优势与市场地位。

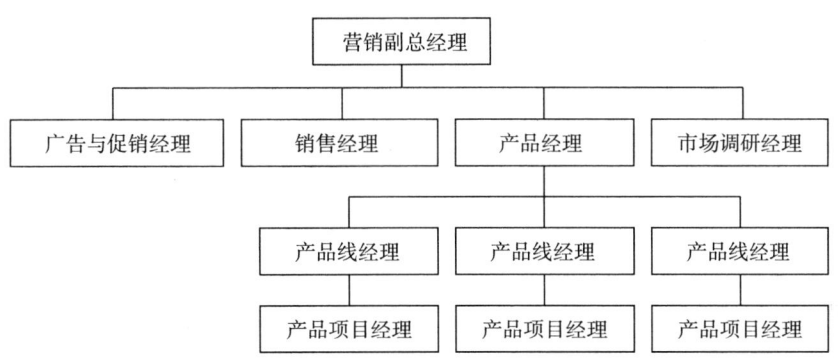

图 14 – 6　产品型组织

产品型组织具备多方面的优点：由于与某项产品相关的所有事务都由产品经理统筹规划，因而能够保证产品的各项营销活动与策略的一致性；一些较小的产品品种因为有专门的产品经理负责而不会被忽视；对市场上出现的问题，产品经理能够及时做出反应；产品经理的工作几乎涉及企业经营的所有领域，为培养综合素质较高的年轻管理人员提供了机会。

产品型组织也存在一些不利之处：首先，协调难度大。产品经理的工作虽然因涉及产品经营的方方面面而使他们成为其所负责产品的专家，但他们对其他的营销职能，如广告、推销、市场调研等并不熟悉，也很难精通，而他们的工作却要依赖他们的配合与支持才能很好地完成，再加上产品经理与其他部门是平行的部门，并没有足够的权威来调动其他部门的力量，这些都给他们的工作带来了协调上的困难。其次，费用较高。随着企业的发展，产品品种增加，企业需设置更多的产品经理。这些产品经理之间会相互竞争以获取更多的资源支持各自产品的发展。这会导致企业会在一些不太重要或本应淘汰的产品上投入过多资源，增加了企业成本。最后，产品经理任期通常很短，会使产品营销计划的长期性与连续性不足，这会给产品的营销带来不良影响。

四、市场型组织

当市场呈细分化的趋势时，越来越多的企业将其产品销售给若干个需求或购买行为有差异的细分市场。如电脑生产企业，既将它们的产品出售给各种各样的企业，也将它们的产品出售给学校、政府部门和个人。这些用户的需求、消费行为存在很大的区别。这时，企业往往选择市场型组织。

市场型组织与产品型组织类似，是在职能型组织的基础上增设市场经理一职，管理若干名细分市场经理，其结构如图 14-7 所示。细分市场经理负责其所辖细分市场的长期营销规划与年度营销计划的制订，分析市场需求的变化，确定新的营销机会与方向，为给细分市场开发新产品提供建议。他们需要在其他职能部门的配合与协助下做好其细分市场的营销工作。但他们更关注产品的市场占有率及其他长期优势的建立，而不是短期的获利情况。

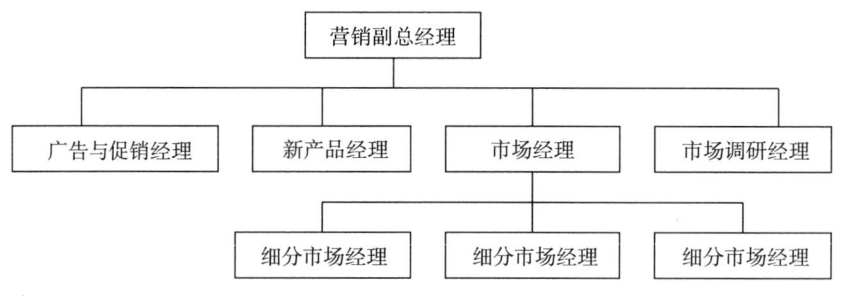

图 14-7　市场型组织

市场型组织的主要优点是顾客导向，企业营销活动的针对性强，更好地体现了"以顾客为中心"的现代市场营销观念。其缺点在于当企业出售给同一细分市场的产品较多时，需要营销人员同时掌握多种产品的相关知识和营销技能。这不仅要求企业提供更多的培训，增加经营成本，同时也对营销人员提出了更高的要求，加大了其工作难度。

五、矩阵型组织

当大企业面向广泛的地理区域、为多个细分市场提供多种多样的产品时，其营销组织的设计就要同时考虑职能、产品、区域与市场等多个维度，根据企业需要将这些要素加以选择、组合，同时设置多个方面的管理人员，如既设置产品经理又设置市场经理，或既设置产品经理又设置区域经理等，形成矩阵型组织。

如杜邦公司纺织纤维部，其营销机构按产品/市场设置，如图 14-8 所示。公司内部分别设有主管涤纶、奥纶、人造纤维、醋酸纤维和尼龙的产品经理，同时也设有主管女装、男装、工业和家具市场的市场经理。

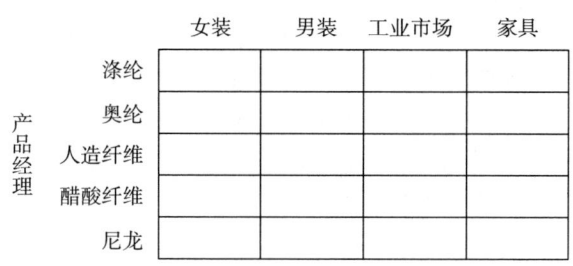

图 14 - 8　产品/市场型组织

虽然矩阵型组织能从多个角度促进和保证企业的营销工作，使企业能对各因素的变化做出及时而有效的反应，但这种组织模式由于设置了多方管理力量而增加了企业的管理费用，同时也带来了由于多头领导而产生的责权不清、冲突易发的问题。

六、事业部型组织

随着企业提供的产品不断增加，其规模的进一步扩大，为简化管理，企业常会为不同的产品类别分设事业部。事业部是独立的公司，在组织上自成体系，设有企业经营所需要的几乎所有的职能部门。由此就产生了如何在公司总部与事业部间合理划分营销职能的问题。通常情况下，企业有以下三种选择：

（1）公司总部不设营销部门，营销职能全部由各事业部执行。

（2）公司总部设较小的营销部门，承担有限的营销职能，如协助高层经理评估市场机会与威胁、为各事业部提供必要的咨询与营销理念的指导。

（3）公司总部设置强大的营销部门，不但为各事业部提供如广告服务、销售促进、营销调研、销售人员的培训等各项服务，还对其他相关工作的实施情况进行指导与监督。

第三节　营销部门与其他部门的关系

企业是由营销部门与其他各职能部门构成的有机整体。在其运作过程中，营销部门与各职能部门分别发挥不同的作用，形成了在企业中的不同地位。它们之间也建立了相互关系，对企业的经营与发展产生着重要影响。

一、营销职能的地位演变

在公司的发展历史上，由于受生产力发展水平及外部市场竞争环境变化的影响，营销部门在企业中的地位经历了由弱到强的变化。在生产力水平较低的时代，产品供不应求，营销在企业中并没有被重视，很多时候与企业的生产、财务、人事等职能处于同等地位，如图 14 - 9（a）所示，其活动内容也比较单一，主要是将企业生产出来的产品推销出去，从业人员数量较少，人员素质也不高。当技术的发展使生产力水平得到提升、更多企业提供相同的产品时，供过于求的时代开始了，如何将产品销售出去成了企业的生存与发展的关键，营销也得到了更多的重视，如图 14 – 9（b）所示。在很多企业，营销部门更名为营销部，营销人员的数量快速增加，在企业员工中的比例不断上升，营销人员的素质也大幅提升。有人甚至认为营销是企业的核心职能，其他职能都应为营销提供支持与服务，如图 14 – 9（c）所示。但这种观点与做法在企业中引起了其他部门的不满，他们并不甘于被列于辅助职能。为缓和他们之间的矛盾，明智的营销人员将顾客置于企业各职能的中心，企业所有的活动都是围绕满足顾客需求而进行的，如图 14 – 9（d）所示。但在所有的部门中，营销部门是直接面向顾客、与顾客接触最多、最了解顾客的部门，对顾客需求的准确把握和有效满足更多依赖于营销部门，因此营销依然被视为企业各职能的核心，如图 14 – 9（e）所示。

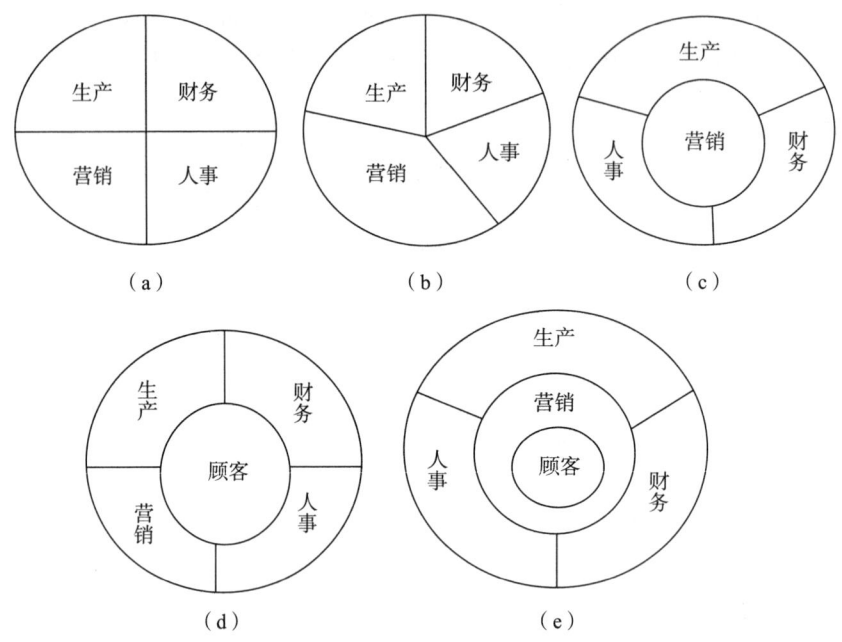

图 14 – 9　营销职能在组织中的地位演变

二、营销部门与其他部门的关系

理论上，营销部门与企业的其他各部门之间应紧密配合、相互支持，共同实现企业的战略目标。但实际中，他们之间却经常存在矛盾与冲突。如当企业资源有限时，他们会为了各自部门获得更多的资源而相互竞争；各部门站在各自的角度去理解企业的战略利益和工作中遇到的问题，因而相互之间产生误解；各部门由于工作环境、工作目标、工作方式的差异而造成的对方由来已久的偏见等。表 14 – 1 列出了企业中营销部门与其他部门的一些主要意见分歧。

表 14 - 1　营销部门与其他部门的意见分歧

部门	其他部门侧重点	营销部门侧重点
研究开发	基础研究 内在质量 功能特点	应用研究 认知质量 营销特色
工程技术	设计前置时间长 品种规格少 标准部件	设计前置时间短 品种规格多 非标准部件
采购	产品线窄 标准零部件 材料价格 定期、经济批量采购	产品线宽 非标准零部件 材料质量 即时采购
生产	生产前置时间长 长期生产少数型号 标准订货 结构简单 一般质量控制	生产前置时间短 提供多种产品型号 由顾客决定订货（随时、定制订货） 造型美观 严格质量控制
财务	按原则严格控制支出 刚性预算 定价着眼于回收成本 标准的交易方式 报告较少 要客户全面公开财务状况 较低的信贷风险 严格的信贷条件 严格的收款程序	根据直觉决定支出 适应需求变化的灵活预算 定价着眼于市场开发 特殊交易条件和折扣 报告较多 对客户做最低限度的信贷调查 适中的信贷风险 宽松的信贷条件 简便的收款程序

1. 与研究开发部门

研究开发部门简称研发部门，负责技术创新与新产品的开发工作。研发部门由擅长技术的人员组织，他们重视基础研究，追踪技术动态与前沿，致力于技术难关的攻克，愿意在较少约束的环境中自由地工作。在新产品开发中，他们重视产品的内在质量，以将新技术、新材料应用于产品开发使其获得新的、更优的功能特点而自豪，往往忽视新产品的研发成本与产品的市场适用性。

而营销部门则多是由具有商业头脑、擅长与顾客打交道的人士构成，他们将大量的工作时间用于走访市场以便熟悉与掌握顾客的需求与购买习惯。他们更在意产品的感知质量，即从消费者的角度去理解质量，希望用外在形象好、质量过关、成本较低且具有营销特色的产品吸引顾客。

这两部门因其工作性质、工作环境的较大差异使他们形成了不同的行事风格与文化，相互间的偏见也由此产生。营销人员认为研发人员是不懂市场、思维不够灵活、闭门造车的知识分子，而研发人员则认为营销人员缺乏技术常识，原则性不强，是以利为重的商人。这些都妨碍了两个部门之间的有效合作，新产品的开发也常因为他们之间的分歧而失败。

2. 与工程技术部门

工程技术部门在企业中负责产品工艺流程的制定与改进、机械设备的管理、维修与保养及重大技改项目的进行。他们希望采用标准的零部件以高效率、低成本的方式生产尽可能少的规格型号，从而使企业保持高的生产效率和稳定的产品质量。而营销人员常常为了争取更多的顾客、出售更多的产品而提出增加产品规格型号，这种做法常常使他们产生抱怨。工程人员认为顾客之所以提出增加型号的额外要求，很多时候不是现在的规格型号满足不了顾客的要求，而是营销人员工作不力，只要他们做出努力，顾客完全可以改变对现有产品的看法并接受已有的产品。而且规格型号的变动并不像营销人员所认为的那么简单，有时产品稍做改动，就需要企业重新修改产品的制造工艺流程、调整设备运行参数，必要时可能还要进行重新进行设计和试验。这些都有可能引起效率降低、成本增加及产品质量等方面的问题。若企业聘请有工程技术背景的人员担任营销经理，双方之间的沟通会更加有效，这种矛盾也会减少。

3. 与采购部门

采购部门的任务在于以尽可能低的成本，按时、保质、保量地保证企业各种物资的供应。他们希望以经济批量、稳定连续地采购，同时也愿意以较少的品种、较多的数量来争取更低的价格。但营销人员要求的多品种、多规格常使他们的愿望落空。再加上营销人员对未来的销售预测不准也常给他们的工作带来麻烦。营销人员的需求预测比实际多时，会使用他们采购的原材料与零部件积压在仓库里，造成较高的库存成本，而需求预测比实际少时，又会导致他们不得不以较高的价格仓促采购。

4. 与生产部门

生产部门的任务在于在合适的时间、以合适的成本向市场提供合适数量的合格产品。他们希望在不造成大量库存的前提下生产能够连续均衡地进行。他们不愿意因增加产品的品种而给他们带来额外的工作、降低他们的工作效率。他们常抱怨营销人员不理解生产过程，经常给他们提出一些会带来额外工作量或麻烦的要求。如营销人员由于对销量预测不准或提高顾客满意度，常会临时增加订单，要求他们短期内完成，这不仅干扰了他们正常的生产秩序，使工人们不得不加班加点地工作，机器超负荷运转，也会由此产生机器故障、原料库存断档、劳资纠纷、操作人员流失、劳动生产率下降、产品质量不稳定等各种问题。

营销人员由于更多地关注顾客需求的满足，如及时交货、产品质量稳定、良好的售后服务等，他们会因生产部门在营销机会来临时不能及时供货、产品质量控制不力、品种单一而导致的销售良机丧失、顾客不满等情况对生产部门产生看法。他们也常在这些方面提出较高的要求，而忽视了这些方面工作的过高要求会导致生产成本的直接上升。

5. 与财务部门

企业里与资金相关的事情全部归财务部门负责，包括企业资金的筹措与收付、业务活动的经济性评估、账目的登记与处理、预算、结算及财务报表的编制。由于他们的工作与货币打交道，通常财务人员在工作中会非常严谨，严格按照规章与程序办事，力求一丝不苟。这与营销人员的工作作风大相径庭。营销人员与人打交道，良好的客户关系要求他们不拘小节，灵活处理与客户交往中产生的各种问题。由于他们这方面的差异，再加上各自职责不同，因此不可避免地会在工作中产生各种各样的争执。

在货款的回收上，财务人员希望尽早将货款收回来，以使企业有充裕的流动资金。他们会认真评估企业潜在客户的信用等级状况，限制或拒绝向信用欠佳的顾客提供信贷，尽可能缩短回款期限。而营销人员为了留住客户，在有些情况下，会给客户较高的信用。由此，财务人员认为营销人员对谁都做买卖，即使支付有困难的人员，忽视给企业带来的风险；而营销人员则认为财务部门对信用审查过于严格，以至于使企业失去了潜在的客户和赚钱的机会。

在营销费用的申请与拨付上，财务人员希望资金能用到盈利较高的活动中，企业的费用支出能够为企业带来直接的财务回报。因而在营销人员提出费用申请时，他们常常要求营销人员对其带来的经济效益能给出具体的评估。而营销经理则认为市场的开发需要过程和积累，前期的投入要有一个较长的时期才能慢慢产生效益。很多时候他们需要凭经验和直觉去判断在广告、促销活动和营销人员等方面的投入，并不能用具体的数据来说明这些开支能何时能为企业带来多少收益。因而财务经理就认为营销人员所做的预算没有考虑费用与利润之间的关系，甚至有时怀疑他们是为了达到个人目的。而营销人员则认为财务人员过分保守，规避风险，在资金方面控制得过严，过于注重短期回报，不愿在长期市场开发上投资，错失许多投资机会。

三、营销导向型企业文化的建设

虽然上述的营销部门与企业内其他部门间的矛盾与冲突不可能完全消除，但应将其控制在一定的程度与范围之内，否则会影响企业的正常经营和长期发展。越来越多的企业也意识到这点，纷纷进行营销导向型企业文化的建设。营销导向要求企业在所有的员工中树立全员营销、全过程营销、全方位营销的思想，积极寻求各部门加强沟通与合作的途径，具体需要做好以下四个方面的工作：

（1）企业最高管理层持有顾客为中心的营销理念。只有企业最高领导层意识到全员营销、全过程营销、全方位营销对企业发展的意义，这种意识和思想才能得以有效培养和推广，公司才有可能朝营销导向发展。

（2）建立多渠道沟通机制。企业可设置营销管理委员会或建立联席会议制度，由营销部门、研发部门、采购部门、生产部门、财务部门的经理组成，共同商讨企业的营销战略、营销计划、各部门的合作问题；互相邀请参与相关部门活动。

（3）成立由各方人员参与的项目小组，共同完成企业的重要经营活动。如成立由营销人员参与的新产品研发小组，使市场信息能及时地传递到研发部门，共同开发市场需求的新产品并制订其营销计划，让新技术能更好地为市场服务。

（4）建立内部交叉培训制度。对营销人员进行技术、产品、财务、生产、采购等方面的知识培训，对其他部门的员工进行营销知识的部训，加深双方对对方工作目标、工作方式的理解。

第四节　市场营销组织设计

为使营销组织达到服务于企业的营销战略、为企业营销活动的正常进行提供保证的目的，企业不但应在营销组织的设计时遵循一定的原则与程序，还要根据外部环境与自身情况的变化对其进行适当的调整。

一、市场营销组织设计的原则

营销组织设计时应遵循一般组织设计的原则，如专业分工与协作相统一的原则、集权与分权相结合的原则、管理幅度与管理层次相结合的原则、权责一致的原则等。但与其他组织相比，营销组织需要频繁与外界接触、承担的任务与活动比较庞杂、涉及的地理范围较广，因此在对其设计时还应坚持以下原则：

1. 高效率原则

高效率原则是指营销组织的设计应有助于营销工作效率的提高。高效率对营销工作尤为重要。因为营销工作是与外部市场环境直接接触的工作，而环境瞬息万变，竞争日趋激烈，机会稍纵即逝，所以需要营销人员迅速做出反应。而且，大多数情况下企业的营销活动是复杂的，呈现出多样化、动态性的特点，对人员的素质提出了较高的要求。因此，企业有必要通过营销活动的合理分工与专业化，使员工能集中精力从事专门工作，从而在某项工作上变得十分熟练，以提高工作的有效性和效率。

2. 灵活性与适应性原则

灵活性与适应性原则是指营销组织应具有一定的灵活性，能够适应不断变化的外部环境要求。外部环境的不断变化要求企业的营销目标及营销策略也要做出相应的调整，营销任务与活动做出必要的改变。因此，企业的营销组织必须具备足够的灵活性，及时对这些变化做出积极反应，迅速调整自己，以保证营销目标的实现。

3. 协调性原则

协调性原则是指营销组织的设计应保证营销组织各项活动之间及营销部门的活动与企业内其他部门的活动协调一致。分工与专业化使营销组织获得了高效率等多方面的益处与优势，与此同时也将原本完整连续的工作分割开来，使它们保持相对的独立性。但要实现企业的整体目标，还必而将这些活动有效地衔接起来，使它们相互配合、相互协调。

营销组织的协调主要体现在三个方面：首先，营销组织的活动应与顾客的需求相协调，以保证企业的营销活动能够很好地满足顾客需求；其次，营销组织内部各项任务和活动要相互协调，促进企业营销战略与目标的实现；最后，企业的营销活动与其他部门的活动相协调，使企业的各项工作能形成一个有机的整体，从而使企业整体战略得以正确而有效地实施。

二、市场营销组织设计的程序

营销组织的设计应按一定的程序进行，通常包括明确营销组织的目标与任务，确定营销组织活动，设置营销组织职位与部门、设计营销组织结构、配备组织人员等几个步骤。

1. 明确营销组织的目标与任务

营销组织为有效地完成企业的总体战略和营销战略而设立和运行。因此，要明确营销组织的目标与任务，企业首先应确定其总体经营战略，在分析外部环境与内部资源的基础上选择未来的战略方向，设立战略目标，营销组织据此确定未来各段时间内企业在不同业务、产品、区域上应完成的营销收入和利润目标，选择达成这些营销目标的营销战略与策略，以及需要完成的各项任务。

2. 确定营销组织活动

企业在确定了营销组织的目标和任务之后，应分析为完成目标和任务需要进行的营销活动。一般情况下，营销组织需要进行的营销活动十分庞杂，可分为两大类：一类为职能性的活动，涉及市场营销组织各个部门的诸多职能，如市场调研、广告与促销、产品的销售与客户关系维护、售后服务等；另一类为管理性活动，涉及各部门、各区域的计划、协调与控制等。而上述每项活动又包括很多具体的内容。

企业在确定组织的营销活动时，既要考虑营销活动的内容，还要考虑这些营销活动的相对重要性及营销活动工作量的大小，在此基础上对这些营销活动进行合理划分与有机组合，将其分为核心活动、重要活动和附属性的活动，以便达到高效完成的目的。

3. 设置营销组织职位与部门、设计营销组织结构

确定营销组织的活动之后，企业应设置营销职位和部门以便从事与管理相应的营销活动，设计合理的组织结构对这些部门加以有效管理。企业在设置营销职位和部门时需要考虑营销职位类型和营销部门的划分、营销组织的管理层次、营销职位间的关系，在此基础上设计出营销组织结构。

（1）设置营销职位，划分营销部门。企业应根据其营销活动的内容、复杂程度、相对重要性的不同设置相应的营销职位，并把这些职位划归不同的部门。对于核心营销活动，由于这是企业实现其营销战略的重点，企业会首先根据核心营销活动设置相应的营销职位和部门，然后再根据该职位的需要设置其他的营销职位或部门以完成其他的营销活动。当企业的营销活动涉及面广、工作量大、需要履行较多的营销职能，企业需设置较多的营销职位和部门，由这些来自不同部门、不同职位上的人员完全成企业经营所需的不同营销活动，共成达成企业的营销目标。

（2）确定营销组织的管理层级。在同一类型的营销职位中，企业还需考虑设置多少管理层级。一般而言，管理层级与管理幅度成反比关系。管理层级较多时，虽然组织具有

管理严密、分工明确、上下级易于协调的特点，但层次增多，需要从事管理的人员增加，沟通的难度和复杂性也将加大，控制活动会更加困难，不但会增加企业的费用，而且会使企业的决策速度变得迟缓。而营销组织环境的动态性特点，却要求其不但要对外部变化迅速做出反应，还要充分调动员工的积极性与创造性，因此应尽可能减少管理层次。现代的通信与网络技术的发展，也使营销组织向扁平化的趋势发展。

（3）明确营销职位间关系。在营销组织中，企业要明确不同职位间的关系。不同职位间的关系有两种：一种是同一部门间、上下级间的指挥与命令的直线关系，另一种是来自不同的部门间同一级别或不同级别，或同一部门的同一级别职位间服务与协助的参谋关系。当企业的营销活动较少、职位类型不多时，往往以直线关系为主，当企业的营销活动范围较广而且工作量大时，企业需要增设不同的营销职能部门，一般会存在更多的参谋关系。

（4）设计营销组织结构。在设计营销组织结构之前，企业要先选择营销组织结构模式。企业在选择营销部门的组织模式时，应综合考虑其所处的市场营销环境、所持有的市场营销管理哲学，以及自身所处的发展阶段、经营范围、业务特点等因素的影响，使营销组织适应市场营销活动的四个方面，包括营销职能、地理范围、产品组合和目标市场。在此基础上，企业再根据实际需要进行设计，并用组织结构图加以清晰地展示。

4. 配备组织人员

企业在配备营销组织人员时应重点考虑两个问题：一个是人员的素质，另一个是人员的数量。人员的素质应按职位说明书的要求来衡量，既不能过高，也不能过低。过高，员工工作起来很容易，其积极性得不到充分发挥；过低，则难以胜任。这两种情况最终都会使工作职能得不到充分履行。在人员数量方面，企业要根据工作量的大小，在不同的职位上配备合适的人员数量，既要避免人员数量较多，导致人浮于事，增加企业的人力成本，也不能由于人员数量太小，使员工由于工作量太大产生过大的压力，影响其身心健康。

市场营销组织在运行的过程中，由于各种原因会不同程度地存在着摩擦和冲突。因此，从营销组织建立时，企业就要经常对营销组织的运行情况加以监督和评估，必要时要做适当的调整，以确保其能适应企业营销战略与业务发展的需要。

主要术语

营销组织　简单的销售部门　兼有营销职能的销售部门　独立的市场营销部门　现代市场营销部门　职能型组织　区域型组织　产品（品牌）型组织　市场型组织　矩阵型组织　事业部型组织

思考与讨论

1. 简述市场营销组织演进的阶段。
2. 论述企业应如何选择合适的市场营销组织模式。
3. 试分析市场营销部门与其他部门之间的关系。讨论企业可采取哪些措施保证营销部门与其他部门的顺畅合作?

4. 简述市场营销组织设计的原则与程序。

5. 以你熟悉的企业为例,分析其营销组织结构属于哪种模式。你认为这样的营销组织模式合理吗?请给出理由。如果不合理,你认为该如何改进?

 营销实践与应用

美国铁路的货运营销组织模式

尽管身处后工业化发展阶段、铁路运力相对宽松、货运市场竞争激烈的严酷发展环境中,美国铁路货运却一直能稳稳地占据美国货运市场的一席之地。不仅占领了美国货运市场近40%的份额,而且主要Ⅰ级铁路公司的毛利润率保持在25%左右、净利润率保持在15%左右。而美国铁路货运能取得如此辉煌成绩的一个重要原因是它有一个高效的营销组织。

AAR公布的数据显示:UP和BNSF作为美国最大的两家Ⅰ级铁路公司,2012年的运营收入分别为209亿美元和208亿美元,分别占美国当年铁路货运运营收入的30.9%和30.8%。因此以这两家公司为代表分析美国铁路货运营销组织模式。汇总分析UP和BNSF两家美国Ⅰ级铁路公司的相关资料发现,专业化是美国铁路货运营销组织模式的核心特征,在企业基本组织架构、业务单元之间分工、业务单元内部分工等不同层面均表现出鲜明的专业化烙印,具体体现在以下4个方面(见图14-10、图14-11):

1. 基于产销分离的企业基本组织架构

美国两大铁路公司在高管层面,除首席执行官和总裁等最高管理层负责公司的全面工作之外,在组织上均平行设置相互独立的营销销售部门与生产运行部门。据UP铁路网站公布的高管职责分工,除公司总裁全面负责运行、营销和销售、信息技术、持续改进、采购和劳工关系等部门外,平行设置负责营销与销售的执行副总裁和负责生产运行的执行副总裁。与之类似,BNSF铁路主管营销和销售的执行副总裁负责农产品、煤炭、消费产品、工业产品四大业务单元,以及全国客户服务中心;主管生产运行的执行副总裁负责工程、机械、运输、安全、培训和运行支持以及资源保护。

2. 基于货物品类的专业化垂直管理

美国铁路货运营销组织模式的基本特征是基于主要货物品类实行专业化的垂直管理,将货物品类作为业务单元细分及其营销和销售团队设置的主要准则。美国铁路的生产和运行部门在组织模式上主要基于地理位置平行设置区域管理部门,按区域进行管理。比如UP铁路的运行部门按区域划分为南方区、西方区、北方区等区域,而营销和销售部门则基于货物品类设置六个营销和销售业务单元(见图14-10),各个业务单元拥有自己的营销和销售队伍并实行垂直管理。BNSF的运行部门按照区域设置南方区、北方区和中部区等区域,每个区域设置一个地区副总裁;而营销和销售部门则基于货物品类分设四大业务单元,实行垂直管理。因而,从部门设置模式看,美国铁路营销和销售部门下属的各个业

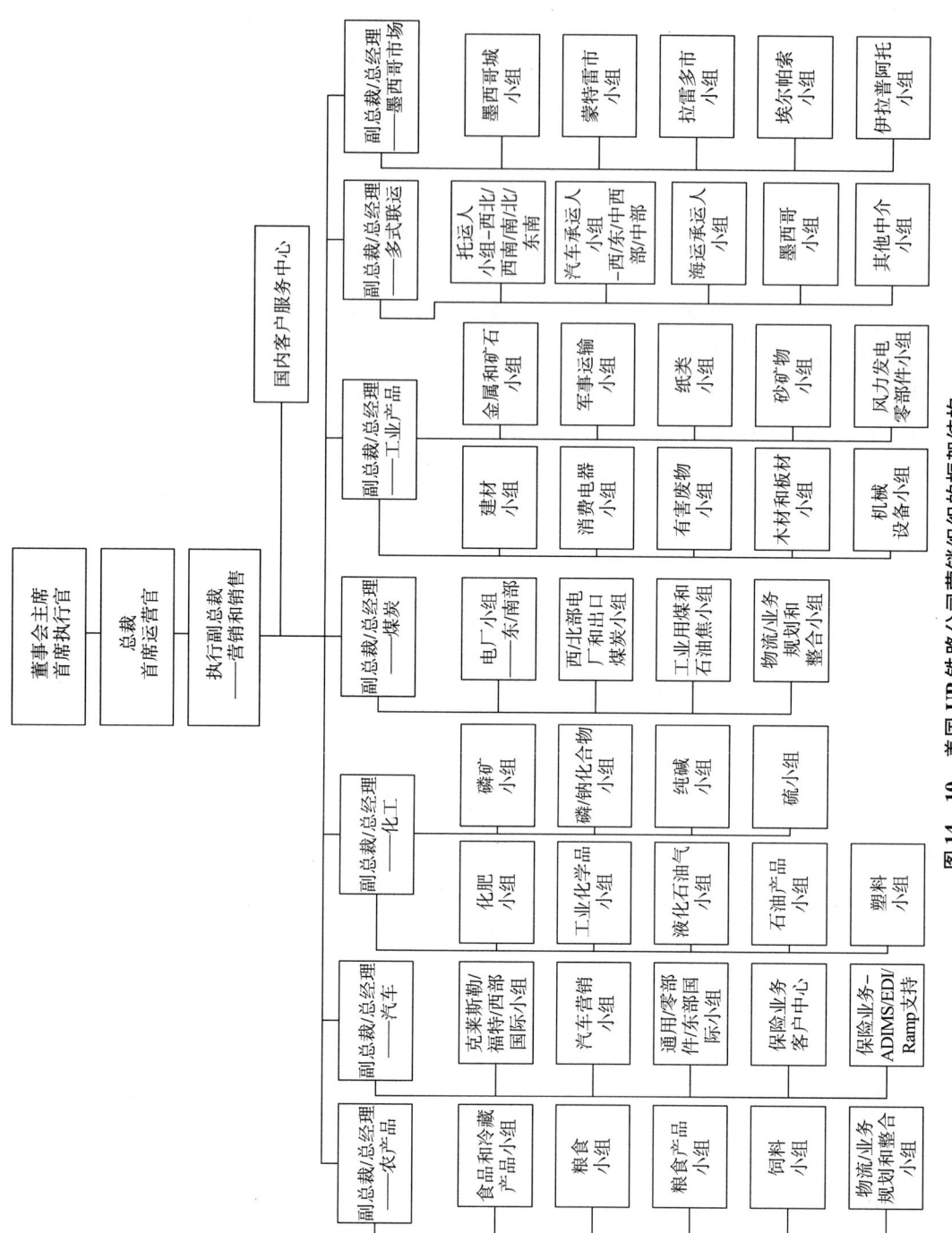

图14-10 美国 UP 铁路公司营销组织的框架结构

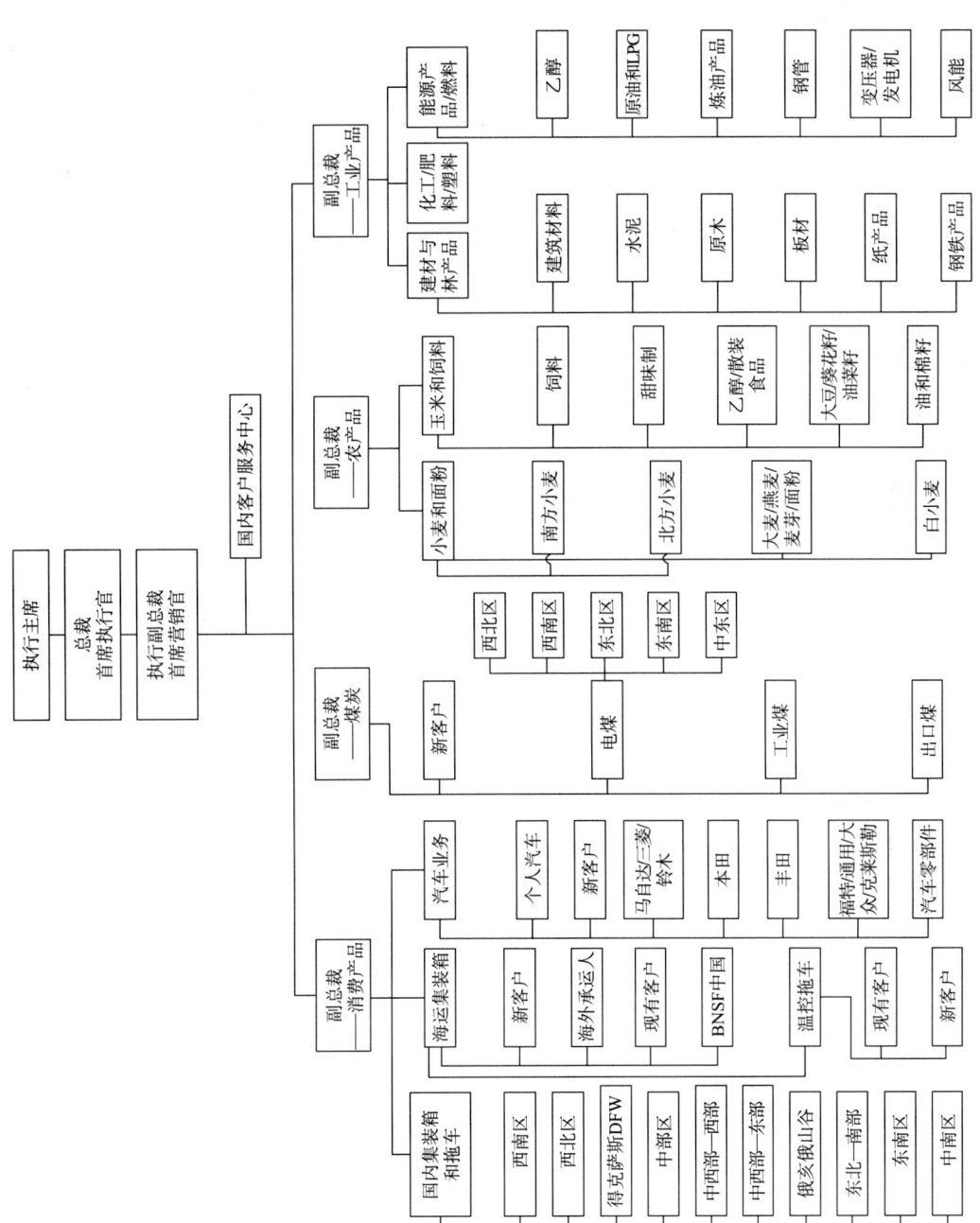

图 14-11　美国 BNSF 铁路公司营销组织的框架结构

务单元，均面向全国或者公司路网覆盖范围配置营销和销售人员，各个业务单元在地理区域上相互重叠，而在货物品类细分市场上则互不交叉；与之不同，生产和运行部门的业务范围则按照不同地理区域划分，相互之间在区域上界限明确、互不重叠。

3. 基于公司特点的业务单元细分方式

美国铁路不同铁路公司均将营销业务细分为多个业务单元，但在营销业务单元的具体细分方式上存在明显差别。UP 铁路设置了农产品、汽车、化工、煤炭、工业产品和联运6 个业务单元，BNSF 铁路设置了农产品、煤炭、消费产品、工业产品 4 个业务单元。这两家美国铁路公司除了全都设置了煤炭业务单元之外，其他业务单元的设置和范围存在明显的差别。不难发现，从业务单元所负责的具体业务范围或业务内容上看，BNSF 铁路的消费产品业务单元相当于 UP 铁路的联运和汽车两大业务单元；BNSF 铁路的工业产品业务单元相当于 UP 铁路的工业产品和化工两大业务单元。

4. 品类、区域和客户相结合的业务单元内部分工

货物品类、区域划分和客户群体是美国铁路细化营销业务单元分工的 3 种主要方式。首先，货物品类是美国铁路公司进一步细分营销业务的最主要方式。如 BNSF 铁路和 UP 铁路公司均将煤炭业务单元按煤种细分为电煤、冶金煤、工业煤和出口煤等不同的业务小组（团队）；UP 铁路的化工业务单元按照货物品类细分为化肥、工业化学品、液化石油气、石油产品、塑料、磷矿、纯碱等业务小组；BNSF 铁路工业产品业务单元按照货物品类细分为建材与林产品、化工/肥料/塑料、能源产品/燃料等业务小组，在建材与林产品小组中进一步按照货物品类设置建材、水泥、原木、板材、纸制品、钢铁产品等营销专员（经理）。其次，按照区域设置营销团队或者人员是美国铁路营销业务单元内部细分的一种重要方式。如 BNSF 铁路消费产品业务单元的国内集装箱和拖车小组，将相关业务按区域细分为西南、西北、中部、东南、中南等 11 个区域，煤炭业务单元的电煤业务小组进一步细分为西北、西南、东北、东南、中东 5 个区域；UP 铁路的墨西哥业务按照区域设置墨西哥城、蒙特雷市、拉雷多市等业务小组。最后，客户群体是美国铁路细分少数特定营销业务的另一种方式。如 UP 铁路的汽车营销业务按照客户群体细分为克莱斯勒/福特/西部国际、通用/零部件/东部国际等营销团队；BNSF 铁路的汽车营销业务按客户群体细分为马自达/三菱/铃木、本田、丰田、福特/通用/大众/克莱斯勒、汽车零部件、个人业务等不同的营销团队；UP 铁路的联运业务按客户群体细分为托运人、汽车承运人、海运承运人以及其他中介等营销团队。

综上所述，我们可以发现，美国铁路货运基于现代市场营销理念和铁路货运实际，构建了一套能有效适应不可控的市场环境、保持铁路市场竞争力、持续获得竞争优势的货运营销组织模式。而这就是它能长立于美国货运市场不败的原因。

资料来源：李明惠，朱克非. 美国主要 I 级铁路货运营销组织模式与启示［J］. 中国铁路，2016（1）.

案例讨论题

1. 根据本章的两个案例比较我国与美国铁路公司营销组织模式。
2. 分析企业营销组织模式的构建受哪些因素影响。
3. 讨论美国铁路公司的营销组织模式对我国企业有什么启示。

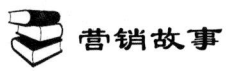

营销故事

瑞蚨祥的组织结构

山东章丘孟氏家族经营的祥字号名闻天下，孟洛川的瑞蚨祥更是遍布各地。孟洛川一生经营40余家企业，他认为企业的管理实际上是人员管理，因此，瑞蚨祥主要通过资方代理人对企业实行分层管理。资方代理人大体可分为全局总理、地区总理、各店经理、一般雇员等几个层次，在这些层次之上的是总经理孟洛川。虽然按照传统商业习惯，东家一般不能担任企业职务，但孟洛川却以东家身份独揽企业大权长达70年之久。

孟洛川是资方总代表，又是事实上不挂名的总经理，集所有权与经营权于一身，是企业最高负责人。瑞蚨祥还有资方代理人，即全局总理，实际上是孟洛川的助手，其职权因人而异，或大或小。地区总理是一个城市内各分店的最高经理人，由当地总店经理兼任。瑞蚨祥的每个分店都有经理，掌管分店业务和人事，经理下面又分为若干层次，各分店略有差别。北京瑞蚨祥店号分为经理、头目和伙计三个层次：经理掌握全面；头目包括洋货头、二柜掌柜、绸头和信楼头，分工负责；伙计则听凭使唤。具体结构见图14-12。

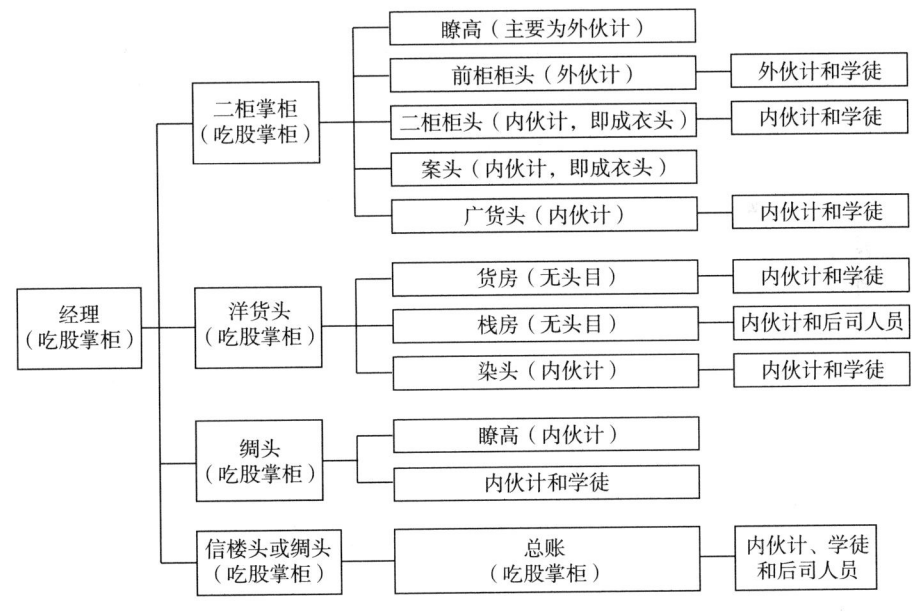

图14-12 北京瑞蚨祥组织结构

品评：孟洛川是亚圣孟子的后裔，特别信奉儒家文化"仁义礼智信"的核心价值观，并以此作为瑞蚨祥进行商业活动的指导思想和理论依据。孟洛川不仅自己笃信儒学，而且经常向商号店员灌输儒家思想。在日常管理上，瑞蚨祥利用儒家思想凝聚人心，陶冶店员道德情操，使他们不仅真诚待客，更对商号忠贞不二。瑞蚨祥也因此而长盛不衰，并赢得了"贾而好儒"的美名，成为典型的儒商代表。

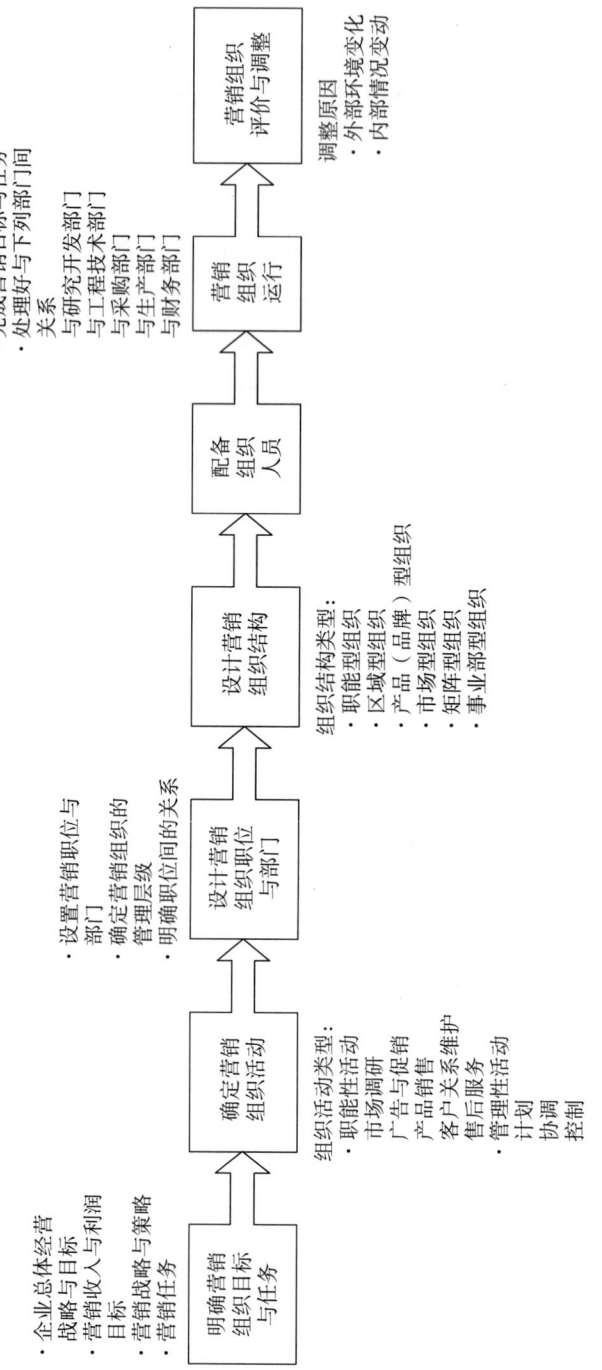

营销知识应用导图

第十五章

营销计划与控制

 学习目标

1. 掌握和理解营销计划的概念和内容。

2. 掌握和理解营销目标的概念和内容。

3. 掌握和理解营销费用预算的概念和方法。

4. 掌握和理解营销控制的概念和类型。

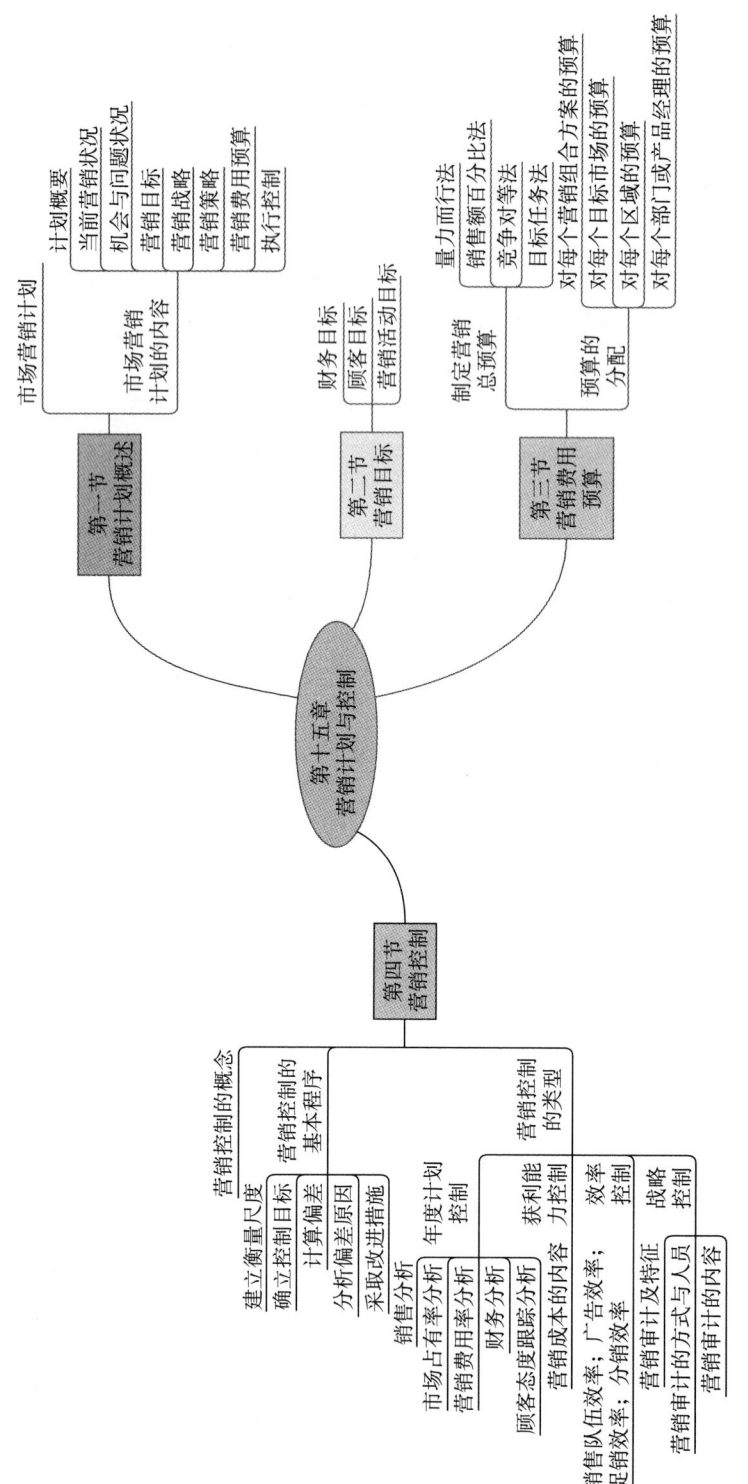

学习思维导图

章首案例 联华的战略计划转移

联华超市建立于 1991 年 5 月 27 日，是上海的第一家连锁超市。现在联华已拥有大卖场、加强型食品超市、标准型食品超市和便利店四大业态。1999 年，联华以 73 亿元的销售规模首次跃居中国零售业首席。2001 年联华超市以 140.63 亿元销售额、1225 家连锁便利店的业绩连续三届名列中国零售业首席、连续五年排行中国连锁业第一。在短短的 11 年中，联华成功铸就了中国超市第一品牌。

联华从 1996 年真正开始实施战略扩张计划，在 1996 年到 2002 年的 7 年中，联华超市的门店数从 41 家陡然增加到 1900 多家，经营面积年均增长达到了 75.70%。2002 年，更是联华历史上扩张最顶峰的一年。这一年里，新开门店 700 多家，平均每天开店达到了近 2 家。这些新开店，突破联华原来以江浙为主的地域限制，迅速向华东以外的华南、华北、东北等区域延伸，作为大卖场的世纪联华，作为便利店的联华快客，以及作为标准业态的联华超市，各有侧重的在全国 16 个省区弥漫开来。也正是由于如此高速的扩张，当年连续亏损 5 年的联华超市，从 1996 年后，一举实现一年营利，两年达到全国超市行业第一，四年实现零售业界第一。

在连续 7 年一直以高速扩张为战略计划的联华，在 2002 年年末，据联华超市有限公司有关高层人员的介绍："现在，联华超市内部正在进行全面的业务流程重组，几大业态联合采购，以后将逐步过渡到集中采购，在物流配送方面，向经过性物流转型。"联华超市董事长王宗南在工作会议上提出 2003~2004 年是战略提升阶段，这阶段是以战略提升为主，辅之以战略性扩张。2005~2010 年仍然转到战略扩张阶段。并说明，从 2003 年开始，联华的各项流程标准化和优化工作全面启动，开始加快对资源的整合和内部运营的整合，工作核心是"利润提升"。

联华的战略扩张转移到战略提升，使原本从 1996 年到 2010 年连续 15 年的战略扩张计划，突然间来了个中断。2003 年和 2004 年，将鲜明地独立于其他 13 年的姿态之外。

联华从战略的"高速扩张"到"利润提升"所采取的措施主要如下：

一是采购日益向集中方向过渡，从四大业态中大卖场的单独采购，到现在两套采购队伍的整合已经开始，相同商品的联采展开。

二是从供应链中挖潜。联华超市今年将进一步推进供应商服务综合系统的实施应用，以供应链管理为基础，与供应商共享各项信息数据，让供应商参与联华的商品销售管理、库存管理。并与光明乳业、可口可乐、达能和宝洁建立战略联盟关系，协同进行供应链管理，分别在 ECR（有效客户回馈系统）、VMI（自动补货系统）、品类管理和商机营销等方面进行合作。

三是"对标"工程。即把三大业态的关键指标如毛利率、净利率、存货周转、平效、人效等绩效指标与国际零售企业对照，找出差距，采取转型，提升的措施来达到或接近国际水平。

资料来源：F 营销计划与控制（T）解析［EB/OL］. https://wenku.baidu.com/view/22da5a695e0e7cd18425 4b35eefdc8d377ee1418. html，2018-10-12.

营销计划对于提高企业的营销绩效有着十分重要的意义，它在初始阶段提出营销目标，通过分解转化为战略、策略和行动方案，最后又须通过营销预算和执行控制等手段进行控制。营销计划可以在大到公司层面的远景规划，也可以小到执行层面活动策划，但是它是否有效必须靠市场的检验。而市场环境复杂多变，如何使营销计划体现市场动态性是值得思考的问题。

第一节 营销计划概述

一、营销计划的概念

营销计划（Marketing Planning）是指通过研究和分析企业的营销状况，制定最适合组织资源、竞争能力、任务和总体目标的营销目标、战略和行动方案，并在必要的时候进行调整。正式的营销计划要形成营销计划书，它是在实现企业的营销目标和财务目标的过程中，总结市场信息、营销战略和行动方案的书面文件。

通过营销计划，营销人员可以充分回顾过去营销决策得失、充分了解市场环境，制定出企业未来的营销目标、营销战略与策略及行动方案，为企业的营销活动指明方向，因此无论刚成立的小企业还是大企业，营销计划都是必不可少的。

二、营销计划的内容

一般来说，企业的营销计划包括八个方面的内容，如图 15 - 1 所示。

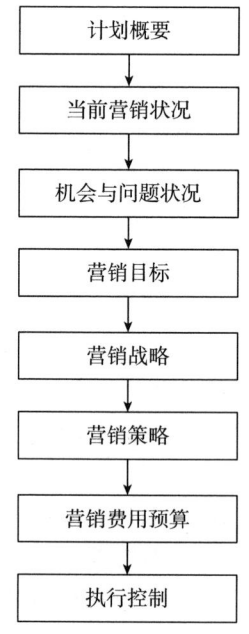

图 15 - 1 营销计划的内容

（1）计划概要。对计划的主要营销目标、战略与策略、建议等做一简要的概括，以便让上级主管很快地掌握计划的核心内容。

（2）当前营销状况。提供与产品、市场、竞争、分销和宏观环境因素有关的背景资料，包括产品情况分析、市场情况分析、竞争情况分析、分销渠道分析、宏观环境分析等。

（3）机会与问题状况。通过对企业的宏观环境、具体市场环境以及内部营销资源进行分析，辨别出企业的机会与威胁、优势与劣势。在此基础上，提出计划所要解决的主要问题。

（4）营销目标。目标是对企业在一段时间内、在关键活动领域内应完成的任务的清晰简洁的书面陈述。营销目标分为战略营销目标和具体营销目标，其目的是提供营销的方向和作为评估的标准，它应与企业的总体目标相一致。

（5）营销战略。在市场调查与分析的基础上，进行市场细分、确定目标市场并进行市场定位。

（6）营销策略。又称营销方案，包括产品/服务策略、价格策略、渠道策略和营销策略，其制定依据是企业的营销目标和营销战略。

（7）营销费用预算。人、财、物等资源的数量，决定了营销活动的水平。因此为完成营销战略和营销策略，就要做出费用预算，为各种营销活动分配资源。

（8）执行控制。将计划规定的目标和预算按季度、月份甚至更小的时间单位进行分解，以便于主管部门对计划执行情况进行监督检查。同时还应制订权变计划，以应对可能发生的突发事件。特定的环境变化，会迫使你改变一个或多个营销组合战略或策略。当一个或几个原始战略或策略被不可控的环境因素打乱时，权变计划将成为引导企业实现目标的备选方案。营销人员在制订营销计划书时必须要准备权变计划书，然后定期回顾并更新这些计划，以确保他们能够随时处理突发事件。

第二节　营销目标

营销目标（Marketing Goal）是企业在一定时间内、在关键营销领域里应完成的任务的清晰简洁的书面陈述。根据企业的总体目标，营销人员应制定企业的营销目标，包括财务目标、顾客目标和营销活动目标。它是企业制订营销战略、营销策略的基础。

一、财务目标

不同的企业采用不同的财务目标。一般来说采用以下三种目标及衡量指标：

（1）销售额：包括产品销售额、渠道销售额。通过每周、每月、每季度或每年的销售额来衡量。

（2）销售毛利率和投资回报率：通过产品、产品线、渠道、营销、价格、细分市场或顾客来衡量每周、每月、每季度或每年的总毛利或净毛利。

（3）收支平衡：指在一定时期内企业收入与企业支出之间的等量对比关系。

二、顾客目标

作为企业的战略资源，顾客对企业的生存与发展至关重要。基于所处的行业、战略方向、企业使命和资源，营销人员必须设定目标以获得新顾客、留住老顾客，增加顾客满意度和忠诚度。

（1）开发客户：衡量每月、每季度和每年获取新顾客的数量和百分比。

（2）维持客户：衡量某一时期持续购买的顾客数量或百分比。

（3）顾客满意度：衡量满意顾客的百分比。既可以通过产品或细分市场来衡量顾客满意度，也可以通过热线电话、信件或电子邮件等渠道反馈顾客满意度。

（4）顾客忠诚度：衡量顾客的维持率，重复购买的规模和频率等。

三、营销活动目标

营销人员还应为各种营销活动设定目标。

（1）销售量：衡量每周、每月、每季度和每年销售的产品数量。

（2）市场占有率：衡量每周、每月、每季度和每年的不同产品在不同区域、行业或细分市场的市场占有率。

（3）新产品开发：衡量新产品开发的品种数、导入市场需要的时间。

（4）订单完成率：衡量处理顾客订单和装运产品需要的天数。

（5）顾客的购买行为：顾客对企业和竞争产品的认知度；顾客对企业网站的点击数；通过热线电话、信件或电子邮件等信息渠道的反馈量；顾客接受免费样品的人数、用优惠券试购的人数等。

第三节　营销费用预算

预算（Budget）是一种将资源分配给特定活动的数字性计划。营销费用预算可分为市场费用预算和行政后勤费用预算两大类。市场费用是为了取得销售所产生的费用，比如广告费用、推销费用、市场研究费用等，而行政后勤费用主要是指订单处理费用、运输费用、仓储费用、顾客投诉处理费用、后勤人员薪酬等。这些行政后勤费用因为主要是与市场行销有关，所以也被列入到营销费用里面。营销要求预算资金支出额。管理者应该进行资金预算，以保证获得营销活动所需的资金支持。

一、制定营销总预算

常用的预算方法有量力而行法、销售额百分比法、竞争对等法和目标任务法四种方法。

（1）量力而行法（Affordable Method）。量力而行法，是指企业确定营销预算的依据是他们所能拿得出的资金数额。企业根据其财力情况，在不影响资金周转的前提下来决定营销费用。方法简单易行，但它忽略了营销费用与销售额之间的因果关系，这既可能使企业因为资金不足而错过机会，也很容易使企业支出过多。这种方法存在着片面性，不利于企业制订长期的市场开拓计划。

（2）销售额百分比法（Percentage – of – sales Method）。按照过去销售额或预测销售额的固定百分比来进行营销预算。这种方法在营销实务中使用较为广泛，除了计算简单外，还很精确，而且管理者一直使用百分比的方式考虑费用，很容易掌握，按收入来决定支出，所以还具有经济安全性。

（3）竞争对等法（Competitive – parity Method）。竞争对等法，指企业比照竞争者的营销支出来决定本企业营销支出的多少，以保持竞争上的优势。在营销管理实践中，不少企业都喜欢根据竞争者的营销预算来确定自己的营销预算，形成与竞争者旗鼓相当、势均力敌的对等局势。

（4）目标任务法（Objective – and – task Method）。这个方法要求先清楚地评估营销目标、营销任务，然后决定达到目标、任务所需要的费用。该方法的优点在于能使营销管理者较好地处理市场份额、广告展露水平、试用率等与促销预算总额的关系，克服预算费用确定的盲目性。其缺点是实施过程较为复杂，没有总的预算约束可能会加大费用开支，同时对经理人员的业务水平和职业操守要求很高。

二、预算的分配

确定总预算后，营销人员就要根据营销计划书中制定的各个不同的营销活动来分配资金。

（1）对每个营销组合方案的预算。针对不同的营销渠道、目标市场，企业通常有不同的营销组合。应将营销总预算分解到每一营销组合中，列出每个月、每季度、每年所需要的费用。

（2）对每个目标市场的预算。根据细分市场制定预算会迫使企业了解它们具体细分市场的成本；它还能显示哪个细分市场的运作成本最高，哪个细分市场能产生最高的回报。

（3）对每个区域的预算。如同对每个目标市场的预算一样，对每个区域的预算能让管理层重视每个地区的营销成本并能够轻易比较费用和成本。

（4）对每个部门或产品经理的预算。这种预算有益于部门和产品经理追踪他们所负责的成本，对比要达到目标所需费用和查明细微问题或机会，以进行更深入的调查。

第四节 营销控制

一、营销控制概述

1. 营销控制的概念与基本原理

所谓营销控制（Marketing Control），就是为了确保完成计划规定的预期目标，企业营销管理部门以营销计划和营销预算为依据,对市场营销活动进行监控,同时通过绩效评审与信息反馈,对市场营销战略和各种营销策略加以调整的过程。其基本原理如图 15 – 2 所示。

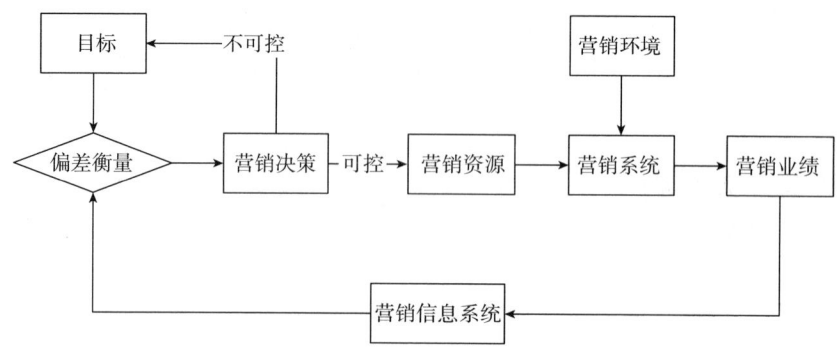

图15 – 2　营销控制的基本原理

2. 营销控制的基本程序

有效的营销控制讲究科学、严格的工作程序或步骤,见图 15 – 3。

图15 – 3　营销控制步骤

（1）建立一套能测定营销结果的衡量尺度。在很多情况下,企业的营销目标就决定了它的控制衡量尺度,如目标销售收入、利润率、市场占有率、销售增长率等。但还有一些问题比较复杂,如销售人员的工作效率可用一年内新增加的客户数目及平均访问频率来衡量。由于大多数企业都有若干管理目标,因此,在大多数情况下,营销控制的衡量尺度也会有多种。

（2）确立控制标准。控制标准是指以某种衡量尺度来表示控制对象的预期活动范围或可接受的活动范围,即对衡量尺度加以定量化。可作为营销控制标准的一般有行业标准、企业历史最好水平和企业预期标准三种。

采用行业标准有利于企业与同行竞争者进行比较,从而明确企业在本行业中所处的地位;企业历史最好水平的资料来自企业内部的各个部门,一般说来较为可靠;企业预期标准是企业管理者目标的具体体现,是在分析行业标准,本企业的行业地位、本企业过去绩效和未来可能发生的各种变化的基础上制订出来的。所以,将预期标准作为营销控制标准最具有可行性。

（3）计算偏差。将控制标准与实际执行结果进行比较,如果比较的结果是实际结果与控制标准一致或在允许的偏差范围以内,则控制过程到此结束;如果不一致,则需进行下一步骤。

（4）分析偏差原因。偏差产生的原因既可能是由于实施过程中的问题，也可能是营销计划本身的问题。只有把握了真正的原因之后，管理部门才能对症下药，制订可行的调整方案。

（5）采取改进措施。实际营销绩效与营销计划出现偏差时，管理部门需尽快制订改进措施，以保证营销计划的顺利实现。如果制订的营销计划中包括了权变计划，就应立即启动这一计划。否则就必须根据实际情况迅速修改营销战略、营销策略，或适当调整某些营销目标。

二、营销控制的类型

营销控制可分为四种类型，即年度计划控制、盈利能力控制、效率控制和战略控制。

1. 年度计划控制

年度计划执行分析是指营销人员对各种营销活动完成计划情况的分析，目的在于保证企业或某一营销部门（地区）所制订的销售、利润以及其他目标顺利实现。常用的年度计划分析方法有销售分析（根据销售目标衡量和评价实际销售情况）、市场占有率分析、营销费用率分析、财务分析（分析反映股东权益状况的资本净值报酬率指标）、顾客态度跟踪分析等。

2. 盈利能力控制

盈利能力控制就是对企业各产品在不同的地区和顾客群体的盈利能力进行分析。这种方法将销售额和成本分解成各细分市场的销售额和成本，来判断各细分市场对利润的贡献，或是对弥补间接成本的贡献。盈利能力控制能帮助营销管理者分析产品在各地区和顾客群体中的优势和劣势，从而决策哪些市场应扩大，哪些应缩减甚至放弃。

3. 效率控制

效率控制是指企业不断寻求更有效的方法来管理销售队伍、广告、促销和分销等绩效不佳的营销实体活动，其目的是提高各市场营销活动的效率。如果盈利能力控制揭示了企业在若干产品、地区或者顾客群体方面盈利情况不好，就要通过有效的方法来管理销售队伍，改善广告、促销和分销等绩效不佳的营销实体活动。

4. 战略控制

战略控制可以评估组织在管理营销功能、顾客关系、社会责任和道德三个方面的有效性。年度计划控制、盈利能力控制和效率控制通常每月开展一次甚至更频繁，而战略控制每年只开展一次或两次。这里重点介绍营销审计。

（1）营销审计的概念与特性。营销审计（Marketing Audit）是对一个企业或一个业务单位的营销环境、目标、战略和活动所作的全面的、系统的、独立的和定期的检查，其目的在于决定问题的范围和机会，提出行动计划，以提高企业的营销业绩。

营销审计具有以下四个特性：

第一，全面性。营销审计并不局限于对营销活动中出现的某些问题的审计（即功能性审计），而是涉及一个企业的全部营销活动。尽管功能性审计也十分有用，但是有时它们可能会使营销管理者不能把握全局，从而得出片面的结论。而全面的营销审计通常能更有效地找到企业营销问题的真实原因。

第二，系统性。营销审计包括一系列有序的诊断步骤，包括诊断企业的营销环境、内部营销制度和各种具体营销活动。然后在诊断基础上制定出短期和长期的改进措施，以提高组织的整体营销效益。

第三，独立性。一般而言，最好的审计大多来自外界经验丰富的顾问和咨询部门。这些人通常与企业无任何利害关系，具有必要的客观性和独立性。有许多行业的广泛经验，对本行业颇为熟悉，同时可以集中时间和注意力从事审计活动。

第四，定期性。典型的营销审计都是在销售量下降、推销人员士气低落或者其他企业问题发生之后才开始进行的。而企业之所以陷入困境，部分原因正是它们没有在顺利的时候检查营销活动。定期营销审计既有利于那些业务发展正常的企业，也有利于那些处境不佳的企业。通过定期审计，可以及时发现潜在的问题并尽早采取调整措施，而不是单纯地被动应付。

（2）营销审计的方式与人员。经常采用的营销审计方式有六种：自我审计、交叉审计、上级部门审计、企业审计办公室审计、项目小组审计和外部审计。而审计人员则分为内部审计人员和外部审计人员两种类型。

内部审计人员有一定的优势，如和业务上有联系、对企业的运营环境比较熟悉等，同时这种方式在时间和资金上都更经济。但内部审计人员必须对计划程序有全面深刻的了解，知道如何在各种组织中进行计划，而且拥有深厚的营销知识。

如果外部审计员的经验较为丰富，那么他们可以提供企业需要的有深度的信息。专门进行市场营销的咨询企业可能会给企业的计划过程带来一种新的、通过其他途径无法获得的思路。特别是对那些领导者是从企业内部逐渐提拔起来的企业，这种思路可能更具启发性。采用外部审计员的主要缺点是耗费时间较长，因为他们需要一个过程来了解企业的计划程序和参与人员的培训和资历情况。与一家咨询企业建立长期的关系有助于弥补这个不足。

（3）营销审计的内容。一般而言，营销审计包括以下六个方面的内容：

第一，营销环境审计。如对营销宏观环境因素（如人口环境、经济环境、自然环境、技术环境、政治环境以及文化环境等）的审计、对微观环境因素（如顾客、竞争者、企业自身、中间商、营销中介、供应商等）的审计，重新审视环境中存在的机会与威胁。

第二，营销战略审计。主要是分析考察企业营销目标、战略是否适应外部环境的变化，包括企业经营是否以市场为导向；市场营销目标是否清楚明确；在企业现有条件下，企业所定目标是否恰当；企业的营销战略与竞争者战略相比有何优势和劣势；企业达到目标市场的关键策略是否正确可靠，市场营销资源是否按各种不同细分市场、地区和产品做了适当的配置等。

第三，营销组织审计。主要是检查营销组织在预期环境中，选择和控制决策的能力，如市场营销活动是否按不同职能部门、不同生产部门做了最适当的组织安排；营销部门与市场研究、财务会计、产品制造、物资采购等部门是否保持良好的沟通和合作；产品管理系统是否有效地工作；对外销人员的培训、激励、监督、考核工作是否有效合理等。

第四，营销制度审计。主要评估企业信息系统、计划系统、控制系统及产品开发系统，包括市场营销信息系统能否正确、及时、有效地收集、整理市场发展变化方面的信息。计划系统是否成功而有效地编制了计划及计划系统对预期目标的达到率。营销控制系统能否确保企业各项计划的实现，管理部门是否对产品、市场、地区和分配路线的经济效益进行定期分析等。产品开发系统是否为收集、产生、筛选新产品构思进行调查研究和商业分析，是否在新产品正式上市前进行过适当的产品试验和市场试销等。

第五，营销效率审计。主要审计营销组织的获利能力和各项营销活动的成本效率，包括分析企业不同产品、市场、地区和分配路线的利润情况，分析企业应该打入哪些市场、扩大或收缩及撤出哪些市场。检查成本效益，找出某些营销活动超出预计成本的原因，以及采取哪些降低成本的步骤，评价成本控制的效果。分析审查销售收入、费用的增减程度及结构变化，分析贷款回收率及存货周转速度的快慢，分析销售员的效率和市场占有率的变化。

第六，营销职能审计。是指对市场营销组合因素进行审查，包括审查产品线目标是否正确，哪些产品需要逐步淘汰，以及是否有的产品可从改进产品质量、特点或规格品种上取得更好的经济效益。审查企业的定价目标、定价政策、定价策略和程序及企业利用价格促销是否有效。审查产品分销的目标和策略，是否有适应的市场范围和服务机构，是否需要调整现有分销渠道。审查促销工作如广告目标是否适当，广告费用预算和支出是否合理，广告媒体及其广告制作的效果如何，其他促销方法是否得到充分有效的利用。审查企业组织销售队伍的目标是否合理，推销部门的规模、组织方式是否与公司的销售任务、目标相适应，销售力是否按照适当的专业化原则组织而成，与竞争者相比，企业的销售实力如何，销售人员的素质、努力程度及他们的工作是否得到了足够的报偿和激励等。

主要术语

营销计划　营销目标　营销预算　量入为出法　销售百分比法　竞争对等法　目标任务法　营销控制　营销审计

思考与讨论

1. 营销计划的内容包括哪些方面？
2. 营销目标包括哪些方面的目标？
3. 如何制定营销预算？
4. 营销控制包括哪些内容？其基本程序包括哪些步骤？
5. 营销审计包括哪些内容？

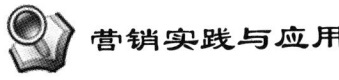 营销实践与应用

宝洁分销商 2005 计划

2005 年 6 月 23 日，山东省兖州市长泰洗化有限公司被宝洁口头通知终止了合同，这

已是继山东潍坊百货被清洗后，宝洁在山东大面积撤换分销商的尾音了。2005 年 8 月 3 日，宝洁的上海分销商上海开达洗涤化妆用品有限公司也没能幸免，此前，河南、浙江、广东、江西等省市的宝洁分销商亦纷纷中招。暂时留下的，心里也并不清楚屠刀何时会落在自己的脖颈上，这种滋味的确不好受。

而宝洁公司其实也早就对分销商的用情不专和难以掌控极为不满，所谓清洗，不过是从 1999 年就已经开始的"分销商 2005 计划"的一种延续，只不过，2005 年是"宝洁分销商 2005 计划"的收官时候，宝洁出手自然更快更狠了些。

一、宝洁变脸

支撑宝洁公司分销体系的，是被它称为"秘密武器"的全程助销理念和渠道运作综合管理体系。

"分销商即办事处"是宝洁公司的一句口号，它意味着，宝洁公司的一切市场销售、管理工作均以分销商为中心，一切终端铺货、陈列等工作，必须借助分销商的力量。它更意味着，宝洁公司视分销商为密切合作伙伴的同时，更视之为公司的下属销售机构，终端市场实际上掌握在宝洁公司手中。全面支持、管理、指导并控制分销商，是为宝洁公司助销理念的核心。从中不难看出，宝洁自始至终对终端的看重。

多年来，宝洁在中国选择分销商的策略和标准变动了很多次。刚进入中国时，宝洁选择分销商标准并不是太严格，基本都是国营的百货批发站、供销社或工贸公司。这些传统的贸易企业在多年的计划体制中，建立了层层的商业辐射网络，自省级站，市级站，县级站一直到村级供销社。这个商业网络帮助了宝洁公司最初的业务发展，海飞丝、飘柔的成功推广，就有这个网络的卓越贡献。

1996～1997 年，宝洁开始执行以分销为主要目的的拓展计划，增加了很多小分销商，甚至在一个城市用很多分销商，目的是铺到尽量多的店。那个时期，是宝洁和分销商非常亲热的蜜月期。

然而，不久以后，宝洁开始变脸。据一位前宝洁经理说，由于当时像家乐福、沃尔玛等大型国际连锁终端和国内一些大型连锁超市在中国发展速度很快，宝洁很乐观地认为，中国将来也会像美国那样，不再存在分销商这一销售层次。因此，1999 年 7 月，宝洁中国就推出了"宝洁分销商 2005 计划"，对小分销商进行整改。同年上半年，相关资料显示，宝洁公司将分销商数量减少了 40%。

与此同时，宝洁加强了和卖场的合作，再次强化了对终端的控制。在 2001 年前后，宝洁甚至花费了 3.5 亿元的巨资进行了为期三年的店主推广活动，不仅印制了大量的《店主百事通》指导小店店主卖货，还组织店主联谊会，制定激励措施。甚至在宁波、杭州等地还组织统一进货。那时候，分销商就开始渐渐感到了一丝冷落。

随后，宝洁的强权也开始渐露端倪。许多分销商早就开始抱怨宝洁的强权了。十几年的经营，使消费者对宝洁的品牌忠诚度很高，所以分销商的地位便逐渐下降。很长一段时间以来，分销商几乎没有和宝洁讨价还价的余地，因为宝洁和分销商都清楚地知道，分销商手里没有宝洁的产品意味着什么。

二、分销商移情

本来，一直处于中高端市场并且在消费者当中极具品牌吸引力的宝洁，其产品一直对分销商有着极大的诱惑力，也是分销商提高自己身份的一个象征，然而，不可避免的价格战却让分销商更受伤。

宝洁对价格战一向不屑，在很长的时间内都维持着较高的姿态。不过，在老对手联合利华低价竞争的步步紧逼下，以及丝宝、奇强等合资或国产品牌的红色海洋包围下，宝洁坚持不住了。

2000年4月，在僵持了很久以后，它不得不在洗衣粉上发动降价，以保卫它日益下降的市场份额。2004年年底，宝洁更是推出了面向二、三级城市市场的产品"9.9元飘柔"。

本来，越是知名品牌，越会吸引分销商全力进行销售工作，但是不正常的价格战往往是"双刃剑"，它导致知名度高、销量大的品牌，其分销商的利润越小。比如袋装的洗发水，卖场最高只能卖到0.5元，而宝洁给分销商的价格就是0.45元，去掉广告费和返利，分销商几乎无钱可赚。

其实，利润降低的分销商们，尤其是实力不够大的分销商早就开始三心二意了，究其原因就是，宝洁的对手们给了他们更大的利润空间。以袋装洗发水为例，丝宝等品牌可以给到0.38元甚至是0.35元，利润空间远远大于宝洁，这促使宝洁分销商开始"红杏出墙"。一些分销商甚至只是象征性地经销宝洁的产品，而将精力用在了宝洁对手的身上。

一些连锁店也开始把宝洁品牌从抢眼的好位置放到不显眼的货架上，同时用更有利润的竞争者品牌代替宝洁的位置。而另一些零售商则在一些宝洁产品上增设附加费，并且减少订货，来弥补它所造成的利润损失。

宝洁也希望在卖场谋得一个好的位置，但是一进卖场，就看到满眼的舒蕾占据了卖场最醒目的地点，巨幅的海报也挂满了卖场。而卖场经理回复他们的是，已经没有地方给他们做促销了。

分销商的不忠让宝洁感到了头疼。这是宝洁所不能容忍的。

断腕不痛？

分销商不忠，可能并不能完全责怪分销商，其实大家都不是弱智，知道各自在不同的发展阶段应该走什么样的道路。毕竟，减少销售环节是所有厂家的共同追求，显然，宝洁的大部分分销商已经被认为完成了历史使命。尤其是宝洁收购吉列后，两者的销售渠道几乎重合，合理砍掉一些分销商，可以帮助宝洁节省很多成本。

于是，1999年，德克雅各执掌宝洁董事长及总裁帅印后，就推出了"宝洁分销商2005计划"。2004年年底，宝洁对分销商提出"专营"的要求：分销商必须独立经营宝洁的产品、独立设置账户、独立资金运作、业务员独立办公、宝洁产品拥有独立仓库等。甚至还有600万元保证金等硬性规定。因此，以山东潍坊百货为代表的一批大小分销商便成了宝洁刀下的鬼。

宝洁此次大刀阔斧地整改分销商，付出的市场代价也很大，据相关资料显示，保守估计宝洁山东的销量同比已经下降了50%。同时，目前整个济宁市场处在了空白状态。潍坊市场也在空白中。而淄博地区的新分销商确定已经两个多月了，目前还在办理相关手续，到东营、滨州开分公司似乎更是遥遥无期。

宝洁砍掉一批原来的分销商，对于宝洁来说并不会感到疼痛，一是因为宝洁的财大气粗和有备而来，二是因为宝洁可以在很短的时间内找到其他更有实力的分销商。分销商们早就从宝洁的行动中感到了蓄谋已久的味道。可是，即使嗅出宝洁的意图，面对强权又能如何？喧嚣一时的宝洁清洗分销商的行动已经让人们的神经有些麻木，部分经销商已经另谋出路，一些山东的原宝洁分销商们甚至已经开始打出只卖国货的旗号了。

资料来源：宋雪莲. 宝洁"清洗"分销商谁比谁更痛？［J］. 中国经济周刊, 2005, （33）: 42 - 43. （略有改动）

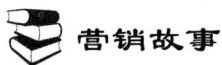 案例讨论题

1. 请评价"宝洁分销商 2005 计划"。
2. 宝洁应该采取哪些手段来控制其分销商？

营销故事

苗氏兄弟的质量控制

产品质量是赢得市场的关键，也是企业的生命。山东淄博苗氏兄弟的企业从设备、管理、监督等各个环节严把质量关，保证质量第一，信誉第一。

苗家的成丰面粉厂配有先进的化验设备，专门检测小麦、面粉质量。制粉股每小时检查一次粉质，计算粉、麸比例。各销售粉栈每日必须把等级面粉样品送经理室检验，发现问题立即纠正。为了保证质量，成丰实行严格的责任制，规定哪里出现问题，哪里必须负责，轻者处罚，重者、屡犯者解雇。一旦出现问题，成丰除了在质量上及时改正外，还必须在第一时间想方设法消除负面影响。1932 年，市场反映"成丰"利用澳麦生产的面粉筋力短小，"梅幅双鹿"品牌受到影响。苗星恒（成丰面粉厂创办人之一）获悉情况后，一方面，立即请本市各代理商来厂参观，表明生产质量并无变化。另一方面，将用澳麦生产的面粉改牌为"三羊"牌。由于 1933 年商标备案尚未办妥时，成丰的麦源就发生了变化，因此"三羊"并未成为正式商标，而是作为副品牌推出。这样终于保住了"梅幅双鹿"名牌面粉的声誉。

品评："讲究信誉，产品货真价实"是很多山东企业保持长盛不衰的一个重要经验。在长期的企业经营实践中，他们从技术和管理两方面积极探索质量管理和控制的方法。上述苗氏兄弟的质量控制，以及华丰机器厂"汽锤砸柴油机""海尔砸冰箱"的故事，都体现了鲁商诚而有信、质量至上的经营理念和策略。

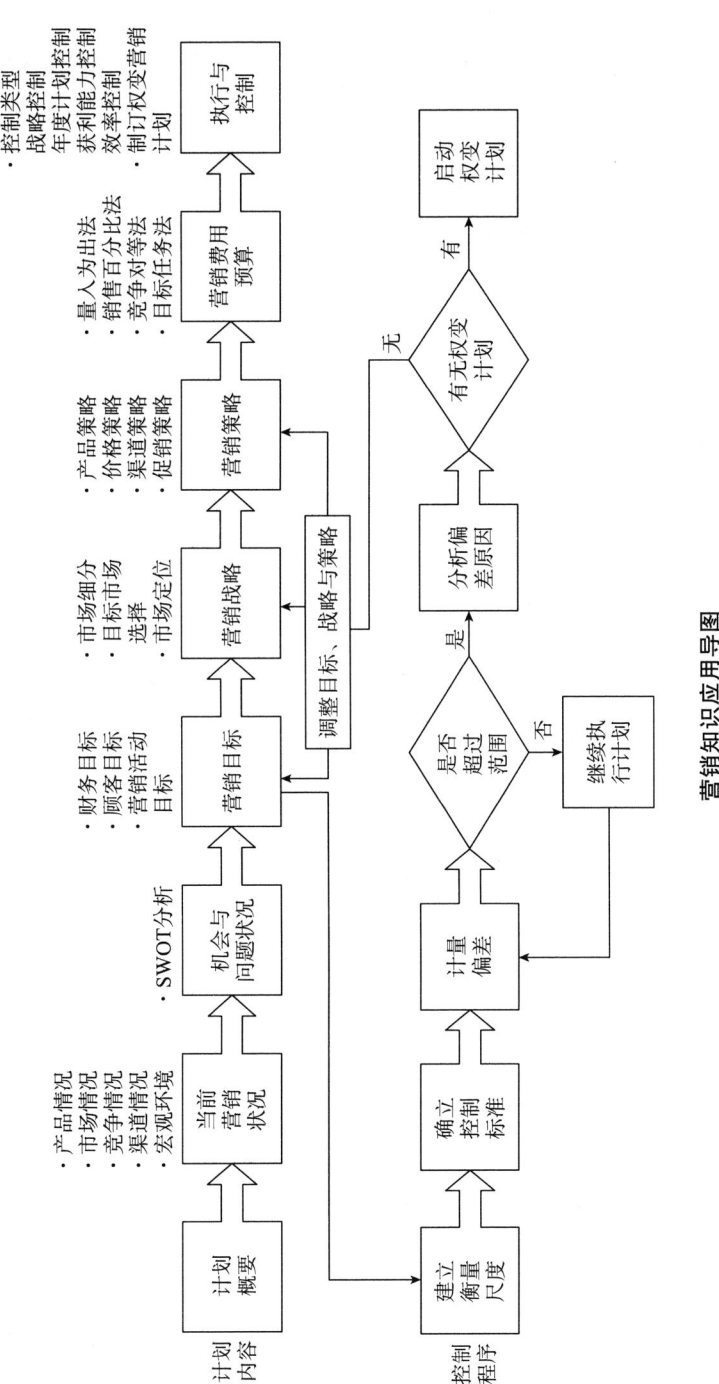

营销知识应用导图

第十六章

营销风险管理

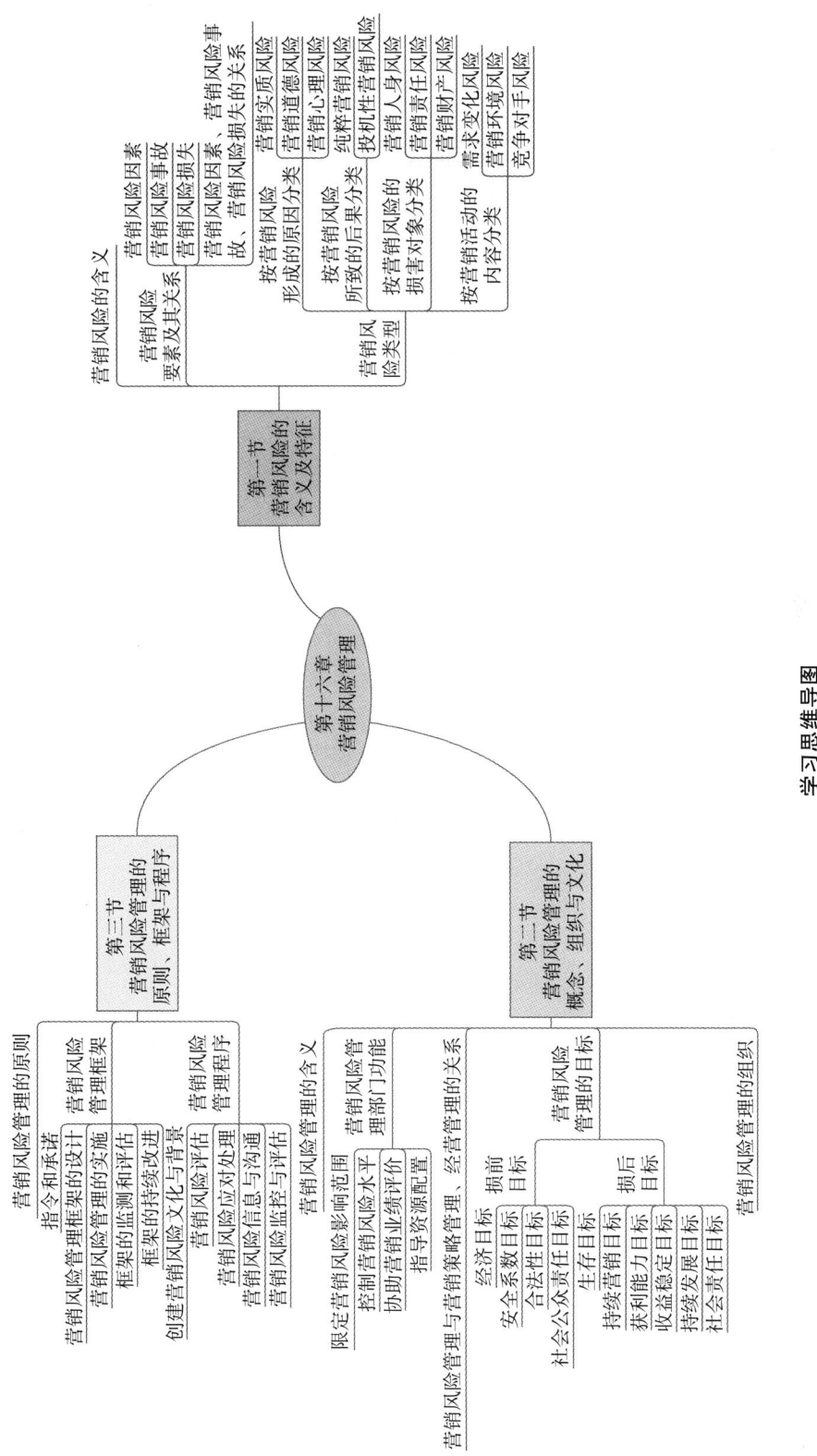

学习思维导图

章首案例 三鹿奶粉事件

2008 年 6 月 28 日，位于兰州市的解放军第一医院收治了首位患"肾结石"病症的婴幼儿。据家长反映，孩子从出生起就一直食用河北石家庄三鹿集团所产的三鹿婴幼儿奶粉。

2008 年 7 月中旬，甘肃省卫生厅接到医院婴儿泌尿结石病例报告后，随即展开了调查，并报告卫生部。随后的短短两个多月，该医院收治的患婴人数就迅速扩大至 14 名。

2008 年 9 月 11 日，除甘肃省外，陕西、宁夏、湖南、湖北、山东、安徽、江西、江苏等地都有类似案例发生。

2008 年 9 月 11 日晚，卫生部指出，近期甘肃等地报告多例婴幼儿泌尿系统结石病例，调查发现患儿多有食用三鹿牌婴幼儿配方奶粉的历史。经相关部门调查，高度怀疑石家庄三鹿集团股份有限公司生产的三鹿牌婴幼儿配方奶粉受到三聚氰胺污染。

2008 年 9 月 11 日晚，石家庄三鹿集团股份有限公司发布产品召回声明，称经公司自检发现 2008 年 8 月 6 日前出厂的部分批次三鹿牌婴幼儿奶粉受到三聚氰胺的污染，市场上大约有 700 吨。为对消费者负责，该公司决定立即对该批次奶粉全部召回。

2008 年 9 月 13 日，党中央、国务院对严肃处理三鹿牌婴幼儿奶粉事件作出部署，立即启动国家重大食品安全事故 I 级响应，并成立应急处置领导小组。

2008 年 9 月 15 日，甘肃省政府新闻办召开了新闻发布会称，甘谷、临洮两名婴幼儿死亡，确认与三鹿奶粉有关。

2008 年 10 月 31 日，经财务审计和资产评估，三鹿集团资产总额为 15.61 亿元，总负债 17.62 亿元，净资产 -2.01 亿元，已资不抵债。

2008 年 12 月 19 日，三鹿集团又借款 9.02 亿元付给全国奶协，用于支付患病婴幼儿的治疗和赔偿费用。

2008 年 12 月下旬，债权人石家庄商业银行和平西路支行向石家庄市中级人民法院提出了对债务人石家庄三鹿集团股份有限公司进行破产清算的申请。

2008 年 12 月 23 日，石家庄市中级人民法院宣布三鹿集团破产。

2008 年 12 月 24 日，河北石家庄市政府、三鹿集团选取 20 多个代理商代表，到三鹿集团商谈，最终三鹿与代理商达成还款协议。

2009 年 1 月 22 日，三鹿系列刑事案件，分别在河北省石家庄市中级人民法院和无极县人民法院等 4 个基层法院一审宣判。田文华被判生产、营销伪劣产品罪，判处无期徒刑，剥夺政治权利终身，并罚款人民币 2468.7411 万元。

昔日曾是中国奶业的明星企业，因为产品质量事件彻底毁灭，责任人也受到法律的严惩。同时，三鹿奶粉事件也惊醒了中国奶业，催生了中国食品安全法的出台。其实这不仅仅是一起产品质量事件，自始至终都有"营销风险管理"的问题的存在！

资料来源：冶永刚．一声声啼哭扯痛国人心［N］．西海都市报，2008 - 12 - 31.

现实世界中，无论是自然界还是社会经济生活中，灾害和意外事故客观地存在着，但这种不幸事件何时何地发生，致害于何人，造成何种程度的损失，通常都是无法预知的。因此，对于特定的事物而言，人们对自己是否会遭遇不幸的事件，会受到多大的损失，都处于一种不确定的状态。于是，特定的事物，对于特定的人们，就构成了风险。

第一节　营销风险的含义及特征

一、营销风险的含义

按照 ISO 31000 标准的定义，风险是指不确定性对目标的影响。对一般风险而言，通常认为风险是损害发生的可能性，而对营销风险而言，风险不仅是指损失的不确定性，而且还包括盈利的不确定性。

1. 营销风险的含义

所谓营销风险（Marketing Risks），就是指营销活动的不确定性对营销目标的影响。即在企业营销过程中，由于各种事先无法预料的不确定因素带来的影响，企业营销的实际收益与预期收益发生一定的偏差，从而有蒙受损失或获得额外收益的机会和可能性。营销风险强调风险的主体是营销活动的参与者——企业；其损失是违背市场规律或由于自身失误所遭受的惩罚，主要指经济利益的减少或损失，其风险大多起因于营销活动或与之有关的方面；其风险条件是营销主体的营销行为所引发的不确定事故。

营销风险的大小本质上取决于营销事故发生的概率（损失概率）及其发生后果的严重性（损失程度）。如图 16 - 1 所示：低可能性与轻微后果为低风险（这种情况是安全状态）；高可能性与严重后果则为高风险（但在实际企业营销管理活动中，这种情况很少发生，试想如果这类情况发生，企业将不会存在）；高可能性与轻微后果则为低风险（这应引起注意，尽管损失小，但频繁发生也会影响企业营销运行）。但是，对于低可能性与严

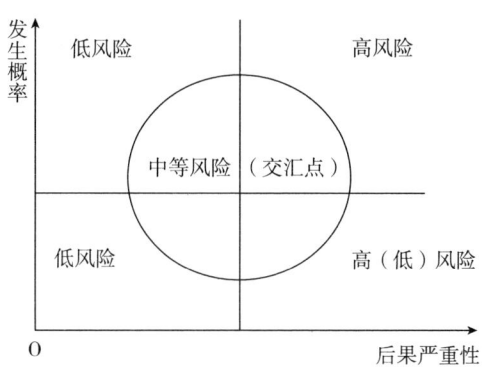

图 16 - 1　营销风险大小决定因素

重后果，则风险等级就要较多地依赖于管理者个人的解释，此时需要依靠经验和"技术专家"，这也是营销风险管理的重点。

从上述可知，营销风险是一种不确定性。这种不确定性表现在它可能给面临风险的人带来损失，也有可能带来巨大的利益。因此，风险的魅力在于风险报酬的存在。人们迎向风险，并不是喜欢看到自己的损失，而是希望看到成功之后的风险报酬。风险报酬又被称为风险价值或风险价格，就是指冒险家因冒风险而得到的额外报酬。风险报酬与风险程度一般情况下，是同向递增关系，即你所冒的风险越大，那么你可能获得的风险报酬就越高。这就是在营销活动中许多人敢于冒险的原因所在。

2. 营销风险要素及其关系

营销风险与营销风险因素（Marketing Risk Factors）、营销风险事故（Marketing Risk Events）、营销风险损失（Marketing Risk Losses）密切相关，它们构成了风险存在与否的基本条件。要真正领会营销风险的本质，就必须弄清这三个概念及其相互联系。

（1）营销风险因素。营销风险因素是指促使或引起营销风险事故发生的条件，以及营销风险事故发生时，致使损失增加、扩大的条件。营销风险因素是营销风险事故发生的潜在原因，是造成损失的间接和内在的原因。对营销风险因素的寻找过程是营销风险识别的关键。

（2）营销风险事故。营销风险事故是指引起营销风险损失的直接或间接的原因，是使营销风险造成营销损失的可能性转化为现实性的媒介，也就是说营销风险是通过营销风险事故的发生而导致营销损失的。

（3）营销风险损失。营销风险损失是指非故意、非计划、非预期的经济价值减少的事实。这里有两个要素：一是经济价值减少，强调的是能以货币衡量；二是非故意、非计划和非预期，如"折旧""馈赠"虽然都满足第一个要素，但不满足第二个要素，因为它们都属于计划或预期中的经济价值减少，所以不是我们这里所定义的营销风险损失。

营销风险损失分为实质损失、收入损失、费用损失和责任损失四种。例如，某工厂生产设备损坏一台，此属实质损失；由于设备损坏无法正常生产，又形成收入损失；而由于无法正常生产导致客户无法如期取货，产生了违约责任，此为责任损失；还有，设备损坏必须修理或重置，会增加支出，此为费用损失。

（4）营销风险因素、营销风险事故、营销风险损失三者关系，营销风险因素、营销风险事故、营销风险损失三者之间的关系是：营销风险因素引起营销风险事故，营销风险事故导致营销风险损失，如图 16 - 2 所示。值得注意的是，某一事件，在一定条件下是造

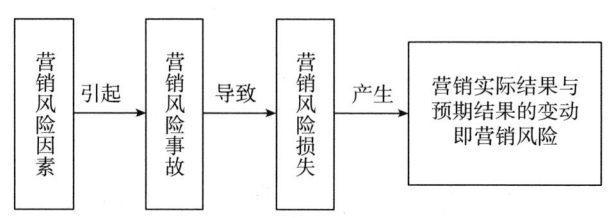

图 16 - 2　营销风险因素、营销风险事故、营销风险损失关系

成营销损失的直接原因，则它是营销风险事故；而在其他条件下，它可能是造成营销风险损失的间接原因，从而成为营销风险因素。人们经过长期观察分析后发现，营销风险事故发生的概率与营销损失的程度具有反比关系，即营销风险事故发生概率较高的营销风险，其营销风险损失的程度一般较低；而营销风险事故发生概率较低的风险，其营销风险损失的程度则一般较高。以家用电器事故为例，小的质量问题经常发生，但只要维修服务及时，一般损失较小。而电器爆炸事故概率虽小，一旦发生都是重大事故，造成重大损失。因此，经常发生的风险事故所造成的损失往往小于很少发生的那些风险事故所造成的损失，否则，人类社会的存在与发展乃是不可想象的。图16-3表示的是工业意外伤害事故频率与损失程度之间的关系（黑因里希三角形），揭示了一个同样的道理。

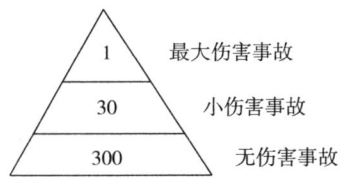

图16-3　黑因里希三角形

二、营销风险的类型

按照不同的标准，营销风险有许多种分类。我们这里选择四个主要标准对营销风险予以分类。

1. **按营销风险形成的原因分类**

（1）营销实质风险是指由于有形实质性风险因素引起的风险。如保管不慎造成货物损失、货物运输中道路不好造成货物破损等。

（2）营销道德风险是指在营销业务过程中，由于营销人员的恶意行为或不良企图等道德问题，故意促使营销风险事故发生或损失扩大，从而发生的营销风险。

（3）营销心理风险是指由于营销人员主观上的疏忽与过失，导致增加营销风险事故发生机会或扩大损失程度，从而为企业营销活动带来损失的风险。

2. **按营销风险所致的后果分类**

（1）纯粹营销风险是指只有损失机会而无获利机会的不确定性状态。纯粹营销风险所导致的后果只有两种，即给企业带来损失，或者无损失，它并无获利的可能性。如货物失火、破损、变质、运输事故、货物被骗、坏账等，属于纯粹风险，它们只能给企业带来损失，而不能给企业带来利益。

（2）投机性营销风险是指那些既存在损失可能性，也存在获利可能性的不确定性状态，它所导致的结果有三种可能性：损失、无变化、获利。投机性营销风险主要依靠人们的风险处理技巧加以防范，是一种复杂多变，十分棘手的风险，它常常使企业陷入进退两难的境地，是营销风险讨论的重点。

3. 按营销风险的损害对象分类

（1）营销人身风险是指营销人员因早逝、疾病、残疾、跳槽或年老而使所供职的企业遭受损失的不确定性状态。

（2）营销责任风险是指因营销人员对过失或侵权行为造成他人的财产损失或人身伤亡，在法律上必须负有经济赔偿责任的不确定性状态。在当今社会的任何一种法律制度下，任何一个人都应依法对其给他人所造成的损害负赔偿责任。

（3）营销财产风险是指货物财产发生损毁、灭失和贬值的风险。

4. 按营销活动的内容分类

（1）需求变化风险是指由于消费者需求变化，造成产品不能适销对路，从而给营销带来的风险。

（2）营销环境风险是指由于营销环境的变化，给企业营销决策带来困难，一旦决策失误便会为企业带来风险。

（3）竞争对手风险是指由于意外原因，使竞争对手在市场竞争中明显处于优势，相比之下，便有被竞争对手挤出市场的风险。

第二节 营销风险管理的概念、组织与文化

一、营销风险管理的含义

由于营销风险管理是刚刚建立的一门新学科，因此还没有形成确切的定义。但它应包括三项要素：第一，营销风险管理的目标；第二，营销风险信息的搜集与解释；第三，影响人们营销行为与调整的系统结构以及所采取的措施。基于这种认识，营销风险管理定义如下：

营销风险管理是指为了应对营销风险与建构营销风险所采用的各类监控方法与过程的统称。

具体而言，营销风险管理，是指企业围绕总体营销目标，通过在企业营销管理的各个环节和营销过程中按照营销风险管理的基本原则，培育良好的营销风险管理文化，设计营销风险管理的框架体系，构建营销风险管理的基本程序，建立健全营销风险责任制度，从而为实现营销管理的总体目标提供合理保证的过程和方法。

在营销风险管理中，营销风险管理部门主要具有以下四个功能或职责：

（1）限定营销风险影响范围。营销风险管理部门不能阻止风险的发生，甚至不能对风险进行准确预测，但必须在风险发生时采取措施将营销风险的影响限定在一定的范围内。这是营销风险管理部门最基本的职责和功能。

（2）控制营销风险水平。营销风险管理部门的第二个功能就是监控风险，并采取适当的措施将风险控制在某一希望的水平。也就是说，如果营销活动所隐含的风险超出其风

险承受水平时，营销风险管理部门可以独立地采取适当的措施来降低这些风险。

（3）协助营销业绩评价。营销风险管理部门应当能够协助企业的高层管理者对各营销业务单位或个人的营销绩效状况在风险调整的基础上做出评价。

（4）指导资源配置。营销风险管理部门应该为公司内部营销风险和营销业务范围的资源有效配置提供指导方针。

二、营销风险管理与营销策略管理、经营管理的关系

需要明确的是，营销风险管理不同于企业经营管理。其一，经营管理重在"创业"，营销风险管理则重在"守业"，二者性质不同，不可混淆，也不能相互替代。其二，经营管理与营销风险管理殊途同归：二者最终目的一致，但出发点和具体形式不同。前者出发点是企业盈利或增值，后者则重在控制和减少损失，增加获利机会；前者通过具体的经营计划制订和实施来获得"正效益"，而后者则通过经济和技术手段，以"负效益"的投入最终产生"正效益"。其三，营销风险管理活动是企业全部经营管理活动的一部分，由于营销风险存在于企业经营活动的各个环节，因此营销风险管理贯穿于企业经营过程的始终。

营销风险管理也不同于营销策略管理。营销策略管理的核心是通过营销策略组合，制定适合市场的营销方案，在满足消费者需求的过程中，获取企业的利益。而营销风险管理的核心是通过风险控制手段的有效组合，避免或降低营销风险，从而减少营销损失。

以产品研发为例，策略管理要问的是，所要研发的新产品应该满足的市场需求是什么？应该满足的公司目标是什么？经营管理要问的是，产品如何生产才能满足市场需求与公司目标？营销风险管理要问的是，产品研发与营销过程中可能有什么风险？三者虽有交叉，但各自有着独立的管理目标和内容。其关系可用图 16－4 表示。

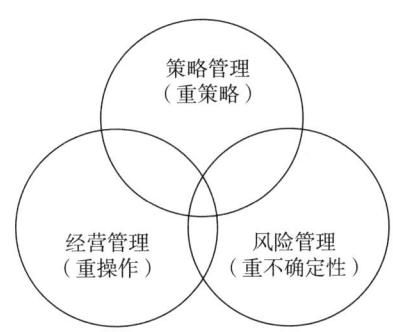

图 16－4　策略管理、经营管理与风险管理的关系

三、营销风险管理的目标

一般来说，营销风险管理目标体现在多个方面，按时间顺序可分为两类：损前目标和损后目标。每类目标又包括若干不同具体目标，各目标间时常存在冲突。

1. 损前目标

损前目标是营销风险事故发生之前，营销风险管理应达到的目标，可以分为：

（1）经济目标。营销风险管理必须经济合理，只有这样，才可以保证其总目标（即以最小费用支出获取最大安全保障）的实现。所谓经济合理也就是尽量减少不必要的费用支出和损失，尽可能使营销风险管理成本降低。但是费用的减少会影响安全保障的程度，因此，如何使费用和保障程度达到平衡成了实现该目标的关键。

（2）安全系数目标。安全系数目标就是将营销风险控制在可承受的范围内。营销风险管理者必须使人们意识到营销风险的存在，而不是隐瞒营销风险，这样有利于营销人员提高安全意识，主动配合营销风险管理计划的实施。营销风险管理者应给予营销人员足够的安全保障，以减轻企业和营销人员对潜在损失的烦恼和忧虑。企业制定营销风险管理计划，应在提高营销人员安全意识的同时，体现足够的安全保障。

（3）合法性目标。企业并不是独立于社会之外的个体，它受到各种各样法律规章的制约。现代社会，人们的法律意识不断加强，越来越懂得如何用法律来捍卫自己的权利。与企业频繁接触的客户、广告商、消费者、竞争者也同样如此。营销风险管理者必须密切关注与营销相关的各种法律法规，保证企业营销活动的合法性。

（4）社会公众责任目标。一个企业遭受损失时，受损的绝不只是企业本身，还有它的股东、债权人、客户、消费者、员工，以及一切与之相关的人员和经济组织。损失严重时，甚至会使国家、社会蒙受损害。

2. 损后目标

最完美的风险管理计划，也不能完全消除一个企业的风险，因此，确定损失发生后的目标有其必要性。损后目标可从最低的生存目标到最高的持续增长目标。随着目标的升级，营销风险管理成本也随之不断上升。

（1）生存目标。当企业发生了重大损失后，它的首要目标是生存，因为只要生存下去就有恢复发展的希望，因此，营销风险损失发生后营销风险管理第一目标是生存。企业的营销风险管理计划应充分考虑营销损失事件对生存要素的影响程度，将营销损失后企业的生存放在首要位置。

（2）持续营销目标。持续营销目标是指不因为营销损失事件的发生而使企业营销活动中断。营销活动中断并不一定会导致企业破产，经过一定的时间，有的企业是可以恢复市场的，但是，企业的竞争者却可能利用这段空当时间抢走企业原有的市场份额，这样，发展了的竞争者会给企业今后的发展带来威胁，因此，企业的营销风险管理者应尽可能在损失后保证营销的持续性。

（3）获利能力目标。企业发生营销损失后，营销管理者很关心的一个问题就是营销损失事件对企业获利能力的影响。一般来说，一个企业会有一个最低报酬率，它是判别一个营销活动是否可行的标准，也是营销风险管理计划制订的标准。营销风险管理者必须把营销损失控制在一定范围内，在这个范围内企业获利能力不会低于最低报酬率。

（4）收益稳定目标。收益的稳定性对企业来说是极为重要的，因为它可以帮助企业树立正常发展的良好形象，增强投资者的投资信心。对大多数投资者来说，一个收益稳定的企业要比高收益高风险的企业更具有吸引力。稳定的收益意味着企业营销的正常发展，为了达到收益稳定目标，企业必须增加营销风险管理支出。

（5）持续发展目标。企业的营销活动如"逆水行舟，不进则退"。企业必须不断地发展，以求获得永远的生存。但营销风险的存在，成了企业发展潜在的阻力，因为营销风险事故发生后，带来的损失会给企业的发展带来极大的冲击。为了实现发展目标，营销风险管理者必须建立高质量的营销风险管理计划，及时有效地处理各种损失结果，使企业在营销损失发生后，能迅速地取得补偿，为企业继续发展创造良好的条件。

（6）社会责任目标。如营销损前目标中所述，企业及时有效地处理营销风险事故带来的损失，减少损失所产生的不利影响，可以减轻对国家经济的影响，保护与企业相关的人员和经济组织的利益，因而有利于企业承担社会责任，树立良好的社会形象。

3. 目标的冲突

损前目标与损后目标之间存在着一定的联系。但是，要能同时达到所有的损前和损后目标是困难的。因为损前目标与损后目标之间、损前目标之间、损后目标之间有着各种各样的冲突，任何一项损后目标的实现，都需要一定资金的投入。而且随着损后目标层次的提高，其所需资金量也在上升，这显然与损前目标中的经济目标相冲突。另外，损前目标中的安全系数目标与经济目标也有冲突。为了能获取更大的安全保障，为了能"睡个安稳觉"，营销风险管理者需更多地使用一些高成本的营销风险处理技术，增加营销管理人员控制风险和风险保障措施，以期减少营销损失并在营销损失发生后能取得及时充分的经济补偿，而这些措施必然导致营销风险管理费用的急剧上升。营销风险管理者应妥善处理目标间的冲突，以企业总目标为统帅广泛征求相关部门的意见，制定一个适应本企业具体情况的营销风险管理目标。

四、营销风险管理的组织

企业要进行营销风险管理，首先应建立健全营销风险管理组织体系，主要包括规范的公司法人治理结构，营销风险管理职能部门和其他有关职能部门，同时明确营销风险管理业务单位的组织领导机构及其职责。

1. 公司风险管理委员会

企业应建立健全规范的公司法人治理结构，股东（大）会、董事会、监事会、经理层依法履行风险管理的职责，形成高效运转、有效制衡的监督约束机制。董事会就企业重大营销风险管理工作的有效性对股东（大）会负责。董事会可下设风险管理委员会。该委员会成员中需有熟悉企业营销管理、营销业务流程的董事，以及具备风险管理监管知识或经验、具有一定法律知识的董事。

风险管理委员会的主要职责有：提交营销风险管理年度报告；审议营销风险管理策略和重大风险管理解决方案；审议重大决策、重大风险、重大事件和重要业务流程的判断标准或判断机制，以及重大决策的风险评估报告；审议营销风险管理组织机构设置及其职责方案。总经理或营销副总经理负责营销风险管理的日常工作，对营销风险管理工作的有效性向董事会负责。

2. 公司风险管理部

企业应设立专职部门或确定相关职能部门履行营销风险管理的职责。该部门对总经理或其委托的营销副总经理负责，执行营销风险管理的基本流程；研究提出本职能部门或业务单位重大决策、重大风险、重大事件和重要业务流程的判断标准或判断机制；研究提出本职能部门或业务单位的重大决策风险评估报告；做好本职能部门或业务单位建立营销风险管理信息系统的工作；做好培育营销风险管理文化的有关工作；建立健全本职能部门或业务单位的风险管理内部控制子系统等。企业其他职能部门及各业务单位在营销风险管理工作中，应接受风险管理职能部门的组织、协调、指导和监督，保证营销风险管理策略的有效实施。

3. 风险管理官员

风险管理官员指的是一些组织中的首席风险官（CRO）或风险管理人员。他们与其他管理人员一道致力于在他们的职责范围内建立有效的企业风险管理。由首席执行官设立并且在其支持之下，风险管理官员拥有资源以帮助实现跨子公司、业务、部门、职能机构和活动的企业风险管理。风险管理官员有责任监控风险管理工作进展和协助其他管理人员在该主体中向上、向下或平行报告有关的风险信息。风险官员还可以作为一个补充的报告渠道。

一些公司把这项职能赋予其他的高级官员，如首席财务官、总法律顾问、首席审计官或首席合规官，另一些公司则发现这项职能的范围和幅度要求独立的职位设置和资源。许多公司发现当清楚地确定其作为一个员工职能机构的职责时，这项职能最为成功，它为直线式的管理提供了支持和便利。要想使企业风险管理有效，直线式管理人员必须设定主要责任，并且负责管理他们各自领域内的风险。风险管理官员的职责包括：

（1）建立企业风险管理政策，包括确定职能与责任，以及参与设定执行目标。

（2）确定各业务单元对于企业风险管理的权利和义务。

（3）提高整个主体的企业风险管理能力，包括推动企业风险管理专门技术的发展，以及帮助管理人员协调风险应对和主体的风险容限，并建立恰当的控制。

（4）指导企业风险管理与其他经营计划和管理活动的整合。

（5）建立一套通用的风险管理语言，包括围绕可能性和影响的共通的测度指标，以及通用的风险类别。

（6）帮助管理人员制订报告规程，包括定性和定量的下限，以及对报告过程的监控。

（7）向首席执行官报告进展和暴露的问题，并建议必要的措施。

在企业的营销风险管理中，也应设立专职的风险管理人员，但大多属于风险管理部门的一员，很少设立营销风险总监。

第三节　营销风险管理的原则、框架与程序

2009 年发布的 ISO 31000 风险管理标准，规范了风险管理的原则、框架和程序。以这一新的国际标准为基础，结合我国企业营销风险管理的背景，可以建立适合于企业的营销风险管理的原则、框架和程序。营销风险管理的原则、框架和程序之间的关系如图 16 – 5 所示。

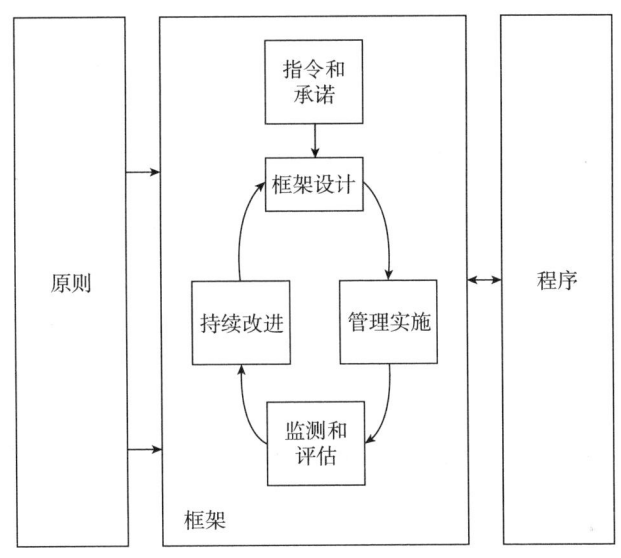

图 16 – 5　风险管理原则、框架与程序结构关系

一、营销风险管理的原则

实施营销风险管理，企业应鼓励采取预防性的管理，并符合相关法律法规和国际标准的要求，提高经济效益、改善企业管理。其原则可以概括为：

（1）营销风险管理应创造价值。营销风险管理应有助于企业取得的营销成绩，以及提高法律法规实施、产品质量、营销效率等方面的水平。

（2）营销风险管理应是企业管理的组成部分。营销风险管理既应是企业营销管理的重要职责，也应是企业管理层的责任之一，同时还应是企业管理程序的组成部分，而不仅仅是一项单独的活动。

（3）营销风险管理应是决策程序的组成部分。营销风险管理应帮助营销决策者做出更加睿智的选择。营销风险管理应有助于企业实施需要优先采取的措施，也有助于判断营销风险水平是否可以接受，以及营销风险处置方法是否适当、有效。

（4）营销风险管理应具有系统性、组织性和适时性的特点。系统性、适时性和组织

性的营销风险管理方法有助于企业提高效率和保持可持续性，并能取得具有可比性和信赖性的结果。

（5）营销风险管理应以最有效的信息为基础。营销风险管理程序应以经验、反馈、观察、预测和专家鉴定等信息资源为基础。营销决策者应掌握这些信息资料，并考虑这些资料的局限性和专家之间存在分歧的可能性。

（6）营销风险管理应具有适应性。营销风险管理应根据企业的营销外部和内部环境及营销风险概况做出适当的调整。

（7）营销风险管理应考虑人与文化的因素。企业的营销风险管理可以辨识出外部与内部相关人员的能力与意图，这些人对企业营销目标的实现具有促进或阻碍的作用。

（8）营销风险管理应具有透明性和包容性。利益相关者尤其是企业各级营销决策者的适当和适时参与，可以确保营销风险管理适合于企业的营销管理和全面管理，并能保持更新。

（9）营销风险管理应对变化做出有力和快速的反应。由于诸如内部与外部事件的发生、环境与知识的改变、新风险的出现等情况的不断变化，企业应当确保营销风险管理能继续发挥作用，并对变化做出相应反应。

（10）营销风险管理应有助于企业持续改进和提高。企业应当制订和实施提高营销风险管理成熟度的战略，该战略应当与企业的其他战略一同实施。

二、营销风险管理框架

企业营销风险管理应当在营销风险管理框架内运行。该框架可以帮助企业在各层面和特定背景下通过应用营销风险管理程序，以有效管理营销风险。该框架应当确保来自这些程序的风险信息被适当地报告，并被用作决策的依据。营销风险管理框架主要是帮助企业在整个管理系统内将营销风险管理一体化，因此，不同企业应改编框架的组成部分以满足其特殊需求。

1. 指令和承诺

营销风险管理的采用，以及确保其不断发挥作用，要求企业的管理者给予有力和持续的承诺。

2. 营销风险管理框架的设计

（1）了解企业及其营销环境。在开始设计和实施营销风险管理框架前，重要的是了解企业的内部与外部营销环境。

（2）制定营销风险管理政策。应当阐明企业营销风险管理的目标和承诺，营销风险管理政策与企业目标及其他政策之间的联系，营销风险管理的责任，营销风险管理政策应当被适当交流等。

（3）与企业程序实现整合。营销风险管理应当被应用到企业营销的所有业务和程序中，以确保其相关性、有效性和高效率。

（4）明确责任。企业应当确保有责任和职权管理营销风险，包括实施和保持营销风险管理程序，保证任何营销风险控制的适当性和有效性。

（5）配置资源。企业应当采取实际的手段，为营销风险管理分配适当的资源，如人力、信息和知识管理系统等。

（6）建立内部沟通和报告机制。建立内部沟通和报告机制，可以确保营销风险管理框架的重要组成部分及其后续修订内容得到适当的沟通。

（7）建立外部沟通和报告机制。企业应当制订和实施如何与外部利益相关者进行沟通的计划，如聘请适当的外部利益相关者，确保信息的有效交流；提供交流和协商的反馈和报告；在危机事件或意外事故发生时与利益相关者进行沟通等。

3. 营销风险管理的实施

（1）营销风险管理框架的实施。企业应当明确实施营销风险管理框架的适当时间和战略；在企业的管理程序中应用营销风险管理政策和程序等。

（2）营销风险管理程序的实施。在企业的所有相关部门和职能机构应用营销风险管理程序，并作为企业管理程序的一部分。

4. 框架的监测和评估

为确保营销风险管理的有效性，企业应制订执行的措施；定期估量营销风险管理计划的进展；定期评估营销风险管理框架、政策和计划是否仍与企业的内部与外部环境相适应等。

5. 框架的持续改进

以评估结果为基础，做出如何改进营销风险管理框架、政策和计划的决定。这些决定应当能够改进企业的营销风险管理和营销风险管理文化。

三、营销风险管理程序

ISO 31000 标准其最大特征是将"创建背景"作为风险管理程序的开始，这样可以使该标准满足多样性的需要。依据此标准建立的企业营销风险管理程序包括五个方面的活动：创建营销风险背景，营销风险评估，营销风险应对，营销风险信息与沟通，营销风险监控与评估。这五个环节存在内在的联系，如图 16-6 所示。

1. 创建营销风险文化与背景

通过创建营销风险背景，企业在管理营销风险、制订营销风险范围和标准时，能够充分考虑内部和外部环境的影响因素。

（1）创建营销风险管理程序的背景——将根据企业的需求而发生改变，主要包括：明确营销风险管理程序的责任；明确被实施营销风险管理活动的范围、深度、宽度；明确企业的特别计划或活动与其他计划或活动之间的关系；明确营销风险评估的方法等。

（2）制订营销风险标准——企业应当制订评估营销风险重要性的标准。该标准应反映企业的价值观、目标和资源，与企业的营销风险管理政策相一致。营销风险标准应当在营销风险管理程序的开始阶段制订，并不断被修订。

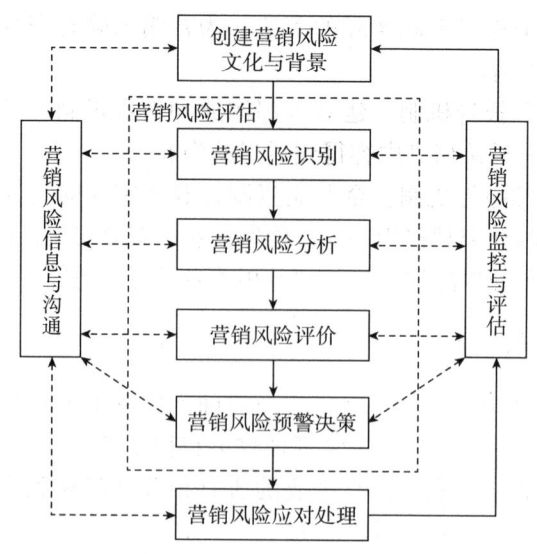

图 16 - 6　营销风险管理程序

2. 营销风险评估

营销风险评估就是指营销风险识别、营销风险分析、营销风险评价和营销风险预警决策的全过程。

（1）营销风险识别是指风险管理人员通过对大量来源可靠的营销信息资料进行系统了解和分析，认清企业存在的各种营销风险因素，进而确定企业所面临的风险及其性质，并把握其发展趋势。

危害企业生存和安全的各种营销风险，风险管理人员必须采取有效的方法和途径加以认识。有待识别的营销风险，不仅是那些比较明显的营销风险因素，而且还有那些潜在的营销风险因素。一般来说，认识后者要比认识前者更为困难，但常常是更为重要的。识别营销风险，一方面可以通过感性认识和历史经验来判断；另一方面则是通过对各种客观的营销管理资料（如统计、会计、计划、总结等）和营销风险事故记录进行分析、归纳和整理，以及必要时的市场专家访问，从而发现各种营销风险及其损失情况，寻找其规律。

（2）营销风险分析即对营销风险的理解，决定营销风险是否需要被处置，以及最合适的营销风险处置战略和方法。营销风险分析包括考虑风险产生的原因和根源，其积极与消极结果，这些结果发生的可能性等。

营销风险分析通常包括：一是分析营销人员、市场和业务活动中所存在的营销风险因素，判断发生营销风险损失的可能性；二是分析企业所面临营销风险可能造成的损失及其形态。此外，需要鉴定营销风险的性质，以便采取合理有效的处理措施。

（3）营销风险评价的目的是帮助在营销风险识别与分析结果的基础上做出决策，哪些营销风险需要被优先采取处置措施。营销风险评价主要是通过对营销风险资料和数据的处理，得到关于损失发生概率及其程度的有关信息，为选择营销风险处理方法，进行正确的风险管理决策提供依据。

（4）营销风险预警决策是指针对经过营销风险分析评价之后的营销风险问题采取行动或不采取行动，它是营销风险管理过程的一个关键性阶段。在影响公司管理人员进行营销风险的决策很多因素中，有两个特殊的因素：第一，效益与成本因素。对公司可能产生什么效益与成本，是公司营销管理人员在做公司营销风险决策时需考虑的重要因素。第二，时机因素。决策时间不同，对效益与成本的影响也不同。

3. 营销风险应对处理

营销风险管理人员对于企业所面临的风险，在弄清了营销风险的性质和大小（或等级）之后，必须进行科学的决策，并运用合理而有效的方法对风险加以应对处理。这一阶段的核心是营销风险处理手段的选择与实施。

营销风险处理的手段大体上可分为两类，即控制型和财务型。控制型营销风险处理手段是损失形成前防止和减轻风险损失的技术性措施。它通过避免、消除和减少营销风险事故发生的机会以及限制已发生损失继续扩大，达到减少损失概率、降低损失程度，使营销风险损失达到最小之目的。这种手段的重点在于改变引起营销风险事故和扩大损失的条件。控制型手段通常有：避免、损失预防与抑制、控制型非保险转移等。在采用这些处理手段时往往需要大量的专业技术知识，因此，营销风险管理人员必须经常求助于各种不同领域里的专家。

财务型营销风险处理手段是通过事先的财务计划、损失准备金，以便对营销风险事故造成的经济损失进行及时而充分的补偿。这种手段的核心是将消除和减少风险的代价均匀地分布在一定时期内，以减少因随机性巨大损失的发生而引起财务危机的风险。事实上，从一个较长时期来看，企业的营销风险都是要由自己承担的，即自我补偿营销风险损失。因此，采用财务型手段将这种代价均摊是明智之举，况且，经过这样的处理，营销风险的代价可以降低。财务型手段通常有：保留或承担、财务型非保险转移、中和保险等。

营销风险应对处理包括一个评估营销风险应对处理的循环程序，决定剩余营销风险的程度是否可以容忍。如果不能容忍，将采取新的风险应对处理方法。同时还要评估营销风险的效果，直到剩余营销风险达到了公司营销风险标准的要求。

4. 营销风险信息与沟通

在营销风险管理程序的每一个阶段，与内部和外部利益相关者进行沟通协商是十分必要的。在早期阶段，应该制订一个与内部和外部利益相关者进行沟通协商的计划，处理与营销风险本身、营销风险后果和应当采取的管理措施相关的问题。有效的外部和内部沟通协商可以明确地解释实施的营销风险管理程序，使利益相关者了解做出相关决定的依据，采取特殊措施的原因。

营销风险预警是分析营销过程风险水平，对风险状态的一种提前的信息警报或警告的方法，是一种对营销风险进行实时、动态监控，实时分析营销过程的风险等级并发出预警信号的技术。具体方法是通过对营销过程可能出现的风险状态进行实时监控，并根据实时存在的风险等级给出相应警示信息，提示相关部门采取措施。

5. 营销风险监控与评估

监控与评估应当成为营销风险管理程序的计划部分，应当明确地规定监控与评估的责任。监测与评估可以包括日常检查或监督。

营销风险管理是一个动态过程，在这一过程中，要适时地进行营销风险的跟踪评估、预警和监视，为风险决策提供依据。这一过程是在综合利用营销风险评估、营销风险应对处理的资料基础上，并根据所可能采取的营销风险应对处理手段的综合评价系统，是一项系统性的工作，可以借助计算机管理信息系统进行，但关键仍在管理者的风险管理水平。

同时要进行营销风险管理效果评价，即对营销风险处理手段的适用性和效益性进行分析、检查、修正和评估。在前一阶段，选定并执行了最佳风险应对处理手段之后，风险管理者还应对执行效果进行检查和评价，并不断修正和调整计划。因为随着时间的推移，企业所面临的市场环境及自身业务活动的条件都会发生变化，这会导致原有营销风险处理效果变化，因此要修正营销风险处理方案，以适应新的情况并努力达到最佳的管理效果。

营销风险管理过程的五个阶段，即营销风险背景、营销风险评估、营销风险应对处理、营销风险信息沟通和营销风险监控评估，是一种周而复始循环往复的过程。因此，我们也可称其为营销风险管理周期。

主要术语

营销风险　营销风险管理　营销风险因素　营销风险事故　营销风险损失

思考与讨论

1. 如何理解营销风险的含义？
2. 营销风险有哪些类型？
3. 营销风险管理的目标与原则是什么？
4. 营销风险因素、事故、损失三者之间有着怎样的关系？
5. 营销风险管理程序包括哪些活动？

营销实践与应用

恒大多元化，陷阱还是馅饼？

国家统计局数据显示，2015 年 8 月国内 70 个大中城市新建商品住宅价格同比综合平均上涨 1.7%，实现 11 个月来首次由负转正，但一线和部分二线城市与三线、四线城市的房价走势涨跌分化更趋明显，中国内地楼市指标下行态势也仍未改变。

尽管销售回暖，房地产开发投资的增速 2015 年前八个月已降至 3.5% 的历史新低，2015 上半年多数房企目标完成率不足四成，各房企半年净利润总体上呈现下滑趋势，行业平均净利率首次跌至个位数，多种迹象表明，中国房地产市场正在进入"微利时代"。

面对中国房地产市场整体成交额萎缩的现状，恒大地产集团虽然对前景保持高度乐观，但许家印反复强调未来恒大仍会坚定不移地贯彻多元化战略。"我们专门研究后发现，世界500强企业绝大部分发展到一定程度和规模后，都会选择多元化战略，对恒大也是这样。恒大如果不走多元化战略，会失掉很多发展机会。"许家印再次重申恒大坚持多元化战略的原因。

一、多元化的序曲

近年来恒大虽致力于扩展业务，但许家印似乎一直对"多元化"讳莫如深，直到2014年8月2日的恒大半年工作会议上，才首次向全球公开宣布，恒大要坚定不移实施多元化："恒大集团经历了长期而审慎的调研过程，在经过前三个战略阶段后，正式进入'多元＋规模＋品牌'战略阶段。"究其当时所提到的"前三个"战略阶段，其实是涵盖了恒大集团从1997～2013年近30年的发展历程。

第一阶段为1997～2004年，这一时期是恒大定义的"规模取胜"战略阶段。恒大在这一阶段确立了"小面积、低价格"的早期发展模式，采取快速销售、加快资金周转，快速实现企业规模壮大的发展战略。

接下来的2004～2006年，随着中国房地产市场渐趋成熟、竞争日益激烈，恒大转变原有发展战略，开始进入"规模＋品牌"的战略过渡阶段。公司将地理版图从广东省扩充至其他战略性城市，使房地产开发面积从几十万平方米大幅增加至几百万平方米，对所开发项目全部实施精品战略，并开始实施全国标准化运营模式。

2007～2013年的"规模＋品牌＋标准化"战略阶段是恒大多元化之前的最后一个阶段。自2007年起，恒大在"规模＋品牌"战略的基础上，进一步完善标准化运营模式，助推恒大实现持续跨越式发展，在2013年年底实现销售超千亿的飞跃，成为多产业为一体的特大型企业集团。

万事俱备，只欠东风。2013年11月10日，恒大在广州总部举行恒大冰泉上市发布会，正式宣布进军高端矿泉水市场。借助恒大俱乐部前一天亚冠联赛夺冠的轰动效应，恒大冰泉一战成名，自此拉开了恒大多元化产业发展的序幕。

二、持续扩张的版图

作为一家知名房地产企业，从早期的恒大俱乐部到音乐、电影、动漫，到最近的冰泉、粮油、乳业、健康等，恒大集团近几年频频跨界投资。有人将恒大的多元化总结为："除了卖房子之外，还卖水、踢球、种地、养牛羊、拍电影、开医院……"

恒大多元化步伐的确令人目不暇接。自2013年推出了恒大冰泉，2014年竞拍取得年涌水量6000万吨的探矿权后，同年又高调宣布将投资超过1000亿元，进军农业、畜牧、乳业和粮油业务。不过，恒大的野心显然不仅限于此。

恒大集团副总裁刘永灼曾明确表示，未来恒大计划将恒大粮油、乳业、畜牧三大集团打造成为中国规模最大、产能最高、品质最优、现代化程度最高的特大型现代农业企业。矿泉水产业集团、粮油产业集团、乳业产业集团也计划三年后在中国香港分拆上市。

2015年恒大多元化的触角再次延伸，6月18日，恒大在广州正式成立了中国第一家真正的互联网社区医院，借助外力和内部资源整合，颠覆传统医疗模式。依托于恒大社区的互联网社区医院，不仅使居民可以在家门口享受其平台内专家的医疗健康服务，也标志着恒大健康正式启动了"互联网＋"战略。许家印表示，恒大健康已投入 9.5 亿港元收购新传媒 74.99％ 股份，未来恒大健康产业具体的发展战略将由新传媒上市公司规划运营。

2015 年 7 月 2 日，恒大多元化又出重拳。恒大地产公告称，旗下恒大文化产业集团向新三板提交了挂牌申请。恒大文化涵盖了院线、影视文化、影视发行、音乐、动漫、文化经纪六大业务板块，其中与地产业务关联最大的要数恒大院线。与万达院线更多分布在城市中心不同，恒大院线定位"社区型影城"，现有的 22 家影院几乎都是依托于恒大地产旗下的住宅、城市综合体等相关物业，通过向关联公司租赁的方式经营，满足恒大影院轻资产运营的需求。未来几年，恒大院线的目标是加速扩张，在三到五年内建成并投入使用影城 200 家，银幕数量突破 1400 块。

不过，恒大 2015 年的多元化脚步还远未放缓。9 月 18 日，恒大、腾讯联合入驻的中国香港上市公司马斯葛发布公告，将公司名称更改为"恒腾网络集团有限公司"。据悉，恒腾网络旨在布局互联网社区服务产业，通过大服务的基础平台及其垂直产品线，以目前恒大社区 400 万及每年增加 70 万～80 万的业主群体为基础，同时面向国内其他社区，提供如"物联网智慧化"社区、"互联网家居""互联网金融"等颠覆性的物业服务和增值服务，满足不同年龄段用户的多层次、多样化需求。

作为多元化战略最坚定不移的拥趸，从恒大俱乐部、恒大文化，到后来的冰泉、粮油、乳业、健康等，恒大的多元化帝国范围涉足多个行业和领域。截至 2014 年年底，仅在矿泉水、乳业、粮油、健康四大产业，恒大已累计投入了 64.2 亿元。不过尽管许家印强调恒大多元化必须始终遵循"只能成功，不许失败"的原则。

2015 年，许家印将恒大多元化发展主题确定为"夯实基础、多元发展"。把矿泉水、粮油、乳业、健康这四大产业，确定作为主业房地产外的有效补充。因为这些产业符合恒大多元化产业选择的标准——有巨大市场和发展空间的产业，且需求高速增长；投入产出比很高的产业；必须是高收益的产业；短期内能实现快速跨越式发展。

然而，业内人士认为，随着中国市场日趋成熟，市场化程度会越来越高，经济长期依然向好，房企的资金将迎来更多更大的发展空间。但转型尤其重要的是要注意风险，从经验来看，房企应该对新进入的行业设置一定的门槛，这个门槛就是新进入的行业一定要符合对中国深度城市化进程中巨大发展空间的认知，符合对中国人日益增加的健康需求的前瞻性判断。

资料来源：张焱. 地产"微利时代"，恒大"多元化"的两难抉择［J］. 商学院，2015（11）：30－32.

💬 案例讨论题

1. 恒大公司的多元化业务之间能否形成协同效应？
2. 恒大公司的多元化战略是否有可能给公司带来营销风险？
3. 恒大公司通过品牌延伸进入不同业务板块是否会稀释品牌资产？

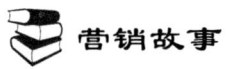 **营销故事**

东元盛染坊应对危机

1933 年东元盛染坊大规模扩建中，向银行、钱庄借款多达 30 余万元。染厂的规划是：企业产品畅销，一两年内至少可获得 10 万元以上的利润，三四年即可完全偿清所欠债务。同时，东元盛认为自己信誉一向好，与银钱业关系密切，随时可取得贷款，流动资金依靠借款完全可以解决。

然而，当东元盛染厂顺利扩建，机器设备安装到位之时，世界经济危机不期而至。危机期间不仅染布价格剧烈下降，而且销售困难，市场疲软，企业利润剧减，资金回笼困难。雪上加霜的是，此时交通、大陆、上海等银行和其他钱庄纷纷提出收回贷款，资金周转更加困难。正当东元盛穷于应付之际，又有同业造谣说："东元盛要出兑了！"面对如此局面，以张启垣为核心的领导层沉着冷静，审时度势，采取了一系列措施化解危机。

首先，分析困难产生的原因既不是经营不善，也不是贷款过多所致，都是经济危机惹的祸。于是向银钱业说明企业渡过困难的决心，请求延缓偿债，经过努力终于得到银钱业的帮助。其次，为了使银行、钱庄放心，东元盛提出以房屋、机器、土地、货物做抵押，消除了银钱业的疑虑，不再催逼还债。再次，首先清偿济南、烟台等小银号的贷款，消除社会上的不良传言，向社会证明自己的实力。最后，为了还款和增加流动资金，东元盛不仅压价卖货，而且停止除生活必需品外的一切杂费开支。在生产上，不积压原白布，随购随染，原料和产品都尽量不储存。东元盛通过切实有效的措施，终于逐渐缓解了危机局面，企业趋向稳定。

品评：商品经济发展中，市场主体长期博弈形成的理性规则是诚信，只有诚信才能持续经营。因此，任何一种商业文化的特点都要讲诚信，中国如此，欧美也如此，晋商讲诚信，徽商也讲诚信。但是，鲁商由于儒家文化的浸润，诚信观念尤为突出，东元盛就是靠诚信的品行和有效的公关活动渡过了危机。

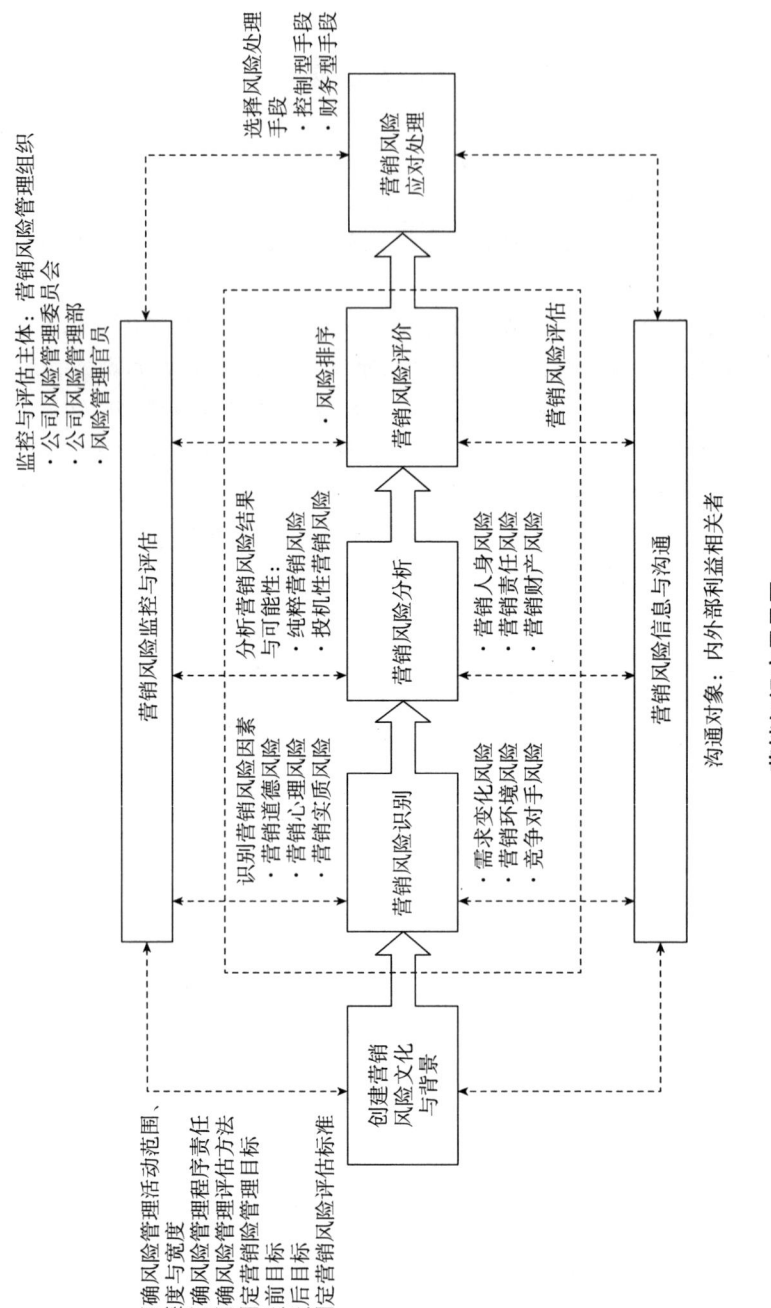

营销知识应用导图

主要参考文献

[1] ［美］约翰尼·约翰逊. 全球营销［M］.陈虹译. 北京：中国人民大学出版社，2009.

[2] ［美］加里·阿姆斯特朗，菲利普·科特勒. 市场营销学［M］.王永贵等译. 北京：中国人民大学出版社，2017.

[3] ［美］沃伦·J. 基根. 全球营销管理［M］.段志蓉等译. 北京：清华大学出版社，2004.

[4] ［荷］柏唯良. 细节营销［M］.朱宇译. 北京：机械工业出版社，2010.

[5] ［澳］菲利克斯·马瓦德. 营销科学研究［M］.邱林等译. 北京：高等教育出版社，2008.

[6] ［日］清水公一. 广告理论与战略［M］.胡晓云，朱磊，张姮译. 北京：北京大学出版社，2005.

[7] ［美］菲利普·科特勒等著. 市场营销导论［M］.俞利军译. 北京：华夏出版社，2001.

[8] ［美］菲利普·科特勒. 营销管理：分析、计划、执行和控制（第九版）［M］.梅汝和等译. 上海：上海人民出版社，1999.

[9] ［美］菲利普·科特勒，洪瑞云，梁绍明等. 市场营销管理（亚洲版·第二版）［M］.梅清豪译. 北京：中国人民大学出版社，Prentice Hall 出版公司，2001.

[10] ［美］菲利普·科特勒，加里·阿姆斯特朗. 市场营销原理［M］.赵平等译. 北京：清华大学出版社，2003.

[11] ［美］菲利普·科特勒，凯文·莱恩·凯勒. 梅清豪译. 营销管理（第十二版）［M］.上海：上海人民出版社，2006.

[12] ［美］菲利普·科特勒，［美］加里·阿姆斯特朗，［新］洪瑞云，［新］梁绍明，［新］陈振忠，［中］谢费校. 市场营销原理（亚洲版）［M］.北京：机械工业出版社，2007.

[13] ［美］菲利普·科特勒，凯文·莱恩·凯勒. 营销管理（第十三版）［M］.王永贵等译. 上海：上海人民出版社，2009.

[14] ［美］西摩·萨德曼著. 营销调研［M］.宋学宝等译. 北京：华夏出版社，2004.

[15] ［美］小卡尔·迈克丹尼尔. 当代市场调研［M］.范秀成等译. 北京：机械工业出版社，2000.

[16] [美] 斯蒂芬·P. 罗宾斯. 管理学 [M]. 北京：中国人民大学出版社，2002.

[17] [美] 唐·舒尔茨等. 新整合营销 [M]. 吴磊等译. 北京：中国水利水电出版社，2004.

[18] [美] 唐·E. 舒尔茨，菲利普·J. 凯奇. 全球整合营销传播 [M]. 何西军，黄鹂，张怡，朱彩虹译. 北京：中国财政经济出版社，2004.

[19] [美] 汉森，帕森斯，舒尔茨. 市场反映模型：计量经济学和时间序列分析法 [M]. 欧阳明等译. 上海：上海人民出版社，2003.

[20] [美] 纳雷希·K. 马尔霍特拉. 市场营销研究：应用导向（第 3 版）[M]. 涂平等译. 北京：电子工业出版社，2002.

[21] [美] 艾略特·艾登伯格. 4R 营销——颠覆 4P 的营销新论 [M]. 文武，穆蕊，蒋洁译. 北京：企业管理出版社，2003.

[22] 加里·L. 利连，阿温德·朗格斯瓦米. 营销工程与应用 [M]. 魏立原，成栋译. 北京：中国人民大学出版社，2005.

[23] [美] 罗伯特·E. 史蒂文斯，大卫·L. 洛顿. 营销规划 [M]. 北京：机械工业出版社，2000.

[24] [美] 托马斯·英格拉姆，雷蒙德·拉福格，雷蒙·阿维拉，小查尔斯·施韦普克，迈克尔·威廉斯. 销售管理——分析与决策 [M]. 北京：电子工业出版社，2003.

[25] [美] 菲利普·R. 凯特奥拉，约翰·L. 格雷厄姆. 国际市场营销学 [M]. 北京：机械工业出版社，2005.

[26] [美] 马克·W. 约翰斯顿，格雷格·W. 马歇尔. 销售管理 [M]. 北京：中国财政经济出版社，2004.

[27] 陈启杰. 市场调研与预测 [M]. 上海：上海财经大学出版社，2008.

[28] 陈启杰. 市场调查与预测 [M]. 上海：上海财经大学出版社，2014.

[29] 陈殿阁. 市场调查与预测 [M]. 北京：清华大学出版社，2004.

[30] 陈志浩，网络营销 [M]. 武汉：华中科技大学出版社，2010.

[31] 崔明礼. 营销人员不可不知的营销故事 [M]. 北京：中国时代经济出版社，2005.

[32] 邓平，郑秀平. 网络营销 [M]. 上海：上海交通大学出版社，2008.

[33] 符国群. 消费者行为学（第三版）[M]. 北京：高等教育出版社，2015.

[34] 方全. 来自世界第一流企业的 4C 营销方法 [M]. 北京：中国物资出版社，2004.

[35] 冯英健. 网络营销基础与实践（第四版）[M]. 北京：清华大学出版社，2013.

[36] 傅渐铭，刘莉. 企业营销战略 [M]. 广州：广东经济出版社，2002.

[37] 甘碧群. 国际市场营销学（第二版）[M]. 北京：高等教育出版社，2006.

[38] 郭国庆. 市场营销学概论 [M]. 北京：高等教育出版社，2008.

[39] 郭国庆. 市场营销学通论（第七版）[M]. 北京：中国人民大学出版社，2017.

[40] 郭国庆. 市场营销通论 [M]. 北京：中国人民大学出版社，2009.

[41] 郭国庆，汪晓凡. 市场营销学通论（第四版）[M]. 北京：中国人民大学出版社，2009.

［42］郭国庆．市场营销学［M］.武汉：武汉大学出版社，2004.

［43］郭国庆．国际营销学（第二版）［M］.北京：中国人民大学出版社，2012.

［44］郭国庆．营销理论发展史［M］.北京：中国人民大学出版社，2009.

［45］高鸿业．西方经济学（微观部分，第四版）［M］.北京：中国人民大学出版社，2007.

［46］黄沛．新编营销实务教程［M］.北京：清华大学出版社，2005.

［47］何文炯．风险管理［M］.大连：东北财经大学出版社，1999.

［48］纪宝成，吕一林．市场营销学教程［M］.北京：中国人民大学出版社，2004.

［49］吕一林．市场营销学原理［M］.高等教育出版社，2011.

［50］吕一林．现代市场营销学（第五版）［M］.北京：清华大学出版社，2012.

［51］吕朝晖．市场营销学（第三版）［M］.北京：化学工业出版社，2016.

［52］刘敏，牟俊山．绿色消费与绿色营销［M］.北京：光明日报出版社，2004.

［53］刘军．鲁商文化与现代企业管理［M］.济南：山东人民出版社，2010.

［54］潦寒．文化营销［M］.南昌：江西人民出版社，2004.

［55］李桂荣．市场调查与预测［M］.北京：经济管理出版社，2004.

［56］李景泰，白长虹．市场学［M］.天津：南开大学出版社，1999.

［57］李晏墅．市场营销学［M］.北京：高等教育出版社，2008.

［58］李品媛．消费者行为学［M］.大连：东北财经大学出版社，2000.

［59］卢泰宏．2001营销报告——营销在中国［M］.广州：广州出版社，2001.

［60］马连福．现代市场调查与预测［M］.北京：首都经济贸易大学出版社，2016.

［61］玛利安·伯克·伍德．营销计划手册［M］.上海：上海人民出版社，2003.

［62］苗月新．市场营销学：理论与实务（第二版）［M］.北京：清华大学出版社，2008.

［63］庞守林．品牌管理（第二版）［M］.北京：清华大学出版社，2016.

［64］苏梅．网络营销［M］.北京：北京大学出版社，2006.

［65］史达．网络营销（第四版）［M］.大连：东北财经大学出版社，2016.

［66］孙锐．网络营销［M］.北京：电子工业出版社，2011.

［67］宋明哲．现代风险管理［M］.中国纺织出版社，2003.

［68］汤定娜，万厚芬．中国企业营销案例（第2版）［M］.北京：高等教育出版社，2007.

［69］王京刚．一看就懂的迈克·波特竞争策略全图解［M］.北京：北京理工大学出版社，2012.

［70］王方华，伏宝会，肖志兵．文化营销［M］.太原：山西经济出版社，1998.

［71］王霆．深度营销［M］.北京：中国纺织出版社，2003.

［72］王中言．营销一定有窍门［M］.北京：地震出版社，2004.

［73］王方华，张向菁．绿色营销［M］.太原：山西经济出版社，1998.

［74］吴健安．市场营销学［M］.北京：高等教育出版社，2004.

［75］吴健安．市场营销学精要（第5版）［M］.北京：清华大学出版社，2013.

［76］吴健安，钟育赣．市场营销学［M］.北京：清华大学出版社，2015.

［77］吴涛．市场营销管理［M］．北京：中国发展出版社，2005.

［78］吴涛．市场营销学［M］．北京：清华大学出版社，2011.

［79］吴晓云．全球营销管理［M］．北京：高等教育出版社，2008.

［80］万厚芬．绿色营销［M］．北京：高等教育出版社，2006.

［81］万厚芬，汤定娜．市场营销教程［M］．北京：高等教育出版社，2003.

［82］万融．现代商品学概论［M］．北京：中国财政经济出版社，1994.

［83］魏炳麒．市场调查与预测［M］．大连：东北财经大学出版社，2005.

［84］薛娜．经典品牌故事全集［M］．北京：金城出版社，2006.

［85］熊学发，王旭．网络营销［M］．武汉：武汉大学出版社，2008.

［86］阎华红．中国企业风险与防范［M］．北京：工商出版社，1999.

［87］佘廉．企业营销预警管理［M］．石家庄：河北科技出版社，1999.

［88］徐畅．鲁商撷英［M］．济南：山东人民出版社，2010.

［89］张明立，冯宁．品牌管理［M］．北京：清华大学出版社，2010.

［90］张金海，佘世红．中外经典品牌案例评析［M］．广州：华南理工大学出版社，2009.

［91］张云起，贺继红，姜文芹，杨鸿章．市场营销学［M］．济南：山东大学出版社，2006.

［92］张云起．营销风险管理（第三版）［M］．北京：高等教育出版社，2011.

［93］张云起．营销风险预警与防范［M］．北京：商务印书馆，2006.

［94］张云起．销售业务与潜能开发［M］．北京：中国经济出版社，2000.

［95］张纪康．企业经营风险管理［M］．北京：立信会计出版社，1999.

［96］张善轩．企业风险管理［M］．广州：广东经济出版社，1999.

［97］张昊民．营销策划（第3版）［M］．北京：电子工业出版社，2015.

［98］朱立．品牌管理［M］．北京：高等教育出版社，2008.

［99］朱金香，高雅珍，姜根龙，武晋斌．职业伦理学［M］．北京：中央编译出版社，1997.

［100］卓骏．网络营销：理论、策略与实战［M］．北京：机械工业出版社，2015.

［101］晁纲令，楼尊．市场营销学教程（第四版）［M］．上海：上海财经大学出版社，2014.

［102］张黎明，陈雪阳．市场营销学（第五版）［M］．成都：四川大学出版社，2017.

［103］郭国庆．市场营销学（第三版）［M］．北京：中国人民大学出版社，2018.

［104］朱明侠．竞争性营销战略［M］．北京：对外经济贸易大学出版社，2001.

［105］［美］小吉尔伯特·A．丘吉尔，唐·拉柯布奇．营销调研：方法论基础（第9版）［M］．王桂林，赵春艳译．北京：北京大学出版社，2010.